全国高等院校旅游管理专业教材

# 现代旅游饭店管理

第二版

吕建中/主编

# 出版说明

1993年，国家旅游局组织力量编写了《现代旅游饭店管理》，作为全国旅游院校统编参考教材，在全国旅游院校中推荐使用，受到广大师生的好评，其中多次印刷，并进行过修订。

随着中国旅游饭店业的发展，《现代旅游饭店管理》一书原有内容已显得不适应旅游饭店业发展和旅游专业教学的需要，因此，我社受国家旅游局人事劳动教育司委托，组织力量对本书进行了修订。2002年修订，在保持原书体例不变的前提下，根据我国旅游饭店业的现状和发展规划，对这本书进行了改写，取消了饭店组织、饭店计划管理、工程维修管理等章，新增章节有饭店娱乐服务管理、饭店安全与卫生管理、饭店质量管理、饭店信息管理与计算机应用、饭店设备管理等，原书保留下来的各章节，内容也作了全面的修订和补充，增加了大量新观点、新知识、新材料，使本书的内容尽可能跟上新世纪旅游饭店业前进的步伐，从而满足我国旅游专业教学的需要。

本书前两次由吕建中主编、蒋丁新副主编，具体由吕建中、蒋丁新、余炳炎、邹益民、施涵蕴撰写各章内容。2002年组织第三次修订，形成新版，由吕建中担任主编，组织有关作者并进行最后的统稿工作。

本次由作者对2004年新版进行全面修订，经过本书主编和作者的辛勤劳动，使本书以新版与广大读者见面。各章作者：王建平撰写第一章“饭店概述”，郭毅撰写第二章“饭店管理基础理论”，黄浏英撰写第三章“饭店营销管理”，张世琪撰写第四章“饭店前厅与客房管理”，吕建中撰写第五章“饭店餐饮管理”，梁颖撰写第六章“饭店娱乐服务管理”，张世琪撰写第七章“饭店安全和卫生管理”，魏洁文撰写第八章“饭店质量管理”，邹益民撰写第九章“饭店人力资源管理”，张宏坤撰写第十章“饭店财务管理”，陆均良撰写第十一章“饭店信息管理与计算机应用”，陈天来撰写第十二章“饭店设备管理”。对先后参加本书撰写的作者和审稿人员，在此表示衷心的感谢。由于水平有限，书中难免有不足之处，敬请读者指正。

中国旅游出版社

2009 年 7 月

# 目 录

# 第一章　饭店概述

〔**内容提要**〕旅游业是以旅游资源为凭借、旅游服务设施为条件，向旅游者提供一系列旅游服务的行业。饭店是旅游供给的基本构成因素，是旅游业经营活动必不可少的物质条件，因而是旅游业的重要组成部分。饭店作为旅游业重要服务设施之一，与旅行社、旅游交通一起，被称为旅游业的三大支柱。

饭店是旅游者在旅游目的地一切活动的基地，饭店不啻为旅游者的“家外之家”。饭店是创造旅游收入，尤其是外汇收入的重要部门，饭店业营业收入可占旅游业总收入相当高的比例。饭店建设是创造社会就业的重要途径，世界各地靠兴建饭店设施以提供就业机会、减少失业人口的例子屡见不鲜。饭店业的发展必然会刺激和促进国民经济其他部门的发展，饭店业的发展水平，标志着接待国旅游业的发展水平，也反映了一个国家国民经济发展水平及其社会的文明程度。饭店设施完善与否、设备水平的高低和服务质量的优劣，不仅影响旅游者的旅游经历，同时还影响旅游者对一个城市、一个地区，乃至一个国家总的形象的评判。毋庸置疑，饭店不仅在旅游业中起着举足轻重的作用，而且在整个国民经济中占有越来越重要的地位。

〔**学习要点**〕

- 饭店的产业地位和特点
- 世界饭店业发展历史和现状
- 中国饭店业发展历史和现状
- 饭店类型
- 饭店等级制度
- 中国饭店星级标准体系
- 绿色饭店

〔**思考题**〕

1. 饭店业具有哪些产业特点？
2. 饭店分类有哪些标准？简述各种类型饭店的基本特征。
3. 简述世界饭店业发展历史以及各阶段的特点。
4. 中国现代饭店业经历了哪些发展阶段？中国饭店业的发展有哪些特点？
5. 实行饭店等级制度的目的和作用是什么？
6. 简述我国饭店星级标准体系的基本框架。
7. 为什么要倡导绿色饭店？绿色饭店有哪些基本内涵和原则？

# 第一节　饭店的概念及其产业特点

## 一、饭店的概念

饭店是指经政府部门批准，通过运用土地、资金、设备、技术、劳动力等生产要素，从事饭店服务产品的生产和销售活动，满足宾客旅居生活和社交活动的各种需要，以获取社会效益和经济效益为目的的服务企业。我国目前对这一类企业尚无统一称谓，作为行业类别名称，可有饭店业、酒店业、宾馆业、旅馆业、涉外旅游饭店业等；作为企业名称，则常有饭店、宾馆、酒店、旅馆、山庄、度假村、大厦，等等。尽管称法各异，但基本功能相同。事实上，饭店首先是一种住宿服务设施，即饭店无论简陋奢华，必须具有住宿服务功能，否则便不能称为饭店。具备住宿服务功能是饭店区别于其他类型服务企业的主要特点。饭店可以是仅提供住宿服务的简易设施，也可以是豪华高档、功能齐全，具有住宿、餐饮、娱乐、购物、商务、休闲等服务功能的大型综合设施。而形形色色的各种不同规模、类型、等级，不同经济成分、不同经营形式的饭店企业组成了一国一地的饭店业。

饭店作为一种服务企业，应具备以下基本条件：

（1）饭店是由一座或一群建筑物组成的旅游服务接待设施，具有为宾客和社会各界提供住宿、餐饮、娱乐等服务的综合服务功能。

（2）饭店建造、经营须经政府有关部门批准。

（3）饭店是以获取社会效益和经济效益为目标的经济实体，具有法人地位，自主经营、自负盈亏。

饭店是饭店产品生产和交换的基本单位。尽管饭店生产也采用原材料—产品—销售这一基本模式，但饭店产品的主要内容是服务。饭店产品由实物产品（各种有形实物及设备设施、环境等）和劳务服务（服务态度、技术技能等）组成，不仅能满足宾客物质方面的需求，而且能满足宾客精神享受方面的需求，其中实物产品起着劳务服务销售的载体作用，劳务服务通过实物产品得到充分发挥并实现其价值。

## 二、饭店的产业地位

### （一）饭店是旅游者的活动基地

饭店是旅游者食宿等基本生活的物质承担者，旅游者外出旅游，其基本生活条件——食宿等通常都由饭店提供，饭店是旅游者游览观光或商务活动的生活基地，是旅游者旅游活动能够持续进行的物质保证；与此同时，饭店也是当地居民、政府机关、企事业单位举行各种活动的重要场所，通常还成为一个城市、地区的对外窗口，是反映一个国家和地区旅游接待能力的重要标志。

### （二）饭店是旅游服务体系的重要环节

从社会再生产过程产、供、销之间的联系来看，饭店业处于消费环节，属于第三产业。

在旅游服务体系中，饭店业是构成旅游业的基本要素之一，与旅游景区、旅行社、交通等组成旅游服务体系。一个国家或地区拥有丰富的旅游资源才能吸引旅游者，旅行社是旅游者从出发地到旅游目的地的组织者和服务者，交通是实现旅游活动的重要工具和手段，饭店则是向旅游者提供基本生活服务的重要环节，各个要素既互相联系，又互相促进，缺一不可。

发展旅游业首先要考虑饭店业的设施条件，中国饭店业 30 多年发展的经验表明，饭店业的建设应适度超前，否则就难以适应市场需求的发展和变化。有了相对宽松的饭店供应空间，就能吸引更多的游客，延长游客的逗留期和增加旧地重游的机会，因此可以说，饭店业的发展水平是影响一国一地客源量多少的重要因素之一。

### （三）饭店业是创造旅游收入的重要行业

饭店业是创造旅游收入的重要来源。旅游者不仅食宿在饭店，而且还购买旅游产品及其他消费，为旅游目的地带来大量收入。国内外统计资料表明，饭店业收入一般都占旅游业总收入相当大的比例。据2006年中国星级饭店统计公报和中国旅游业统计公报，2006年全国旅游业总收入8935亿元人民币，全国星级饭店营业收入1482.86亿元人民币，占旅游业总收入的16.6%，上缴营业税108.12亿元。与此同时，饭店在营运的过程中还使许多相关行业获得收入，带动了一系列行业共同发展，具有相当大的“乘数效应”。

**（四）饭店业是创造就业机会的重要部门**

饭店业是提供服务为主的行业，是一种劳动密集型的行业，为了满足宾客的需要，饭店必须雇用很多员工以保证24小时运转。随着饭店业的发展，将为社会提供更多的就业岗位，吸纳大量的劳动力。国外有关研究表明，近年来新增的劳动就业人口中，每25个人中就有1人就职于饭店，全球饭店业就业人数超过1250万人，相当于全球旅游业总员工人数的5%左右。据中国星级饭店统计公报，2006年中国星级饭店拥有客房145.98万间，员工158万人。在全球范围内，饭店客房数与员工人数比率也约为1∶1。这一比率表明了饭店行业在提供就业机会方面所起的重要作用。同时，饭店还带动相关行业的发展，如通信、水电、交通、食品、商业、金融、建筑等，从而间接地提供大量就业机会。

**（五）饭店业是改革开放的先导及各地经济发展的窗口**

中国饭店业的形成和发展本身就是改革开放的产物，而饭店业的发展对我国的改革开放又起到了十分重要的推动作用。饭店的发展不仅带来了新的文化和新的生活方式，饭店在经营过程中的创新和发展更带来了新的管理观念和管理制度，所有这些对各地改革开放都起到了重要的推动作用。一个地区、一个城市的饭店业构成了当地投资环境的重要组成部分，其发展水平在一定程度上标志着该地改革开放的水平，直接影响客商对当地投资环境的认可程度，因而也是各地经济发展的窗口。

## 三、饭店的产业特点

### （一）地域集中和集团化、跨国发展特点

1. 地域集中

无论是全球范围内还是一国一地或一个城市之内，饭店业表现出明显的地域集中的特点。据国际饭店协会（International Hotel Association）统计，全球客房主要分布在欧洲和北美，其中欧洲约占 42%，北美约占 33%；亚太地区经济和旅游业发展迅速，饭店业规模扩张较快，约占 13%；非洲、拉美、加勒比饭店业规模较小，约占 12%；在一国之内饭店往往集中在大都市和经济文化发达地区，在一个城市中饭店通常成区连片，相对集中，这在某种意义上来说是一种放大了的规模效益，起到降低成本的作用。

2. 集团化和跨国经营

集团化和跨国经营是 20 世纪末以来国际饭店公司发展的显著特点之一。随着全球经济一体化进程的加快，饭店市场的竞争日趋激烈，饭店企业的经营风险也越来越大，为增强风险抵御能力，饭店集团在发展中不断扩大规模，重视向海外扩张，占领国外具有潜力的市场，获取规模经济效益。美国《HOTELS》资料表明，集团化和跨国经营发展迅速的饭店公司都获得了较大的市场份额，世界上发展最快的饭店公司全都是集团化和跨国经营的饭店公司。表 1－1是《HOTELS》2008 年 7 月发表的跨国经营进入国家数最多的 15 家国际饭店集团情况。

### （二）生产要素方面的特点

1. 饭店业是资金密集型行业

饭店业是比较典型的资金密集型行业，与其他行业相比，仅低于民航业和石化业，是高资金投入、追求高回报的行业。据估计，国际上建造一间饭店客房通常需投资 1.5 万美元至 30 万美元不等，以此估算全球饭店业资产总价值为 1700 亿美元至 128 万亿美元。尽管饭店资产价值可以几种不同方法计算，全球各地饭店业往往也以不同方法评估其资产价值，但此数据至少反映了全球饭店业规模之

**表1-1　跨国经营前15名国际饭店集团情况**

| 集　团　名　称 | 进入国家数 | 饭店数 | 客房数 | 规模排名 |
|---|---|---|---|---|
| 洲际饭店集团(英)<br>Inter-Continental Hotels Group(IHG) | 100 | 3949 | 585094 | 1 |
| 喜达屋全球饭店与度假村(美)<br>Starwood Hotels & Resorts Worldwide | 95 | 897 | 274535 | 8 |
| 雅高(法)<br>Accor | 90 | 3871 | 461698 | 5 |
| 最佳西方国际(美)<br>Best Western International | 80 | 4035 | 308636 | 7 |
| 希尔顿饭店公司(美)<br>Hilton Hotels Corp. | 78 | 3000 | 502116 | 4 |
| 卡尔逊全球饭店公司(美)<br>Carlson Hospitality Worldwide | 70 | 969 | 146600 | 9 |
| 万豪国际(美)<br>Marriott International | 68 | 2999 | 537249 | 3 |
| 温德姆饭店集团(美)<br>Wyndham Hotel Group | 58 | 6544 | 550576 | 2 |
| 金郁金香饭店集团(荷)<br>Golden Tulip Hospitality | 50 | 944 | 86585 | 12 |
| 凯悦全球公司(美)<br>Global Hyatt Corp. | 44 | 721 | 135001 | 10 |
| 瑞兹道饭店集团(比)<br>Rezidor Hotel Group | 42 | 329 | 67000 | 18 |
| 精品国际饭店公司(美)<br>Choice Hotels International | 40 | 5570 | 452027 | 6 |
| 地中海俱乐部(法)<br>Club Méditerranée | 40 | 80 | 28000 | 34 |
| 费尔蒙特拉弗尔国际(加)<br>Fairmont Raffles Holdings International | 37 | 85 | 33017 | 30 |
| 四季饭店与度假村(加)<br>Four Seasons Hotels & Resorts | 31 | 74 | 17741 | 43 |

大，表明饭店业是一个资金高度密集型行业。

2. 饭店业人才密集、专业化程度高

如前所述，全球饭店业就业人数超过 1200 万人，相当于全球旅游业总员工人数的 5%，可见饭店业是人才密集型行业。与此同时，由于饭店经营管理专业性强，使得饭店企业所有权与经营权分离较为普遍和彻底，同时形成了比较成熟的饭店企业家人才市场。这两者相互制约，相互补充，使饭店经营者的个人市场评价与企业经营情况紧密相连，国际上许多国家的饭店业都有内部的“人才库”，就是这一市场运作机制的表现。中国饭店业人才市场虽尚不成熟，但发展很快，是最早接受并适应大幅度人才流动的行业。

3. 饭店经营管理市场化

经营管理市场化是饭店业突出特点之一。饭店经营管理市场化运作中，产品形态是特有的管理模式，其实质是知识产权，承载主体是大型饭店集团或专业化饭店管理公司，运作方式是管理输出和特许经营权让渡等，由此促进了饭店行业的系统化管理和标准化服务的普遍化。

4. 饭店业房地产要素运用

房地产要素的运用是饭店经营的深层次基础，也是饭店投资回报的最终途径。斯塔特勒（E. M. Statler）名言“饭店经营第一是地点，第二是地点，第三还是地点”，不仅是指地点优势所产生的经营上的竞争力，深层含义包括房地产要素的运用。地点越好，经营便越好，饭店地产升值潜力越大，最终的投资回报也越容易体现。

5. 饭店业产权市场发展

房地产要素的运用促进了饭店产权市场的形成和发展，使饭店经营回报似乎成了次要目的，主要目的变成了饭店产权交易。近 20 年来国际上饭店产权交易十分活跃，不仅交易数额巨大，而且相当频繁。从 20 世纪 80 年代末期开始，大企业集团为了拓展品牌和跨国经营，完善和调整经营结构，纷纷进行大规模的兼并收购，如

1988 年日本的 Seibu/Saison Group 收购洲际饭店公司（Inter-Continental），1989 年英国的巴斯公司（Bass PLC）收购假日饭店公司（Holiday Inn）以及 1998 年收购洲际饭店公司（Inter-Continental），1987 年莱德布洛克公司（Ladbroke Group PLC）收购国际希尔顿（Hilton International），1999 年法国雅高公司（Accor）收购红屋顶饭店公司（Red Roof Inns Inc.）等，金额均达数十亿美元，1998 年喜达屋公司（Starwood Lodging Trust）收购拥有喜来登饭店公司（Sheraton）的国际电话电报公司（ITT Corp.），交易额高达 102 亿美元，而 2007 年 7 月美国私募股权基金黑石集团（Blackstone Group L. P.）出资 260 亿美元收购希尔顿饭店公司（Hilton Hotels Corporation），是世界上迄今为止最大的饭店业并购案。在中国，饭店产权交易也成为近年来的热点，具体交易方式大体有三种：一是整体交易；二是出让部分股权，实行有限责任公司改组；三是股票上市，实行股份有限公司改组。

## 四、饭店的分类

饭店业由各种类型、各种等级的饭店设施组成。饭店分类有两大目的，一是有利于营销，能使饭店明确所处市场的推销对象，从而更有效地制订营销计划，更集中地使用广告费用；同时，也能使宾客在选择饭店时有明确的目标。二是便于比较，一家饭店经营结果的好坏，要与同一类型的饭店相比才显得有意义，特别是当饭店运用饭店业各种统计资料分析市场动向、研究竞争对策和制订经营方针时，同类相比显得格外重要。世界各地具体执行饭店分类的机构各不相同，有的是政府部门，有的是行业协会，也有的是与旅游业、饭店业相关的公司或机构。他们通常根据规模大小、地理位置、设施状况、新旧程度等特点将饭店进行分类，然后公布各类饭店经营结果的有关数据，以对饭店的经营管理起指导作用。

### （一）按饭店客源市场分类

按饭店客源市场分类，一般把饭店分为综合型、商务型、休闲度假型、会议展览型、观光游览型和康复疗养型等六种类型。

1. 综合型饭店

综合型饭店是指同时接待观光游览、商务、会议、度假等客人的饭店。为适应各种类型宾客的需要，综合型饭店一般功能齐全，能提供全方位的服务。在中国，这类饭店大多数是旅游业发展过程中较早出现的饭店，通常在当地承担主要接待任务。目前中国各地中小城市中以此类饭店为主。

2. 商务型饭店

商务型饭店是指主要为从事商贸活动的宾客提供住宿、餐饮及商务服务的饭店。这类饭店大多数位于城市中心或商业区，宾客以商务旅行者为主，住宿时间相对较长。为了适应商务宾客的需要，商务饭店不仅要求设施富丽堂皇，而且要求服务水平高，服务质量好，设备设施先进完备，特别是商务所需的设备设施必须一应俱全，如国际直拨电话、传真、Internet、洽谈室、会议室、商务中心、秘书服务等应很好地满足商务宾客的要求。

3. 休闲度假型饭店

休闲度假型饭店主要以接待休闲、度假及娱乐的旅游者为主，大多数位于海滨、山区、温泉、海岛、森林、湖岸等自然环境优美、气候宜人的地区，开辟各种娱乐体育项目如滑雪、骑马、狩猎、垂钓、划船、潜水、冲浪、高尔夫球、网球等活动来吸引游客，这些活动的质量往往是一个度假型饭店成功的关键。近年来，在许多饭店业发达的国家，已出现度假型与商务型相结合的饭店，即所谓改良的度假型饭店，而且被认为是当代饭店设施发展的方向。休闲度假酒店有很多的形态，如山林度假饭店、热带度假饭店、滑雪度假饭店、海滨度假饭店、独岛度假饭店、会议度假饭店、高尔夫度假饭店、古堡度假饭店、温泉度假饭店、民俗度假饭店、主题公园度假饭店等。

4. 会议展览型饭店

此类饭店主要是为各种展销会、大型博览会、国际会议、经贸洽谈会等提供会议展览场所、住宿及餐饮等综合服务的饭店。会议型饭店一般设在大都市和政治、经济中心或交通方便的游览胜地，不仅要求舒适方便，而且要有各种类型、规格的会议室、展览厅、陈列室、演讲厅及洽谈室等，必须配备会议设备，如投影仪、影像设备、扩音设备、通信设备、视听设备等，接待国际会议的饭店还要求具备同声传译装置以方便开展各种各样的商贸活动、学术交流和举办展览会等，同时还要求有良好的会议服务，会议饭店一般都配备工作人员帮助会议组织者协调和组织会议各项事务，要求饭店具有高效率的接待人员。

5. 观光游览型饭店

是指以接待旅游团体游客为主的饭店。这类饭店主要分布于旅游城市，以旅游团体为主要客源对象。观光游览型饭店的管理和服务相对来说比较规范，但这类饭店受客源的制约较大。随着客源市场的变化，此类饭店逐步向综合型饭店过渡，纯粹的观光游览型饭店目前已不多见。

6. 康复疗养型饭店

是指以提供康复疗养服务为主的饭店，通常多以疗养院、干休所等形式出现。目前一些大中型城市的边缘地区也出现了现代康复疗养型饭店，这些饭店集康复疗养和休闲健身于一身，充分注重人们的疗养与健身，使人们在繁重的工作之余得以修身养性。

**（二）根据饭店规模分类**

按照饭店规模大小，国际上通常将可将饭店划分为大型饭店、中型饭店和小型饭店三类。

1. 大型饭店

一般指拥有500间以上标准客房，服务项目较齐全，设施比较豪华的饭店。通常大型饭店都是豪华饭店，随着世界旅游业的快速发展，许多中小型饭店也不断扩大规模而成为大型饭店。

2. 中型饭店

一般指拥有300~500间标准客房的饭店。这类饭店设施齐备、精良，服务项目齐全，价格适中合理，是一般旅游者较喜欢选择的饭店。

3. 小型饭店

通常指拥有标准客房数300间以下的饭店。不同地区、国家也常有不同标准，如美国，通常认为客房数在100间以下的是小型饭店，也有地区认为50间以下才是小型饭店。全球饭店业中绝大部分都是小型饭店。

### （三）根据饭店计价方式分类

1. 欧式计价饭店

欧式计价指饭店客房价格仅包括房租，不含食品、饮料等其他费用。世界各地绝大多数饭店均属此类。

2. 美式计价饭店

美式计价饭店的客房价格包括房租以及一日三餐的费用。目前，尚有一些地处僻远的度假型饭店仍属此类。

3. 修正美式计价饭店

此类饭店的客房价格包括房租和早餐以及午餐或晚餐的费用，以使宾客有较大的自由安排白天活动。

4. 欧陆式计价饭店

欧陆式计价饭店的房价包括房租及一份简单的欧陆式早餐即咖啡、面包和果汁。

5. 百慕大计价饭店

此类饭店的房价包括房租及美式早餐的费用。

### （四）辅助旅游住宿设施

为了迎合大众旅游的需要，在许多旅游业发达的国家还出现了各种各样的辅助旅游住宿设施。这些辅助设施包括露宿营地、度假村、共管公寓、活动预制住宅等，其中有些在中国已经使用，有的尚待开发。

1. 露宿营地

露宿营地一般设在交通方便、环境宜人的游览度假地区，它主要接待家庭旅游者，以汽车为主要交通工具。这种设施的市场需求季节性强，许多营地在冬季或淡季停止营业。营地有一定的空间，设有卫生设备，供应冷、热水并提供营地清扫服务。游人在露宿营地住帐篷、汽车住宅或其他能移动的临时食宿设施。现代的帐篷和汽车住宅设计合理，布局紧凑，在有限的空间里设置了旅行和度假住宿所需的设备，如床铺和沙发两用设备、卫生间、煤气、冰箱、水池、上下水道、衣柜和行李柜，并且还配备电视、音响装置。为了适合度假客人的需要，营地还设有康乐设施，如游泳池、网球场、儿童游乐场、高尔夫球场，并开设酒吧和简单的餐厅。由于露宿营地的气氛十分自由以及对家庭旅游者来说相当经济，因而已逐渐成为当代比较流行的一种旅游住宅形式。

2. 度假村

顾名思义，度假村通常设在游览度假区，由乡村式或其他式样的建筑组成。度假村设施一般采用单元房，内有一间或几间卧室，带有卫生间和厨房。度假村中心设有餐厅和酒吧，客人可以自己煮食，也可以在度假村中心的餐馆就餐。度假中心还设有较为齐全的体育和娱乐设施，例如骑马场、网球场、滑冰场、游泳池等，经常组织娱乐消遣活动以吸引度假客人。

3. 共管公寓

共管公寓是由多人共享产权的一种住宿设施，即某投资者建造一所住宅后将其按公寓单元出售给个人，购买了公寓产权的个人可以自己使用，或委托共管公寓的管理者出租给其他人，产权人分享利润。共管公寓通常配有整套生活设施及公用的娱乐、健身设施，适宜家庭使用，因此常常是产权人的第二住宅。

共管公寓的另一种经营方式称为分时多产权或时间分享法，即投资者出资兴建后，其他人可按时段购买其中若干公寓的产权，时间可以为一周、一月、一年、五年或更长时间，允许本人不使用时出租给他人。例如，某共管公寓某一套单元以星期为单位出售，该公寓单元的产权就有 52 份。每年不同时间公寓价值不同，如夏季度假胜地的公寓价值高于冬天。如果某人购买了 8 月份第一周的产权，那么每年 8 月份该周该公寓单元的产权便属于他，他可以自己居住也可以出租，并且还可通过管理公司与其他地方的住宅交换使用。

4. 活动预制住宅

活动预制住宅建筑结构简单、材料轻便，以不锈钢条衔接，易于拆卸，便于运输。比起正式住宅来，这种住宅价格便宜并能够根据需要任意移动，因而不失为一种新潮式的旅游住宿设施。

**（五）按饭店企业形式分类**

各种类型的饭店设施，如按照产权及企业形式，可分为独立经营饭店、饭店公司、饭店自联组织、饭店企业集团四种类型。

1. 独立经营饭店

独立经营饭店（Independent Hotels）指由个人或企业、组织独立拥有并经营的单个饭店企业，国际饭店业中就饭店数量而言，绝大部分属于独立经营饭店，约为80%，主要集中在欧洲和北美，但由于独立经营饭店均为小型企业，就客房数而言，独立经营饭店的客房数仅占全球饭店业客房总数的30%。

独立经营饭店是比较传统的饭店企业形式，其特点是单独、分散地存在于各个城市和地区，独立地进行营销活动和管理活动，不以任何形式加入任何经营管理联盟，也不属于任何饭店集团。独立饭店的经营管理相对较为简单、协调容易。在饭店行业整体上供过于求，竞争激烈的今天，独立经营饭店在与规模庞大的饭店集团的竞争中日益显得势单力薄。首先，独立经营饭店的市场辐射能力低、影响面窄，在扩大企业知名度和美誉度上先天不足，较难在国际市场上形成品牌认同效应。其次，独立经营饭店必须单独开拓国内外市场，与市场全面接触，但由于所需成本过高，往往为独立经营饭店所不能承受。

2. 饭店公司

饭店公司（Corporate Hotel Chains）是由多个饭店组成的专业饭店公司，一般都拥有一个或多个品牌，同时采用各种不同经营方式，因而又称为联号或连锁饭店公司，如洲际、万豪、希尔顿、凯悦、温德姆、国际精品等公司均属此类。饭店公司的经营方式一般有：（1）自营，即由公司直接经营所属饭店；（2）委托管理，即由公司按委托合同管理其他个人或公司的饭店；（3）特许经营，即由公司授权特许经营的饭店。

饭店公司是国际饭店业的主力军，1992年全球最大200家饭店公司拥有客房约200万间，1997年全球最大200家饭店公司拥有客房约450万间，2006年全球最大200家饭店公司客房数达550万间。1999年全球最大10家饭店公司拥有客房数约300万间，2006年全球最大10家饭店公司拥有客房390余万间，2007年全球最大10家饭店公司拥有客房达423万余间，充分表明国际饭店集团在国际饭店业的地位以及客房向大饭店集团集中的趋势。

2008年7月美国《HOTELS》公布的全球饭店业2007年300强，分布在44个国家和地区，其中美国145家、英国10家、西班牙16家、加拿大8家、德国8家、法国5家、巴西6家、日本17家、新加坡7家、印度5家、泰国3家、澳大利亚5家、南非4家、马来西亚3家，中国（包括香港特区）饭店公司在300强中占15家，其中上海锦江国际饭店公司（Jin Jiang International Hotels）第17位、香港香格里拉饭店与度假饭店公司（Shangri-La Hotels and Resorts）第35位、金陵饭店与度假饭店公司（Jinling Hotels & Resorts Corp.）第48位、广东粤海国际饭店管理控股公司（Guangdong Intl. Hotels Management Holdings Ltd.）第50位、香港中旅维景饭店管理公司（CTS HK Metropark Hotels Management Co. Ltd.）第51位、北京首旅建国饭店管理公司（BTG Jianguo Hotel Management Co. Ltd.）第53位、海南海航饭店与度假饭店公司（HNA Hotels and Resorts）第61位、格林豪泰饭店管理集团（Green Tree Inns Hotels Management Group Inc.）第88位、香港文华东方饭店集团（Mandarin Oriental Hotel Group）第120位、香港瑞雅国际饭店公司（Swiss-Belhotel International）第126位、北京天伦国际饭店公司（Tianlun International Hotels）第142位、香港朗廷国际饭店公司（Langham Hotel International）第168位、凯莱饭店与度假饭店公司（Gloria Hotel & Resorts）第176位、香港富豪国际饭店公司（Regal Hotels International）第192位、香港半岛饭店公司（The Peninsula Hotels）第251位。

3. 饭店自联组织

饭店自联组织（Voluntary Associations）指由大批独立拥有、独立经营的独立饭店企业出于营销等共同目的自愿参加组成的饭店联合组织，目的是对抗大饭店公司的竞争。自联组织的饭店在保持各饭店产权独立、自主经营基础上，实行统一订房、质量标准和公认的标志，并进行联合宣传、促销和互送客源。饭店自联组织通常也称为饭店代理公司（Representative Companies）或饭店联合体（Consortia）。美国的世界一流饭店组织（Leading Hotels of the World）和法国的 Logis de France 都是此类组织的主要代表。2008 年 7 月美国《HOTELS》公布 2007 年全球最大 20 家饭店自联组织中，排名第一的是美国 Utell Unirez-Pegasus Solutions Rep. Services，代表饭店 10902 家、客房 1368983 间。

4. 饭店企业集团

饭店企业集团（Conglomerate）指同时经营本公司品牌饭店及其他品牌饭店并从事其他行业经营的公司，实际上是一种联合大公司或多种经营公司。此类公司近年来通过收购兼并规模迅速扩张，改变了国际饭店业的面貌。

如 2008 年《HOTELS》全球饭店 300 强排名第一的英国洲际饭店集团（InterContinental Hotels Group PLC）是经营软饮料、餐馆、休闲度假的英国巴斯集团（Bass PLC，UK）并购了假日饭店公司（Holiday Inn Corporation）（1989 年）和洲际饭店公司（Inter-Continental）（1998 年）后，成为全球最大的饭店集团，2007 年经营管理饭店 3949 家，客房 585094 间，涉足 100 个国家，国际化指数 94，其中特许经营 3204 家（85.6%），委托管理 512 家（13.7%），在亚太地区 20 余个国家和地区经营管理 200 余家饭店。而排名第二的美国温德姆全球（Wyndham Worldwide）（原胜腾公司 Cendant Corporation），是美国酒店特许经营系统（Hospitality Franchise System）在 1980 年至 1997 年十余年时间内陆续收购了华美达（Ramada）、豪生（Howard Johnson）、戴斯（Days Inn）、速 8（Super 8 Motel）等饭店公司和英国福特集团（Forte）的“北美旅行之家”品牌，兼并了美国国际旅游服务公司后发展起来的，2007 年拥有饭店 6544 家，客房 550576 间，特许经营比例达 99.5%，涉足 58 个国家，国际化指数 4.4。

# 第二节　饭店业发展历史与现状

## 一、世界饭店业发展历史与现状

食宿设施是人类旅行活动的产物，相传欧洲最初的食宿设施始于古罗马时期，其发展进程经历了所谓古代客栈时期、大饭店时期、商业饭店时期等阶段，其间几经起落，几经荣衰。第二次世界大战以后，欧美各地旅游业迅速发展，饭店业进入了现代新型饭店时期，至20世纪60年代，已出现了不少在世界各地拥有数十上百家企业的大饭店公司，形成了庞大独立的饭店行业。

### （一）古代客栈时期

千百年以前就出现了客栈和酒店。社会需要它们，因为它们能满足人们的基本需求——吃、喝、睡的需求。从埃及古墓的图画中，我们可以看到将游客安顿在现代称之为饭店、宾馆的客栈里的情景。曾以“以眼还眼，以牙还牙”格言而闻名于世的古巴比伦国王汉穆拉比（Hammurabi）对当时巴比伦客栈的质量和管理十分关注，在古老的巴比伦法典中，我们可以找到禁止客栈主在饮料中掺水的严格规定。在意大利南部旅游胜地庞贝和黑古拉丁，留存着几千年前的客栈遗迹，使我们对古罗马时期客栈、酒店的面貌有大概的了解，并由此得知，当时的客栈往往是由奴隶或战俘从事经营和劳作的。古代经商者一般都组成商队，他们沿途住在各地的商队客栈里。古罗马和古代中国，沿路还都有驿站以供皇家使者往来住宿。

中世纪初，贸易很不发达，因而很少有人旅行。如果要旅行，人们或在野外露营，或寄宿贵族城堡，而教堂和寺院也常以低廉价格向旅行者提供膳宿服务。1096年开始的历时200余年的十字军东征带来了巨大的社会革命，加强了东西方文化和技术的交流，促进了商业活动的发展。十字军东征间接地恢复了客栈酒店业。意大利北部最早感受到十字军东征所带来的文艺复兴的影响，在那里，客栈业成为一项颇有实力的行业。至中世纪后期，随着商业的发展，旅行和贸易兴起，对客栈的需求量大增，沿途有的住户就向旅行者敞开了家门，这就导致了客栈业的迅速发展。

客栈时期是指从 11 世纪到 18 世纪之间的时期，其中以 15～18 世纪较为盛行，并以英国和法国的客栈最为发达，许多客栈所在地成为当地的社会、政治与商业活动的中心，有些演变成后来的大城市。

客栈，英国称为 Inn，美国称为 Tavern，一般是指位于乡间或路边的、主要供过往客人寄宿的小客店，是现代旅游饭店的雏形。早期的客栈，从设施上看，规模小，设备简陋，一般是一幢大房子内设几间房间和床铺，旅客往往挤在一起睡；从服务上看，客栈仅仅供过往旅客吃饭和睡觉，并且价格也十分低廉；从经营上看，客栈都是单家独户经营，客人住宿的房舍往往就是家庭住宅的一部分，也无须专门的管理和服务人员。

15 世纪以后，随着商业和贸易活动的兴旺和发展，人们对客栈的需求增加，对客栈的服务要求也有所提高，于是客栈的规模开始扩大，有的发展到拥有 30～40 间客房，设施也有所改善，备有专门的厨房、餐厅和酒窖，建有带壁炉的宴会厅和舞厅，客栈的环境条件也有很大改善，有供客人休憩的花园草坪等，并且开始雇用专门的服务人员和管理人员，成为现代饭店的雏形。

**（二）大饭店时期**

18 世纪末至 19 世纪末是饭店业发展史上的大饭店时期。18 世纪后半期，随着工业革命的到来，西欧、北美等一些国家相继进入工业化国家，并形成了群众性的消费社会。于是，为适应现代工业化发展和经济贸易发展的需要，饭店业发展从客栈时期过渡到大饭店时期。

18 世纪末，美国的饭店业就有了较快的发展，以 1794 年在美国纽约建成的第一座饭店——都市饭店为标志进入了大饭店时期。都市饭店拥有 73 个房间，在当时不啻为一座大宫殿，很快成为仅有30万人口的纽约市的社交中心。波士顿、费城、巴尔的摩等城市也不甘落后，纷纷建造和开办了类似的大饭店。1829年，在波士顿落成了一座现代化的大饭店——特莱门饭店（Tremont），拥有170套客房，是美国有史以来最大、造价最高的大楼。该饭店设有前厅，负责接待宾客，宾客不再在酒吧柜台上登记入住；饭店不仅有单间客房，而且房门可以加锁，客房里备有脸盆、水罐和肥皂，旅客再也不必上饭店后院从水泵里接水洗澡。特莱门饭店就是以此闻名。饭店开设了一个拥有200个餐位的餐厅，供应法式菜肴，服务人员训练有素，礼貌热情。特莱门饭店开创了现代饭店业的先河，推动了美国乃至欧洲饭店业的蓬勃发展。之后相继出现了许多有名的饭店，如纽约的阿斯特饭店，芝加哥的太平洋饭店和希尔曼饭店，圣路易的普朗特斯饭店，奥马哈的帕克斯顿饭店，旧金山的宫殿饭店等，使美国饭店业在世界饭店业的发展历史中占有重要的地位。19世纪末20世纪初，美国出现了一些豪华饭店，其中有些饭店，如纽约的广场饭店（Plaza）、华尔道夫—阿斯特里饭店（Waldorf Astoria），至今仍称得上是美国的一流饭店。这些饭店崇尚豪华、阔气，供应最精美的食物，布置最高档的家具摆设。

在美国饭店业迅速发展的同时，欧洲国家的饭店业也不甘示弱，18世纪末各国相继建成了一些豪华的大饭店。如1874年在柏林建成的恺撒大饭店，1876年开业的法兰克福大饭店，1880年建成的巴黎大饭店，1885年建成的罗浮宫大饭店，1889年开业的伦敦萨伏依饭店等，都是一些规模宏大、设施豪华、装饰讲究、服务一流的饭店，而且其中许多饭店成为建筑艺术上的珍品。由于这些饭店都设置了单独的私人房间，配备了各种娱乐厅、餐厅、阅览室，附设了带游廊的花园、喷泉等，从而吸引了许多王室、贵族、官宦、巨富和社会名流前往住宿和娱乐。恺撒·里兹（César Ritz，1850～1918年）开办的饭店，可以说是当时豪华饭店的代表。Ritzy一词也由此而来，意即极其时髦，非常豪华，讲究排场。

**（三）商业饭店时期**

商业饭店时期指20世纪初到40年代末约50余年的发展时期，

是饭店业发展的重要阶段，从各方面奠定了现代饭店业的基础。

20 世纪开始不久，美国出现了当时世界上最大的饭店业主，他就是埃尔斯沃思·弥尔顿·斯塔特勒（EllsworthM. Statler，1863～1928 年）。斯塔特勒饭店是专为旅行者设计的，其特点是每套客房都有浴室，这在当时是闻所未闻的。他按统一标准来管理他的饭店，因此，不论你到波士顿、克利夫兰，还是纽约、布法罗，只要住进斯塔特勒的饭店，就保证可享受到标准的服务。他的饭店里还设有通宵洗衣、自动冰水供应、消毒马桶坐圈、送报上门等服务项目。斯塔特勒讲究经营艺术，注重提高服务水平，亲自制定了《斯塔特勒服务手册》，开创了现代饭店的先河。斯塔特勒的饭店经营思想和方法，如“饭店经营第一是地点，第二是地点，第三还是地点”、“宾客永远正确”等，至今对饭店业界仍大有启迪。

商业饭店的服务对象主要是公众和商务旅行者，因而其设施与服务一改追求豪华与奢侈的做法，讲求舒适、方便、清洁、安全和实用，并考虑宾客的需求和承受能力，收费合理。20 世纪 20 年代，美国饭店业得到了迅速发展。仅在纽约，就有许多饭店兴建起来。小城市的饭店创办人则呼吁，如果没有现代饭店设施，将有损于这个城市的声誉，而后便采取向居民兜售债券的办法，集资兴建饭店。这样一来，就有力地促进了饭店业的大发展。20 年代中，美国饭店的客房平均出租率达 86% 左右。

汽车饭店是随着汽车工业的发展而发展的。最初的汽车饭店十分简陋，仅仅是在田野里搭几个帐篷让人过夜，后来才有人造了些简单的小屋，但四壁之内仅有一张大铁床，旅客投宿须自备铺盖。1925 年，在美国加利福尼亚州的圣路易斯·奥比斯波地区，出现了一家叫“迈尔斯顿”的饭店。据说就是这家饭店最早正式使用了“汽车饭店”（Motel）这个名称。4 年之后，“迈尔斯顿”汽车饭店倒闭了，但更多的汽车饭店却在美国各地涌现。

这一阶段商业饭店的发展，有以下几个突出的特点：一是确定了饭店为公众和旅游者服务的基调，使饭店业的发展与经济发展和人们生活水平提高相适应；二是促进了饭店管理和服务的标准化和规范化，形成了行业规范和相应的管理机构，如饭店管理协会等；三是逐步实现了饭店的现代化经营和管理，形成所有者与经营者相分离的体制，促进了饭店经营管理者阶层的产生和发展；四是出现了专门培养饭店经营管理人才的学校（院），如美国康奈尔大学饭店管理学院等。这一切不仅为现代饭店业打下坚实的基础，而且为饭店业成为一个重要的行业创造了条件。

**（四）现代新型饭店时期**

20 世纪 50 年代开始，饭店业进入现代新型饭店时期。第二次世界大战结束后，随着世界范围内的经济恢复和繁荣，随着人口的迅速增长，特别是现代科学技术的进步，交通条件大为改善，为外出旅游创造了条件；劳动生产率显著提高，又增加了人们的可支配收入，于是外出旅游和享受饭店服务的需求迅速扩大，从而推动了饭店业的大发展。

至 20 世纪 50 年代末 60 年代初，旅游业的发展趋势对传统饭店越来越不利，许多传统小饭店已无法与那些新型饭店竞争。空中交通的普及，减少了人们对传统饭店的需求，人们可以从一地飞到另一地，根本不需要再在途中住宿。因而 1960 年左右，大型汽车饭店开始在各地出现，并开始向城市发展，建筑物也越造越高，使汽车饭店与普通饭店变得很难区分，而且其奢华程度大大超过原先的同类饭店。饭店内装饰得鲜艳夺目，以此招徕顾客。花砖浴室、地毯、空调、游泳池等皆为每家饭店必备的标准设施。至 20 世纪 60 年代中期，汽车饭店联营和特许经营得到发展，一家饭店生意好坏，在很大程度上就靠联营网络中饭店之间的互荐客源。

第二次世界大战以后，首先出现在北美洲的饭店集团在此期间得到了极大的发展，并逐步扩展到了世界其他地方，国际性饭店集团开始崛起。20 世纪 40 年代末，隶属于美国泛美航空公司的洲际饭店公司（Inter-Continental Hotels Corporation）成立，随即在拉美国家建立了几家饭店。至 20 世纪 50 年代后期，该公司在委内瑞拉、巴西、乌拉圭、智利、墨西哥、哥伦比亚、古巴等地都有了饭店。到 20 世纪 80 年代，洲际饭店集团的饭店已遍及 50 多个国家和地区。1948年，康拉德·希尔顿获得了对位于波多黎各首府圣胡安的加勒比希尔顿饭店的经营合同，为其发展希尔顿国际饭店公司（Hilton International）奠定了基础。由于洲际饭店公司及希尔顿国际饭店公司在国外经营饭店的成功，美国喜来登饭店公司（Sheraton Corp.）、威斯汀饭店公司（Westin Hotels）、诺特饭店公司（Knott Hotels）、凯悦国际饭店公司（Hyatt International）等也纷纷向海外发展，而假日饭店公司（Holiday Inns Corp.）从一开始就表现出成为世界上最大饭店集团的勃勃雄心。纵观这一时期饭店业的发展，具有以下几方面的特点：

（1）饭店规模扩大，集团化管理占有日益重要的地位。尤其是自20世纪50年代以来，一些大的饭店公司通过联号管理、特许经营等方式，逐渐形成了统一名称、统一标志、统一服务标准的饭店联号经营，促进了饭店的集团化发展。

（2）饭店服务的多样性和综合性，促进了各种类型饭店的产生，并提供特殊的服务。20世纪50年代以来，随着世界旅游业和饭店业的迅速发展，饭店业竞争日益加剧。为了在竞争的市场中占有一席之地，各饭店都十分重视扬长避短，发挥优势，通过提供多样性的服务、开发特殊的产品来吸引消费者，从而出现了各种提供特殊服务的饭店，如残疾人饭店、太空饭店、洞穴饭店等，并且力图为宾客提供综合性的、周到满意的服务。

（3）饭店业与相关行业的合作日益密切和加强。随着饭店业竞争的加剧和旅游活动范围的扩展，促使现代饭店业不仅加强内部的合作与联号管理；同时也不断扩大与相关行业的合作与联合。如饭店业与交通业、旅行社业、金融业、商业的合作更密切，以形成强大的力量，联合促销，共同争取客源，提高联合体的市场竞争能力。

## 二、中国饭店业发展历史

在中国，最早的饭店设施可追溯到春秋战国或更古远的时期。数千年来，中国的唐、宋、明、清被认为是饭店业得到较大发展的时期。19世纪末中国饭店业进入近代饭店业阶段，但此后发展缓慢。直到20世纪70年代末中国推行改革开放政策以后，饭店业才开始快速发展。中国现代化的饭店设施，其中一些是经过改造的旧饭店，一些是新中国成立以后建造的宾馆、饭店和招待所，另一些则是近20多年来兴建的现代化新型饭店。这三类设施组成了中国目前饭店业的主要接待力量。

**（一）中国古代饭店设施**

中国古代饭店设施主要以官办驿站、迎宾馆和民间客栈（旅店）为主，它们在中国饭店业发展史上有着重要地位。

驿站是中国历史上最古老的一种官办住宿设施。在古代交通条件不发达的情况下，政府命令的下达、公文的传递、各地之间的书信往来等均靠专人骑马、乘车、乘船来传送。驿站就是为这种驿传制度服务而设立，专门接待往来信使和公差人员并为其提供车、马交通工具的住宿设施。驿传制度始于商代中期，止于清光绪年间“大清邮政”的兴办，世代沿袭3000余年。因而，驿站堪称中国历史上最古老的饭店设施。

古代驿站在其漫长的发展过程中，由于朝代更迭、政令变化、疆域展缩及交通疏塞等原因，不仅其名称多有变化，如传舍、驿舍、驿楼、驿馆、馆驿、邮亭、邮铺、铺舍等均为这种官办住宿设施在不同时期的种种称谓，而且其功能也不断改变。驿站初创时，其目的是专为传递军情和报送政令者提供食宿，因而接待对象局限于信使和邮卒。秦汉以后，驿站的接待对象范围开始扩大，一些过往官吏也可以在邮亭或传舍食宿。至唐代，驿站已广泛接待过往官员及文人雅士。元代时，一些建筑宏伟、陈设华丽的驿站除接待信使、公差外，还接待过往商旅及达官贵人。据马可·波罗说，这样的驿站当时在全国有1万处。明、清时，在驿站食宿者中已不乏一般过往旅客。由此可见，驿站虽起源于驿传制度，开始时是专门接待信使、邮卒的住宿设施，但后来逐渐扩大接待范围，也为过往商旅及民间旅行者提供食宿服务。由于官办驿站在初始时只接待公务人员，这就为民间提供了沿驿道及在驿站附近大量开设旅店的机会，在一定程度上促进了民间旅店业的产生和发展。

迎宾馆是中国古代另一类官办的住宿设施，其主要是为京城使者或外国使者提供食宿接待服务。迎宾馆的称谓在不同朝代各异，例如春秋战国时期称为“侯馆”和“传舍”；两汉时称为“蛮夷邸”；南北朝时又名“四夷馆”；唐宋时叫“四方会馆”；元、明时又称作“会同馆”；到清末时才正式称为“迎宾馆”。迎宾馆作为中国古代饭店的重要形式，是官方接待外国使者和交往人员的重要设施，不仅适应了中国古代对外交往的客观需要，而且对促进中国古代政治、经济和文化的交流起到了十分重要的作用。

中国古代民间旅店业早在春秋战国时期就已产生，据文字记载，在商周时期就有专为人们提供休息和食宿的“逆旅”场所。秦汉时期，由于商业和贸易活动的兴旺发达，使民间旅店业有了较快的发展，城镇郊区、集市和主要道路口都有各种各样的旅店存在。汉代以后，随着城市的形成和发展，在各个朝代中民间旅店广泛分布于城内繁华地带。除了一般提供食宿的旅店之外，为适应中国封建社会科举制度的要求，在各省城和京城出现了专门接待各地赴试学子的会馆，成为当时旅店业的重要组成部分。

**（二）中国近代饭店业的发展**

中国近代饭店业是随着19世纪初外国资本的侵入而逐渐发展起来的。这一时期，中国的饭店设施大致可以分为西式饭店、中西结合式饭店、客栈旅店三种类型。

1840年第一次鸦片战争以后，随着《南京条约》、《望厦条约》等一系列不平等条约的签订，帝国主义列强纷纷侵入中国，设立租界地，划分势力范围，并在租界地和势力范围内兴办银行、邮政、铁路和各种工矿企业，从而导致西式饭店的出现。据有关记载，到1939年，在北京、上海、南京、天津、广州、沈阳、汉口等23个城市中，已有由外国资本建设并经营的西式饭店近80家。这些西式饭店把西方国家的饭店模式带入中国，不论在建筑式样、设备、装潢，还是在经营方法、服务要求等方面都与中国传统饭店有很大的区别。尤其是受19世纪初西方国家商业饭店发展的影响，这些西式饭店一般都规模宏大、装饰华丽，符合西方商业饭店要求，拥有客房、餐厅、舞厅、酒吧、会客室等，备有电话、暖气及卫生间，采用标准化服务和规范化管理，以适应接待来华的外国人员及当时上流社会人物、达官贵人集会的需要。如广州的维多利亚饭店，济南的斯坦饭店，北京的三星饭店、宝珠饭店、六国饭店，天津的裕中饭店等都是由外国人建造和经营的西式饭店。西式饭店是帝国主义列强侵略中国的产物，从本质上讲是为帝国主义的政治、经济、文化侵略服务的。但西式饭店的进入也对中国近代饭店业的发展起了一定的促进作用，尤其是把西方商业饭店的建设、经营、服务及管理方法带到中国，使中国的商业饭店也有了迅速的发展。

中西结合式饭店，是指受西式饭店影响、由中国民族资本开办经营的饭店。20世纪初期西式饭店的大量出现，刺激了中国的民族资本向饭店业投资，各地相继建立了一大批中西结合式风格的饭店。至20世纪30年代，中西结合式饭店的发展达到了鼎盛时期，在当时的各大城市中，均可见到这类饭店。其中较为著名的有北京东长安街长安春饭店（1912年）、香厂路东方饭店（1918年）、京西翠微山麓西山饭店（1920年）、西珠市口中国饭店（1925年）、东交民巷西口华安饭店（1926年）、西城辟才胡同状元府饭店（1936年）等；在天津有国民饭店（1923年）、惠中饭店（1926年）、世界大楼（1941年）等。在上海，这类饭店以纯粹的西式建筑为多，如东方饭店、中央饭店、大中华饭店、大上海饭店、大江南饭店、南京饭店、大沪饭店、扬子饭店、百乐门饭店、金门饭店、国际饭店，等等。

中西结合式饭店背弃中国传统饭店的庭院或园林式建筑风格，在建筑设施上趋于西化，多为高大的楼房建筑，店内设备和装潢则中西结合，在经营项目和经营方式上受西方饭店影响，不仅实行与交通、银行等行业联营，而且在服务和管理方面也接受国外商业饭店的方式，从而使中国近代饭店业的发展接近西方国家的水平。

在西式饭店和中西式结合饭店发展的同时，中国民间客栈旅店业也进一步发展、壮大。特别是近代交通工具的改善和发展，为中国传统的民间客栈旅店的发展提供了新的机遇。有关记载表明，到20世纪30年代末期，全国各铁路沿线及车站的民间旅店或招商客栈已发展到1000多家。这些旅店在规模上有所扩大，客房也分不同等级，并提供餐饮、住宿及其他杂项服务；在设施和装潢方面也较以往的旅店有较大改善，从而成为中国近代饭店业的重要组成部分。

### （三）中国现代饭店业的发展

新中国成立后至1978年实行改革开放前，中国的饭店设施以事业接待型为主，大多数饭店实行招待所式服务，部分较好的饭店，作为政府外事接待部门的附属单位，没有独立的经济地位。这一阶段中国饭店业的总体状况可以概括为数量稀少，设施陈旧，功能单一，条件简陋。

党的十一届三中全会以后，经济建设的蓬勃发展和旅游业的兴起为饭店业的发展带来了前所未有的机遇。在短短30年时间里，饭店业发展速度之快、档次之高，实属世界罕见，至今已形成了以近1.3万家星级饭店为主体，以一大批各种类型的饭店设施为补充的旅游饭店产业。在30年的发展过程中，中国旅游饭店业经历了以下几个阶段。

#### 1. 1978～1988年恢复起步阶段

在这个阶段中，旅游饭店业在局部城市始终处于高速增长的状态，但由于发展的基数比较小，所以全国每年增长的绝对量并不大，总体上处于起步阶段。

从饭店业的市场看，这一时期是饭店业的短线制约时期，旅游饭店成为当时中国旅游业发展的瓶颈。中国向世界敞开国门初期，海外游客怀着对中国的神秘感大量涌入，致使主要城市及旅游城市饭店严重供不应求。在这种情况下，1979年，国务院在北戴河召开会议，决定在各省尽快建设一家主体饭店。1982年北京建国饭店的建成开业，标志着从此拉开了大规模引进外资建造饭店的大幕，大量的社会资金和各部门的资金也开始投入饭店业，饭店业发展出现了强劲势头。在这一过程中，旅游饭店的经济效益一直处于非常好的状态。到了这一阶段的后期，由于在一些大中城市众多饭店的出现，供不应求的状况在局部地区得以暂时缓和。

随着旅游业的高速增长，饭店业的体制也发生了重大的变革。一些接待型的饭店纷纷摘掉了招待所的帽子，从事业单位转为企业，成为经营实体。这些饭店与新建饭店一起成为我国饭店业的主体。饭店业企业化的过程为饭店经营管理上档次提供了条件。

从饭店经营管理的角度看，伴随着外资饭店的开业和境外管理的引进，我国饭店业开始了从招待所式的管理向现代饭店管理的转变。许多饭店纷纷学习国内外先进管理理论和方法，建立自身的管理模式。从市场营销的角度看，这一时期还处于产品观念阶段，一些饭店仍然有皇帝女儿不愁嫁的心态，等客上门是不少饭店的经营之道。

2. 1989～1999 年快速成长阶段

经过前十多年的起步发展，中国饭店业在 1989～1991 年经历了短暂的调整。由于 1989 年"政治风波"的影响，一些西方国家对中国实行经济制裁，使处于蓬勃发展中的饭店业突然跌入低谷，新兴的饭店业第一次体味到市场的残酷。饭店客房出租率大幅下降，1989 年部分省市饭店平均客房出租率低于 40%，较上年降幅巨大。与此同时，饭店的增长速度显著下滑，从 1989 年 21.5% 客房增长率下降到 1990 年 9.83%、1991 年 9.28%。这一时期的主要特点还不完全在于增长率的下降，而在于整个饭店业市场从高峰骤然降至低谷，饭店经营者在市场的变化中面临前所未有的市场压力。

1992 年，小平同志南巡讲话以后，全国掀起了新一轮改革浪潮，经济发展异常活跃，民营经济全面启动，饭店业也进入了快速成长的时期，旅游饭店出现了供求两旺的局面。饭店客房出租率大幅上升，平均房价急剧攀升，达到了历史的最好水平。与此同时，大建饭店的热潮在全国各地出现。大量的房地产项目、培训中心项目以及写字楼、商用楼等项目也纷纷转向饭店业，由于饭店建设报批渠道多，旅游管理部门对饭店的建设往往没有审批权，因而无法对市场进行预先引导，饭店建设盲目性极大，至1996年以后，不少省份饭店客房供给的年增幅在20%以上，饭店供求宽松的局面开始显现。特别是亚洲金融危机发生，饭店消费需求出现了委靡不振的状况，饭店业进入了下滑的通道。旅游饭店业的经营收入与经营利润出现了背离的态势，虽然旅游饭店业的经营收入有明显的增长，但经营利润却连年下滑。从1997年开始出现全行业普遍亏损现象，特别是一些没有特点的老饭店和投资巨大的新建饭店亏损严重。

在这一阶段，饭店业市场在起伏中从供不应求向供求宽松的状态转变，由卖方市场转向了买方市场。1993年以后，饭店外延规模急剧扩大，各地出现大建饭店的态势，即使在经济落后的西部省市和许多县市，也不惜巨资建中高档饭店。经过近二十多年的积累，到这一阶段的后期，饭店供求关系得到了根本的改善。

激烈的市场竞争迫使饭店管理的重心转向调整经营管理机制、强化内部管理、提高饭店档次和服务水平、增强市场竞争力上来。饭店经营管理从过去忽视市场需求转向通过标准化、规范化、科学化的管理来提高饭店服务质量和产品质量，从而满足市场的需求。一些管理良好的饭店，已经为集团化发展打下了基础。

与此同时，国家旅游局在全行业推行了饭店星级评定工作，而这一工作的实施使全国的饭店在软硬件的建设上都有了对照标准。饭店行业管理开创了星级化管理的时期。各饭店围绕着星级标准，以星级的达标作为管理的目标，积极完善饭店产品内涵，努力提供优质的服务，饭店业的软硬件水平明显提高。星级评定工作的开展使饭店业从根本上上了一个台阶。1989年诞生了国内第一批星级饭店。

在1989~1999的10年里，旅游行政管理部门的工作重心从促进饭店供给数量的增加调整为促进行业规范化的建设。饭店业市场竞争的内在动力和行业管理部门的外在压力，使中国饭店业走过了一个以成长为核心内容的发展时期。

3. 2000年以后，全面发展阶段

由于国内旅游的蓬勃发展和经济发展的突飞猛进，2000年以来，饭店业焕发了巨大的生机，规模急剧扩大。

这一阶段饭店业市场从不成熟的买方市场向成熟的买方市场转化，饭店的客源市场结构已从过去的单纯依靠游客转向拥有商务客人、度假客人、本地客人和游客等多种客源。在经历了 2003 年 SARS 爆发的短暂低潮以后，得到了更加高速的发展。随着国际饭店管理集团全面进入中国饭店市场，饭店竞争日趋激烈。许多饭店积极谋求自身的发展出路，不仅借鉴了国外饭店的先进理念，还融合了我国饭店的管理实践，通过服务人性化、营销网络化、集团化扩张等手段获得了较快的发展。

新一轮饭店建设方兴未艾，饭店业的建设呈现出了新的特点。饭店业经营体制也发生了根本的变化，民营饭店逐渐成为了饭店业的主体，饭店活力明显增强。

与此同时，国家旅游行政管理部门也不再拘泥于饭店规范化的行业管理，而是积极引导饭店业的健康发展。多次修改了星级标准，开展了“绿色饭店”创建活动，并制定了《绿色旅游饭店》的行业标准。为强化星级饭店的后续管理，制定了《星级饭店访查体系》，积极改进星级饭店宏观管理，有力地促进了星级饭店质量的提升。中国旅游饭店业协会也出台了《旅游饭店行业规范》等，有效地规范了饭店市场竞争。

这一时期的旅游饭店业，在经过恢复起步、快速成长等阶段后，饭店的质与量等方面都得到了明显的发展，饭店在寻求突破创新中得到了大幅提升，出现全方位发展的态势。

## 三、中国饭店业发展现状

中国饭店业经过改革开放 30 年来的发展，取得了举世瞩目的成就。至 20 世纪末期，中国共有旅游涉外饭店 7000 多家，其中星级饭店 3800 多家，客房总量近 89 万间，饭店业营业收入 8457 亿多元，固定资产 2370 亿多元。此后，我国星级饭店数量继续保持较快地增长。到 2006 年年末，全国共有星级饭店 12751 家，拥有客房 146 万间，拥有床位 279 万张。2006 年全年营业收入总额为

1483 亿元。

在此期间，饭店的建设速度超过了世界上任何一个国家同期的建设速度。饭店业的档次结构也发生了根本性的变化。20 世纪 80 年代初那种只能提供一食一宿的招待所型饭店已为档次齐全、类型丰富的商务型饭店、观光游览型饭店、休闲度假型饭店、会议展览型饭店、康复疗养型饭店和综合型饭店所取代。可以说，30 年间，中国饭店业的硬件设施已达到了世界先进水平，其中不乏一批软硬件均属世界上乘的高档饭店。但从总体来看，中国饭店业的管理水平还不够平衡，中国饭店业发展的历程呈现出以下特点。

**（一）饭店产业迅速崛起，呈现势不可当的态势**

在 30 多年的时间里，中国饭店业发展迅猛，形成了 20 世纪 80 年代中期、90 年代中期和现阶段三个大建饭店的高潮时期。80 年代中期，饭店建设主要集中在大城市，所建饭店主要是以接待国际游客为主的旅游饭店。1993 年后则出现了市、县（区）争先恐后建饭店的热潮，所建饭店以中低星级饭店为热点，星级饭店分布日趋分散。至今国内多数市县区都有了星级饭店，在发达的地市都形成了四星级以上的饭店为龙头的饭店产业体系。近阶段饭店业的建设由点到面，饭店建设两头热的趋势十分明显：一头是高星级饭店，据调查，近几年将新建四五星级饭店达 1000 多家；另一头是经济型酒店的建设如火如荼。与此同时，中档饭店正在向特色化、专业化方向发展。饭店的附属产品如家庭旅馆、度假设施、露宿营地等发展也极为迅速。饭店业出现了以星级饭店为龙头，多形态饭店共同发展的局面，饭店业进入了全方位发展的时代。

随着发展，饭店的产业地位日益提升。饭店不仅仅是旅游业的重要组成部分，而且成为了一个城市、一个地区经济发展的重要窗口。各级领导十分重视饭店的建设，纷纷把饭店建设当做政府的形象工程来抓。再加上饭店资产的升值等综合效应，房地产商大规模介入饭店业，使得饭店业在今后的一段时期内刚性增长不可避免。

**（二）饭店类型齐全，较为合理的饭店产业格局逐渐形成**

我国旅游管理部门积极引导饭店业的健康、有序发展，在顺应经济快速发展的宏观形势下，科学规划饭店布局，努力调整饭店结构。在始终坚持服务质量这个永恒主题的同时，全力推进饭店业的星级化进程。通过合理调整布局，形成了全国范围内各大、中、小城市和主要旅游线路上的星级饭店网络，大大提高了各地的旅游综合接待能力；通过优化饭店结构，一个满足不同客源需求的星级饭店结构体系已逐步形成。全国12750多家星级饭店中，共有五星级饭店302座，共有11.52万间客房，占全国星级饭店客房总数的7.9%；四星级饭店1369座，共有29.00万间客房，占全国星级饭店客房总数的19.9%；三星级饭店4779座，共有59.85万间客房，占全国星级饭店客房总数的41.0%；二星级饭店5698座，共有42.41万间客房，占全国星级饭店客房总数的29.1%；一星级饭店603座，共有3.21万间客房，占全国星级饭店客房总数的2.2%。形成了金字塔式的星级饭店结构体系，基本符合旅游业发展的内在要求。

2006年，全国星级饭店中客房数在500间以上的有113座，共有7.48万间客房，占全国星级饭店客房总数的5.1%；客房数在300~499间的饭店471座，共有17.30万间客房，占全国星级饭店客房总数的11.9%；客房数在200~299间的饭店1014座，共有24.39万间客房，占全国星级饭店客房总数的16.7%；客房数在100~199间的饭店3978座，共有53.77万间客房，占全国星级饭店客房总数的36.8%；客房数在100间以下的饭店7175座，共有43.05万间客房，占全国星级饭店客房总数的29.5%。饭店平均规模115间。全国饭店形成了以中小型饭店为市场主体的特色。

从饭店经济性质看，国有星级饭店在中国饭店业所占比重依然最大，但近年比重日益下降，私营、民营饭店比重不断攀升，2006年国有的饭店占星级饭店总数的45.7%。私营、联营、股份制等注册登记类型饭店的比重在逐步加大，目前占星级饭店总数的42.6%：其他形式占11.7%。初步形成了多种投资主体、不同经营体制、不同管理模式以及经营定位清晰的饭店产业体系和格局。

**（三）管理水准明显提高，但发展不平衡，饭店业集团化进程加快**

全国饭店业中星级饭店管理水平普遍较好，总体管理水平稳步提高。但在东西部之间、各星级之间仍存在着一定的差距。有不少饭店虽有现代设施，却依然停留在招待所的管理模式上，与星级饭店的差距有拉大之势。随着国外饭店公司大举进入中国市场，各地大中城市都有了国外著名饭店公司管理的饭店，这些饭店均采取了集团化网络化管理模式。近年来国内饭店管理公司发展较快，形成了一批较有影响力的饭店管理公司，中国旅游饭店业协会每年都公布中国饭店民族品牌30强，首旅建国、锦江、浙江世贸君澜、南京金陵、浙江开元等管理公司已开始形成较强的管理能力，全面参与国内饭店的管理。如家、锦江之星等低端品牌的上市，形成了很强的连锁经营能力，发展状况良好，正在向国际品牌的方向前行。

目前国内大多数饭店仍然单体经营，实行单兵作战，自我管理。总体而言，饭店业在硬件全面快速提升的同时，软件水平稳步提高，发展势头令人欣喜。

**（四）饭店业总体运行良好，星级化、绿色化管理成为一种潮流**

饭店业在近几年总体规模持续扩张的情况下，经营效益仍然保持较好的状态，营业收入、平均房价、上缴税金等主要经济指标全面提升，饭店业总体运行良好。2006年饭店业星级饭店实现营业收入1483亿元，客房出租率61.03%，全国星级饭店的全员劳动生产率为9.4万元/人。

20世纪90年代中期以来，国家对饭店业实施了以标准化、规模化、科学化为特点的星级化管理，使全国饭店在提高管理水平和服务水准的同时进入星级序列，饭店星级化比例显著提高，越来越多的中、小型饭店自觉加入星级化行列。特别是2000年以来，饭店业星级评定步伐迅速加快。星级化管理将成为中国饭店业的一种潮流。近年来饭店业竞争也日益理性，追求质量竞争和文化竞争及绿色化已成为一种时尚。特别是以节能降耗为主题的绿色饭店的推广活动在全国全面展开，很多饭店对舒适度的理解有了深一层的含义，中国饭店业的发展日趋成熟。

# 第三节　饭店等级制度

## 一、实行饭店等级制度的目的

饭店等级制度是国际旅游业的通用语言，是世界旅游发达国家通行的一项制度，实行饭店等级制度的目的一般有以下几点。

### （一）确立饭店产品和服务标准

饭店分等定级的目的之一是确立统一的饭店服务和产品质量标准，有利于建立有序的饭店产品销售系统。

### （二）便于经营管理和监督

政府机构和行业组织把颁布和实施饭店分级制度作为饭店行业管理和规范饭店行为的一种手段。通过对饭店定级，一方面有利于饭店企业根据所定等级的要求进行经营管理；另一方面便于政府有关部门和行业组织对饭店的经营行为进行监督，使之提供与饭店等级相符的产品和服务。

### （三）维护饭店宾客的利益

饭店等级是对饭店设施水平和服务水平的界定与质量保证。饭店等级的高低实际上反映了不同层次宾客的需求。在一般情况下，对于同规模、同类型饭店来说，客房平均房价是饭店等级高低的客观标志。对宾客来说，饭店分等定级可以使他们在使用饭店设施之前对饭店的设施、服务情况有一定了解，以便根据自己的需要和经济能力有目的地选择适合自己的饭店。

### （四）维护饭店企业的利益

饭店分等定级有利于饭店企业的市场定位和目标市场选择，并为饭店定价提供依据，饭店根据等级制订营销计划和开展促销活动；同时也有利于饭店同行之间的平等、公平竞争，促进饭店服务水平的改善和提高。

## 二、国际饭店业等级制度

目前国际上有数十种饭店等级制，有的是由各国政府部门制定，有的是由各地饭店协会或相关协会制定。有些国家强制性规定饭店必须参加评定等级，有的则由饭店企业自愿申请参加评定。但无论是强制还是自愿，饭店等级制除详细的等级标准外，还包括完备的申请、调查、批准、复查、暗查、抽查、降级、除名等程序。由于各地区、国家间饭店业发达程度和出发点不同，各种等级制所采用的标准不尽相同，但各地饭店分等定级的依据和内容却十分相似，通常都从饭店的地理位置、环境条件、建筑设计布局、内部装潢、设备设施配置、维修保养状况、服务项目、清洁卫生、管理水平、服务水平等方面进行评价确定。

饭店等级制在欧洲国家较为普遍。法国官方制定的饭店等级制为“1～5星”五级，但饭店宾客更乐于使用法国米其林轮胎公司（Michelin Tire Company）旅游部门制定的米其林指南（Michelin Guide），该指南采用“1～5级”制，标志图形是1～5个小屋；意大利由行业协会制定等级标准，采用“豪华、1～4级”制；瑞士饭店业也由行业协会制定分等标准，按价格分为“1～5级”；奥地利饭店协会制定的分等标准使用“A1、A、B、C、D”五级；西班牙和爱尔兰均由政府制定饭店等级标准，西班牙为“1～5星”级，爱尔兰为“A+星、A、B+星、B、C+星”五级；而有的国家和地区则采用“豪华、舒适、现代”或“乡村、城市、山区、观光”或“国际观光、观光”等，可谓形形色色。美国和英国各有两套饭店等级标准。在美国，由于复杂的政治和社会结构以及饭店业的千姿百态，至今尚未有统一的、被普遍接受的饭店等级标准，较有影响的则是美国汽车协会及美孚石油公司分别制定并使用的“五钻石”和“五星”等级制。据报道，在北美洲，每年仅有50余家饭店被评上“五钻”级，20余家评上“五星”级。英国政府部门制定的标准将饭店分为“1～5 皇冠、列名”六级，英国汽车协会制定的饭店等级分为“1～5 星”五级，并以“1～3 玫瑰”表示饭店餐饮质量水平。

**表 1－2　世界部分国家饭店等级制度**

| 国　家 | 饭店等级所用名称标志 | 制定执行机构 |
| --- | --- | --- |
| 法　国 | 五星、四星、三星、二星、一星 | 政府部门 |
| 法　国 | 五屋、四屋、三屋、二屋、一屋 | 米其林轮胎公司 |
| 意大利 | 豪华、第一、第二、第三、第四 | 政府部门 |
| 奥地利 | A1、A、B、C、D | 饭店协会 |
| 瑞　士 | 按价格 1～5 等 | 饭店协会 |
| 英　国 | 五皇冠、四皇冠、三皇冠、二皇冠、一皇冠、列名 | 政府部门 |
| 英　国 | 五星、四星、三星、二星、一星、三玫瑰、二玫瑰、一玫瑰 | 英国汽车协会 |
| 西班牙 | 五星、四星、三星、二星、一星 | 政府部门 |
| 爱尔兰 | A＋星、A、B＋星、B、C＋星 | 政府部门 |
| 希　腊 | A、B、C、D、E | 政府部门 |
| 挪　威 | 乡村、城市、山区、观光 | 政府部门 |
| 葡萄牙 | 观光、商业 | 政府部门 |
| 加　蓬 | 豪华、舒适、现代 | 饭店协会 |
| 以色列 | 五星豪华、五星、四星、三星、二星、一星 | 政府部门 |
| 美　国 | 五星、四星、三星、二星、一星 | 美孚石油公司 |
| 美　国 | 五钻、四钻、三钻、二钻、一钻 | 美国汽车协会 |

## 三、中国饭店业星级制度

中国饭店业的等级制度采用国际上通行的星级制度，以星（★）的多少来标定一个饭店的硬件档次和服务水平，既巧妙地避开了各国语言文字的障碍，而且可以使客人一目了然地对饭店的各方面有一个全面的了解。因而星级制度在饭店业发展过程中被越来越多的国家和地区所采用。

### （一）中国饭店业星级制度的发展

中国从 1988 年开始推行饭店星级制度。20 世纪 80 年代以来，随着改革开放政策的实施，中国旅游业有了较快的发展。为了促进旅游业尽快与国际接轨，适应大力发展国际旅游业的需要，国家旅游局在世界旅游组织专家的指导和协助下，制定并于1988年8月22日颁发了《中华人民共和国评定旅游涉外饭店星级的规定和标准》，于1988年9月1日开始执行。该规定和标准主要包括旅游涉外饭店星级评定的规定和旅游涉外饭店星级标准两大部分内容。

1992年以后，中国饭店业进入了一轮饭店建设的高峰期，为了更好地引导饭店业的发展，有必要对星级标准进行修订，以进一步规范饭店的建设和管理。1993年9月1日，国家技术监督局正式发布了编号为GB/T14308—1993的《旅游涉外饭店星级的划分及评定》的国家标准，于1993年10月1日起执行。2003年，国家旅游局再次对星级标准进行了修订，根据饭店业发展的情况，强化了对饭店“产品舒适性、管理专业性、氛围整体性”的要求，围绕“三性”修订了《旅游涉外饭店星级的划分与评定》的标准，产生了GB/T14308—2003。该标准从2003年12月1日起施行。

《旅游涉外饭店星级的划分及评定》（GB/T14308—2003）施行以来，对指导与规范旅游饭店的建设与经营管理，促进我国旅游饭店业与国际接轨，发挥了巨大的作用。但随着我国社会经济以及旅游业、饭店业的发展，饭店细分市场即不同的客源对象和消费层次的迅速形成，各种可替代服务产品的不断涌现，旅游饭店需要根据市场变化进一步明确自身的功能类别，这使得GB/T14308—2003与现实有些不相适应。因而，我国的饭店星级标准将在再次修订，总体思路是：

1. 立足中国标准、走向世界标准

构建旅游产业标准化体系并努力在世界旅游业标准化工作中取得话语权是我国旅游业的一项重大战略任务，作为旅游业标准化体系重要组成部分的饭店星级标准起步早、发展快、认知度高，20年来已经摸索出了一条具有中国特色的政府主导下旅游饭店行业标准化管理体系，在这次标准修订工作中，将通过进一步完善星级标准，巩固并提高星级标准在行业中的影响力，增强标准的国际化，争取在世界旅游行业标准领域的话语权，努力把我国的星级标准推向世界。

2. 强化服务质量、提升饭店整体品质

针对近年来关于星级饭店服务质量投诉增多，部分星级饭店质量下降的情况，在本次标准修订中要着力突出对星级饭店管理制度、服务程序规范化方面的要求，全面提高我国星级饭店业服务质量，提升产业素质，纠正“硬件很硬、软件很软”的舆论导向。更好地促进中国饭店业又好又快发展。

3. 促进饭店形态业态的完善、引领饭店业的科学发展

需求的多样化催生了饭店市场的不断细分和多种业态发展，目前我国的旅游饭店市场正处于多元化发展的历史转型期。针对旅游饭店业多业态的发展趋势，在标准修订中使星级标准涵盖大部分的主流业态，并鼓励饭店企业特色经营，采用差异化竞争战略开拓细分市场。

4. 倡导绿色节能环保、实现饭店业的可持续发展

节约能源、保护环境，走可持续发展之路，是当今时代发展的潮流，节能减排是我国经济战略调整的重要内容。在标准修订中要体现绿色环保、企业社会责任等时代要求，增强标准的生命力。

**（二）中国饭店业星级制度规定**

根据中华人民共和国国家标准《旅游涉外饭店星级的划分及评定》，我国旅游饭店等级制度主要包括标准和附录两部分。《旅游涉外饭店星级的划分及评定》（以下简称《标准》），对旅游饭店星级的评定作了原则性规定。对饭店星级评定的规定共有 9 个部分。概括起来主要包括以下几个方面：

1. 饭店星级评定的目的和范围

《标准》规定了我国旅游饭店星级按照星的数量和设色来表示旅游饭店的等级。星级分为五个等级，即一星级、二星级、三星级、四星级、五星级（含白金五星级）。星级越高，表示饭店档次越高，最低为一星级，最高为白金五星级。星级用五角星表示，用一颗五角星表示一星级，依此类推。饭店星级的高低，一方面反映

了客源不同层次的需求，另一方面反映了饭店的建筑设施、服务项目及管理、服务水平满足这种需求的一致性。因此，旅游饭店星级评定的根本目的，实质上是维护旅游经营者和旅游消费者双方的利益，并促使双方利益的协调一致。

《标准》还明确了旅游涉外饭店星级评定的范围：凡在中华人民共和国境内，正式开业一年以上的各种经济性质的旅游饭店，均可申请参加星级评定。对于准备开业，或者正式开业还不满一年的旅游饭店，则先定出预备星级，待饭店正式开业满一年以后，再组织正式评定星级。

2. 饭店星级评定的组织和权限

《标准》明确了全国旅游饭店星级评定委员会是饭店星级评定的统筹领导机构，负责全国旅游饭店星级评定的领导工作，并具体负责五星级饭店的评定。各省、自治区、直辖市旅游饭店星级评定委员会，负责本地区四星级以下旅游饭店星级评定工作，并向国家旅游饭店星级评定机构推荐本地区的五星级饭店。明确划分了国家、各省、自治区和直辖市旅游局的饭店星级评定权限，有利于各级旅游局有效地组织和开展饭店星级评定工作。

3. 饭店星级评定的依据和方法

《标准》明确了旅游饭店星级评定是以饭店的建筑、装饰、设施设备及管理、服务水平为依据，具体的评定办法按照国家旅游饭店星级评定委员会颁布的“设施设备及服务项目评分”、“设施设备的维修保养及清洁卫生评定检查”、“服务质量评定检查”、“服务与管理制度评价”等五项标准执行。

饭店星级评定的具体工作由检查者承担，检查者在各级星评机构的领导下工作，在审核《饭店星级申请报告》的基础上，对申报星级的饭店进行明察暗访，并实施现场打分，达到标准要求的饭店，由星评机构予以批准。暂达不到标准，向饭店提出整改意见，在完全达标后，予以正式评定。

**（三）星级饭店的检查和监督**

《标准》明确制定了对已定星级的饭店的检查制度，若饭店的经营管理和服务水平达不到已定星级标准，星级评定机构将根据具体情况作出相应的处分：签发警告通知书、通报批评、降低或取消星级。各星级饭店如发生重大事故，造成恶劣影响，各级旅游涉外饭店星级评定机构无须先警告，可直接降低或取消其星级。

对饭店的检查，由饭店星级评定机构的检查人员承担。各级检查员均由国家旅游饭店星级评定委员会考核，颁发合格证书，然后持证上岗，依法行使职权。

**（四）饭店星级标准体系**

中国饭店业的星级标准吸收了国际上星级制度的成功经验，结合了中国饭店业的实际情况，是一个全方位考核评价饭店的标准，这个标准从饭店的标准部分和附录部分两个方面对饭店进行综合评价，是一个完整的标准体系，其基本构架如下页图 1－1 所示。

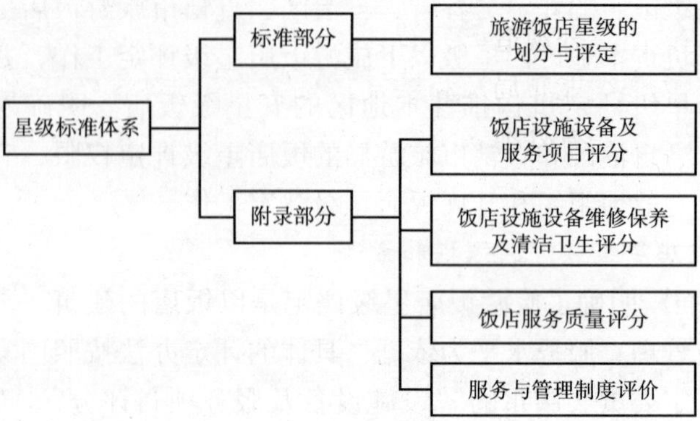


**图 1－1　中国饭店业星级标准体系基本构架**

1. 旅游饭店星级的划分与评定

旅游饭店星级的划分与评定又称必备条件，是饭店要达到某一个星级所必须具备的条件，它对 1～5 星级所必须具备的硬件条件和应设立的服务项目作了详尽的规范。

一星、二星级从饭店的布局、公共信息符号图形、采暖、制冷设备、前厅、客房、餐厅、厨房、公共区域 10 个方面来规定所应具备的条件。

三星级除上述十个方面外还增加了计算机管理系统等，并设置了选择项目，要求三星级饭店至少能在规定的 73 个选择项目中具备 10 项。73 项选择项目主要有综合类别 21 项和三个方面的特色类别 52 项。

四星级在三星级的基础上增加了饭店内外装修、背景音乐系统等必备的考核内容，共十七方面提出了评定的要求。73 个选择项目中，要求至少具备 26 项。

五星级从大项上与四星级内容基本相同，但其各项内容内涵更丰富、豪华程度要求更高，服务项目设置更多，规范也更详尽。73 项选择项目中，至少要具备 33 项。

白金五星级在五星级的基础上，增加了七个方面的必备内容和六个方面的选择内容。主要必备内容：具有两年以上五星级饭店的资格；地理位置处于城市中心商务区或繁华地带，交通极为便利；建筑主题鲜明，外观造型独具一格，有助于所在地建立旅游目的地的形象；内部功能布局及装修装饰能与所在地历史、文化、自然环境相结合，恰到好处地表现和烘托其主题氛围；饭店整体氛围极其豪华气派；各类设施设备配备齐全，品质一流，有饭店主要区域温湿度自动控制系统；有位置合理、功能齐全、品位高雅、装修华丽的行政楼层专用服务区，至少对行政楼层提供 24 小时管家式服务等。

2. 设施设备及服务项目评分标准

设施设备及服务项目评分是评价饭店硬件及服务项目水平的考核标准，它反映了一个饭店在达到必备条件下硬件和服务项目的好坏程度，这一项目是通过打分的形式来评价的，标准设置满分为 610 分。通常一个饭店所得分数越高，说明这个饭店的硬件水准越好。标准对每一个星级规定了应得分数的最低线。在 610 分中一星级至少应达到 70 分，二星级至少应达到 120 分，三星级至少应达到 220 分，四星级至少应达到 330 分，五星级至少应达到 420 分。

标准 610 分的具体分布如下：

(1) 地理位置、周围环境、建筑结构、功能布局 28 分

（2）共用系统　35 分

（3）前厅　59 分

（4）客房　192 分

（5）餐厅　92 分

（6）会议展览设施及商务中心　35 分

（7）公共及健康娱乐设施　136 分

（8）安全设施　8 分

（9）员工设施　8 分

（10）其他　17 分

3. 设施设备维修保养及清洁卫生评分

设施设备维修保养和清洁卫生评分属于软件考核的内容，它是评价饭店对所有的设施设备维护状态和清洁卫生状况的标准。这两个项目从饭店周围环境、公共场所到前厅、客房、餐厅酒吧、厨房、楼梯等公共场所、公共洗手间和公共娱乐及健身设施八个大项来实施考核评分的。评分标准规定了八大项近 200 个小项的项目检查分数，检查评分时，按照项目标准的要求，完全达到要求者为优、略有不足者为良，明显不足者为中，严重不足者为差。然后计算出实得分数与项目规定分数的综合得分率，各星级综合得分率必须达到规定的得分率。各星级规定得分率如下：一、二星级须达到 90% 以上；三星级须达到 92% 以上；四星、五星级须达到 95% 以上。同时各星级在达到规定得分率后，前厅、客房、餐厅（酒吧）、厨房、公共卫生间等五个部分也应达到相应的得分率，如果其中任何一个部分达不到所申请星级规定得分率，就不能获得所申请的星级。

**（五）服务质量评分**

服务质量评分是对饭店运作质量的综合评分，采取综合得分率的形式检查打分。服务质量评分共八个大项：

（1）服务人员的仪表仪容。

（2）前厅服务质量（态度、效率）。

（3）客房服务质量（态度、效率、周到）。

（4）餐厅（酒吧）服务质量（态度、效率、周到、规格）。

（5）其他服务（态度、效率、周到、安全）。

（6）饭店安全印象。

（7）饭店声誉。

（8）饭店综合服务效果。

各星级综合得分率要求：一星、二星级须达到90%以上；三星级须达到92%以上；四星、五星级须达到95%以上。服务人员的仪表仪容、前厅服务、客房服务、餐厅（酒吧）服务等四个部分也应达到相应的得分率。

**（六）服务与管理制度评价**

服务与管理制度评价是旅游饭店星级评定体系中的资料性附录，主要是从总体上评价一个饭店管理服务制度建设的情况。主要从员工手册，组织结构图，主导性管理制度，部门化运营规范，服务和专业人员岗位工作说明书，服务项目、程序与标准说明书，工作技术标准说明书等方面评价饭店制度设计的合理与否，是否可以加分等。

## 第四节　绿色饭店

"绿色饭店"至今还没有一个被广泛认同的确切定义。在提倡环保的年代，"绿色"往往用来比喻"环境保护"、"回归自然"、"生命"等，当一个与颜色无关的事物用"绿色"来修饰时，就表示该事物与环境保护有关。"绿色饭店"英文为"Green Hotel"，国际上又把"绿色饭店"译为"Eco-efficient Hotel"，意为"生态效益型饭店"。事实上，"绿色饭店"或"Green Hotel"只是一种比喻，表示饭店在环境管理方面的发展方向，可以理解为与"可持续发展"类似的一个概念，指能为社会提供舒适、安全、有利于人体健康的产品并且在整个经营过程中以一种对社会、环境负责的态度坚持合理利用资源，保护生态环境的饭店。

## 一、绿色饭店产生的背景

### （一）生存大环境呼唤绿色

人类社会已经在经济增长与环境保护相背离的道路上走过了数百年的历史。一方面，经济飞速增长，生活不断改善；另一方面，资源极大消耗，环境遭受严重破坏。20 世纪 60 年代以来的一系列恶性生态事件，如核危机、温室效应、臭氧层破坏、物种毁灭等，已经危及了人类自身的生存，迫使人类不得不思考自身发展与环境的协调问题。在此背景下，可持续发展思想逐步成为当代社会的共识。人类不愿再以牺牲环境和挥霍资源为代价去获取经济的一时增长，让经济、生态、社会同时可持续发展已成为有识之士的共同愿望，而绿色浪潮正是此种愿望的生动体现。

目前我国正处于经济高速增长时期，而人们的环保意识却极其薄弱和欠缺，环境污染和生态破坏相当严重。为避免继续重复“先污染后治理”的老路，提出在环保中发展的绿色管理思想是饭店业发展的必然选择。

### （二）饭店行业发展需要绿色管理

（1）饭店业是旅游业大系统中的一个子系统，也是旅游业发展的主体。而旅游业与可持续发展有一种天然的耦合关系，它对可持续发展战略的要求是本质的、内在的。旅游业的发展只有在环保意识的推动下才能生生不息。饭店业实施绿色管理，是行业本身的特殊性质所决定的。

（2）饭店业能源消耗弹性极大。作为宾客休憩娱乐的高消费场所，饭店提供的舒适环境是以能源消耗为代价的。一般来说，饭店的能源消耗费用占饭店营业收入的10% 以上；饭店的单位建筑面积平均用电量是城市居民用电的 10 倍之多，人均日耗水量为 5 倍多。同时，饭店是诸多污染物排放的污染源，例如使用燃煤、燃油锅炉向大气层排放大量的烟尘、二氧化硫、碳氢化合物和二氧化碳。一家三星级以上的饭店一年排放生活污水达 10 万吨左右，此外还有种种过度消费带来的物资浪费等。

（3）饭店业是引导文明的行业，是社会文明发展的窗口。饭店在服务接待及经营管理等方面所表现出来的素质水平对社会产生巨大影响。在饭店开展绿色管理，意味着让员工、宾客及社会都接受一次深刻的绿色教育，这对环保的贡献无形而深远。

（4）饭店业竞争激烈，且以价格竞争为主，但这种低级的竞争方式也有成本底线。实行绿色营销能使饭店业竞争走向以产品差异化为特征的良性非价格竞争。实施绿色管理，不仅可使饭店以绿色形象为竞争优势，进一步获得社会认可，提高市场占有率；同时也可促进饭店行业更加健康有序地发展。

## 二、绿色饭店的基本内涵

对现代饭店而言，绿色饭店的基本内涵体现在以下几方面。

### （一）饭店建造对环境破坏最小化

饭店的建设需要使用土地、绿地、森林、水体等资源；同时饭店的建设风格也会影响到自然景观、城市景观的质量；饭店建设和经营产生的废弃物将影响饭店周围生态环境的质量。所以，饭店的建设必须经过科学的论证、合理的规划设计，充分利用自然资源，减少人为影响和破坏，将周围环境质量损失降到最低点。

### （二）饭店设备运行对环境影响最小化

饭店设备运行对环境的破坏主要表现为两个方面：一是设备消耗的能源，二是生产过程中产生的“三废”（废水、废气、废渣）污染。饭店所需的燃油、煤在地球上的储存量是有限的，而它们在燃烧过程中会对大气产生污染，同时饭店有大量设备以电为动力，电的生产也会对环境造成污染。所以饭店应选择节能设备，减少对能源的使用及由此带来的污染。饭店还应提高自动化控制技术应用水平，合理操作，提高设备的运行效率，减少对外界环境的排放污染。

### （三）饭店物资消耗降到最低点

饭店的生产经营离不开对各种物资的消耗，饭店宾客的消费过程和服务员的服务过程都会大量消耗物资。而物资生产本身必须使用各种资源，生产过程又会产生废弃物，影响环境。同时，由于物资使用的低效率，饭店生产过程中产生大量废弃物，其中固体废弃物的处理是目前重要的环境问题。所以饭店要在内部尽可能实现物资的回收循环利用，提高物资的使用效率，减少浪费，减少固体废弃物的排放，并以此推动全社会的物资回收再利用。

**（四）提供满足人体健康的产品**

饭店是提供人们生活、休憩、娱乐的场所，饭店内部生存空间质量直接关系到人们的健康，是饭店产品质量的重要指标。所以饭店首先要确保室内外环境符合安全卫生标准，同时应努力开发各种环保型产品、绿色产品以满足人们的需要。例如饭店开设绿色客房、无烟餐厅、提供绿色食品、开展保健服务项目等。饭店还需要通过室内外的环境绿化为宾客创造良好的自然空间。

**（五）积极参与社会的环境保护活动**

环境保护工作是一项全社会的工作。每个人、每个企业的存在都不同程度地破坏着环境，所以每个人、每个企业都有义务为环境保护作出贡献。饭店参与社会的环境保护活动表现在以下几个方面：严格执行国家颁布的各项环保法规；积极配合政府进行各项环境整治工作；主动为社区环境保护作贡献。

## 三、绿色饭店的原则

“绿色饭店”需要有一些基本的原则来指导实际工作以支持它的持续改进和发展。

**（一）再思考（Rethinking）—转变观念**

环境问题的产生并不是人们故意破坏的结果，而是人们在追求经济发展、提高生产力、提高生活水平过程中产生的一个副产品。20 世纪 90 年代以来，日益严重的一些环境问题如固体废弃物的增加，都与产品生产者的生产理念、人们的生活理念有密切关系。所以，饭店要重新思考现行的生产方式、经营方式和服务方式，把环境因素作为一个重要内容来考察现有行为的合理性，然后提出进一步的改进措施。长期以来在旅游界流行的“旅游业是无烟产业，不会造成对环境的污染”的观念需要改变。事实上，我国许多地方为了开发旅游业大兴土木，已经造成了环境的严重破坏，而且许多破坏是不可弥补的。

**（二）再循环（Recycling）—节约资源**

由于地球上的绝大多数资源都是有限的，所以要提高对它们的利用效率，一个较好的方法是对可循环使用的资源进行再利用。再利用可分为微观再利用和宏观再利用两个层次。微观再利用是一种企业内部的行为，而宏观再利用是在全社会范围内通过政府干预或其他方式来实现。饭店内部首先要努力实现微观再利用，例如中水的回用、冷凝水的回用等。但有些宏观再利用，如纸张的宏观再利用，即纸的再生，在饭店内部是无法实现的，此时，饭店的任务是要为宏观再利用创造条件，即把废弃的纸张从其他的废弃物中分离出来，集中由废品处理站送到造纸厂进行再生。

**（三）再减少（Reducing）—降低成本**

简化、减少的根本目的是减少浪费、减少废弃物的产生，从而降低经营成本，提高资源效益。在大部分人的观念中，现代饭店就是豪华生活的代名词，所以饭店非常注重“包装”，包括对服务过程、对提供的物品的包装，正是这种包装使得饭店产生大量浪费并产生大量废弃物。典型的例子就是饭店提供的生活用品、卫生用品包装精美，但被客人打开后就成了废弃物，饭店完全可以简化包装，既能节约资金，又可达到环境保护的目的；又如饭店为客人一天一换床单，为此饭店每日有大量的床单要洗，用水量、污水排放量大大增加。而在不影响卫生标准的情况下，减少床单的更换次数可以减少水电的用量，减少织物、设备的磨损和洗涤工作量。

**（四）恢复补偿（Recovering）—改善环境**

饭店存在大量对环境不利的因素，因此需要对这些因素进行改进，减少对环境的破坏；同时饭店要在可能的情况下投入资金，对已经造成破坏的环境进行治理，以使环境得到恢复和补偿。虽然环境在遭受破坏后很难再恢复原貌，但是对它进行恢复和补偿是必要的，例如饭店通过种植花草树木的方式来净化空气、补偿绿地的减少。

## 四、绿色饭店在国内的发展

20 世纪 80 年代以来，我国一些饭店特别是国际品牌管理的饭店，对饭店局部提出了绿色的概念，如在客房的卫生间倡导节水、减少洗涤等。但整体而言，饭店对绿色、环境等方面的理解还处于朦胧的阶段。

1999 年，我国旅游年的主题是生态旅游年。3 月，浙江省引入国外绿色饭店理念，率先在全国发起了“创建绿色饭店、倡导绿色消费”活动。2000 年 6 月，浙江省正式公布第一批绿色饭店。2001 年 9 月，浙江省旅游局会同浙江省质量技术监督局联合制定颁发了全国第一个绿色饭店地方标准，在全省饭店行业开展绿色饭店认证工作，并在全省饭店业开展以“弘扬绿色意识，创建绿色饭店，深化绿色管理，倡导绿色消费”为主题的绿色管理活动。从此，绿色饭店的活动从个别的、自发的行为，变成了行业的行动。

2002 年以后，绿色饭店的活动迅速在全国各地展开，北京、上海、安徽等地的饭店在当地旅游管理部门的推动下，纷纷开展了以节能降耗、环境保护为重点的绿色饭店创建活动。2005 年 9 月，国家旅游局向全国转发了浙江省《绿色饭店》地方标准，要求全国旅游行业认真结合各地的实际情况，积极开展创建绿色饭店工作。同年 11 月，国家旅游局在浙江省地方标准的基础上，制定绿色饭店的国家行业标准。《绿色饭店》标准包括绿色设计、能源管理、环境管理、提供绿色产品和服务等方面的内容。目前绿色饭店的推广正在国内全面展开和深化，至今经过评定的绿色饭店数已达 2000 多家。预计到 2010 年，全国绿色饭店数量将超过 1 万家。

# 第二章　饭店管理基础理论

〔**内容提要**〕饭店是以提供服务为主的企业，它具有普通组织的一般个性；同时饭店又是一个生产服务商品的特殊企业，所以它又具有一般组织所没有的特殊个性。在学习饭店具体的业务管理以前，有必要先对饭店管理的基本理论作一了解。饭店管理是以管理学的一般原理为基础，从饭店本身业务特点和管理特点出发而形成的学科。明确饭店管理的含义、基本内容和特点以及饭店管理的管理体系，才能在具体的业务管理中更好地执行管理职能，运用科学的管理理论和方法，解决实践中的具体问题。

〔**学习要点**〕

- 饭店管理的含义、内容和特点
- 饭店经营管理理念
- 饭店管理的基本职能
- 饭店的管理制度

〔**思考题**〕

1. 饭店经营管理的概念是什么？
2. 与一般产品相比，饭店产品有哪些特殊性？
3. 饭店管理有哪些基本的职能？
4. 饭店经营管理中要树立怎样的市场竞争理念？
5. 饭店的经营决策有哪几个步骤？
6. 为什么要进行组织创新？
7. 协调、沟通对饭店管理有什么意义？
8. 饭店管理的控制职能包括哪些内容？
9. 饭店的管理制度有哪些主要内容？
10. 饭店管理体系由哪些内容组成？

# 第一节 饭店管理概述

## 一、饭店管理的含义

管理是任何经济组织实现经营目标的必要手段。管理既包括经营又包括管理，经营与管理是两个各有内涵、密不可分的概念。经营是以市场需求为依据，对企业的经营目标、经营内容、经营方式、经营策略作出科学决策；管理则是为达到企业经营目标，对企业拥有的资源进行合理组织、配置，使企业业务正常、高效地运转。

饭店企业作为市场经济中的微观组织，必须进行经营管理才能满足社会需求，获取经济效益，赢得生存和发展。一般意义上的饭店管理概念包括饭店经营和饭店管理两个方面。饭店经营是使饭店内部条件和外部环境达到动态平衡的一系列有组织的活动，主要涉及了解市场、适应市场、占领市场、创造市场等活动。饭店管理是饭店管理者为了有效地实现饭店的规定目标，根据饭店所处的经营环境，遵循一定的原则，运用一定的方法，对饭店的人、财、物等资源进行决策、计划、组织、指挥、协调、控制、激励等一系列活动的总和。

因此，饭店管理是饭店管理者选择目标市场，确定服务内容、经营方针、营销策略，对饭店所拥有的资源进行有效的计划、组织、指挥、控制和协调，形成高效率的服务生产系统，以达到饭店经营目标的一系列活动的总和。饭店管理概念包含以下四层含义：①饭店企业直接面对市场，只有充分了解市场需求，饭店管理才能有所作为；②饭店拥有一定的资源，包括劳动力、资金、时间、能源、材料、设备等，但这些资源都是有限的；③要使有限的资源发挥最大效用，必须进行有效的计划、组织、指挥、控制和协调；④饭店必须通过上述一系列相互关联、连续进行的经营管理活动，才能获取社会效益和经济效益，实现饭店的经营目标。

## 二、饭店管理的基本内容

饭店管理包括营销管理、业务管理、安全卫生管理、服务质量管理、人力资源管理、财务管理、设备管理等基本内容。



### （一）营销管理

饭店企业组织是一个动态的开放系统，与外部有着密切的联系，饭店产品只有在市场上才能实现价值，企业才能获得效益，饭店的生存和发展才能得到保证。饭店管理的宗旨是满足市场的需求，而营销的作用正是在于沟通饭店和市场的供求关系，因此可以认为营销管理是饭店管理的核心内容。

饭店营销工作主要围绕促进产品销售和树立企业形象两个主题来展开。树立企业形象是为了提高饭店在公众中的知名度，建立饭店的信誉，为饭店产品的销售创造条件，饭店通常以进行公共关系活动来实现这个目的；促进产品销售是通过客源市场需求以及产品分析研究，对饭店产品的定价、包装组合、销售渠道、促销手段进行正确选择，促进饭店产品的销售和产品的不断创新，促使饭店管理和服务水平的提高。

### （二）业务管理

业务管理是指对直接对客服务并产生营业收入的饭店业务部门的管理，如前厅、房务、餐饮、娱乐、商务、购物等业务部门的管理。业务管理是饭店营业活动的日常管理，目的是按时、按期、保质、保量地完成生产任务，增加营业收入，实现经营利润。饭店业务管理的主要内容有：

（1）服务过程管理。指饭店对每项服务的服务环节建立质量标准，对每个服务岗位的服务工作制定工作规范和工作程序，以制度形式使之法规化，使服务行为有章可循，检查评估有法可依。

（2）物资管理。指制定各种原料物资消耗定额和储备定额，编制和执行原料物资采购、验收、储藏、发放计划，以及实行物资节约等管理活动。

（3）成本控制。指业务部门管理者对提供对客服务所需的物料成本和人工费用的管理和控制。

（4）素质管理。饭店管理和服务人员面对客人直接参与饭店产品的生产和销售，他们个人素质的优劣、表现状态的好坏，与饭店产品的质量和饭店的声誉休戚相关。素质管理的重点是抓好员工的专业技能和服务态度。

**（三）安全卫生管理**

饭店作为宾客的“家外之家”，安全卫生水平十分重要。安全卫生工作看起来似乎不产生经济效益，但缺乏安全卫生的饭店产品，不仅会影响宾客的愉悦感和舒适感，还会给饭店的声誉造成极坏的影响，甚至带来无法弥补的损失。饭店安全卫生管理主要内容有：

（1）治安管理。指为防偷盗、防破坏、防流氓滋事，保护宾客生命、财物安全，保护饭店财产不受损失，维护饭店经营秩序的管理活动。

（2）消防管理。指火灾的预防和火警、火灾事故的处理。重点是火灾的预防。

（3）劳动保护。指为保护员工在劳动过程中的安全和健康所采取的各种技术措施和组织措施。

（4）食品卫生管理。指保证饭店提供的餐食、饮品符合卫生标准，杜绝食品污染，保障就餐者身体健康的一系列管理活动。

（5）卫生防疫。为了预防疾病传播，为宾客提供舒适的旅居环境，卫生防疫工作的重点是做好宾客活动的公共区域环境卫生和生产操作区域的环境卫生。

**（四）服务质量管理**

饭店是以“服务”为主要产品的企业，饭店产品的特点决定了服务质量是饭店的生命线。饭店服务质量主要体现在设施设备质量水平、餐饮产品质量水平、劳务服务质量水平、环境氛围质量水平和后台保障质量水平等方面。服务质量管理应以质量管理体系为基础，以科学管理理论为指导，以满足宾客需求为标准，以取得最佳经济效益和社会效益为目的，开展全体员工参与的全面质量管理。

### （五）人力资源管理

人力资源是各种生产要素中最重要的要素。饭店的生产经营要利用诸多资源，其中其他资源多为被动利用，而人则主动参与、主动投入，其他资源要通过人的使用才能发挥作用。人力资源管理水平不仅影响其本身的利用效果，还会影响其他资源的利用程度。

人力资源管理包括员工的招聘、录用、管理、考察和辞退，人事档案管理，福利事业管理，员工技术业务培训和继续教育，创造良好的工作氛围，调动员工工作积极性，发展员工潜在工作能力等内容。

饭店业是与国际接轨比较早和比较充分的行业，对员工素质要求也比较高。而高素质的员工除了经济上的要求外，更在于工作的意义，许多饭店员工追求的目标在于工作的满足感和个人的成就感。因此人力资源的开发是饭店人力资源管理的重要内容。

### （六）财务管理

饭店的经济活动过程，是资金从被占有到以货币形态被重新收回的循环过程。财务管理就是从资金运动的角度来计划和控制饭店的生产经营活动，并评估和分析其合理性，以尽可能少的资金取得较大的经济效益，提高饭店的经营管理水平。

### （七）信息管理

饭店信息管理主要涉及宾客信息管理、服务产品信息管理、人力资源信息管理、设备信息管理以及财务信息管理，还包括协作伙伴的信息管理以及经营环境的信息管理。现代饭店的经营管理最终都归结为信息管理，信息管理是饭店管理的重要内容。信息通信技术尤其是计算机技术以及互联网的应用是饭店信息管理的核心，其中饭店前台信息系统、客户关系管理系统、办公自动化系统以及网络订房系统是信息通信技术应用的主要系统。这些系统的应用对提高饭店管理效率和服务水平，增强市场竞争力起着十分重要的作用。

### （八）设备管理

现代饭店的综合服务功能要求饭店配备大量现代化生活设施和

设备，这些设备是饭店经营的物质基础。饭店设备的管理水平，不仅直接关系到饭店的服务质量，而且还直接影响饭店的经济效益。饭店设备管理的主要工作是设备的资产管理和设备的使用和维护。设备的资产管理主要包括对设备的分类编号、登记建档和实行动态管理制度；设备的使用和维护是通过制定和执行有关制度，强化员工的设备管理意识，培训员工正确使用和精心维护各种设施设备，保证设备的完好率并延长使用寿命，降低运行成本，提高饭店的经济效益。

## 三、饭店管理的特点

饭店是以赢利为目的的经济组织。一方面，饭店与其他企业一样，具有财产权及财产支配使用的自主权，具有经营的独立性和组织的完整性，具有独立核算、自负盈亏的能力。另一方面，饭店是以提供服务产品即具有特殊使用价值的无形产品为主的企业，饭店的生产、经营和管理有着其他类型企业不具备的特点。

### （一）饭店的特殊性

1. 饭店功能的综合性

饭店是一种具有综合服务功能的企业，不仅要满足宾客住宿和饮食的基本需要，还必须在同一时间的不同空间满足客人的多种消费需求。因此，饭店除了要有舒适安全并具有吸引力的客房、能提供美味佳肴的各式餐厅外，还要有康乐中心、商务中心、商品部、礼宾部、邮局、银行以及会议、洽谈、展览等配套设施。今天的饭店已经成为宾客的商务活动中心、社交中心和康乐活动中心。

2. 饭店生产的独立性

饭店的设施设备已经日趋现代化，但饭店的生产主要还是靠手工操作，饭店中的相当一部分人员必须面对面地为客人提供服务。现代化的设施设备不能代替人工服务，饭店的劳动现代化程度要比工业企业低得多。所以，饭店业人力资源开发和管理是一项需要耗费大量成本，关系到企业生存的重要工作。

3. 饭店经营的高成本性

饭店作为提供住宿与其他服务的商业设施，要满足现代消费者的需求，必须具有充裕的空间、与档次类型相匹配的功能以及现代化先进的设施设备，这就决定了饭店是一类占有大量资金、经营费用较高的企业。建设一家标准的饭店，动辄需要几千万甚至上亿的资金，而为了维持饭店正常运转，经营费用也相当可观。所以，投资饭店的决策要谨慎，经营饭店的思路要清晰，管理饭店的人员要专业。不具备这些基本要素，饭店的生存和发展会遇到极大困难，最终不堪重负，陷入经营困境。



4. 饭店经营的高敏感性

饭店经营对外部环境具有很强的依赖性。从客观因素来讲，最基本的有 PEST 四大因素。政治因素（Politics），即国家政策、外交关系等；经济因素（Economics），如商品经济发展程度、国民经济发展水平和人们的消费能力等；社会文化因素（Social），如社会秩序、风俗习惯、文化、舆论等因素；科技因素（Technology），如预订系统的普及，饭店硬件设计的人性化等。与此同时，饭店所在地区旅游资源的吸引力和季节性也会直接影响饭店的经营。因此，要求饭店管理者必须对客观环境保持高度敏感，对环境变化做出迅速反应，以减少经营风险。

5. 饭店市场的高竞争性

市场供求关系决定了饭店业的竞争态势。虽然饭店业是较早对外开放、较早进入市场化运作的行业，但一方面由于饭店建筑物具有很强专用性的特征，导致饭店的功能难以转换，具有很高的退出壁垒；另一方面由于饭店产品同质化现象明显，可替代产品较多，需求价格弹性较大，两者共同作用导致饭店市场竞争激烈，且呈现国内市场国际化，国际竞争国内化的发展趋势。

**（二）饭店消费的特殊性**

对饭店服务的需求并非是人们的基本需求，一般来说，人们不会因为某地有一家高档饭店而专程去某地，而往往是由于旅行、旅游、出差才派生出对饭店的需要。如果外部环境或条件发生变化，如经济衰退或企业经费紧张等，人们便会减少旅游和出差；而政治、气候、价格等因素都会影响人们对饭店的需求。饭店消费的非基本性特征，使饭店消费具有以下特点。

1. 饭店消费的享受性

饭店服务不仅仅满足宾客单纯的物质需求，更多的是满足宾客心理、感官、情感方面的享受性需求。饭店功能的综合性不仅能满足宾客住宿和饮食的基本需求，还必须同时满足客人的多种消费需求。因而，综合服务能力和满足宾客享受性消费的能力日益成为高星级饭店竞争的重要手段。一家饭店越能满足客人的多样化和个性化需求，就越能留住宾客，获得好评。

2. 饭店消费的文化性

随着社会经济的发展，人们对饭店服务的需求已由简单的物质需求发展到较高层次的文化享受需求，饭店宾客对富有文化艺术特征的饭店建筑造型、装饰风格和环境氛围特别感兴趣，饭店之间的竞争也由低层次的价格竞争逐渐走向高层次的服务质量和文化品位的竞争，主题饭店、精品饭店的大量涌现反映了饭店消费的文化性需求趋势。因而，饭店必须突出文化特性，营造宾客喜爱的氛围与环境，满足宾客的文化需求，并成为他们前往消费的重要吸引力之一。

3. 饭店产品的非所有权性

饭店产品中的许多部分如客房产品、娱乐产品、服务产品等，不同于其他实物商品那样一旦实现交换所有权就发生转移，饭店产品的销售并不出售所有权，宾客购买饭店产品的有形方面是设备设施、环境、空间的使用权，无形方面则是宾客感觉上的享受和心理上的满足。宾客在购买饭店产品时，只能在限定时间内进行一次性使用，不可能重复消费。因此，宾客在购买和消费饭店产品时，对产品的质量和效用会非常挑剔。

4. 饭店消费评价的主观性

饭店产品具有非物质、非数量化的特性，其使用价值的大小取决于宾客体验了服务后在生理和心理上感受到的满意程度、舒适程度和享受程度的高低。宾客对饭店产品质量的评价，会因不同的个人背景、心理状态和消费需求而产生完全不同的结果，具有很大的不确定性。因而饭店在确保服务符合质量标准的基础上，对不同的客人提供针对性个性化服务，调和众口，将有利于提高宾客对饭店服务质量的评价及饭店在公众中的美誉度。



### （三）饭店管理的特点

1. 综合系统的管理体系

饭店是一种配套齐全、功能多样的消费场所，可以满足各类宾客的各种需求，其方便舒适程度让人有“家外之家”的感觉。饭店的各种服务功能在独立运转的同时又相互配合，形成了饭店的综合服务体系。为使饭店的服务体系正常高效运转，需要与之相适应的综合系统的管理体系，包括设置合理的管理机构和科学高效的服务规程与管理制度，协调和整合饭店的各种要素，保证饭店整体目标的实现。

2. 善变求新的应对机制

饭店建设投资大、回收期长，饭店服务功能不可能经常改变和更新，但宾客的需求却是不断变化的。面对这样的矛盾，饭店必须善变求新。所谓“变”和“新”，主要是针对服务内容、服务方法的创新和改变，饭店要根据宾客需求的变化，不断研究和开发新产品，使饭店服务常变常新。

3. 以人为本的根本立场

饭店生产的独立性、饭店产品生产和消费的同步性以及饭店产品的不可转移性充分说明“人”在饭店行业的重要意义。一方面，如果没有宾客来消费，饭店产品便无从销售，利润无法实现；另一方面，没有高素质的服务人员就没有高质量的饭店产品，即使暂有宾客来消费，最终也会失去他们。对饭店行业来说，人是第一重要的因素。无论是宾客还是饭店从业人员，都有自己的思想、感情和需求，并且在不断变化并影响和支配着他们的行为。以人为本就是要认真研究宾客以及饭店从业人员的需求，力求人与事的密切配合，达到和谐与协调。

4. 以销定产的经营策略

如前所述，对饭店服务的需求并非人们的基本需求，饭店产品的主要功能并非为了满足人们的基本物质需求，而饭店产品也不具备专营权，难于形成垄断，人们在选择饭店消费时有极大的随机性，可来可不来，可能来这家，也可能去那家。因此饭店必须采取以销定产的经营策略，不能只关心自己能生产什么产品，而应主动发现市场有什么需求，根据市场需求来确定生产计划。与此同时，饭店也必须根据外部市场需求的变化，不断改善饭店组织环境和企业文化，更有效充分地利用饭店各种资源，以保证稳定的市场占有率，实现经济效益和社会效益的双丰收。

## 第二节　饭店经营管理的理念

理念决定行为。饭店经营管理过程中科学合理的理念支配和指导着饭店的经济行为和管理行为，具有先导性的作用。本节主要介绍在新形势下管理者应树立的经营管理理念。

### 一、饭店经营理念

经营理念是管理者从事经营管理活动的指导思想。现代、科学的经营理念指导饭店朝着健康、持续的方向发展。

#### （一）市场竞争理念

在市场经济条件下，饭店资源配置的基础是市场，饭店生存和发展的基础来自于对市场需求的认识以及对这种需求的满足程度。优胜劣汰是市场竞争中的不变法则，但是，现代市场更像一个追求更高、更快、更强的赛场，而不是你死我活的战场，因此，在现代市场中，正确的竞争理念应该是胸怀危机感，创造新优势。

1. 立足服务对象研究，建立竞合关系

在市场竞争中，企业之间、企业与社区等利益群体之间应该建立理性的竞合关系，市场竞争要立足于研究服务对象，而不是打败竞争对手。在饭店业这个进入障碍低而退出门槛高的行业，打败了一个竞争对手，会出现更多、更强的竞争对手。而且在现代饭店市场，竞争者之间实力相当，任何一家饭店都不可能占据竞争获胜的全部资源，传统的竞争已经无法使企业在竞争中获胜，因此，面对激烈的市场竞争，饭店企业理性的做法是立足于研究自己的服务对象，满足并超越他们的需求，同时与相关企业建立竞合关系，实现协作共赢。

2. 立足品牌竞争，摈弃低价竞争

市场竞争是多层次的，有价格竞争、质量竞争、品牌竞争等，竞争层次依次提升。对饭店来说，价格竞争表现在以低价格策略扩大市场占有率、提高客房出租率等方面。价格竞争无节制地发展，会给市场带来恶果。饭店宾客可能被一家饭店的低价吸引，但也可能因为其他饭店更低价格的出现导致这家饭店的市场占有率迅速下降。长期的低价格还必然导致饭店品质下降。因此，在注重体验、注重文化与品牌消费的时代，饭店竞争应该树立创造品牌、摈弃价格竞争的理念。

3. 立足创造与培育市场

适应和占有现有市场，是饭店在激烈的市场竞争中求生存求发展的基础。但一家饭店要持续发展，仅仅占据现有市场是不够的，饭店企业还必须不断引导消费，创新服务项目和产品，扩张经营领域，培育和创造新的市场。

### （二）立体营销理念

在信息时代，"酒香也怕巷子深"，饭店必须运用先进的营销理念、科学的营销战略和营销策略，指导饭店开展营销活动，进行全方位、多角度、立体化的营销活动，全面展示饭店服务、饭店品位与品质，提升饭店的知名度与美誉度。

立体营销理念要求用立体思维指导饭店的具体营销工作，要充分认识饭店营销并非仅仅是广告营销，而是一个长线概念。立体营销涉及企业战略、文化、策划、生产、销售、渠道、资金、收益等各个环节，而不是单一的广告环节；立体营销注重从多角度、多侧面、多层次开展企业的营销工作，密切注意饭店营销环境的各种变化，及时采取适当措施，使酒店的营销活动与环境变化相适应，以科学的营销方案，合适的营销策略，拓展饭店的市场空间，提升饭店的美誉度。

### （三）诚信经营理念

市场经济是法制经济，在市场经济条件下，无论是经济活动还是社会生活都离不开法律保障。市场经济又是信誉经济，建立良好的社会秩序，除了健全的法律手段保障，还需要经营者树立诚信经营的理念，具体包含：

1. 依法经营意识

饭店作为市场交易活动的主体，必须遵守市场经济的游戏规则，依法经营。饭店企业在经营过程中应按照规范一般市场主体行为和权利的法律法规如企业法、公司法、破产法、知识产权法等来规范经营行为，维护合法权益。

2. 重合同守信誉意识

合同是一种具有法律效力的协议，是为保证交易条件、交易秩序，使交易顺利进行的法律文书。饭店的交易活动必须按照经济合同来进行。饭店企业不仅必须完成订有书面协议的交易，对大量的未签订书面协议但已经形成契约关系的交易，也必须保质保量如期完成，这是饭店企业重合同守信誉意识的含义。

3. 公平竞争意识

竞争是市场经济中的普遍现象，是市场主体为了获得更高利润和市场占有率所采取的行为，但竞争一定要正当公平地进行，不道德的竞争会带来恶性后果，危害市场中的每一个主体。反不正当竞争法和消费者权益保护法等法规对竞争进行了法律界定，饭店经营者必须遵守这些法规所规定的原则和义务，开展公平正当的竞争。

### （四）合作共赢理念

饭店的经营活动，从某种意义上来讲，是包含供应商、分销商以及竞争对手在内的系统合作行为。在市场经济中竞争是不可避免的。随着竞争的日益激烈化，传统的“你死我活”的争斗只会带来两败俱伤的消极后果，因而饭店在经营中要树立合作共赢的竞争理念。

1. 知己知彼，寻求合作机会

在饭店市场上，企业之间存在着利益冲突，但更存在着共创市场、做大蛋糕的互惠可能。寻求合作机会的重要前提，是了解自己和竞争企业的优劣势，以发挥优势、克服劣势，在合作中共创“双满意”。

2. 换位思考，创建共赢机制

面对有合作潜力的市场竞争者，饭店的管理者应该换位思考，思考对方的利益着眼点，找到合作的平台，创造长期共赢的机制，使企业在良性竞争和协同合作中，一起做大常人眼中有限的市场蛋糕。

**（五）国际化理念**

“视野有多宽，世界有多大。”现代饭店管理必须树立国际化理念，具有宽广的国际视野。国际化理念的基本内涵是立足自身企业的发展实际，以多元化视角和全球化战略眼光观察认识国际饭店业的发展特点和审视自身企业的发展需要，正确把握国际饭店业发展趋势和时代进步要求，紧跟国际饭店业发展潮流。国际化理念的关键是将国际先进水平作为自身发展的参照系，认真研究剖析国际饭店业先进成功经验，以先进模式和发展水平作为参照，按照科学发展观的要求，瞄准世界先进水平，选择新标杆，把自身企业置于国际大背景下进行定位。国际化理念的根本是学习国际经验、利用国际资源，在全球寻找能提升企业竞争能力的资源，让全球先进成果和经验技术为我所用。要把全球看成一个市场，并无国内国外之分，无论是哪里的资源，只要需要就都能为我所用。这就需要对国际饭店公司发展和管理的先进经验进行比较研究，自觉参与国际竞争，实施国际经营战略，把企业的发展规划提升到国际化战略层面。

**（六）服务理念**

饭店产品是一种组合产品，由饭店的设施设备、食品饮料等具有实物形态的物质产品和饭店员工所提供的非实物形态的各种劳务服务所组成。饭店产品的构成中劳动服务占较大比重，起着主导作用。饭店行业树立牢固的服务理念显得尤为重要。

1. 质量意识

在有形产品的生产、销售、消费诸环节中都可以对产品的质量进行检测和把关，即使是销售后顾客在消费过程中发现质量问题也可以通过售后服务来进行弥补。但饭店产品的无形性特点及其生产、销售和消费的同步性特点决定了饭店产品不存在事后弥补的机会。由于饭店产品的无形性、非物质化特点，饭店产品的质量不可能像工业产品那样通过仪表仪器加以测定检查，从而定出量化标准。饭店必须通过建立服务质量管理体系，制定和执行质量目标、质量标准、服务规程等来控制饭店服务产品的质量，以确保饭店产品满足宾客的需求。饭店管理者一定要坚定地树立质量是饭店生命线的思想，严格按照质量标准以及服务规程进行管理和服务，努力提高饭店服务质量。

2. 时间意识

在饭店管理和服务中，时间是一种非常重要的资源和要素。饭店管理者不仅要重视人力、物力、财力等有形资源的组合和利用，还要注意时间的节约，既不能仓促决策，造成失误，更不能迟疑不决，延误机会。饭店服务具有非常强的时效性，一方面，宾客要求饭店提供准时和适时的服务，所以饭店服务首先要做到准时，尽量减少宾客等候时间；另一方面，服务还必须讲究适时，即根据宾客情况，把握最适当的时机为宾客服务。饭店服务时效性的内涵是准时、适时和优质。

3. 专业化意识

饭店服务是专业性很强的工作，对人员素质和技术技能有相当高的要求，一位技术熟练的专业服务人员对饭店来说是十分宝贵的财富。随着时代发展和科技进步，越来越多的科技成果被运用到饭店管理和服务中来，饭店的设备设施越来越先进，饭店管理和服务也越来越多地采用计算机和信息技术进行控制和处理，对各种专业人员、技术人员的要求也越来越高。因此，要从上述两个方面重视和提高饭店的专业化意识。

## 二、饭店管理理念

饭店管理理念是指导饭店内部管理活动的基本思想，贯穿饭店管理的全过程，渗透于各级管理层行为之中，反映和决定着饭店的管理规范、模式和效果。

### （一）战略先导理念

企业发展，战略引路。战略是具有全局性、长远性和决定性的谋划，战略规划可以使管理者顺应客观规律和客观形势的发展，捕捉环境所提供的机会，把力量使用到适当的地方，从容开拓局面、创造未来。饭店管理是一系列战略决策的结果，通过战略管理，选择正确的策略组合，从而更好地发挥竞争优势，谋求饭店企业的持续发展。要充分发挥战略的先导作用，首先必须树立全局意识、信息意识、超前意识、风险意识，在具体管理实践中，应该做到：

1. 认清自我、循序渐进

制定企业战略的基础是对企业所处的周边环境有清醒的认识，并在此基础上对企业进行 SWOT 分析，从而确定企业的发展方向和目标是求生存还是求发展，是做精、做强还是做大？

随着企业的成长壮大和市场环境的变化，企业战略不是一成不变的。环境随时在变，机会也随时在变，而行业发展又存在着固有的周期性特点，因此，企业战略应因时而变，应根据行业发展周期作出安排。例如，对一个饭店集团来说，其发展战略通常包括原始积累、低成本扩张、快速发展、多元化经营、强势出击、资本运作等阶段的具体内容。

2. 审时度势、实现跨越

纵观成功饭店企业的发展史，其发展过程都是一个实现超越和突破的过程，是一部不断审时度势，自我超越和突破的发展史。

饭店企业实现由单体饭店向连锁经营跨越，实现从本地经营扩大为区域性、全国性经营乃至全球性扩张的跨越，实现从低星级产品向高星级产品的跨越，实现单一经营饭店企业向经营饭店、房地产、航空业等多元化的跨越，都需要科学战略的引导。在具体行动上，成功的饭店企业管理者坚持低潮入市，高潮发展；不失时机，兼并扩张；乘虚而入，乘势而上。

3. 整合资源、做大做强

战略的先导性作用还充分体现在其在资源整合方面的指导作用。"企业要做大，但更要做强"，关键在于资源的科学整合。企业经营需要整合各方面的资源，而战略的作用就在于能够指导企业高效地整合资源。

饭店企业的资源整合形式多样，既有产业链的纵向资源整合，如饭店业、旅行社业、航空业、洗衣业、饭店之间等的资源整合；也有多元化导向的横向资源整合，如饭店业与房地产业的联合，共同做大做强企业。

**（二）人本管理理念**

知识经济时代的到来使得人才成为最重要的资源，人力资本比物质、货币等资本具有更大的增值空间和增值潜力，人才资源决定着其他资源的有效开发和利用，是提高饭店整体素质，增强活力的前提。因此，倡导人本管理理念具有十分重要的现实意义。

1. 理念领先，明确人本管理准则

企业"人"字当头，否则企业就"止业"。企业"人"字当头，要树立"适应就是人才"的大人才观，只要能胜任工作的人，都是企业的人才，都应得到尊重和重用，并给予施展才能的广阔空间。具体的人本管理准则包括：

适用就是人才，是指企业要招用合适的人，而不是素质越高越好的人。饭店招人的关键在于招用适合饭店行业，适合特定企业、适合特定岗位的要求，既要讲究与企业的匹配，也要讲究与岗位的匹配。适用就是人才，要讲究能位相称，职得其人，人尽其才。同时要建立科学的测评考核机制，做到知人善任，按照人员的能力水平及特长分配适当的工作，使每个人既能胜任现有职务又能充分发挥内在潜力。

饭店人力资源开发是投资而非成本。将欲取之，必先与之。为员工提供良好的发展机会和福利待遇，提高员工职业竞争能力，提升员工企业自豪感、凝聚力与向心力，为员工解决后顾之忧等措施能够有效地留住人才，将人力资源开发真正转换为一种效益丰厚的投资。

树立人人都有缺陷的理念，认识到人有所长，也有所短。饭店管理者要有识才之眼，要善于发现每位员工的长处；要有用人之术，创造良好的环境帮助员工发挥潜能；要有容人之量，多看人长，少看人短，包容谅解员工工作中的过失。

2. 以人为本，构建人本管理体系

以人为本不仅仅是指善待员工和实施感情化管理，更重要的是使员工获得尊重和自我实现，让员工能够与企业一起成长，共同发展。随着社会经济的发展，人们对物质享受的兴趣趋淡，而对自身创造能力的关注程度日益增强。因此，人本管理理念的重要内容就是以能为本、构建人本管理体系。

具体来说，在以能为本、构建人本管理体系的过程中，饭店企业要坚持能力导向、人本导向，坚持公开公平公正，机会均等的原则；坚持以能力为基础，知人善任，任人唯贤，使得人尽其能，坚持内部培养为主，同时借用外脑，广开才源，保证企业基业长青。

3. 用心管理，创造快乐工作氛围

员工是企业的宝贵财富，人本管理理念是一种在饭店管理过程中充分认识人性要素，把充分挖掘人的潜能作为最终目标的管理理念，在管理过程中，要注重为员工创造快乐工作的氛围。

饭店管理者要尊重员工，尊重员工的价值，肯定员工的“自主性”行为；理解员工，理解员工的苦衷，理解员工的过错，理解员工的抱怨；关注员工，关注员工的爱好，关注员工的生活，关注员工的疾苦，努力为员工营造一个温暖、快乐，具有强烈吸引力的人性化的工作环境。

### （三）创造价值理念

越来越多的事实证明，提供卓越价值的饭店企业能获得宾客忠诚，而忠诚宾客乐意为饭店提供的卓越价值付费。宾客是“价值最大化的追求者”，他们对饭店产品带着自己的价值期望，他们会判断饭店产品是否符合他们的期望价值，并影响他们对饭店产品的满意度和再购买的可能性。

因此，饭店管理要坚持顾客价值导向，树立创造价值理念。在饭店实际管理工作中，把关注的焦点落实到饭店宾客，而不是竞争对手。只有不断为宾客创造价值、更好地满足宾客需求，才能在激烈的市场竞争中真正立于不败之地。产品和服务是企业存在的手段，满足宾客需求是企业存在的理由和根本，竞争则是为了更好地存在和发展。饭店产品在本质上并非是一个创造产品和提供服务的活动流程甚或有形的设备设施，而是产品与服务在使用过程中所具备的满足宾客需求的能力。落实创造价值理念，要求饭店企业培育顾客价值导向的企业文化，加强人力资源开发与培训，设计个性化服务传递模式，优化服务项目设计与服务流程，才能创造卓越的顾客价值。

**（四）权变管理理念**

“权变”的本义是随机应变，是指因情境不同和变化而改变。权变管理是企业经营管者在变化着的条件下和复杂的经营环境中分析、确定、采用合理的管理理论和方法以实现有效管理。

饭店企业是一个有机的统一体，它是由各个相互联系的部分组成的系统，这个系统同时又是外部大系统的一个小系统，系统之间和系统内部存在着相互联系、相互作用的关系。管理就是把本来相互之间没有关系的人、财、物等要素结合起来，在一个目标下形成一个整体系统，通过组织、协调和综合使系统正常运转。市场经济体制的完善，使饭店企业面临着更多的困难和考验，想靠简单笼统和适用于一切情况的“管理原则”来管理企业，几乎是不可能取得成功的。只有适应环境的变化，因时、因地、因情制宜，正确分析权变关系，实施权变管理，以权变思维指导企业工作，才能实现有效管理。

## 第三节　饭店管理的基本职能

管理是任何宏观和微观的社会、政治、经济组织有效地实现其目标的必要前提和可靠保证。亨利·法约尔（Henri Fayol）很早就把管理归纳为计划、组织、指挥、协调和控制的过程。饭店作为一个经济组织，其管理过程也离不开这些基本的职能。



## 一、决策与计划

饭店的决策与计划职能是在预见未来的基础上对饭店组织的目标和实现目标的途径作出筹划和安排，以保证饭店经营活动有条不紊地进行。

### （一）决策计划的内容

决策计划的内容包括对饭店经营环境的分析和预测，饭店经营方向、内容和方式的选择，以及经营计划的具体编制和实施。

1. 环境分析

环境分析指通过对饭店外部环境和内部环境的分析，揭示经营环境变化的规律，预测经营环境在未来的变化中会对饭店经营造成何种影响，从而为饭店的决策提供依据。

2. 经营决策

经营决策指在经营思想的指导下，在经营环境研究的基础上，选择并制订以经营目标、经营方针和经营策略为主体的经营方案的过程。饭店的经营决策贯穿于饭店经营管理的全过程，实际上饭店管理是由一连串决策组成的，决策始终影响着经营活动的每一个环节，决策质量的高低对于饭店管理各项职能工作的效率和效果都有着决定性的作用。

3. 计划编制

计划编制指根据饭店的经营决策，把饭店的经营目标分解为不同的计划（如长期计划、年度计划、专项计划）和指标（如营业指标、财务指标），并对这些计划和指标进行综合平衡，形成合理的计划体系。然后对实现各种计划目标的活动及其采取的方式和所使用的资源等作出科学合理的安排。

4. 计划执行

计划执行包含着两层含义：一是根据饭店的经营目标和总体计划，编制具体的行动计划，下达到各个部门甚至每个人进行执行；

二是在行动计划的具体执行中，注意各种信息的反馈，用滚动的方式随时对计划进行调整和修改。

**（二）饭店经营环境分析**

如果要对饭店的经营管理作出科学的决策和合理的计划，就要充分地认识和了解饭店所处的环境。

1. 一般环境

（1）经济因素：从宏观的角度看，经济因素包括国家的人口数量和增长趋势、国民收入总额、国民生产总值以及通过这些指标反映出来的国民经济发展水平和发展速度。从微观的角度看，包括消费者的收入水平、消费偏好、储蓄情况、就业情况等。这些因素对饭店的经营都有很重要的影响。

（2）社会因素：指一个国家或地区的居民受教育程度和文化水平、宗教信仰、风俗习惯、审美观点等，这些因素会影响消费者的需求层次，从而影响饭店产品的销售。

（3）政治因素：不同国家有着不同的社会制度，不同的社会制度对饭店经营有着不同的要求和限制。即使社会制度不变的同一国家，其政府在不同时期的方针、政策、法令也会对饭店的经营产生不同的影响。

（4）技术因素：饭店产品的生产由服务人员借助一定的设施设备方能完成。高新技术的发展和运用会对饭店设施设备的配备和服务员的技能提出新的要求，技术条件的变化是制约饭店经营质量的一个重要因素。

2. 具体环境

（1）竞争对手：随着饭店业从卖方市场转向买方市场，饭店之间的竞争也越来越激烈。饭店之间的竞争主要是客源的竞争。饭店要不断地分析、研究竞争对手的数量、规模、竞争手段，制定出相应的对策，在竞争中取得优势。同时，随着市场环境的变化，竞争对手也会成为同盟者，饭店之间也可以联合起来，协调动作，为企业经营创造更有利的条件。因此，饭店管理者必须对竞争环境保持清醒的头脑。

（2）宾客：饭店经营的目的是满足宾客需求，获取经济和社会效益。饭店必须使宾客满意，让他们感到物有所值，否则不但不可能吸引新的宾客，还会失去原来的宾客。因此饭店一定要重视市场调查，仔细研究宾客的消费需求，结合自己的特点，开发富有特色的产品来满足宾客的各种要求。



（3）供应商：饭店经营活动需要各种原料物质，提供这些原料物质的单位和个人便是饭店的供应商。供应商所提供的原料物质的质量和价格对饭店产品的质量和饭店的效益有直接影响。所以，饭店与供应商之间的关系十分重要。饭店应避免在不十分了解供应商的情况下作出有关采购决策，同是还应避免只依靠一个供应商。饭店一般应同时与多个供应商保持良好关系，以免有的供应商突然提高原料价格或倒闭而使饭店陷入困境。

（4）管理部门：管理部门对饭店的政策和活动有着控制和影响作用。管理部门主要是指政府职能部门和其他代理机构。政府职能部门如工商、税务、公安、卫生防疫、环境保护等都有特殊的官方权力，从事有关调查、征税、处罚以及对违法违规的企业采取必要的强制行动。其他代理机构，包括工会、妇女组织、消费者协会和新闻媒体等，这些组织虽然没有政府职能部门的行政权力，但可以通过宣传工具制造舆论，引起人们的广泛关注，从而对饭店产生巨大的影响。

3. 内部环境

（1）人力资源：饭店的人力资源可以分为服务人员、技术人员和管理人员三种类型。饭店应对这三类人员的素质、技术水平和使用状况进行分析，确定是否根据他们各自的特点分配了合适的工作和合理使用，是否符合饭店当前和发展的要求，是否需要对他们进行继续教育，充分挖掘和发挥他们的潜能。

（2）物质资源：饭店同样应对所拥有的物质资源的现状和利用程度进行科学的分析。例如，饭店的可出租客房数量、餐位数量和其他配套设施设备所提供的服务是否与当前的市场需求相适应，是否需要对它们进行改造，现有设施设备的利用状况怎样，是否可以采取措施进一步提高利用率等。

（3）财力资源：财力资源是反映饭店经营条件的一项综合指

标，饭店通过使用财力资源可以获取和改善饭店的其他资源。对饭店资金的拥有数量、构成比例、筹措渠道、利用情况进行分析研究，可以确定饭店是否有足够的财力进行设施设备的更新改造、增加新的服务项目或开发新产品。

### （三）经营决策过程

经营决策体现在饭店管理的全过程中，但从实际操作的角度，决策过程通常划分为以下几个步骤：

1. 发现问题

决策是为了解决问题，其目的是为了实现饭店内部各种活动或饭店与外部环境的平衡。因而饭店的经营决策首先要作全面的调查研究，收集各种环境信息，发现问题的所在，确认问题的性质。

2. 明确目标

针对发现的问题，饭店应采取哪些措施、达到什么效果，取决于决策目标的确定。决策目标既是评价和选择决策方案的依据，又是衡量结果的标准。

3. 拟订经营方案

经营方案是饭店为实现经营目标和解决问题准备采取的各种对策的具体描述。同样的目标，可以通过不同的手段和方式来实现，因而在拟订经营方案时要准备多种方案供决策者选择。拟订方案要比选择方案重要得多。

4. 选择方案

选择方案指在充分了解各备选方案优劣势的基础上对不同方案进行评价和比较，从中选其一或综合为一，而在最后确定实施方案时，还应确定备用方案，以应付环境发生变化，避免临时应对出现混乱。

### （四）计划的执行与控制

饭店通过编制计划和组织实施计划来实现饭店的经营目标。因此，编制计划只是计划工作的一部分，更主要的在于执行计划以及对计划实际执行情况随时进行测定、分析和比较，发现偏差，及时纠正和调整。

1. 执行计划

执行计划的基本要求是保证全面地、均衡地完成计划。

(1) 分解指标，层层落实。把饭店的计划指标分解为若干具体的指标，然后将这些具体指标落实到各部门、各环节、各岗位和个人。

(2) 制定检查考核制度。根据各部门、各岗位的工作要求，制定饭店操作标准、检查内容和考核标准，以保证计划指标的顺利完成。

(3) 实行经济责任制。在严格考核的基础上，对业绩优良者给予奖励，对完不成任务的不予奖励或用经济手段予以处罚。

2. 计划的控制

计划的控制指饭店通过对各项经营活动的检查，发现或预见偏差后所采取的纠正和对原计划的调整。

(1) 信息反馈。对饭店各部门、各环节、各岗位工作完成情况进行信息收集和汇总。

(2) 成果评价。根据执行计划的各种信息进行分析和比较，对计划的执行情况作出判断，如有偏差则要找出原因所在。

(3) 纠正和调整。针对出现的偏差情况和产生偏差的原因，采取措施进行纠正，也可以根据环境因素的变化，对原有的计划进行修正和调整。

## 二、组织与人事

饭店的组织与人事职能是通过一定的组织机构和各种人员的作用，把饭店的资金、物资和信息转化为可供出售的有形或无形的产品，使计划由观念形态转化为现实形态的过程。

### (一) 组织管理的内容

饭店组织管理的内容包括组织设计、人员配备、组织运转和组织变革等内容。

1. 组织设计

饭店组织设计的目的是对饭店员工的工作分工协作关系作出正式、规范的安排，建立一种有效的组织机构，实现饭店经营目标。饭店组织机构要根据饭店的经营目标和等级标准来设计，如饭店的目标市场是高消费的商务客人或欧美旅游者，那么饭店就要按高星级饭店的要求，设立西餐厅、商务会所、游泳池、网球场等服务项目和部门。如果饭店的客源主要以国内普通旅游者和经济型消费者，则不需要这些项目和部门。

2. 人员配备

即为饭店的各个岗位配备合适的人员。饭店在为每个岗位配置管理人员、技术人员和服务人员时，首先要满足饭店生产经营的需要，同时也要考虑满足员工的个人特点、爱好和需要，使每个员工的知识和能力得到充分发挥，个人素质不断提高，维持员工对饭店的忠诚，自觉积极地为饭店努力工作。

3. 组织运转

为使饭店组织有效地运行，饭店各类管理人员、技术人员和服务人员必须根据职务和岗位要求进行管理和操作，并保证上下左右信息渠道畅通，一旦发现运转偏差，及时进行协调纠正，在动态运行的过程中达到各部门的和谐配合。

4. 组织变革

指对饭店组织的调整、改革和再设计。当饭店在运行中发现原先的组织设计不够完善或当内外部环境出现新的情况，就有必要对饭店组织进行调整和变革，以提高组织的效能，增强组织的适应性。随着市场需求的不断变化，饭店也应对组织机构随时进行调整以适应市场需求的变化，使饭店在竞争中立于不败之地。

**（二）组织设计**

1. 组织设计的依据

（1）战略因素。饭店组织结构设计应服从饭店战略的需要。设计适应战略要求的饭店组织结构是实施战略、实现饭店组织目标的前提。实现饭店组织目标，通常可有多种战略选择，而不同的战略选择会影响饭店组织结构：一是不同的战略要求不同的业务活动，从而影响组织设计；二是战略重点的改变引起工作重心转移，从而有必要对各部门及相关岗位作出相应调整。

（2）环境因素。任何企业组织都在一定的社会经济环境中运转，外部环境必然对组织内部的结构形式产生一定的影响。例如，在计划经济时代，我国的饭店企业以完成接待任务为主，饭店内部机构设置以接待和服务部门为主。而在市场经济的条件下，饭店必须自己开拓市场，饭店企业纷纷建立市场营销部，有的还在重要部门中设立了销售机构或相关职位如餐饮部中的宴会销售员等。



（3）技术因素。饭店的业务活动需要利用一定的技术和反映一定技术水平的物质条件。技术和技术设备水平不仅会影响饭店业务活动的效果和效率，而且还会影响饭店业务的内容划分、岗位设置和人员素质要求。例如，计算机技术在饭店的普遍运用，使许多岗位降低了工作强度，减少了人员配备，但对操作人员的基本素质提出了新的要求。

（4）规模与等级因素。规模与等级是影响饭店组织结构的一个十分重要又非常直接的因素。饭店规模的大小往往与饭店等级紧密相关。高星级饭店要求有齐备的服务项目和配套设施，因此其组织机构也会比较复杂；规模不大的低星级饭店则不必要也不可能有复杂、庞大的组织机构。

2. 组织设计的内容

（1）组织结构系统图。组织结构系统图是展示饭店具体组织形式的组织网络示意图。它将饭店各部门的设置情况、职责、业务范围以及各部门之间的协调关系用图表的方式展示出来。

（2）职务说明书。职务说明书是对每个职务（岗位）的工作内容、职责、权力，组织中其他部门和职务的关系，要求担任该职务者必须具备的基本素质、技术知识、工作经验、处理问题的能力等条件的具体规定和描述的饭店文件。

3. 组织设计的步骤

（1）职务分析。在对饭店经营目标要求逐步分解的基础上，确定为实现经营目标饭店组织所需的各种管理和服务职务的类别和数量，以及担任各个职务的人员的职责和应具备的素质。

（2）确定管理层次与管理跨度。根据饭店的等级和规模、业务性质、管理要求、内外部环境条件，确定相应的管理层次与管理跨度。饭店的管理层一般分为决策层（总经理）、管理层（部门经理)、督导层（班组长）三级。管理跨度应根据不同管理层次、工作性质和特点确定。通常层次较高管理幅度较小，层次较低管理幅度较大，下属人员工作复杂管理幅度应相对较小，工作标准化程度高管理幅度可较大。

（3）部门划分。在前两步工作的基础上，依照一定的形式，把各种职务（岗位）组合成“部门”，以形成饭店管理的分工协作关系。饭店部门划分的标准可随着经营目标、环境和条件的改变而不断调整。

## （三）组织结构

饭店组织结构是饭店的指挥管理系统。饭店内部门和人员之间的权责关系，饭店各项工作之间的上下左右协调关系和隶属关系，都以组织结构图来表示。

### 1. 组织结构的基本形式

组织结构可以采取多种多样的方式，从而形成不同形式的组织结构，而传统的组织形式则包括直线制、职能制、直线—职能制三种。

（1）直线制。直线制又称军队式组织，它是企业内部上下按垂直系统建立的组织形式，其优点是结构简洁，职权和任务明确；但对管理人员的要求比较高，对突发事件的处理会比较迟钝和僵化。

（2）职能制。职能制是在最高管理层下按专业横向分设管理职能部门，各部门在其业务范围内向下级发布命令、下达指示。其优点是充分利用专业管理人员的特长，发挥职能机构的专业管理作用，不足之处是容易造成分工过细和多头领导。

（3）直线—职能制。直线—职能制是由垂直的生产、服务指挥系统和按专业分工的横向职能系统相结合而成的组织形式。主要特点是既保留了业务部门直线系统的管理渠道，又使职能部门有效地发挥监督和参谋的作用，实现了分工管理的统一性。直线—职能制是绝大多数饭店采用的组织形式。

### 2. 饭店组织结构的具体形式

一般来说，饭店所采取的组织形式大多是直线—职能制，纵向分决策层、管理层、督导层、操作层四个层次，横向通常由销售、房务、餐饮、人力资源、财务、工程等职能部门组成。但是不同规模、不同等级的饭店组织常有各自的表现方式。图 2－1 为一般大中型饭店的组织结构图示例。



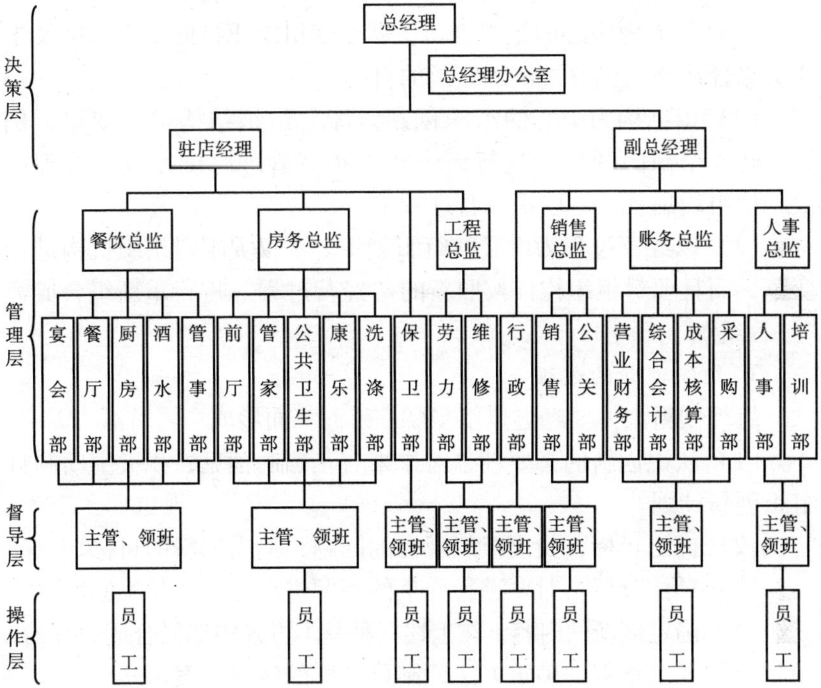


**图 2－1　大中型饭店组织结构图示例**

## （四）组织创新

任何组织都不可能一成不变地适应不断变化的各种环境条件，组织创新是任何组织所必需的。

### 1. 组织创新的原因

组织创新的主要目的是适应环境变化。第一，组织外部的环境变化如主要国际旅游市场发生战争、恐怖主义活动、经济危机等使入境游客急剧下降；国家进行客观经济调控，影响饭店的经营计划，或饭店数量不断增加，竞争激烈等。第二，组织内部的环境变化如饭店高层领导易人、经营出现严重亏损、饭店内部沟通不良、冲突严重等。这些变化的因素，使得饭店必须调整经营战略，从而引起管理岗位和部门的重新设计。

2. 组织创新的方式

（1）以人为中心的组织创新。即改变组织成员的工作态度及工作关系性质来达到改进组织绩效的目的。

（2）以结构为中心的组织创新。即对组织结构进行变革，例如，将几个部门的职责进行组合或者拓宽管理跨度，减少管理层次，使组织扁平化，以提高管理效率。

（3）以经营过程为中心的组织创新。不仅要求对组织机构进行变革，而且要对组织构件按照新的“经营过程”进行重新组合成为“过程组织”。

3. 组织创新的过程

组织创新大体要经过以下步骤：

（1）认识创新的必要性，对未来有正确的预见，积极主动制订组织创新计划。

（2）提出目标，找出组织现有的问题，提出创新的目标。

（3）具体分析，对要进行变革的问题进行分析，找出原因。

（4）确定创新的内容，在上述三种基本方式中选择合适的方式。

（5）找出重点，确定方法，制订具体的执行方案。

（6）实施创新计划，确保按预定的方案进行。

（7）检查结果，进行反馈，找出改进的途径。

## 三、指挥与督导

指挥与督导是在饭店运转中管理者运用权力和影响，通过人与人之间的相互作用，引导和激励被管理者自觉自愿、充满信心地为实现饭店目标努力工作。

### （一）指挥的权力基础

权力是指一个人主动影响他人行为的潜在能力。这种能力是管理者对他人施加影响的基础。在一个组织内部，权力可以按其不同来源分为五种。

1. 法定权力

指组织内各领导职位所具有的合法的、正式的权力。法定权力通过发布命令、下达指示来直接体现，也可以借助政策、程序和规则来间接体现。

2. 奖赏权力

指管理者掌握的奖励、加薪、升职、赞扬、理想工作安排等权力。

3. 强制权力

指管理者掌握的扣发工资奖金、降职、批评直至开除等惩罚性措施的权力。

4. 专家权力

指由个人的特殊技能或某些专业知识而产生的权力，如医生、律师、工程师、专家所拥有的影响力。

5. 感召和参考权力

指与个人的品质、魅力、经历、背景有关的权力，如企业领导及其他有表率作用的榜样人物所拥有的影响力。

**（二）指挥的艺术**

管理者在实施指挥的过程中，必须十分注意方式方法，艺术地进行指挥与督导，以使事半功倍。

1. 影响力

饭店管理者在指挥督导员工工作时应善于应用影响力，即利用管理者地位的权威性，加上专业知识、个人魅力和才能，形成综合影响力，才能有效地促使员工努力工作。如果只使用职权、采用强制手段指挥员工则不可能取得满意效果。

2. 激励

激励是管理者通过一定的手段使饭店员工的需要和愿望得到满足，以达到调动员工工作积极性的目的。因而饭店管理者必须充分了解员工的需求和愿望，尽量满足员工需求，帮助员工实现愿望，这样才能使员工的个人潜能充分发挥。

3. 沟通

沟通不仅仅是人与人之间简单的情报和信息交流，而且还包括情感、态度、思想和观念的交流。通过沟通，管理者不仅可以使命令、指示得到下属的准确理解和执行，同时还能更好地察觉下属需要什么，了解他们为什么会如此行事，从而使指挥和督导工作更富成效。

**（三）管理的氛围**

管理氛围是组织中各项管理活动日积月累发展形成的某种特质，是组织内所有成员共有的一种感觉。管理氛围是一座桥墩，一端是组织的管理环境，另一端是组织成员的认知与行为规范。

1. 管理环境及特点

管理环境指管理系统所处的环境，是与管理组织与指挥活动相关的一切事物和条件的集合体。管理环境具有以下特点：①客观性，它不以管理组织中人们的意志为转移，客观地制约着人们的管理活动；②系统性，它是由与管理系统相关的各种外部事物和条件所组成的整体；③动态性，它总是处于不断地运动变化之中。

2. 组织文化及要素

组织文化是组织成员共同或共享的价值观体系。在现代企业中，则是企业通过长期的生产经营和管理活动所创造的具有本企业特色的精神财富及其物质形态，是代表企业成员的一种共同认知和行为规范。组织文化由五方面要素组成：①企业环境；②价值观；③英雄人物；④文化礼仪；⑤文化网络。企业环境是建立企业文化前提；价值观是企业文化的核心；企业文化通过英雄人物和文化礼仪具体表现出来；最后以文化网络在企业内沟通传播。

## 四、协调与沟通

协调与沟通的任务是平衡饭店内外部的各种关系，使饭店的各项工作和谐配合，经营活动顺利进行并取得成功。实现协调与沟通，既包括计划和组织的合理设计，还包括各种形式的信息交流。

**（一）协调的含义**

现代饭店的专业化要求越来越高，分工越来越细。完成一项工作，必须通过许多人的共同努力才能实现。众多成员的协作，难免会出现矛盾和问题，在这种情形下，需要协调职能发挥作用。

饭店企业是由多个部门和不同业务组成的综合性企业，众多的部门和功能在运作中，都是互相联系互相制约的，都是饭店整体的有机组成部分，任何一部分的不协调，都会影响饭店的整体运作，协调职能的发挥能使各部门的活动互相衔接、互相配合、互相促进，形成有序的和谐运转。

饭店中的协调活动既发生在不同部门和业务之间，也发生在不同职权的上下级之间、对客服务的前后台之间，同时还发生在饭店与宾客、饭店与外界各种关系之间。除此以外，饭店业务的随机性，如宾客流量、宾客抵离时间不同，宾客的不同需求等，会引起饭店经营活动的不平衡和服务质量的不稳定，这些都离不开强有力的协调活动。

**（二）沟通的必要性**

沟通是人与人之间思想感情、观念认识、信息情报的交流。要发挥协调职能，有效的沟通是十分必要的。

1. 沟通的意义

信息沟通是发挥协调功能的前提条件，对组织活动有着非常重要的作用。如果没有信息沟通，就无法了解组织中各部分的真实情况，也就无法有针对性地进行协调，达到各部分的平衡和谐。沟通必须是有效的，即应使发出的信息与对方收到的信息保持一致，要使信息接收者得到正确的理解。

在饭店中，信息沟通涉及每个成员。不仅饭店总经理或部门经理发出信息、员工接收信息，而且饭店中每一位员工也在发出各种信息、各级管理人员也在接收信息。通过双向信息沟通实现有效的协调，使饭店的各项工作运转正常。

2. 沟通的渠道

在组织中，信息的沟通渠道有两条：

（1）正式渠道。指按组织结构和管理层次来传递信息进行沟通。在这种情况下，企业组织系统就是信息沟通系统。正式渠道是内部信息沟通的基本渠道。

（2）非正式渠道。指不受正式组织结构约束的组织成员个人间的信息沟通。非正式渠道不仅是正式渠道的补充，甚至可以说现实中的沟通大多是通过非正式渠道完成的。

3. 沟通的方式

信息传递必须借助于某种媒介，主要有两种方式：

（1）书面沟通。通过文字符号来传递信息。

（2）口头沟通。用交谈的方式来传递信息。

这两种方式各具特色、各有长短，因此在实际运用中，这两种方式往往相互补充，以确保信息传递的有效性。

### （三）内部协调

1. 组织协调

组织协调对饭店业务活动连续顺利进行起着决定性的作用。饭店生产经营是一个有机整体，依靠严密的组织结构进行管理，在业务运转出现失衡时，饭店利用组织结构的既定功能，按一定模式和方法进行信息交流，对不同部门和不同业务环节作联络调整，使各部分业务活动互相衔接，重归和谐。

2. 人事协调

饭店是以手工劳动为主的生产企业，人在其中有着十分重要的作用。饭店应积极鼓励管理人员和员工经常地、定期地就饭店有关情况和工作进行真诚的双向对话和交流，以促进饭店各部门管理人员和职工积极合作、相互支持，保证饭店经营的正常运转。

3. 业务协调

饭店通常采取各部门分工负责的方法来提高工作效率，但各部门或个人在工作时会由于部门利益或各种依附关系而产生矛盾。业务协调就是在饭店运转中利用业务操作程序和其他规章制度，使各部门能按计划比例、衔接组合的要求共同完成生产任务。

### （四）外部沟通

1. 与政府沟通

政府是对社会进行统一管理的权力机构。饭店作为社会一分子，必须服从政府对整个社会的统一管理以及对企业经营活动的具体管理，在社会主义市场经济条件下，政府对宏观经济的调控和对微观经济的指导管理都有极其重要的作用。饭店要对有关各级政府的权力、职能和工作程序有清楚的了解，要建立和健全与政府有关部门的经常性信息交流和联系制度，获取政府部门对饭店各项工作的理解和支持，维护国家和饭店的共同利益。

2. 与宾客沟通

协调好饭店与宾客的关系，是饭店管理者素质能力的主要体现。宾客是饭店的衣食父母，是否把宾客需求作为饭店决策的依据，关系到饭店的兴衰存亡，因而要深入调查研究宾客的心理，认真对待宾客的投诉，为消费者提供高质量、适销对路的产品。与此同时，饭店还要承担企业的社会责任，对宾客消费进行教育和引导，促使宾客不断改进消费观念，提高生活质量和生活水平。

3. 与同行协调发展

任何企业都以追求市场最大化和利润最大化为经营目的，因此同行企业必定是最直接的竞争对手。在市场经济条件下，饭店企业是无法垄断经营的，与同行企业协调发展是饭店管理者必须要解决的课题。无论是取长补短，还是强强联合，饭店之间的合作都是为了充分联合同业的“盟友”，充分利用和享用社会的各种资源，把蛋糕做大，避免无谓的资源浪费，共同竞争、共同发展、共同奋斗、共享其利，这对每一家饭店来说都是有利无弊的。

4. 充分利用新闻媒介

新闻媒介是公共关系的重要因素，它控制着最重要的公共沟通渠道。饭店需要新闻媒体的中介作用，有效地传播企业生产、经营和发展规划方面的信息，以此树立良好的社会形象。同时，饭店也需要通过新闻媒介的各种报道，及时、准确地了解社会公众对饭店的看法和态度，掌握市场的经济环境现状和变化趋势，为饭店的调整和变革提供必需的分析依据。

## 五、信息与控制

控制的根本目的在于保证有效地实现饭店的经营目标。具体地说，为了确保饭店经营目标和任务的圆满实现，饭店必须保证其全体员工在合适的时间以正确的方式从事各种必要的工作，因而活动过程中一旦出现偏差，必须及时采取调整措施来修正各种活动和行为。

控制的基础是信息。饭店通过信息系统掌握经营活动的实际绩效是否符合计划目标，并通过信息反馈组织有关部门采取迅速有效的纠正措施。因此，建立与完善管理信息系统是饭店实现有效控制的重要保证。

### （一）控制的目的

1. 适应环境变化

在饭店制定经营目标至实现目标的过程中，不仅饭店内部的情况在发生变化，周围的情况也在不断发生变化。这些变化都会影响饭店实现经营目标，有时甚至需要重新修改或重新制定更符合新情况的目标。控制职能的目的之一是使组织在环境变化时能随时对经营目标和计划作出相应的调整。

2. 纠正错误

饭店在经营过程中难免会犯错误、出偏差。尽管小错误不会对饭店造成多大的破坏作用，但如果不及时纠正，则可能会积累起来造成极其严重的后果。因此，饭店必须依靠控制系统及时地发现并纠正小缺点小错误，以免小问题酿成大错，给饭店带来损失。

3. 减少个体差异

即使饭店经营环境在一定时期内相对稳定，也仍然有必要对饭店业务活动进行控制。这是因为员工的认识能力和工作能力存在着差异。饭店员工是在不同的时空进行工作，由于他们的个体差异，他们的实际工作结果在质和量上可能与规范、标准不符，加强控制是减少个体差异的有效途径。

### （二）控制的原则

为保证控制职能的正常发挥，必须遵循一些基本原则。实施控制时一般须遵循以下原则：

1. 目的性原则

无论是着眼于纠正执行中的偏差还是适应环境的变化，控制工作应紧紧围绕饭店的经营目标进行。控制工作的意义在于通过发挥

"纠偏"和"调整"两方面的功能，保证饭店组织更有效地实现其根本的使命和目标。

2. 整体性原则

完成经营计划实现经营目标是饭店全体成员的共同责任，因而控制应该成为饭店全体成员的职责，而不仅仅是管理人员的职责。从控制的对象来看，控制覆盖了饭店经营活动的各个方面。人、财、物、时间、信息等资源，各层次、各部门、各单位、各个人的工作以及饭店经营的各个不同阶段等，都是控制的对象。因此，应把饭店业务活动作为一个整体来看待，才能使各方面的控制协调一致，达到整体优化的效果。

3. 动态性原则

任何组织都不是一成不变的。饭店的外部环境和内部条件随时都在发生着变化，因而控制标准和控制方法也不能固定不变。动态的控制更及时、更具针对性。

4. 人本性原则

控制是对人的行为的控制。人本性原则指控制不应仅仅是监督员工工作，而且是提高员工工作能力的途径。管理者应通过控制工作，一方面帮助员工分析偏差产生的原因，指导他们采取纠偏措施，提高工作效率，同时使他们端正工作态度，增强自我控制能力。

**（三）控制的内容**

根据饭店业务的特点，控制工作的内容可包括以下几方面：

1. 目标控制

饭店的经营目标既是计划管理的重点，也是控制管理的重点。制定目标本身就是一种控制，而控制的作用还在于修改或调整目标，使之更适合饭店的实际经营和管理需要。

2. 规划控制

饭店规划控制一般包括三个方面：第一，饭店发展前景，包括饭店设施设备的更新调整、饭店服务项目和饭店产品的创新；第二，管理水平和服务水平的不断提高；第三，饭店员工的未来发展，改善员工队伍素质。

3. 质量控制

服务质量是饭店经营的生命线，饭店服务质量高低直接关系到企业的生存和发展，质量控制是饭店控制工作的主要任务。

4. 人员控制

饭店业是人的行业，饭店企业人员控制意义重大。人员控制不仅包括劳力成本控制，还包括具体的员工补充、选聘、培训、评估、激励、奖惩等方面的控制以及员工潜力发掘和发展的控制。

5. 效益控制

追求良好的社会效益和经济效益是饭店经营的最终目的。饭店效益控制是对饭店的营业收入、费用成本、经营利润以及能源材料、资金和各种资产的综合控制。

**（四）控制过程**

控制过程包括确立标准、获取信息、纠正偏差等工作。

1. 确立标准

饭店管理的主要标准有三大类：

（1）数量标准。即用数量来表示的标准，如饭店或部门的营业收入、毛利、费用成本、物料消耗等。

（2）质量标准。即用描述性语言来表示的标准，如饭店服务操作的服务规程、内外部环境卫生要求等。

（3）时间标准。即完成一项任务或一道程序的时间要求，如餐饮的出菜时间、客房走房的清理时间等。

2. 获取信息

获取信息包括两个步骤：

（1）信息收集。信息收集指饭店各部门将反映本部门工作情况的情报或资料，按规定的渠道和线路集中，然后再传递到信息管理部门汇总的过程。信息收集要注意信息的客观、准确，防止信息失真。

（2）信息加工。信息加工是将收集到的原始信息按照一定的程序和方法，进行分类、鉴别、计算、分析和编写，使之成为可供利用或储存的真实、可靠的信息资料。

3. 纠正偏差

纠正偏差是根据既定标准和实际结果的对比，找出问题原因，采取纠正措施的控制过程。主要有以下几种类型：

（1）预先控制。预先控制指获取有关未来的信息，据此进行预测，预先确定可能出现的执行结果和计划要求之间的偏差，提前采取适当的处理措施进行预防。

（2）现场控制。现场控制是一种同步、实时的控制，即在业务进行过程中管理人员亲临进行指导和监督，发现偏差、随时纠正。在饭店管理中，现场控制是特别重要的管理控制手段。

（3）成果控制。也称反馈控制，是在业务活动完成之后，通过对已发生的工作结果的测定和考核，发现偏差和纠正偏差，或者是在饭店内外部环境条件已经发生重大变化，导致原定标准和目标脱离实际时，采取措施调整计划。

# 第四节　饭店的管理体系

饭店组织为了实现组织目标和经营计划，需要制定一系列的规章制度、建立相应的管理机构，通过管理机构的组织、计划、指挥和协调，有效地执行管理制度，保证计划的实施和目标的顺利实现。饭店的管理体系主要由饭店管理制度和管理机构组成。

## 一、饭店管理制度

饭店是综合性的服务企业，涉及的工种和程序纷繁复杂，利用制度进行管理是现代饭店管理的重要手段。

### （一）饭店管理制度的含义

饭店制度是饭店组织管理过程中借以引导、约束、激励全体组织成员行为，确定办事方法，规定各种章程、条例、守则、规程、程序、标准、办法的总称。依照制度规范涉及的层次和约束不同的内容，饭店管理制度可以分为饭店基本制度、饭店管理制度、饭店业务技术规范、饭店个人行为规范四大类。

其中饭店管理制度在广义上包括由国家、地方、部门、行业针对饭店经营管理活动所规定的规范；在狭义上指饭店制定的内部规章制度和行为规范。通常所说的饭店管理制度主要是指饭店内部规章制度，一般可分为基本制度、经济责任制度和工作制度三类。

1. 饭店基本制度

（1）总经理负责制。总经理负责制是饭店企业实行的领导制度。饭店建立以总经理为首的经营管理系统，对饭店的经营管理拥有决策计划、财务支配、人事安排和员工奖惩等权力。总经理在行使权力的同时，必须承担相应的责任。总经理应自觉地接受党组织和职工的监督。

实行总经理负责制后，饭店党组织的工作重点是加强饭店员工思想政治工作，积极支持总经理行使职权，发挥党组织的监督保障作用。

（2）员工手册。《员工手册》是饭店基本制度中极为重要的内容。《员工手册》根据国家的人事劳动法规、行业工作特点和国际饭店业惯例，规定了饭店、员工所拥有的权利义务和责任，具体内容包括饭店的经营目标、宗旨；饭店情况介绍、组织结构；各部门的工作说明；劳动管理规定和福利制度；规章制度以及奖惩条例等。

（3）职工民主管理制。饭店是社会化大生产分工协作的典型企业，员工的个体因素对饭店的管理和服务水平有极为重要的影响，实行职工民主管理制十分必要。饭店民主管理的形式和内容丰富多样，其基本形式是职工代表大会。职工代表大会拥有管理、审议和监督的权力，具体工作内容为：听取和审议总经理的工作报告；审议饭店的发展规划、经营计划；审议饭店的各项基金使用，审议饭店福利等有关职工生活福利的重大事项；监督、评议饭店的各级管理人员工作业绩并提出奖励或处罚建议。

2. 经济责任制度

（1）饭店集体经济责任制。饭店集体经济责任制通常按饭店管理层次确定饭店、部门、班组等集体经济责任，分别对集体责任的具体责任人——总经理、部门经理、督导或班组长提出具体的经济责任要求，包括该集体的各项经营指标和经济责任以及该责任人的岗位责任、工作权限和奖惩办法等。

（2）岗位经济责任制。岗位经济责任制指对饭店组织中每一个岗位制定经济责任的制度，是饭店其他经济责任制的基础。饭店每个岗位都有不同的岗位经济责任，关系到每一位饭店员工，主要内容包括：责任指标、工作指标、协作要求和奖惩方法等。

3. 工作制度

（1）服务规程。服务规程是以描述性语言规定某一服务的内容和作业顺序以及该服务过程应达到的规格和标准。服务规程是饭店服务工作最基本的要求和规范，是饭店服务产品质量的保证。

（2）操作制度。操作制度主要针对后台部门或职能部门，如质检制度、财务制度、考勤制度等。

### （二）饭店管理制度的作用

1. 饭店管理制度是指挥、协调的基础

饭店所有员工都应共同自觉遵守的内部法规，制约着人们的行动，引导着人们的行为。但由于饭店的生产经营活动通常要由几个部门和许多人员共同完成，各个部门和不同个人，由于背景、技术和认识的差异，常常会发生业务衔接脱节和计划执行不平衡的现象，因而需要指挥和协调使各项工作顺利进行。管理制度便是饭店所有指挥、协调工作的基础。

2. 管理制度是管理、服务的保证

饭店管理制度是按饭店现代化管理要求和饭店业务运转客观规律，对饭店的管理思想、原则、内容、方法所作的一系列规定，包括对各项服务的规范标准和操作程序的详细具体的规定，是饭店管理水平和服务质量的根本保证。

3. 管理制度是检查、考核的依据

饭店管理制度是饭店检查、考核经营管理和业务运转绩效的依据。一方面，饭店依据管理制度对饭店部门和员工个人工作业绩进行检查、考核，根据集体和个人的表现，进行合理的奖惩，提高员工的工作责任心，发挥他们的主动性和创造性；另一方面，管理制度又是对饭店计划方案的检查、考核依据。饭店在执行计划过程中会因为情况变化使计划执行出现偏差，饭店要通过实绩与标准的比较，获取偏差的信息，采取有效措施进行纠正，使计划重归预设轨道。



### （三）饭店管理制度的制定

饭店管理制度是建立在科学合理的基础上，有的是技术规范要求，有的充分反映事物发展的客观规律，有的合情合理，反映企业经营管理科学、成熟、合理的一面。

#### 1. 饭店管理制度的制定过程

饭店管理制度是饭店的法，其制定过程是严谨的，必须认真研究、仔细推敲，同时做到条文明确、具体、易于操作。饭店管理制度的制定一般分为以下三个步骤：

（1）提出制度制定要求。由饭店有关部门和人员根据管理工作的需要，提出制度制定要求，经上级有关部门和人员同意后，进行充分的调查研究，提出制度草案。

一般而言，饭店的基本管理制度由饭店企业所有者和主要经营管理人员根据国家的法律和有关规定，与有关部门磋商的基础上制定；大部分管理制度则由制度涉及的部门、管理者和有关的组织成员起草。

（2）讨论和审查制度草案。管理制度草案提出后，需要广泛地征求相关各方的看法和意见，集思广益，充分讨论。在讨论、研究的基础上，改正其中不切实际及与其他制度矛盾、重复的部分，补充疏漏的部分，使制度草案进一步完善化。修改后管理制度草案，要报上级进行审批备案。

（3）试行管理制度。管理制度草案在得到上级领导或有关部门审批后，可予以试行。试行的目的主要是为了在实践中进一步检验和完善，使之成熟化、合理化。

对于新的管理制度，试行是必不可少的一个阶段。

#### 2. 饭店管理制度的制定要求

（1）明确制度的管理目的。饭店管理制度不是摆设，必须发挥实际的指导、监督、协调作用。制定饭店管理制度，必须从饭店经营管理的实际需要和全体员工的共同利益出发。管理制度不仅起着规范员工行为的作用，还要起到引导和激励员工的作用。

（2）注重制度的切实可行性。饭店管理制度的可行性是指其必须符合客观实际。饭店的管理制度必须符合本饭店的特点、管理风格，充分反映企业组织活动中的规律性，体现企业特点以及饭店的客观条件。制度在制定过程中，一方面要讲究科学、理性、符合规律；另一方面要充分考虑人性的特点，必须考虑饭店绝大部分员工的思想觉悟水平、心理承受能力，避免不近人情、不合理的情况出现。在制度的制定过程中，也要充分发挥员工的自我约束能力，激励机制等的作用。

**（四）饭店管理制度的实施**

饭店管理制度经过一段时间的试行、完善后，就可以稳定下来，形成正式的、具有“法律效果”的制度文本，按照确定的范围和时间正式执行。饭店管理制度的实施既要注意制度的严肃性，又要注意制度管理的艺术性。

1. 制度是高压线

“制度是高压线”，饭店的管理制度一旦付诸实施，从饭店高层到普通员工都必须执行，违反规定要受到相应的惩罚，制度具有严肃性。

具体来说就是制度以其公平性、权威性和强制性，确保员工在“做正确的事”。在管理制度面前，任何相关员工都一律平等。制度的实现，贯彻落实需要借助企业组织强制力的约束规范，如行政处分、降职降薪、开除等惩罚措施。管理制度只有严格的执行，才能发挥其作用；也只有严格的执行，制度的权威性才能树立。

2. 制度无情人有情

饭店管理说到底是人的管理，所以要让管理制度真正地发挥作用，饭店管理者应该成为制度的主人，一方面要按照制度办事，另一方面在具体的管理中注意方式方法，不断改进创新管理制度，注意方式方法，把管理工作艺术化，提高管理的有效性。

坚持制度管理的艺术性，做到制度无情人有情，在具体实施过程中就要坚持：第一，制度具有针对性，在执行过程中注重个体差异，根据不同的人采用不同的方法。第二，制度具有灵活性，在执行过程中具体情况具体分析，灵活处理，如奖惩并举、恩威并施、将功补过、多样化选择等。第三，制度具有情感性，制度执行过程中做到以理服人、以情感人，做好思想工作。第四，制度具有创造性，讲究与时俱进，将先进的管理理念不断融合进管理制度，方式多样，生动活泼。

**（五）饭店管理制度的调整**

饭店管理制度往往都是在长期的管理实践过程中，经过分析研究、总结经验，提炼上升成理性准则，在相当程度上反映了饭店企业的内在需求，具有较强的稳定性。但是市场环境在快速变化，饭店的管理制度也并不是一成不变的，当管理制度赖以生存的前提条件发生变化时，管理制度也就应该做一些相应的调整。

管理制度的调整，一般包括现行管理制度的修改、废除和新管理制度的制定。

## 二、饭店管理机构

饭店管理机构是饭店组织设计的结果，是为执行饭店经营计划而建立的决策、指挥、协调机构。饭店管理机构主要包括董事会（管委会）、管理当局和职工代表大会。

**（一）董事会（管委会）**

董事会是现代饭店企业在所有权与经营权分离的条件下，饭店的出资人为了追求和保护自己利益而设立的饭店治理机制中的核心组织。现代饭店，尤其是公司制饭店企业，通常实行所有权和经营权分离，饭店股东为了保障自身利益，通过设立董事会对饭店进行法人治理。有些独资饭店或国有饭店，由于聘请了专门的经营者，便设立管委会监督经营者的经营行为。

董事会和管委会一般不干涉经营者的日常经营活动，在饭店的经营中主要发挥激励和制约功能。所谓激励功能是指董事会应代表全体股东，充分信任管理当局，使其充分发挥经营管理智慧，完成资本增值的目标，使股东收益最大化；所谓制约功能是指饭店的股东为了保证投资安全，赋予董事会对管理当局监督和制衡的权力，如对重大资本运作、大额资金支付等的审议和对管理当局的奖惩规定等。

（二）管理当局

所谓饭店管理当局，是指以饭店总经理为代表的饭店各管理层，承担饭店经营运作的责任。饭店管理当局包括总经理、副总经理、总监、部门经理以及基层主管、督导、班组长等，他们在不同的层次和岗位，从事着管理工作，使饭店始终处于良好的运转状态，生产适销对路的产品，满足社会大众的消费需求。

1. 决策层

决策层是由饭店中担任高层管理工作的人员组成，如总经理、副总经理、“三总师”和饭店顾问等。决策层的工作重点是制定饭店经营方针和长期发展战略，确定和开拓饭店的客源市场，并对饭店的管理手段、服务质量标准、人力资源开发等重大业务问题作出决策。

2. 管理层

管理层是由饭店中担任中层管理工作的员工组成，如总监、部门经理、部门副经理、厨师长等。管理层的主要职责是按照决策层作出的经营决策，具体安排本部门的日常工作。管理层在饭店中起着承上启下的作用，他们的工作对饭店的经营管理结果有非常重要的作用，是完成饭店经营目标的直接责任承担者。

3. 督导层

督导层是由饭店中担任基层管理工作的员工组成，如主管、领班、主任、值班工程师等。督导层的主要职责是根据部门经营计划，安排本班组的日常工作，督导员工按服务程序和服务标准进行工作，保证饭店经营管理活动的正常进行。

（三）职工代表大会

职工代表大会是饭店实行民主管理的基本形式，是职工行使民主管理权力的机构。饭店董事会和管理当局分别代表饭店所有者和饭店经营者对饭店的生产经营进行管理，而职工代表大会则是代表劳动者对饭店的经营实行民主管理，审议饭店的各项规划和计划，监督各级管理人员，维护饭店全体员工的切身利益。充分发挥职工代表大会的管理职能，使全体员工以主人翁态度积极工作，共同努力，对于饭店企业的发展有着十分重要的意义。

# 第三章　饭店营销管理



〔**内容提要**〕饭店市场营销是指作为营销主体的饭店在适当的时间，以适当的价格，并通过适当的渠道，将适当的饭店产品和服务，传递给适当的宾客。饭店营销管理是饭店“对营销业务进行分析、计划、执行和控制，以谋求创造、建立及保持与目标市场之间相互有益的交换和联系，达到饭店既定的目标”。因此，饭店营销的过程就是对营销进行管理的过程。饭店在确立正确营销理念之后，还必须通过具体的营销管理来贯彻和落实这些理念，以取得营销活动的成功。

〔**学习要点**〕

- 饭店营销的基本特点
- 饭店营销的基本任务：市场调研、市场细分、市场选择和市场定位
- 饭店营销组合策略：产品策略、价格策略、营销渠道策略和促销策略
- 营销理念与营销技巧：绿色营销、内部营销、宾客满意营销、关系营销、品牌营销

〔**思考题**〕

1. 试从饭店产品的特殊性出发，分析饭店营销活动的特点，针对这些特点，饭店宜采取哪些营销对策？
2. 如何正确理解“饭店整体产品”的内涵？饭店在开发设计产品时应注意哪些要点？
3. 什么是高度市场细分？现代饭店为什么要引进“高度市场细分”概念？
4. 由于个性化消费时代的到来，饭店企业是否应更多地采用集中目标市场营销策略？为什么？
5. 简述市场定位的基本原则。
6. 试分析促销的本质。
7. 绿色营销产生的原因是什么？
8. 内部营销理论所倡导的基本内容是什么？对饭店有何实际指导意义？
9. 关系营销的核心内容是什么？有何现实指导意义？
10. 饭店企业怎样在营销过程中突出其文化形象？
11. 试分析饭店品牌营销的关键点。

# 第一节 饭店营销概述



## 一、饭店营销的含义

正确理解饭店营销活动的内涵是饭店开展有效营销活动的前提。说到饭店营销，人们可能马上会想到推销，认为营销就是推销，就是进行信息沟通，向宾客推销产品。事实上，这是对营销的片面理解。

宾客在购买饭店产品或服务时，既不是被动的，也不是随意的，而是因为饭店的产品或服务能使他们获得某种效用，能使他们感到满足，获得实实在在的使用价值。产品或服务所蕴涵的种种效用是诱导并促使宾客做出购买行为的关键。饭店营销活动是饭店经营者为造就宾客满意，并在宾客满意的基础上实现饭店经营目标而展开的一系列有计划、有组织的活动。它不简单地等同于推销，而是一个贯穿饭店发展全过程的活动。它要求饭店在提供产品或服务之前，首先研究目标宾客的需要是什么，然后根据宾客的需要来设计或调整饭店的经营内容，再通过一系列的促销活动让宾客知晓并吸引他们购买或使用饭店的产品或服务。在这个过程中，饭店还必须注意收集来自宾客方面的反馈信息，根据宾客使用后的满意程度来重新设计或调整饭店的经营内容，使饭店的产品或服务效用最大化。因此，从这个角度看，营销是饭店产品出售给宾客前所有活动的总和。而推销活动是以饭店现有的产品作为活动起点，研究怎样利用广告、公关、实物展示等手段来增加销售量，并在增加销售量的基础上实现饭店的目标。可见，推销仅仅是营销活动的一个环节。两者之间的关系可以用表 3－1 表示。

饭店营销活动的成败取决于营销活动的“适合性”，因此，也有学者对营销作了如下定义：饭店营销就是在适当的时间、适当的地点，以适当的价格，通过适当的渠道，采用适当促销策略，向适当的宾客销售适当的产品和服务。这一定义强调了饭店营销必须谋求时间、地点、价格、营销渠道、促销手段、对象及产品与服务的适宜性与针对性。



表 3－1　推销与营销的关系

| | 推　销 | 营　销 |
|---|---|---|
| 活动起点 | 现有产品或服务 | 宾客需求 |
| 使用方式 | 广告、公关、实物展示等 | 营销组合策略整体运用：<br>Price（价格）<br>Product（产品）<br>Promotion（促销）<br>Place（营销渠道）<br>Public Image（公共形象）<br>Public Relations（公共关系）<br>Public Power（公共权力） |
| 实现目标的基础 | 增加销售量 | 提高宾客满意程度 |

## 二、饭店营销活动的特点

饭店营销活动的特点明显地受其产品特点的影响。因此，我们从饭店产品的特殊性出发，研究饭店营销活动的特点及其相应的营销策略。

### （一）饭店产品无形性特点使饭店营销活动带有相应的脆弱性

饭店提供的产品是以服务为主体的组合，而服务是无形的，宾客在首次购买饭店产品之前无法具体接触或明确感受它们，“无形的服务如何取信于公众”成为饭店营销活动的难点和重点。

针对这个特点，饭店在营销“无形的服务”时，就应巧妙地提供各种有形证据来吸引宾客，让宾客眼见为实。这些有形证据包括设施设备、人员形象、环境布置、广告宣传等宾客可以直接感受的一切视觉要素。

### （二）饭店产品的不可贮存性特点增添了饭店营销活动的艰巨性

不像其他商品卖不出去可以储存，在短时期内还能保值出售，饭店产品是一种过期作废的产品，具有效用瞬时性的特点。当天的产品卖不出去，当天的效用也就失去了，以后也无法再挽回。因此，饭店在开展营销活动时，尤其应注重协调供给与需求的关系，以便降低饭店产品的“报废率”。

### （三）饭店产品的不可转移性特点使营销活动缺少一定的灵活性

饭店是以饭店本体作为营销对象的企业，即其产品只能在饭店内交换，宾客消费饭店产品只能在饭店内就地进行，而不能在一地购买消费另一地饭店的服务和产品，宾客离店时带走的只是一种感受，而不能带走具体的服务产品。这就给饭店营销活动增添了一定的难度。这一特点决定了饭店规模必然受到区域性的限制，市场范围受到一定的局限。因而饭店必须根据目标市场的大小决定企业设施规模和接待能力，开展营销活动。

### （四）饭店产品大规模生产和销售的限制性局限了饭店营销活动的规模效应

饭店产品不可贮存性、不可转移性等特点，决定了它不能像其他产品那样可以集中生产，集中销售，或是在淡季时多生产，到旺季时多销售。为了解决这方面的缺陷，饭店在营销时最好通过建立饭店联号、组建饭店联盟、进行团队促销等方式，统一服务标准、服务程序、服务风格，来达到饭店产品的规模生产和规模销售。目前，连锁经营、联合发展成为一种时尚，这种方式改变了中国饭店传统的“村自为战、店自为战、各自为政、各行其道”的散沙式经营方式，以联合销售为纽带，发挥了各自设备、技术、资本、网络的最大优势，为实现饭店产品的规模经营做出了良好的开端。

### （五）饭店产品消费的随意性使营销活动必须着眼于刺激宾客的消费欲望

旅游不像柴、米、盐、油、酱、醋、茶那样属于生活必需品，它是人们生活水平提高后产生的一种休闲活动。而饭店的大部分宾客是旅游者，因而，饭店产品的消费也具有很大的随意性，在消费能力许可的条件下，容易受宾客的情感、兴趣、动机等心理因素的影响。同样是住饭店，可以住得奢侈豪华，也可以住得简单随意。这就要求饭店灵活掌握宾客的消费心理，善于通过开发各种特色产品，策划各种特色活动，激发宾客更多的消费行为。

**（六）饭店产品的非专利性要求营销活动具有独特性和创新性**

饭店产品具有非专利性的特点，即饭店不能为自己的客房装饰、菜肴糕点、服务项目、服务方式等申请专利，唯一能申请专利的是名称与标志。由此导致的直接后果是一旦饭店在菜式创新、客房布置等方面摸索出较成功的经验，很容易被诸多竞争对手所模仿，因而追求“人无我有”一直是饭店经营者苦心研究的难题。因此，饭店营销要具有创新意识，在创新产品成为大众产品之前，及时做好产品的更新换代工作，借助于其他各种营销策略，永葆新意。

**（七）饭店产品的非均质性要求饭店强化服务营销意识**

饭店产品的非均质性指饭店服务产品质量缺乏稳定性，易发生波动。这一方面是因为作为服务主体的服务人员在工作过程中往往受诸多因素的干扰，影响了服务质量的稳定性；另一方面，宾客对饭店产品的评价也带上了浓厚的个人色彩。鉴于这一特性，要求饭店强化服务营销意识，在营销的诸多环节上体现“服务意识”，确保饭店产品与服务质量的相对稳定性。

**（八）饭店产品的文化性要求饭店强化文化营销理念**

旅游是一种文化现象，旅游动机之一就是探求异地文化，特别是在知识经济背景下，文化成为人们的需求热点。作为旅游业的支柱产业之一，饭店就应首先满足旅游者的文化需求。因此，饭店要研究文化性的产品，开展文化营销活动，主动倡导健康的主流文化、多彩文化、民族文化、特色文化、世界文化，在营销的各个环节上（如产品设计、促销设计等）体现浓厚的文化气息，使营销的过程成为饭店生产文化、销售文化、传播文化的过程。

# 第二节 饭店营销基本任务



## 一、市场调研

市场调研是饭店企业开展营销活动的起点。饭店企业要在市场上开展营销活动，就要了解并准确把握市场的“脉搏”，探测宏观环境与微观环境的基本特点，在这基础上，科学确定营销计划。

### （一）宏观环境调研

饭店业是一个脆弱性的行业，首先受制于宏观环境。对宏观环境进行调查，目的是使饭店充分规避环境带来的风险，有效利用随之而来的机遇，使饭店成为趋势的倡导者、机会的追寻者和威胁的躲避者。

宏观环境是由大范围的社会约束力量构成的，包括经济环境、人口环境、自然环境、政法环境、文化环境和科技环境。

1. 经济环境

一个国家和地区的经济发展水平以及当地居民收入与储蓄状况直接影响饭店的营销对策，特别是消费者收入的高低，直接影响其购买能力的大小。除了收集有关消费者购买力的信息外，企业还应注意收集和分析有关宏观经济指标，如一市一地的生产总值（GDP）、消费者物价指数（CPI）等。

2. 人口环境

人口环境是指企业所在区域的人口状况，包括人口分布、性别比例、年龄结构、流动状况、文化水平、家庭结构、民族种类等。现代人口环境中，银发市场、女性市场、家庭消费市场、修学市场等应引起企业的重视。

3. 自然环境

企业生产经营有赖于各种自然禀赋。作为“耗能”大户之一，饭店在发展过程中也应充分考虑环保、节能减排等主旋律要求。

4. 政法环境

法律是企业必须严格遵循的规范，绝对不能“以身试法”。国家立法工作步伐的加快使得各种新的法律法规“层出不穷”，企业要努力领会各种与自身经营管理相关的法律法规，从而保证企业在法律允许的范围内进行一切经营活动。同时还应注意用法律法规来对付竞争对手的“违法行为”，保护自己的合法权益。



政策是党和政府为有效推进社会、经济、科技协调发展的一种带有强制性的规范，它是一个庞大的体系，有国家政策，行业政策，地方政策，有禁止性的，限制性的，鼓励性的，支持性的以及优惠性政策。企业要多学习、研究有关政策规定，从中发现可以利用的条文和信息，并善加利用。

5. 文化环境

文化是一个群体一再重复的价值观念、生活方式、消费习俗等。文化虽然不如法律刚性，但文化对企业营销和产生的影响却是强大的。在文化环境中，消费习俗和价值观念是企业营销应重点关注的内容。

6. 科技环境

科学技术的发展给企业带来各种挑战的同时也孕育了大量的机会。作为劳动密集型的企业，饭店也应高度关注新科技带给饭店业营销的冲击。

**（二）微观环境分析**

微观环境是由存在于饭店内部的各种因素构成的，相对于宏观环境，微观环境的可控性较强。即饭店为了提高营销效率，可灵活控制、调整微观环境。一般，微观环境由以下因素构成：

1. 饭店内部环境

主要包括饭店所推行的经营观念、发展目标、管理系统、人力资源、服务模式、经营项目、物质支持、规章制度、总体形象等。

2. 饭店的供应商

饭店日常经营活动需要诸多供应商提供各种原料与物资，因此，供应商队伍的素质直接影响饭店的正常运转。

3. 饭店的中间商

饭店与宾客之间存在时间、空间、供求、产品品种等方面的矛盾，为妥善解决这些矛盾并节约社会劳动和交易成本，饭店营销需要向中间商借力。中间商是饭店销售系统的组成部分，往往是饭店营销活动成败的关键因素之一。



4. 宾客

饭店营销的最终目的是在满足宾客需求的基础上实现利润的增加。因此，左右饭店营销活动的重要力量就是宾客，饭店始终要以宾客作为其营销活动的起点和终点。

5. 竞争者

指那些生产经营的产品和服务与本饭店产品或服务有相同、相近或替代关系的饭店。不过，并非所有同类或相似饭店都是本饭店的竞争对手。竞争对手主要是指那些在一定的地域圈内，提供的产品或服务在内容上或档次上相同或相似，面对相同客源市场的饭店。

6. 相关公众

指与饭店有各种关系的所有个人与组织，如社区居民、新闻单位、旅行社等。饭店应重视与这些相关公众建立和谐的关系，为营销活动提供有力的“关系支持”。

饭店在调查宏观环境与微观环境时，可采用观察法、问卷法、资料法、询问法等进行，最后借助于现代化的统计工具，形成具体的市场调研报告，供决策者参考。

## 二、市场细分

市场细分的任务是按照某种相对固定、相对独特的特征，将整个市场划分为不同的、具有相对统一特征的小市场，又称市场分片或市场区割。市场细分是从广阔而复杂的市场中，根据宾客的爱好、需求、购买行为、地域分布等因素，寻找出适合购买本饭店产品或服务的具体消费对象，并以此作为饭店营销的目标市场。饭店市场细分，是指饭店按照消费者的需要、购买行为和购买习惯的差异，把整体饭店市场划分为不同类型的消费者群的过程。其原因在于，任何饭店，不管规模多大，实力多强，不可能面向整个市场，不可能为所有宾客提供服务，也不可能拥有所有设施去适应成分过于复杂、差别过于悬殊的不同宾客群的需求，因而需要通过辨别不同需求的宾客群，将市场划分为不同类型。



**（一）市场细分的作用**

市场细分是现代营销思想的一次巨大革命。通过市场细分，有助于饭店识别和发现营销机会，并据此调整营销组合；有助于饭店实现资源优势整合，以较小的、较理想的、较合理的投入，形成特色，实现饭店效益最大化；也有利于饭店制定最佳的营销策略，从而使饭店“在一定的市场上获得最大限度的占有率”。

**（二）市场细分的方法**

饭店在进行市场细分时，应有效选择不同的细分标准，以与宾客需求差异紧密相关的某一细分标准为主，在这基础上选择其他与宾客需求差异相关的细分标准，将其按由粗到细、由大到小的顺序对市场进行多次划分，直到找到最满意的市场为止。市场细分的标准包括：

1. 地理因素

在不同的地域环境下，人们的消费观念以及消费偏好、消费口味是完全不同的。因此，饭店首先可以根据自己所处的地域环境，或是根据目标宾客所处的地理位置进行市场细分，确定饭店的经营重心和经营特色。

2. 经济因素

主要根据目标宾客的经济收入来划分市场。不同的收入阶层，其消费方式、消费额度、消费偏好也是不同的。经济因素是决定一个人消费能力大小的主要因素，因此，饭店应该明确目标宾客的购买能力，据此进行定位，推出有特色的产品和服务。

3. 宾客的心理以及社会因素

宾客的生活方式、价值观念、年龄、受教育程度，乃至所从事的职业特点，都会给宾客的消费习惯带上明显的个人色彩。目前，诸多饭店参考了这一细分标准对市场进行划分，从而确立了两大焦点市场：银发市场和儿童市场。

4. 宾客的购买行为

宾客的购买行为是指宾客购买时追求的利益取向、购买方式、购买动机、购买次数、对价格、服务或广告的敏感程度、对饭店产品的信赖程度、购买中的决定因素等。饭店可根据宾客的购买行为特点进行市场细分。如某饭店根据购买次数将目标市场定位于中小企业的上班族，推出“一次付费、多次消费”、价廉物美的服务特色，使得这些重复购买者省却了每次结账的麻烦。

5. 宾客消费目的

宾客购买饭店产品或服务，往往出于不同的目的，有的是度假，有的是公务，有的则是参加会议，这就要求饭店根据宾客不同的消费目的进行不同的营销组合。

市场细分的依据有很多，需要饭店在日常的经营过程中不断去寻找和利用，并据此反馈到饭店日常经营管理的各个环节。

**（三）市场细分要点**

为强化饭店市场细分的有效性，应注意以下要点：

1. 细分依据与企业目标一致

即通过这种细分，使得企业的产品成为目标市场上顾客的最优、最佳选择，这样的划分才有实际的指导意义。

2. 表现细分结果的差异性

即市场细分的结果应明显地表现出各细分市场的宾客在购买动机和购买方式等方面的差异。

3. 后续营销组合的跟进

即企业应根据细分市场之间的差异，采取必要的措施来调整企业的营销组合策略，不能仅将工作停留在划分市场这一阶段。

4. 讲究高度市场细分

由于消费需求个性化特征日趋强化，市场进一步裂变成为更多的小市场。这就要求企业在市场细分的基础上，要进一步对市场需求进行超细划分，以便准确把握企业的市场定位。目前国际旅游行业里已出现了一个专有词汇——市场高度细分化，作为旅游业的支柱产业，饭店也应对市场进行高度细分，按照宾客满意理论让宾客感到高度满意。

5. 市场细分不要贪大求全



要充分认识到，市场这块“蛋糕”是不可能被一家饭店独吞的，要明确自己能分到哪一块，并保证这块能拿到手。市场定位越大，越难以形成主题，就越难有稳定和固定的客源群体。

## 三、市场选择

市场细分的结果是将整个市场划分为不同的细分市场。一般而言，饭店无力同时满足所有细分市场的需求，因此，必须进行市场选择，对各个细分市场进行“可进入性”分析，评估饭店的营销机会，从中选择适当的细分市场作为饭店的目标市场。目标市场是饭店决定要进入的市场，饭店一般通过推出“定制化”的营销组合策略实现占领市场的目的。

### （一）评估细分市场

饭店在选择目标市场时，首先必须从以下几个方面对各个细分市场进行“可进入性”分析：

1. 宾客分析

饭店营销的中心是宾客，一般需要了解现有宾客数量、潜在宾客数量、年龄结构、受教育程度、收入水平、民族或籍贯、有关潜在信息、居住分布等情况，还要分析各细分市场上宾客的生活方式、消费心理、购买习惯以及购买的季节性等特点。

2. 竞争者分析

各个细分市场上竞争者数量的多少与质量的高低直接影响饭店的营销活动。对竞争者进行调查分析，主要了解竞争对手的数量、成本优劣势、环境优劣势、经营政策和特色服务、主要宾客群、地域分布等。值得强调的是，饭店在日常的经营活动中不得直接或间接攻击同行，而应树立“双赢合作”理念，积极寻求与竞争对手的合作，变对抗为合作，化消极因素为积极因素，开展联合促销。

3. 市场机会与营销机会分析

市场机会是一种尚未满足或尚未被完全满足的机会，它是一种客观存在。但是，并非所有的市场机会都能转化为饭店的营销机会。饭店营销机会是饭店资源与市场机会的有机结合，只有具备了相应的条件，市场机会才能成为某个饭店的营销机会。因此，饭店在寻求营销机会时，应首先对自身的资源状况进行实事求是的分析，谋求资源与市场机会的有机对接。



### （二）选择目标市场的条件

在确定目标市场时常常会出现“百里挑一”的现象，可见，选择目标市场是有条件的，这些条件是：

1. 可进入性

也即可接近性，饭店通过广告和其他促销活动，能最大程度地开拓、占领某一目标市场。

2. 可衡量性

目标市场不仅要有质的规定性，还要有量的规定性，即一个目标市场能用某种数量指标和数量单位来衡量，如市场需求量、宾客的购买能力等，这样才能保证对所选择的目标市场有充分的了解。

3. 充足性

即目标市场必须有一定的规模值得去开发和经营，并能为饭店带来可观的利润。如在汉族广泛居住的江南一带，开设一个大规模的穆斯林饭店是不可取的，因为这个细分市场规模太小，该市场产生的收入也许还不够偿付饭店为此付出的营销费用。

4. 可行动性

即饭店应具备吸引这类市场的能力，包括服务人员的服务能力、设施设备、地理位置等综合接待能力。

5. 稳定性

指在一定时间内，饭店选定的细分市场所具备的差异性应能保持相对不变。

### （三）目标市场营销策略

目标市场营销策略是饭店为占领所选定的细分市场而推出的营

销组合策略。实施这一策略，一是把本饭店与竞争者区别开来，排除干扰，独树一帜；二是触动宾客的心灵，在宾客的心目中留下深刻印象，使宾客在购买这类产品时，把本饭店作为首选。

常用的目标市场营销策略有三种：

1. 整体目标市场营销策略



即饭店把所有细分市场都视为其营销目标，根据这一市场上绝大多数人的需求，设计出一套单一的营销策略：单一的产品、单一的价格、单一的销售渠道和单一的促销方式。

这种策略的优势在于节约营销成本，适合于供不应求的卖方市场条件下或饭店推出新产品时使用。但它忽略了宾客需求的差异性，不适合于竞争激烈的市场。

2. 差异目标市场营销策略

即饭店针对不同的细分市场制定出不同的营销组合策略，多方位、全方位地开展针对性的营销活动，同时占领所选定的几个目标市场。采用这一策略的关键在于饭店要找准细分市场上的差异性，并且使得这些细分市场之间能形成一种客源互补的结构。

这种策略有助于饭店在客源市场上有“度”地“全面”开花，有利于饭店规避风险。但不足之处是营销成本较大，要求饭店有强劲的营销实力作支持。一般跨国饭店集团常用这类策略。

3. 集中目标市场营销策略

即饭店将资源集中起来用于一个最具潜力、最适应饭店资源组合现状的细分市场，目的是在这一细分市场上取得绝对优势，实现小市场、大份额的目的。

这种策略适合于饭店尤其是中小型饭店开发市场、挖掘市场深度，但具有较高的风险性，因为这种策略意味着饭店将所有力量集中于单一的细分市场。为降低风险，饭店必须对这一细分市场的变化保持高度敏感。

以上三种策略各有不同的适应对象，饭店应根据自身资源状况、产品生命周期、宾客需求变化、竞争对手状况、市场供求趋势等因素灵活选择不同的目标市场营销策略。

## 四、市场定位

选择市场并不等于占领市场，饭店在选定具体的目标市场之后，必须决定如何打入该市场，由此涉及市场定位。对于一个饭店来说，可以有多种定位，例如“优质定位”、“最佳服务定位”、“低价定位”、“最大饭店定位”，等等。但饭店必须建立的是对细分市场内大量宾客有吸引力的竞争优势，因而饭店在具体实施市场定位时要注意定位原则。

### （一）市场定位内涵分析

定位，简单地说，就是饭店找准产品或服务在宾客心目中的位置。定位的对象不是产品，而是针对潜在宾客的思想。它要求饭店首先从宾客出发，探求宾客的需求心理，了解其真正偏好，再赋予饭店产品或服务某种功能特性，使这种功能特性与宾客的想法、偏好有机地“对接”，从而树立一个区别于竞争对手的独特形象。

市场定位是以了解和分析宾客的需求心理为中心和出发点的，其本质是让饭店的产品或服务走进宾客心灵深处，设定本饭店独特的、与竞争者有显著差异的形象特征，引发宾客心灵上的共鸣，留下印象并形成记忆。

对饭店而言，科学的定位有助于突出饭店形象，避免重复竞争，节约营销成本。市场定位不仅关注能否使本饭店产品或服务进入、占据、并稳固地停留在宾客的心目中，更注重宾客心目中对本饭店与竞争者的相对排位关系。

### （二）市场定位的原则

饭店在进行市场定位时，为找准市场“卖点”，应遵循以下原则：

1. 宾客导向原则

“宾客”作为饭店营销的研究对象，专指饭店所选定的有一定规模的宾客群，而不是泛指所有宾客。饭店应深入分析这些宾客的共同特点、喜欢什么、厌恶什么、追寻什么等，并以此作为定位的基本导向，谋求产品品质与宾客需求的有效对接。

2. 差异化原则

定位的目的是要让宾客注意到饭店产品或服务的与众不同之处，从而形成特殊印象。从这个角度看，定位过程实际上是一个寻找和展现饭店差异的过程。这些差异包括产品差异、服务差异、服务过程差异、人员差异、环境差异、形象差异、促销差异、价格差异等。



3. 个性化原则

个性是指饭店产品和服务在宾客心目中形成的一种“定型”感觉。个性化并不等于差异化。因为差异只代表距离，任何差异都能被消除或缩小，如价格差异可以通过重新定价来缩小；服务差异可以通过培训、学习来提高；人员差异可以通过高薪聘请来解决；环境差异可以通过装修改造来更新。而饭店的个性则是无法改变的，也无法轻易在短期内被模仿和抄袭。饭店市场定位应追求差异化基础上所形成的个性化特质。

4. 灵活性原则

在动态的市场环境中，每一家饭店都应审时度势，随时把握住最新的动态，及时调整，以适应不断变化的市场需要。灵活性原则要求饭店在不断变化的环境中，抛弃传统的以静制动、以不变应万变的静态定位思想，对周围环境时刻保持高度的敏感，及时调整饭店营销模式。

**（三）市场定位的基本内容**

对饭店而言，市场定位的最终目的是在市场上找准属于本饭店的最佳位置。要实现这一目标，要求饭店在进行市场定位管理时考虑以下问题：

1. 产品定位

产品定位指集中饭店的竞争优势，将本饭店的产品和服务与竞争对手区别开来，它实际上是一个饭店确定、选择并显示其优势的过程。饭店可根据产品的效用、质量、档次、特色等方面的优势进行产品定位。

2. 价格定位

即确定本饭店在市场价格区域中属于哪一档。饭店可根据产品的市场定位、自身实力、产品生命周期等因素，确定是选择高价位策略，还是低价位策略，或是采取中价位策略。

3. 消费群体定位

即饭店在分析宾客的年龄、职业、经济收入等因素的基础上，准确选择主要目标客源和辅助客源。



4. 服务标准定位

饭店要对各项对客服务标准作出选择。在确定服务标准时一般应考虑：

（1）服务态度标准：是谦恭、热心、规范还是随意等？

（2）服务行为标准：是强调规范服务还是突出自助服务？

（3）服务理念标准：是强调个性化还是大众化？

（4）服务语言标准：是高雅语言还是通俗语言？

（5）服务氛围标准：是强调休闲随意还是传统正规？

5. 竞争策略定位

饭店在开展各种市场营销活动时，应确定针对竞争对手的一些基本竞争策略，如采取避强就弱、避实就虚还是针锋相对、以牙还牙等。

市场调研、市场细分、市场选择和市场定位构成饭店营销的基本任务，是饭店能否发现市场、进入市场、占领市场和扩大市场的关键。市场调研、市场细分、市场选择和市场定位是一个连续的过程，饭店应本着系统观念，逐一做好以上各项工作。

## 第三节　饭店营销组合策略

### 一、营销组合概念

营销组合，是指饭店为取得最佳经济效益，对饭店的产品（Product）、价格（Price）、营销渠道（Place）、促销方式（Promotion），也就是通常所说的4Ps这四个因素进行组合，使其相互配合，发挥综合性作用的整体营销策略。营销组合具有可控性、动态性、复杂性等特点。



饭店市场营销组合的可控性，是指上述组合因素是饭店可以控制的因素。这就是说，饭店可以根据市场细分、市场竞争状况等以及消费者的需求和欲望，确定自己的产品结构，决定和选择营销渠道及销售价格，选用各种促销手段。然而，除了可控因素之外，饭店的营销活动还受市场环境，即社会、人口、经济、政治、法律、思想、文化、竞争条件等不可控因素的影响。

市场营销组合的动态性，是指市场营销组合不是固定不变的静态组合，而是变化多端的动态组合。营销组合中的每一个因素中又包含着许多因素，因此，在饭店根据内外环境进行营销组合时，只要其中某一因素发生变化，就会出现一个新的组合。

市场营销组合的复杂性，是指市场营销组合中诸多的次组合形成了复杂性。如前所述，市场营销组合是四个因素的大组合，而每个因素又包括许多因素，形成每一个因素的次组合。例如，促销是饭店市场营销的一个因素，但促销因素本身又可形成组合力量，因为促销包括广告宣传、人员推销、营业推广、公共关系等次组合的因素，而且这种次组合的因素还可再细分组合，如在广告这个组合因素中，仅手段就包括报纸、杂志、广播和电视等媒体。因此，饭店在整体运用营销手段时，不但要综合运用四个因素，而且要注意运用各个因素自身的组合力量。

营销组合的作用不容忽视，它既是制定饭店市场营销战略的重要基础，又是应付竞争的有力手段，也是协调工作的关键纽带。对饭店而言，营销组合策略就是产品策略、价格策略、营销渠道策略和促销策略的有机组合与搭配。

## 二、产品策略

饭店企业依靠适销对路的产品来获得生存发展的资本。如果产品品质低劣、落后，产品效用单一、低下，则会被宾客无情地“拒之门外”。因此，产品策略是关系到饭店生死存亡的关键，是饭店营销组合策略中最基本的策略。



### （一）产品组合

宾客消费的饭店服务产品并非饭店的单个部门或个人能够全部提供的。一方面，宾客需要的不是单个服务产品，而是多种服务产品的组合；另一方面，宾客的需求又千差万别，要求饭店提供不同组合的产品以供选择。因而饭店要针对不同的宾客，开发不同的产品组合。饭店可以从产品的广度、长度、深度和密度四个方面进行产品组合，形成不同的饭店产品系列。

1. 产品组合的广度

指饭店所拥有的产品线的数量，即饭店经营的分类产品的数量，如客房服务、餐饮服务、娱乐服务等。产品线多，说明产品组合的广度较宽。

2. 产品组合的长度

指饭店的每一个分类产品中所包含的不同服务项目的数量。如娱乐服务是否包括 KTV 包厢、台球室、舞厅、保龄球馆、桑拿中心、网球场、健身房等服务项目。

3. 产品组合的深度

指每一服务项目能提供多少相关的服务内容。如 KTV 包厢中能提供多少 MTV 作品，有无茶水服务、夜宵服务等。

4. 产品组合的密度

指各类产品中各种服务项目之间在使用功能、生产条件、销售渠道或其他方面的关联程度。产品组合密度不是一个固定的概念，从不同角度对产品组合密度进行评价，结论是不一致的。如从生产条件角度来看客房产品和餐饮产品，它们的相关程度是很低的，但从销售渠道看，它们却有关联之处。

饭店可以通过扩充或缩减产品组合的广度、长度和深度，提高或降低产品组合的密度这些角度出发，调整产品组合，使得饭店产品更具竞争力。

### （二）整体产品设计

整体产品概念是现代市场营销观念的产物，反映了饭店营销的重点在于为宾客提供具有完整效用的产品，给宾客带来完整的消费满足。按照现代营销理论的整体产品观念，饭店产品包括核心产品、形式产品和延伸产品三部分。

1. 核心产品



核心产品是饭店产品最重要的构成部分，是饭店产品得以满足宾客需求的中心内容。换言之，它是宾客希望从产品中获得的最根本的利益，这种最根本的利益表现为宾客希望由饭店提供的各种服务和由饭店满足的各种基本需求。

饭店在设计产品时，应善于研究和发现不同宾客对饭店产品或服务的不同的核心需求，并通过具体的产品和服务及时加以满足。

2. 形式产品

形式产品是饭店产品的外在表现形式，它既可表现为实体产品，又可表现为无形的服务。饭店建筑、地理位置、周围环境、店内氛围、价格等均是形式产品。借助于形式产品，宾客可更直观、清晰地了解饭店产品核心利益所在。因此，形式产品在一定程度上直接影响宾客的购买决策。

饭店营销应利用形式产品突出饭店产品的特色，创造一种独特的气氛，如圣诞期间，饭店可以通过冬雪、圣诞树、圣诞老人、马车、袜袋、白雪公主等“形式产品”突出圣诞节饭店服务产品的核心利益，吸引宾客购买。

3. 延伸产品

延伸产品指饭店为宾客提供的各种附加价值与利益。在附加值竞争时代，宾客的消费选择在很大程度上取决于饭店产品所提供的附加价值与利益。因此，延伸产品的设计与提供直接影响饭店产品的市场竞争力，饭店可从物质、价格、心理等方面适时向宾客追加附加价值与利益。

饭店在开发设计各种产品时，应根据“先核心，后形式，再延伸”的思路进行全面设计，以便增加产品的科学性和适用性。

### （三）新产品的开发

饭店产品都要经历一个由进入市场到被市场淘汰的生命周期。

在这一生命周期中，饭店产品一般要经历介绍期、成长期、成熟期和衰退期四个不同的时期。饭店应依据产品生命周期的变化，及时调整产品组合，并不断开发新产品，满足人们不断变化的需要。

开发新产品是饭店企业具有活力和竞争力的表现，也是饭店适应营销环境变化的一种策略。

新产品不等于全新产品。新产品是指在技术、功能、结构、规格、实物、服务等方面与老产品有显著差异的产品，是与新技术、新理念、新潮流、新需求、新设计相联系的产品。如一间客房，改进了房内的设施设备，就成为新产品；即使不改进设施设备，但改变了房内的文化氛围，也就成为一种新产品。一种产品，只要是宾客以前未接触过、尝试过的，但又愿意去接触、喜欢去尝试，便是新产品。它包括以下三类：



1. 全新新产品

采用新原理、新结构、新技术、新材料研制而成的全新产品，技术含量最高，是过去人们未曾想到的产品，如饭店商务房、商务层，客房内的综合布线系统等。

2. 改进新产品

采用各种技术，对现有的产品在性能、结构等方面加以改进，提高其质量，以求得规格、式样等的多样化，它是在原有产品的基础上发展而来的，如各种改良的传统菜式。

3. 仿制新产品

市场上已经存在，饭店企业通过模仿而生产出来的产品。

开发新产品任重而道远，饭店应本着创新、对路、有利可图、量力而行的原则，不断开发各类新产品，满足人们不断变化的“求新求异”的需求。

## 三、价格策略

价格是市场营销组合中不可或缺的重要内容，饭店产品的价格是否适当，直接关系到饭店产品在市场中的竞争地位。

### （一）定价目标

价格是饭店主体营销组合策略中最活跃的因素，也是饭店实现营销任务的重要手段。一般说来，饭店有以下几种定价目标：

1. 以获得最大利润为目标

其特点是价格定在“条件极大值”上，任何变动都将导致利润下降，但由于很难确定“最优价格点”，因而经常凭经验定价。

2. 以争取产品或服务质量领先为目标

其特点是饭店产品或服务的质量以较高的价格为前提，而采用这种定价目标的饭店，一般都是在消费者中享有一定声誉的饭店。

3. 以扩大市场份额为目标

其特点是以低价作为向市场渗透的工具，而采用这种目标的饭店不是在价格不变的情况下提高产品服务质量，就是在产品或服务质量不变的情况下降低价格。

4. 以维持饭店生存为目标

当饭店的产品在市场上严重滞销时，饭店被迫以生存为目标，而这种定价目标往往导致饭店倒闭。

5. 以避免竞争为目标

其特点是参照竞争者的状况制定价格，而这是一种比较稳健的定价目标。

**（二）定价步骤**

一般说来，饭店产品的定价需经过下述步骤：评估目标市场购买力，估测产品单位成本，分析市场环境，确定定价目标、定价策略和定价方法等。

1. 评估目标市场购买力

调查宾客可自由支配的收入及其愿意将这部分收入用于饭店消费的比例，再通过专家评估或直接向目标市场问卷调查的形式，分析宾客的购买力，估测理想的价格水平和价格上限，同时，初步了解宾客对价格的敏感程度、能够接受的非价格竞争方式等。

2. 估测产品单位成本

先预测产品的总需求，再估测饭店为满足总需求而进行生产的总成本，总成本除以总需求即为产品的单位成本，而依据平均单位成本则可估算出饭店可接受的最低价格。

3. 分析市场环境

饭店了解并分析竞争者的价格水平、政府的价格政策以及面临的各种外界机会及威胁。

4. 确定定价目标

饭店在了解目标市场的价格要求、本饭店的产品成本、竞争者的价格、政府的价格政策以及市场环境中其他相关因素之后，确定选择何种价格目标。

5. 确定定价策略

饭店在确定定价目标之后，根据市场状况、本饭店状况等确定定价策略，如新产品定价策略、心理定价策略、促销定价策略。

6. 确定定价方法

在定价策略的指导下确定定价方法，如成本导向定价法、竞争导向定价法和需求导向定价法。所谓成本导向定价法，是以饭店的生产要素供给者所提供的生产要素价格为基础，再加上一定数量或比例的利润，从而最终形成产品的价格。所谓竞争导向定价法，即常为饭店采用的随行就市法。而需求导向定价法则以宾客的满意程度作为定价的主要参考指标。

**（三）定价策略**

定价策略是饭店企业进行价格决策的基本措施和技巧。饭店企业常采用的定价策略有：

1. 新产品价格策略

新产品进入市场能否有效地打开销路，价格起着非常关键的作用。所谓“价格是介绍信”，意即价格定得合理，就能增加产品的受关注程度和受欢迎程度。常用的新产品定价策略有：

（1）撇脂定价法。产品以高价进入市场，以便迅速收回投资，当有竞争者进入时，则采用降价的方法限制竞争者的进入。采用这种定价方法，要求饭店提供的产品具有无可比拟的优质性或独特性。

（2）渗透定价法。产品以低于预期的价格进入市场，以期获得“薄利多销”的效果。在饭店形成买方市场的情况下，许多新开业的饭店都是以这种方式进入市场的。

（3）满意定价法。吸取撇脂定价和渗透定价的优点，选取一种比较适中的价格，既保证企业获得一定的初期利润，又能被广大宾客所接受。

2. 心理定价策略



利用宾客的心理因素进行合理定价，巧妙刺激宾客的消费欲望。常用的心理定价策略有：

（1）尾数定价策略。给饭店产品定一个以零头数结尾的非整数价格，在宾客心目中留下一个价低的印象。适用于低档产品的定价。

（2）整数定价策略。给饭店产品定一个整数价格，以这种价格来反映产品较高的质量。

（3）分级定价策略。根据产品的质量、构成、价值等因素，将饭店产品定为不同档次的价位，以体现不同产品的价值，但是分级不宜过细。

（4）吉祥数定价策略。根据人们对数字的迷信和禁忌心理而采取的一种定价策略，如选一个含有6、8或9的吉祥数作为饭店产品的价格。这类定价法在香港、广东一带比较流行。

3. 折扣定价策略

在实行产品交易过程中，通过对实际价格的适量调整，让宾客得到一部分优惠，鼓励宾客购买。折扣定价策略包括即期折扣策略和延期折扣策略。

（1）即期折扣策略。即宾客在购买饭店的产品时立即获得优惠。包括：

①数量折扣：饭店根据宾客购买产品的数量或次数来决定是否给予折扣及折扣幅度，目的是鼓励宾客多买或重复购买。

②季节折扣：根据宾客购买行为的发生时间来确定是否给予或给予多少折扣。饭店产品是一种季节性很强的产品，有明显的淡、旺季之分，饭店可利用季节更换作为打折的因素。

③时间折扣：根据每天早中晚不同的时间段或一星期中每天客流量的变化，拟定不同的价格。

④现金折扣：指对批发商实行的一种折扣及对提前支付账单的宾客给予的一种优惠，如某宾客在指定付款日期前若干天支付了账单，饭店因此给他折扣，使其少付一部分费用。

⑤功能折扣：依据宾客的身份或产品的功能来确定折扣。饭店一般给中间商较大幅度的折扣，但是给予散客的折扣幅度就通常较小。



⑥有效的整体折扣：将饭店的一系列产品组合成一个整体进行"打包"销售，并给予较大的整体折扣。宾客购买这个打成"包"的产品时，可以获得比单项购买多得多的优惠。

（2）延期折扣策略。指宾客购买饭店产品时获得的在进行第二次购买时才能享受的优惠。包括：

①价值返还：即向宾客提供一种附加价值，但这种附加价值只能在以后享受。如饭店向在本店举办婚宴的宾客赠送周年纪念消费券或小孩满月消费券，这些消费券不能即时消费。

②连续购买优惠：宾客购买饭店产品后，可以获得饭店的优惠券，使宾客在下次购买饭店产品时获得优惠。

③代理佣金：主要是针对中间商的价格折扣。如在年初，饭店和中间商以书面的形式商定：如果双方商定的目标在年底实现了，饭店即把佣金支付给中间商，若没有实现，则不予兑现。

当然，饭店在实施价格策略时，应严格执行有关价格政策，防止利用虚假价格开展营销活动的倾向，也要防止卷入削价竞争的泥淖。

## 四、营销渠道策略

营销渠道，又称为分销渠道，是指宾客从产生消费动机、进入饭店、到最终消费饭店服务产品整个过程中所经历的线路以及相应的一切活动的总和。在市场经济条件下，市场的容量很大很广，大部分饭店产品必须依靠一定的销售渠道才能将产品转移到宾客手中。它既是饭店产品商品化的必由之路，也是连接产品和宾客的中介。而不同的营销渠道，决定着营销活动的质量和效果。

### （一）营销渠道种类

饭店产品的营销渠道主要包括直接销售渠道和间接销售渠道两类。

1. 直接销售渠道

又称零层次渠道，指饭店不通过任何中间商直接向宾客销售产品，亦即宾客直接向饭店购买产品。饭店企业通常有三种直接销售渠道可供选择：

（1）饭店—客户（销售点为饭店现场）。指饭店直接向登门的宾客出售饭店产品和服务的传统销售方式。

（2）饭店—客户（销售点为客源地、客户公司或宾客家中）。指客户通过电话、传真、因特网等途径向饭店预订产品。近年来，随着信息技术的广泛应用及电脑的普及，网络已成为饭店营销的重要渠道。饭店应做好主页设计、网站建设、信息更新、需求回复等方面工作，以强化营销效果。

（3）饭店—自设销售网点—客户（销售点为网点现场）。指饭店在其经营区域或目标市场领域内自设零售网点，如饭店在机场、车站等设立销售点，直接面向宾客销售。这一模式还包括饭店公司（集团）成员饭店之间相互代理预订，互荐客源。

2. 间接销售渠道

借助中间商将饭店产品转移到最终消费者手中的途径称为间接销售渠道。根据中间商介入的数量不同，间接销售渠道有不同的长度和宽度。营销渠道的长度是指产品从饭店转移到宾客这一过程中所涉及的中间商的数量。中间商的数量越多，销售渠道越长。所谓销售渠道的宽度，是指一个饭店在具体销售渠道中中间商以及销售网点的数目和分布格局。中间商及销售网点多，属于宽渠道；反之，则可称之为窄渠道。饭店通常有两种间接销售渠道可供选择：

（1）饭店—零售商—宾客（在零售商经营现场）。饭店将产品以较低的价格出售给零售商，由零售商组织客源。

（2）饭店—批发商—零售商—宾客（在零售商经营现场）。饭店在与批发商（如经营团体包价旅游的旅行社）进行价格谈判的基础上，以大幅度低于市价的价格，将其产品批量销售或预订给批发商，批发商则委托零售商将产品出售给最终宾客。

### （二）营销渠道选择

饭店在营销过程中选择何种营销方式，以直接营销为主还是以间接营销为主，如何确定营销渠道的长度和宽度，涉及营销渠道选择的问题。选择销售渠道需考虑下列因素。



#### 1. 产品因素

产品因素主要指产品的质量和性质。质高价优的产品由于往往被少数富有的购买者重复购买，因此宜采用直接营销渠道或窄短的营销渠道。相反，大众化的产品由于购买对象众多，分布较广，宜采用宽长的营销渠道。对于新产品，由于尚欠缺知名度，采用间接渠道销售往往需花费较多“口舌”，不如采用直接营销渠道。

#### 2. 饭店自身因素

饭店的经济实力、营销管理能力等都是应该考虑的因素，若饭店的资金实力雄厚，则完全可以自己组建营销队伍，或是用较高的佣金来组织更多、更好的中间商队伍。若饭店的营销管理能力较强，也可以利用自己熟练的营销队伍来打开市场。反之，则必须以中间商作为营销渠道。

#### 3. 营销对象因素

营销对象的人数、分布情况、购买习惯等都会影响饭店企业的营销渠道的选择。若饭店的营销对象数量大且分布广，饭店宜采用长宽的营销渠道，反之则宜采用直接营销渠道。

### （三）销售渠道的发展趋势

#### 1. 渠道结构扁平化

所谓结构扁平化，是指销售的渠道越来越短，销售网点越来越多，饭店与消费者的距离越来越近。销售渠道短，增加了企业对渠道的控制力；销售网点多，则增加了产品的销售量和知名度。但扁平化并非是简单地减少哪一具体销售环节，而是要对原有的供应链进行优化，减少销售中间的冗余环节，简化销售过程，缩减销售成本，使得企业有较大的利润空间。

2. 渠道终端个性化

为了适应新的市场形势的需要，企业开始以终端市场建设为中心来运作市场，直接面对消费终端，及时沟通信息，更好地实行饭店的销售政策。



由于人们的生活要求不断提高，消费需求千差万别，消费将进入个性化时代，出现了“一对一营销”、“定制营销”。定制营销最显著的特点是，由宾客亲自参与产品的设计，获得“我喜欢的”或“单独为我定制的”产品与服务，使自身的个性化需要得到最大限度满足，实现了“参与体验并满足个性需要的消费经历”。

3. 渠道成员关系紧密化

在传统的销售渠道中，各成员之间的关系只是纯粹的交易型的关系，但是随着科技和社会经济的发展与时间的推移，这种传统渠道成员之间的关系正面临着严峻的挑战。关系型营销渠道正是适应形势的变化而产生的一种新型营销渠道。它以系统论为基本思想，将建立和发展与渠道成员之间的关系作为企业营销渠道的关系变量，把正确处理这些关系作为企业营销渠道的核心。

企业与渠道中间商的关系大致可以分为三类：合作关系，合伙关系和分销规划关系。不管是哪种类型的关系，关系营销首先强调信息交流的双向性，在企业和渠道中间商之间保持充分的信息沟通与交流，以确保正确准确地理解企业的营销理念。其次，关系营销注重以协同为基础的战略合作过程，确保营销系统的方方面面都能从集体的、长期的利益出发，保持整个营销系统的均衡发展。第三，关系营销重视实现多赢为目标的营销活动，使得关系的各方都能够从整个营销系统中获得合理的利益。

4. 渠道趋向网络化

对于饭店而言，网络营销蕴藏着无限的潜力，它已为饭店业营销带来新的思路。积极建设信息网络，重视网络营销，利用信息网络来开展营销工作，将是饭店面临的新课题。饭店可借助专业的旅游网站或自建网站等方式开展多种多样的网络营销。

饭店网上预订可分为四种主要类型：一是旅游供应商直销网

站。即旅游企业、航空公司等旅游供应商建设网站以期直接获取预订，减少佣金成本并实现与顾客直接沟通，如北京国际饭店（http://www.bih.com.cn）、城市名人酒店集团（www.cchhotel.com）等。二是旅游中间商网站，主要包括传统旅行社建立的商务网站，如春秋旅游网（www.china_sss.com）以及电话订房中心建立的网站，等等。三是由第三方运营商（信息技术公司）投资的大型旅游预订网站，如携程旅行网（www.ctrip.com）等，其优势在于资金、专业技术、广泛的代理网络和丰富的可选择产品。四是互联网门户（如新浪网、Tom.com 等）和专业垂直门户网站（如滑雪、高尔夫网站）开设的旅游频道，它们通常也提供预订端口。此外，还有一些拥有政府背景的旅游预订网站，如航空信息中心下属的信天游网（www.travelsky.com）以及一些地方旅游局投资建设的旅游目的地信息网等。



## 五、促销策略

### （一）促销和促销策略

所谓促销，即“促进销售”，指饭店通过一定的手段，将有关饭店及其产品的信息传递给消费者，从而促进消费者对饭店产品的了解、偏爱，以达到销售的目的。促销的实质是宣传和沟通产品信息，通常通过广告活动、公共关系、营业推广、人员推销等方式实现信息沟通。

所谓促销策略，是指信息沟通手段和过程的系统化、规范化，即对促销对象或领域、促销任务、促销目标、促销效果、促销投入、各种限制条件等进行科学的选择、分析、配置、控制，使信息得到宣传，尽量提高促销活动的效果和效率，使之低投入高产出。

促销是一个沟通过程，在具体设计促销策略时，应从以下方面着手：

1. 选择促销对象

饭店在开展每一次促销活动时，首先要明确促销的对象是谁，是中间商还是宾客？这些对象分布在哪儿？其购买行为、心理活动等有何特点？针对具体的促销对象来设计具体的促销内容。

2. 选择促销目标

促销目标指通过促销活动要解决的问题，促销目标通常由浅到深分三个层次：

（1）认识上的问题：通过促销，让宾客知晓、了解饭店的产品。



（2）感觉上的问题：通过促销，让宾客对饭店的产品产生好感，产生好的评价。

（3）行动上的问题：通过促销，让宾客采取购买行为，促进饭店产品销售。

根据需要解决的问题确定具体促销目标，如增加市场销售额、发展新宾客、提高知名度、塑造公众的品牌意识、激励宾客重复购买、寻求有关机构的理解和支持等，然后根据选定的细目标，对各种促销因素作适当的组合。

3. 选择促销设计方案

饭店要合理选择促销设计方案，确保信息传递的有效性。促销设计方案应注意以下方面：

（1）主题鲜明清晰：确定促销主题，确定采用何种文字语言、何种象征物来表达、突出主题。

（2）形式恰当醒目：确定信息表达所采用的符号和编排方式，以图片为主、文字为主还是两者结合？确定图片和文字的比例、版式，确定采用哪种字体、字形。

（3）结构有序合理：确定信息内容叙述和表达的逻辑结构，如采用哪种信息表达方式，是诉诸情感还是诉诸理智，是先抑后扬、先扬后抑还是只扬不抑。

（4）信息源真实可信：确定权威度高、可信度高的传播者来散发信息的主要内容。

4. 选择信息沟通渠道

指采用何种渠道来传递信息，是大众传播渠道？还是人际沟通渠道？或是饭店内部沟通渠道？以及如何做好这些信息渠道的有机组合，使之扬长避短，提高传播效率。

5. 建立促销预算

指根据饭店经营现状、产品特点、流动资金状况、目标宾客和竞争者情况等因素制定促销费用预算，常采用的方法有：

（1）目标导向法：根据具体的促销目标来确定所需费用。

（2）竞争对抗法：根据竞争对手的促销费用情况确定所需费用。

（3）销售比例法：根据饭店历年的营业收入或利润按比例安排促销费用。

6. 确定促销组合方式

指决定各种促销方式如广告活动、人员促销、直接邮寄、形象促销等方式的主辅关系和配合方式，并根据国家的有关法律法规，确定每次促销活动的活动规则，确保促销活动的严肃性和合法性。

7. 衡量促销结果

指按照先前确定的促销目标，比较营业额、公众态度等指标的变化，衡量每次促销能释放出的“能量”，总结成败得失。

8. 分析促销活动的限制因素

在设计促销组合策略时，为了保证促销活动的有效性，饭店应周密考虑各种不可控因素或不确定因素对促销活动可能发生的影响以及相应的应急对策，防止“临危手乱”现象的发生。当然，在分析限制因素时，饭店应本着抓住重点，照顾一般的原则抓大顾小，合理分配精力、物力和财力，防止主要精力被众多的小事所牵扯。

9. 加强促销全过程的管理和协调

如何加强促销全过程的管理和协调，著名营销专家科特勒作如下建议：

（1）任命一名信息沟通的主管人员，对公司说服性信息沟通负责。

（2）制订不同促销工具的适用范围及信息沟通作用宗旨。

（3）对用于产品、促销工具、产品生命周期不同阶段的所有促销费用进行追踪，并观察其效果。

（4）主要促销战役开始时，协调各种促销活动和它们的时间安排。

**（二）常用促销手段**

1. 饭店广告



所谓饭店广告，是指饭店用付费的方式选择和制作事关饭店产品的信息，并由媒体发布，以传递有关信息，唤起宾客注意，说服宾客购买或使用，扩大影响和知名度，树立饭店和产品的形象，达到促销目的的一种广告形式。广告的形式多种多样，而且饭店的广告目标也不尽相同，但广告的以下四个特点却是显而易见的：大众化、渗透性、艺术性、非人员促销。广告能够迅速传递信息，但不能像人员推销那样双向沟通信息。

2. 公共关系

公共关系是指饭店为了与公众沟通信息，使饭店与公众相互了解，协调各方面关系，树立良好形象，提高饭店知名度和声誉，为饭店的市场营销活动创造良好外部环境而开展的一系列专题性或日常性活动的总和。这些活动始终贯穿饭店企业的发展过程，既包括各项专业色彩浓厚的专题公关活动，如新闻发布会、大型庆典活动、大型酬宾活动等，还包括所有日常性的活动，如日常的服务活动、广告活动、礼仪活动等。

3. 营业推广

营业推广也称销售促进，是企业用来刺激早期需求或引发强烈市场反应而采取的各种短期性促销方式的总称，目的在于劝诱消费者购买某一特定产品。饭店的营业推广，包括产品展销、现场操作、赠送样品等多种促销方式，但各种促销方式具有三个共同的主要特征：沟通信息、刺激需求、购买迅速。营业推广的各种方式能使消费者产生强烈而又快速的反应，能被用来表现产品的特点，也能被用来通过刺激使即将低落的销售得到回升，但其推广效果往往是短期性的，对于建立长期品牌偏爱方面效果并不理想。

4. 人员推销

人员推销是一种古老的推销方式，也是效果最好、费用最高的促销手段。饭店的人员推销指通过人际交往的方式向宾客进行介绍、说服等工作，促使宾客了解、爱好、购买本饭店产品或服务，如联系走访代理商、中间商、机关、团体、VIP及零散宾客。这种促销方式的优势在于强化了交易过程中的感情色彩，有利于培养稳定的交易关系，但人力成本较高。

产品策略、价格策略、营销渠道策略和促销策略犹如饭店企业这辆汽车的四个轮子，共同决定着饭店企业营销活动的成败。饭店应加强对这四大策略的有效实施和控制，提高整体营销效果。



## 第四节 饭店营销理念和营销技术

### 一、绿色营销

20世纪80年代后期，基于环境、能源、人口等世界性问题日益严重，人们的环保呼声、可持续性发展呼声日益高涨，营销理论界出现了一种全新的营销理念，即社会营销观念。社会营销观念认为：饭店开展营销活动，不仅要比竞争对手更好地满足宾客的需要，使饭店的长期利润最大化，而且还要比竞争对手更关心宾客和社会的长期福利，要能维护并不断改善宾客和社会的长期福利。

社会营销观念和营销观念的最大区别在于适度消费。营销观念鼓励宾客只要能够满足自己的需要，就要多消费、高消费，只顾满足宾客眼前的短期利益，忽略了宾客的长期福利。而社会营销观念则引导人们怎样适度消费，杜绝资源的浪费和环境的恶化，维护社会和环境的可持续发展。

在社会营销观念的推动下，出现了一种全新的营销方式，并日渐引起人们的关注，这就是绿色营销。

#### （一）绿色营销的基本内涵

绿色营销观念认为，饭店企业的服务对象不仅仅是单一的宾客，还包括整个社会，整个环境。它要求饭店企业在营销活动中，不应以短期的、狭隘的利润作为行为导向，而应具备强烈的社会意识和环保意识，维持社会、环境和企业的和谐均衡再生。

较之于传统的营销理念，绿色营销的特点在于：

1. 从战略高度框定企业的营销目标

绿色营销理念站在社会高度、长远高度看待企业的营销活动，它认为企业营销活动的基本出发点和归宿点应是社会整体效益、社会的长期发展，因此，饭店企业在开展营销活动时，不应狭隘地以经济利润最大化作为其目标，而应寻求企业、社会的可持续发展。尤其是进入21世纪后，环保问题的日益尖锐要求企业的发展必须建立在自然资源和社会环境能够承受的范围之内。



2. 从社会范围确定企业的营销对象

传统的营销理念仅仅把人看做是具有消费欲望的消费者，营销的基本对象是具有消费需求的形形色色的人。而绿色营销则从社会范围来确定企业营销的对象，它认为，企业应把整个社会看做营销对象，应在社会背景、环境背景下研究人的消费行为，并通过开展绿色营销活动促成消费者从毫无约束的消费物质资源转向保护自然资源、节约自然资源，在此基础上，全方位提高人类的生活品质。

3. 从发展角度研究企业的营销活动

传统的营销活动围绕宾客需求（尤其是宾客的个人需要、当前需要）是否得到满足展开，而绿色营销则对宾客需求作出了全新诠释，它认为，既然宾客的需要是多种多样的，企业应适时引导宾客产生合理的需要，不仅要让宾客在消费产品或服务时其个人需要得到满足，而且还要考虑宾客个人消费行为发生后，其他人和社会的需要是否得到满足，尤其是竞争对手的需要是否得到满足。在绿色营销理念的支配下，企业在营销活动中应注重人的价值，更多地把竞争对手看做是环境保护的合作伙伴。

**（二）绿色营销管理分析**

事实上，绿色营销管理并不仅仅局限于开展各种节能环保活动。绿色营销管理是一项系统工程，首先要求饭店树立正确的绿色消费理念，在这一基本方针的指导下，进行绿色营销管理活动。

1. 培养绿色理念

即饭店应及时在员工、宾客以及社会中树立绿色理念，尤其是要做好饭店各级员工的观念转变工作。要以“社会整体利益至上”的观念代替原先“经济效益至上”的观念，加强员工的社会责任感和历史使命感。

2. 成立相应的组织体系

饭店开展创建绿色饭店活动，要求有相应的组织体系加以保障。如香港的香格里拉酒店专门成立“绿色委员会”，系统化进行可持续发展的实践。绿色委员会的任务是制订酒店在创建绿色饭店方面的目标和计划，培训饭店内部专职的督察员，并监督各项制度的落实情况。

为切实推进绿色营销活动，饭店应在管理机构上做相应的调整。饭店可视实际情况，增设绿色营销专门机构：

目前，国内有的饭店往往将绿色环保问题归结为工程部或办公室的分内职责。此举不尽合理。工程部以设备运转和维护为主，办公室任务更是繁杂琐碎。而环保问题涉及资源利用、形象策划、设备改造、绿色教育等诸多方面的内容，因此应设立专门责任部门或人员负起这一重任，切实推进绿色工程。

3. 推行绿色教育

饭店应做好“绿色培训”工作。培训的对象分为内部公众和外部公众两大类。对于内部公众的培训，应本着自上至下的原则，从高层管理人员到基层普通员工都进行培训，在员工中反复强调开展绿色饭店的意义。培训时要注意循序渐进，在此基础上，再进行“绿色能力”训练。

对于外部公众的培训，主要侧重于让公众理解饭店开展绿色饭店的意义以及怎样谋求公众的合作。许多饭店“培训”宾客的做法是在客房内放置一张“绿卡”，提醒宾客：为了减少对环境的污染，请宾客将不需要更换的毛巾等放回原处，请宾客自觉减少浪费行为等。

4. 拟定相关制度

绿色营销活动的落实有赖于一套完整的规章制度。规章制度作为高压线，首先规范了员工的行为。如香港的香格里拉酒店在1993年就根据绿色营销观念，建立了详尽的环境管理系统（EMS）手册，向社会公开承诺：不断改善环境；防止污染；遵守酒店已确认的环境规章制度和其他要求。其中摸索出了可用于整个酒店操作的100多种“最佳实践方针”，并在能源使用、水电消耗、资源节约、废液和固体垃圾的限制和处理等方面制定了详细的制度和处理要求。



5. 开展绿色行为

饭店企业应从环保角度着手研究各项具体对策，将绿色理念真正落到实处。

（1）加强废物的处理和控制。这是创建绿色饭店的最直接的实际行动，饭店可以从4R——减量化（Reducing）、再使用（Reusing）、替代化（Replacing）、循环使用（Recycling）入手，加强废物的处理与控制。

（2）科学适量地采购各种物品。为维持饭店的连续运转，饭店企业需要采购并储备适量的物资以防万一。但目前，一些饭店为贪图方便，往往一次采购过量物资，由此造成大量的浪费。

因此，饭店必须引入“定额管理”概念，根据饭店经营的实际情况，按照“统筹兼顾、保证重点、照顾一般”原则对物资进行定额管理时，并在参照历史的基础上，着眼现状，对各类物资进行动态管理。

（3）节约能源消耗。能源消耗主要指水、油、电。饭店应教育员工养成各种节能的好习惯，杜绝长明灯、长流水现象，制订并实施具体的奖励计划。同时，应改良相关设施设备，尽量采用先进的节能设备，安装节能照明装置和节水设备及能源控制设施，如节能灯、感应水阀、限能系统等。

在能源问题上，既抓大头，又抓小头。如厨房用水要严格控制跑冒滴漏；饭店用电抓住主要环节，尤其是对公共部位的光源应注意节电，可根据光线亮暗随时调节，并尽量避开高峰用电，以节省电费。

（4）购买使用绿色产品。对饭店而言，应尽量采购一些无污染的绿色商品，如天然棉麻织品、绿色蔬菜等，尽量少使用含氯氟烃的产品，用氧漂白剂代替氯漂白剂等。

无锡湖滨饭店在创建绿色饭店活动中，就提出了十大绿色专题，其中就绿色产品的购买上，做了如下详细的规定：

①洗衣房使用100%的无磷洗衣粉，把好洗衣粉进货关，杜绝购买有磷洗衣粉，与小天鹅公司合作建造现代化洗衣公司，采用先进的现代化洗涤设备和洗涤工艺，省电、省水、省时，仅用水量就节约50%。

②投资400万元进行日处理1500吨污水工程改造。

③建设无污染蔬菜基地。饭店与当地的蔬菜园艺场建立了无污染蔬菜基地，要求客用蔬菜绝大部分由基地提供，确保果、蔬无污染；严格食品进货渠道，保证畜禽珍品有防疫部门检测证明，确保荤食新鲜无污染，并根据绿色食品的要求，严格原料加工的操作规程。

④开发绿色新品菜肴。建立“绿色美食廊”，展示和宣传绿色菜肴，选择荷叶、茶叶、芦荟、蚕蛹等原料，烹制新品菜肴，确保自然食品的营养成分；选用绿茶、螺旋藻、水果等原料，生产绿色月饼减少脂肪和糖分含量，满足宾客的健康需求。

⑤开辟无烟楼层及客房，在这些楼层和客房内增加绿色植物，宾客预订房间时，预订人员主动征求宾客的意见是否愿意住无烟房，并告知宾客遵守无烟房的规定，房内贴告示牌，告示宾客遵守建设绿色饭店的规定，自觉配合不吸烟。

⑥客房100%使用棉织品洗衣袋，杜绝塑料袋，利用略有破损的床单制作洗衣袋，洗衣袋正面印制“洗衣袋”字样，以此宣传绿色消费的意义。

⑦开展园林绿化工程，提高饭店内外绿色植物的覆盖率。

（5）采纳合理化建议。绿色营销理念体现在饭店经营的方方面面，因此，在饭店内部，应推行合理化建议，广泛征求并采纳员工、宾客提出的各种合理化建议，包括各种新观点、新方法，认真研讨各种反对意见和建议。某饭店在合理化建议的征集活动中，一位员工建议：女员工用的唇膏原先是内芯和外管一起购买的，可采购那些单独换芯的唇膏（如清妃唇膏可单独出售各种内芯），以节省开支又利于环保。采纳后，一支唇膏就可节约9元，一年下来，数量不小。

## 二、内部营销

内部营销理念认为：对任何企业而言，都面临两个最主要的核心市场：外部市场和内部市场。传统的营销理念仅仅把开发、建立、保持、创造外部市场作为营销的主要活动领域。而内部营销理念认为：建立一个良好的内部市场是企业有效拓展外部市场的先决条件。它要求饭店企业把员工作为企业的内部市场进行透彻的研究和开发，培育满意的员工，建立全员服务营销意识，着力做好饭店内部促销工作，为饭店企业拓展外部市场提供可靠的后盾支持。



企业在贯彻落实内部营销理念时，应着重做好以下两件工作。

**（一）构建内部员工满意**

随着国际国内饭店市场的进一步融合，在机遇增加的同时，竞争也会更加残酷。在硬件条件既定的情况下，服务质量水平在竞争中将起决定作用。因此，我国饭店业在强化营销手段、丰富饭店文化上下工夫的同时，更应着重改善员工素质，提升服务质量，力求以质取胜。而服务是靠饭店员工来提供的，服务质量的高低归根结底取决于饭店员工素质的高低。可以肯定，满意的宾客是成功饭店的必要条件，而满意的员工则是满意的宾客的保证，成功的饭店都是以拥有满意的员工为基础的。有的饭店提出应像对待珠宝一样对待员工，这就是内部营销观念的主要体现。

为培养满意的员工，饭店首先应充分了解影响员工满意的因素。饭店可采用问卷法、访谈法等不同的方法，找出影响员工工作满意的各种因素（图 3－1）。在此基础上，充分贯彻“人本管理”理念，尊重员工、关心员工、发展员工、激励员工，切实提高员工满意程度。

**（二）推行服务营销理念**

1. 服务营销内涵分析

现代饭店应树立服务营销理念，即饭店内每一个员工应树立营销不仅是赢得宾客的理念，而且还要拥有宾客。要实现此目的，就必须以市场为导向，把服务质量和营销理念有机结合起来，人人都自觉充当营销人员。凡是接触宾客的人都在营销，优质服务是最好的营销，营销应由攻城略地转变为帮助宾客解决问题，以维护持久的良好的宾客关系。

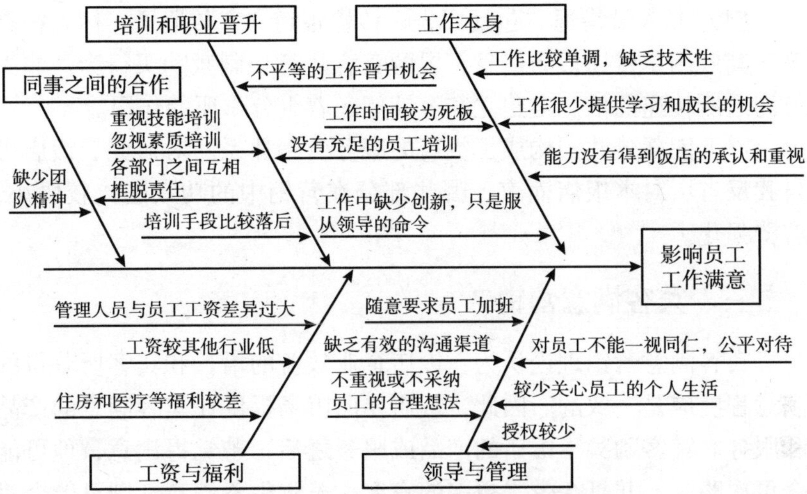


**图 3-1　影响饭店员工工作满意度因素分析**

2. 服务营销体系的构成

在饭店内部，服务营销体系主要由以下四部分组成：

(1) 销售代表。他们是最重要的构成部分之一，其任务是"引进宾客"，因此，销售代表应通晓各种推销技巧，包括寻找宾客技巧、接待宾客技巧、处理疑义技巧、灵活报价技巧、讨价还价技巧等。在"粥多僧少"的买方市场条件下，销售代表的工作可谓不轻。因此，饭店对那些作出显著成绩的销售代表要加大奖励、激励力度，提高他们的积极性和荣誉感，使饭店营销工作成为饭店员工最羡慕的工作之一。

(2) 饭店内部服务人员。他们主要接过饭店营销人员的"接力棒"，其任务是"留住宾客"。因此，对服务人员而言，最关键的是树立服务营销意识，积极进行岗位推销。

(3) 服务设施和设备。凡是宾客看到、摸到、体验到的硬件设施，包括建筑物外观、停车场、内部装饰和陈设、设施等。服务设施设备是服务的基础，也是服务质量的最基本的外显构成部分，它们直接作用于宾客的感觉器官，决定宾客的满意程度。

（4）非人员沟通。包括广告、传媒报道、宣传册子、标志符号等，其效用是传递饭店信息，提醒宾客注意，刺激购买行为。非人员沟通所传递的信息对建立宾客期望起着十分重要的作用。

以上四部分共同构成了饭店的服务营销体系。对照此，饭店可自我反省，对本饭店而言，哪些部分在营销中的功效还比较弱小，有待强化。



## 三、宾客满意营销

宾客满意营销理论认为：饭店企业效益的增长和宾客所获得的满意程度应是一致的。因此，饭店要向市场提供让宾客满意的产品和服务。宾客购买了饭店的产品或服务之后，若觉得满意，他可能会再次购买，并且会带来更多的宾客；若觉得不满意，则可能会对该饭店形成不良的口头传播，他下次就会寻找新的购买对象。

宾客满意程度的高低取决于宾客所获得的实际效用与期望效用的比较。宾客的实际效用的高低取决于饭店的服务质量；宾客的期望效用来源于宾客的需要、以往经验以及购买产品前所获得的有关信息，这些信息或是通过人际交往的方式获得，或是通过大众传媒获得。对于饭店而言，关键的要素在于合理确定宾客的期望效用，并且努力提高产品的实际效用。

需要注意的是，饭店在各类传媒上做宣传时，应采用保留性的宣传策略，以使宾客在购买饭店的产品后为享受到额外的或是意料之外的效用而惊喜。若毫无保留甚至是夸大其词地宣传饭店产品的效用，很可能会抬高宾客的期望值，一旦实际效用与期望效用发生偏差，就会让宾客大失所望。当然，若将宾客的期望值降得太低，则容易失去饭店产品对宾客的吸引力。因此，合理确定宾客的期望效用是开展满意营销活动的关键之一。

对于饭店而言，创造满意宾客可以从以下几个方面着手：

### （一）研究宾客需求结构

宾客满意是建立在宾客需求得到满足的基础上的，因此，研究宾客需求结构，是实行宾客满意策略的起点。宾客的需求结构一般包括四方面内容：

1. 功能需求

指宾客购买产品或服务是为了解决其实际面临的问题，是为了缓解他因为缺乏这种产品或服务而导致的紧张心理。一旦所购买的产品或服务能达到上述目的，就意味着宾客的功能需求得到了较好的满足，功能需求是宾客最基本的需求。如饭店的餐饮产品，能解决宾客“饿”这种实际问题，只要吃饱，就说明宾客的功能需求得到了满足。

2. 形式需求

指宾客对饭店产品或服务的质量、外观、构成、名称、包装、色彩、式样等的需求。宾客的形式需求是功能需求的延伸。因为产品功能的正常发挥取决于不同的产品形式。

在形式需求中，质量需求是核心，是宾客是否愿意购买该产品的决定因素。宾客的质量需求要求饭店能针对不同宾客的需求，提供适度质量的产品。

3. 价格需求

价格需求是宾客对饭店提供的产品或服务收费多少的需求。宾客在选择饭店的产品或服务时，通常都有自己的原则：即以适当的价格来购买适当质量的产品或服务，能获得物有所值最好是物超所值的效用。

需要指出的是，宾客的价格需求还包括对价格弹性的需求，即宾客在购买饭店的产品或服务时，希望能在一定的范围内获得定价的选择权。这就要求饭店在设计产品的定价方式时，应考虑宾客这方面的需求。

4. 外延需求

指宾客在购买饭店的产品或服务时，除了获得价格需求、功能需求和形式需求外，还要求获得附加利益和服务，如获得心理上的满足，获得文化上的满足，获得售后服务等。外延需求是对前面三种需求的补充。若宾客的功能需求、形式需求或价格需求得不到完全的满足时，饭店可以通过外延需求的追加满足来弥补不足。

外延需求的核心部分是心理需求，即宾客在购买饭店的产品或服务过程中所希望获得的心理酬赏。随着感性消费时代的到来，宾客的心理需求越来越强烈。尤其是饭店行业，由于产品的主体是服务，宾客在享受服务的过程中，更希望获得心理上的尊重。因此，饭店行业提出的个性化服务、针对性服务、感情化服务、定制化服务、超前服务等，目的就是满足宾客的心理需求。



### （二）确定宾客满意度指标

宾客满意度指标是宾客满意度指向的具体对象，是满意度的组成要素。宾客满意是宾客在购买并消费了饭店的产品之后所产生的一种心理体验。这种心理体验具有综合性等特点。不同的宾客在消费了同样的产品或服务之后，由于个人主观体验不同，宾客对满意指向的具体对象会呈现出较大的差别。这就要求饭店应确定详细的宾客满意度指标，饭店应结合行业特色或岗位特色，从宾客与产品或服务的接触点上，选准能反映饭店产品或服务特征的属性的满意度指标，建立饭店行业或岗位满意度指标体系，详细了解宾客满意程度。

### （三）确定宾客满意级度

宾客满意作为一种心理体验，具有模糊性和抽象性的特点。因此，饭店若要准确了解宾客的满意程度，就要对其心理体验进行分层，来评价宾客这种模糊的、抽象的心理体验到底停留在怎样的一个“度”上面。这就需要饭店引入宾客满意级度。

宾客满意级度是指宾客购买并消费了饭店的产品或服务之后所产生的满足状态的等次，一般可分为三级度、五级度或七级度，不同的级度有不同的行为特征，如表 3－2 所示。

**表 3－2　宾客满意级度及其特征**

| 级　度 | 特　征 |
|---|---|
| 非常不满意 | 愤怒、投诉、作负面宣传 |
| 不满意 | 气愤、烦恼 |
| 稍微不满意 | 抱怨、遗憾 |
| 无所谓满意不满意 | 无明显正、负情绪 |
| 稍微满意 | 好感、肯定、赞许 |
| 满　意 | 称心、赞扬、愉快 |
| 非常满意 | 激动、满足、感谢、作正面宣传 |

在确定宾客满意度指标和满意级度的基础上，饭店可以组织有关人员进行宾客满意程度调查，根据调查结果调整饭店的服务内容或服务方式，不断提高宾客的满意程度。

## 四、关系营销



传统的营销理论将营销活动的重心放在吸引更多的新客源上面，即饭店开展营销活动是为饭店争取尽量多的新客，刺激、诱导他们购买饭店的产品，完成这次交易行为后，饭店的营销活动也就结束了，而忽略了双方之间的感情色彩，被人称之为患了营销近视症。而关系营销理论将营销的重心转移到如何吸引更多的宾客重复使用或购买饭店的产品或服务。关系营销注重巩固饭店和这些宾客的关系，以建立长期的交易关系作为营销的目标。

### （一）关系营销的级别

关系营销的级别指的是饭店与营销对象之间关系的稳定程度。这种关系的稳定程度由浅入深可分为三个级别：

1. 购买关系型

即饭店与营销对象只是在发生交易行为时才建立一种关系，建立这种关系的基础是财务利益，如饭店向宾客提供各种优惠、折扣等。

购买关系型是最低级别的关系营销。在这种关系下的宾客，如果别的饭店为他提供了更大的折扣或优惠，他可能马上就会成为别人的宾客，和别的饭店建立一种关系。

2. 社交关系型

这种级别的关系营销既重视与宾客建立购买型的关系，还注意在此基础上发展宾客与饭店之间的长期关系，采用各种方式和宾客保持定期的联络，加深感情。如假日饭店集团将众多的旅行商作为自己的目标公众。为了发展与这些公众的关系，假日饭店集团定期将饭店集团的通讯寄给旅行商。这一通讯是向旅行商介绍最新发生的事件、假日饭店目前的推销项目，以及多种令宾客感兴趣的事等。

3. 忠诚关系型

这是级别最高的一类关系营销。忠诚宾客指在长期的大量的购买行为中，绝不会“跳槽”转而购买别的企业的产品或服务的近客，他们与饭店之间建立了一种稳固的关系，形成了一种深刻的品牌偏好。忠诚宾客是饭店的巨大财富。



**（二）关系营销手段**

1. 追加附加值

关系营销的基础是饭店提供的附加利益或是宾客在购买饭店产品或服务时所获得的意外利益的总和。对于饭店而言，就应努力向宾客提供更多、更好的利益，以附加值来增加饭店产品的价值。肯德基有一句著名的口号是“为您提供 101% 的满意”，这就是附加值的提供，额外的 1% 就是使宾客感到他得到的服务超过了他的期望。

在饭店经营管理过程中，饭店应把宾客的超常需要看做是增加价值的机会，而不是对正常工作的扰乱。在日常的工作中，要努力寻找提供附加值的机会。

饭店可以追加的附加值一般，体现在以下几个方面：

（1）物质利益的追加。即饭店通过提供某种特殊的物质实体来更好地满足宾客的需要。

（2）财务利益的追加。指对饭店的某些忠诚宾客（或常客）而言，支付相同的价格可以享受更多更好的产品或得到更周到的服务。

（3）社交利益的追加。社交利益的追加多是通过提供专门服务、个性服务、癖好服务、超前服务等方式得以实现的，饭店为重要宾客建立客史档案，据此提供针对性的服务，增加宾客的自豪感和荣誉感。社交利益的追加要求服务员在服务时做到眼明、耳灵、手勤、脚快、心细，及时抓住各种机会追加利益。

2. 减少购买总成本

除向宾客追加各类利益之外，饭店还可以通过减少宾客总成本的方法来提高宾客的满意程度。

这些可减少的购买总成本包括：

(1) 货币成本。宾客购买、消费饭店的产品所支付的货币总和。

(2) 时间成本。宾客在购买饭店产品时所付出的时间代价。在时间就是金钱的现代社会里，饭店应重视节约宾客的时间成本。

(3) 体力成本。宾客在购买饭店的产品时所耗费的体力价值。如饭店在机场设机场代表，就可减少宾客的体力成本。

(4) 精力成本。宾客在购买饭店产品时所承受的心理代价，也就是宾客的精神成本。

(5) 信息成本。宾客在收集有关饭店信息时所耗费的成本。

饭店应尽量节省宾客的总成本，让宾客意识到自己购买的产品是最经济实惠的产品，从而获得最大的满意评价。



## 五、品牌营销

以品牌为核心的发展道路已成为新世纪企业发展的重要特征。品牌集企业的智慧、效率、质量、效益于一身，是现代企业重要的无形资产。饭店作为一个特殊的行业，品牌建设尤为必要，因为饭店产品有无形性、不可贮存性、不可转移性、无专利性等特点，而宾客评价服务又带有很大的主观性。

饭店在进行品牌建设时，一般可遵循观念先导、品牌诊断、品牌定位、品牌扩散四步曲。

### （一）观念先导：以品牌意识为指导认识品牌工程

我国的饭店长期以来受传统计划经济的影响，形成了许多与市场经济要求格格不入的保守观念，突出的表现之一是对品牌的漠视和误解。而观念是行为之先导，因此，饭店进行品牌建设的基础是企业从上到下的观念革命，即品牌意识的树立和培植。

饭店在进行品牌建设时，首先必须对饭店的品牌功能有一个正确的认识。品牌作为一种有特殊信息意义的集合体，以最精练的方式向消费者传递了有关产品或服务的信息，成为一种重要的识别工具。品牌也象征产品或服务的信誉，代表一定的质量水平，它集中体现了人们对该产品或服务的综合评价。对饭店产品而言，消费者在初次购买时无法通过查看实体获得可靠的保证，这种情况下，品牌就成为消费者是否采取购买行为的首要影响因素。

基于对品牌功能的认识，在具体构建品牌基本模式时，还应做好以下观念的变革和更新：转变进行品牌建设是花钱开支的观念，树立品牌建设是投资储蓄的观念；转变进行品牌建设是个体行为的观念，树立品牌建设是群体行为的观念；转变进行品牌建设是短期行为的观念，树立品牌建设必须从长计议的战略观念；转变进行品牌建设是装点门面的治标观念，树立品牌建设是系统工程的观念；转变进行品牌建设是见效甚微的观念，树立品牌建设是综合获益的观念。



**（二）品牌诊断：以量化指标为基础确定品牌建设起点**

品牌诊断是饭店进行品牌建设的基础工作。通过诊断，饭店可以准确了解品牌建设工作的起点，在此基础上，确定科学的品牌个性特征及品牌发展目标。

在诊断品牌现状时，可借助于以下指标进行诊断：

1. 知名度

知名度是指社会公众对品牌的知晓和了解程度，以及这个品牌社会影响的广度和深度。它是衡量饭店品牌现状的一个“量”的指标，衡量的结果揭示了饭店品牌被人知晓的范围的大小以及品牌在市场上的领先能力。

$$知名度=\frac{知晓公众}{饭店公众}\times 100\%$$

注：知晓公众指的是在饭店众多公众中，对饭店有一定了解的公众。

2. 美誉度

美誉度是指社会公众对品牌的信任和赞美程度，以及这个品牌社会影响的好坏和美丑。它是衡量饭店品牌现状的一个“质”的指标，衡量的结果揭示了饭店品牌被人评价的性质的好坏。

$$美誉度=\frac{顺意公众}{知晓公众}\times 100\%$$

注：在饭店众多的知晓公众中，存在着不同态度的公众，有的对饭店品牌持赞美态度，这些公众就是顺意公众；有的对品牌持反感态度，这些公众是逆意公众。

3. 满意度

满意度是衡量饭店产品品质最具权威性的指标，它表明消费者在接受饭店的各项消费后所获得的生理和心理的满足程度。



$$满意度 = \frac{宾客实际所获得的满足程度}{宾客期望所获得的满足程度} \times 100\%$$

宾客的满意程度越高，表明饭店的产品品质越好。良好的产品品质保证了饭店品牌资产的持续增值。

4. 忠诚度

品牌忠诚度是消费者对某一饭店品牌产生的感情的度量，它反映了一个消费者的偏好由一个品牌转向另一个品牌的可能程度。一旦建立品牌忠诚，就可为企业获得更好的营销资本：节约促销费用，扩大并延续品牌的宣传效果，让品牌来充当商品或服务的“无形推销员”的角色，扩大产品的市场份额，减少价格弹性，确保竞争优势。

$$忠诚度 = \frac{回头客}{客源总数} \times 100\%$$

$$或忠诚度 = \frac{指明品牌购买的顾客}{客源总数} \times 100\%$$

### （三）品牌定位：以市场空缺为突破口构筑品牌特征

品牌定位是在品牌诊断的基础上，针对消费者的心理采取行动，将品牌的功能、特征与消费者心理需要联系起来，使得品牌进入消费者的视觉领域，并引起消费者的注意和偏好。

饭店面临的是一个庞大的异质市场，在这个市场上，消费者的需要、爱好、特征等是不一样的。饭店在进行品牌定位时，关键是要结合自己的长处，选准市场上的空缺，树立一个独特、鲜明、新颖的特殊形象。因此，如何慧眼识“缺”就成为关键因素。饭店可从产品、服务、环境等方面着眼，寻求经营空缺，从而进入一个特色化、个性化的“蓝海”市场。

无论利用何种空缺，饭店在定位时都应立足长远，反对只顾眼前利益；立足真诚，反对虚情假意；立足宾客利益，反对只顾企业；立足特色经营，反对面面俱到；立足质量取胜，反对表面文章。



饭店确立了某一特殊“角色”后并不意味着可以坐享其成，高枕无忧。随着市场竞争的加剧，随着消费时尚的变化，这种特殊性很可能会落伍，很可能会因为竞争对手的加入而失去其“特殊性”。这就要求饭店企业不要陶醉在“桃花源”里沾沾自喜，不要躺在优势上吃老本，而应具备忧患意识和创新意识，努力维护饭店品牌的“新鲜度”和“特殊性”，在竞争中处于主动，做到人无我有，人有我优，人优我转，只有这样，饭店品牌才能春色永驻。

**（四）品牌扩散：以传播沟通为手段展现品牌特色**

饭店要占领市场，需要以过硬的质量为前提。但是在市场竞争日趋激烈的今天，抱着“酒香不怕巷子深”的观念，注定要吃亏。因此，饭店要善于通过对外传播和对内沟通，全方位、多渠道、多角度、多层次地进行品牌宣传，系统开发品牌信息载体，大力宣传品牌信息，以扩散饭店品牌形象。

除了目前常用电视、报纸、杂志、电影、网络等的大众传播载体外，饭店还应重视利用各类“自控”载体，如饭店的建筑造型、环境布置、各类办公用品、运输工具、员工制服、饭店标志、宾客用品、纪念品、店内广告等。这些载体使用权、所有权和支配权都属于饭店，因此，在传播品牌信息时，可谓是最经济、最灵活的一类载体。

以上新型的营销理念和营销方法，其共同的特点就是“软营销”。传统的营销方式可以归结为硬营销，即利用雄厚的物质与科技力量，通过高科技、高投入等手段，开发高起点、高品位的产品投放市场，以高“质”之“量”的不断扩张维系企业发展的后劲。软营销则采用一种内敛的方式，更多地强调对现有资源和产品的挖掘与完善，通过量的重新包装和结构重组，实现价值的最大化。它和硬营销相互补充，完善了饭店企业的营销理论和营销方式。

# 第四章　饭店前厅与客房管理



〔**内容提要**饭店前厅与客房管理是对围绕饭店主要产品——客房服务的生产和销售所展开的各项事务的管理。前厅与客房管理是将客房服务产品的生产过程和销售过程完美结合的管理活动，与饭店的全局管理直接相关，是影响整个饭店管理的关键之一。小型饭店中一般设置客房部全面负责饭店前厅和客房的管理工作，中型饭店通常设置前厅部和客房部两个独立的部门，而实行总监制的大型饭店则设置房务系统，由房务总监统辖。

〔**学习要点**〕

- 前厅部在饭店中的地位和作用
- 前厅部各项业务管理要点
- 前厅部的信息控制
- 客房部在饭店中的地位和作用
- 客房部各项业务管理要点
- 客房部对客服务控制

〔**思考题**〕

1. 前厅部在饭店中的地位如何？它的主要工作任务是什么？
2. 预订的种类有哪些？
3. 饭店的预订政策应包括哪些方面的内容？
4. 简述散客入住接待的程序。
5. 金钥匙的本质是什么？金钥匙可以分别指代什么？
6. 如何处理宾客投诉？
7. 前厅问询员应掌握哪些方面信息？
8. 简述宾客离店结账的基本程序。
9. 简述客房部在饭店经营中的作用及其业务特点。
10. 客房管理有哪些主要环节？
11. 客房部的消毒工作应注意哪些方面？
12. 客房部对客服务有哪些内容？
13. 客房部的设备用品控制应注意些什么？
14. 客房部安全工作有哪些内容及要求？

## 第一节　前厅管理概述



### 一、前厅部的地位和作用

前厅部是整个饭店业务活动的中心，因其主要机构总服务台（Front Desk）通常位于饭店最前部的大堂，因而称为前厅部（Front Office）。前厅部是饭店销售产品、组织接待工作、调度业务以及为宾客提供一系列前厅服务的综合性服务机构。前厅部接触面广、政策性强、业务复杂，在饭店中具有举足轻重的地位。

#### （一）前厅部是饭店的门面

前厅部处于饭店接待工作的最前列，是饭店最先迎接宾客最后送别宾客的地方，是宾客对饭店产生第一印象和留下最后印象的服务环节。宾客总是带着第一印象来评价饭店的服务质量；而最后印象则在宾客的脑海里停留时间最长，留下的记忆最为深刻。毋庸置疑，前厅部是赢得宾客好感的重要阵地。

作为饭店的门面，前厅部的环境气氛、服务质量水平在宾客心目中代表着饭店的总体水平及形象，这不仅包括大堂的建筑设计、装饰、陈设布置，也包括前厅部员工的精神面貌、仪容仪表、服务态度、服务技巧、服务效率及组织纪律等。

#### （二）前厅部是饭店的销售窗口

前厅部是饭店的销售窗口，它左右着饭店商品的出售，管理控制着饭店收入的焦点与核心。首先，前厅通过预订、接待住店宾客、推销客房及其他服务设施，达到销售的目的；其次，前厅部的问询处、大堂服务处通过回答宾客的问询、介绍饭店的设施和提供优良的服务，达到扩大销售、促进宾客消费的效果；再次，前厅部通过和宾客的直接或间接的接触，与饭店服务的主体——社会，建立起广泛的联系，从而了解到许多客源信息，为饭店制定销售政策和饭店其他部门的销售提供重要的依据和条件。

### （三）前厅部是饭店业务活动的中心

1. 前厅部是饭店的神经中枢

前厅部为了有效地开展预订服务，组织客源，做好接待工作，必须和旅行社、大使馆、领事馆、各种国际商业机构、国内客户单位、机场、车站、码头及各种参观单位保持联系，也必须同旅游团的领队、陪同等建立联系。同时，还必须联络与协调饭店的其他部门，共同对客服务。所以，前厅部犹如饭店的神经中枢，对外起着“联络官”的作用，对内则发挥着业务调度的职能，在很大程度上控制与协调整个饭店的经营活动。

2. 前厅部是饭店的信息集散中心

饭店绝大多数的业务信息都来自前厅，例如市场信息、营业情况、客史档案等。前厅部是饭店的信息集散中心，它所收集、加工和传递的信息是饭店管理者进行科学决策的依据。饭店管理工作的质量和效率，很大程度上取决于传递信息的数量、有效性、及时性与精确性。

3. 前厅部工作贯穿宾客周期全过程

前厅部在宾客周期整个过程中扮演着重要的角色，前厅部工作始于宾客最初与饭店接触，贯穿于宾客抵达饭店及其整个逗留期，直至宾客结账离店以及其后的处理工作。这是饭店其他任何部门都不可替代的。前厅工作流程如图 4 - 1 所示。

### （四）前厅部是建立良好宾客关系的重要环节

前厅部处于饭店与宾客的中介桥梁位置上，也是与宾客接触最多的部门，所以前厅部是饭店建立良好宾客关系的重要环节。根据希尔顿饭店手册，在与宾客的关系中每一位员工都是希尔顿，在宾客面前都是希尔顿大使，担负着与宾客建立良好关系的重任。饭店服务产品核心质量产生的时机在于顾客与员工的交互过程，建立良好的宾客关系是提高顾客感知服务质量及顾客满意度的重要因素。

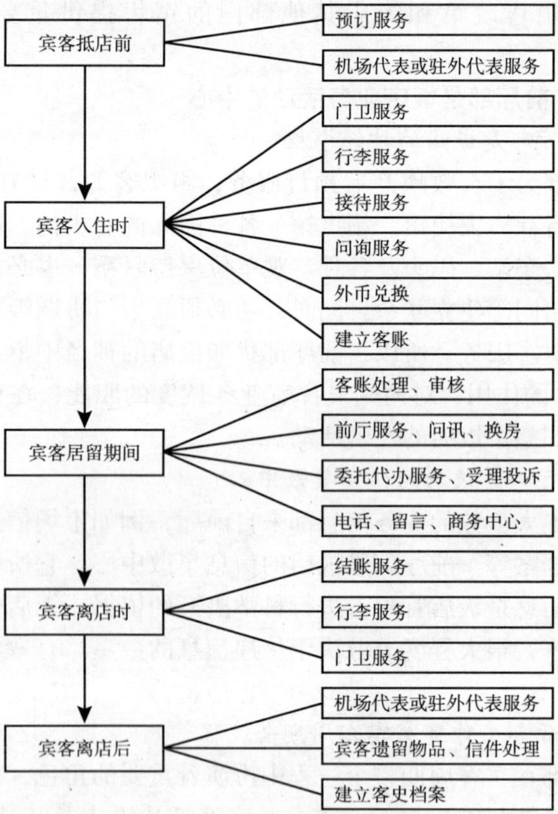


**图 4－1　饭店前厅工作流程**

## 二、前厅部的主要功能

前厅部的主要功能，可以归纳为以下几个方面。

### （一）销售客房

前厅部负责受理宾客预订，向宾客推销客房，并为宾客办理入住手续。前厅部推销客房数量的多少、达成价格的高低，不仅影响饭店的客房收入，也影响饭店餐饮、娱乐、商场等部门的收入。

### （二）控制客房状况

前厅部必须在任何时刻都能正确地显示客房状况，准确、有效的房态控制有利于提高客房的利用率及对客服务质量。

**（三）提供各项前厅服务**

前厅部还能提供各项前厅服务，例如在机场、车站接送宾客、提供行李服务、迎接服务、问询服务、邮件服务、各项委托代办服务等。

**（四）协调对客服务**

前厅部要向有关部门下达各项业务指令，协调各部门解决执行指令过程中遇到的问题，联络各部门为宾客提供优质服务。



**（五）信息收集、处理与传递**

前厅是饭店的窗口，也是饭店的信息中心。信息不仅包括外部市场信息（如国内外经济信息、客源市场信息等），也包括内部管理信息（如开房率、营业收入、预订情况、宾客信息等）。前厅部不仅要收集信息，还负责对信息的加工整理及传递工作。

**（六）负责客账管理**

前厅部负责客账管理工作，记录与监视宾客和饭店间的财务关系，以保证饭店及时准确地得到营业收入。前厅部的客账管理包括客账建立、客账累计、客账审核及客账结算等内容。

**（七）建立客史档案**

客史档案中记录了饭店所需要的有关宾客的主要资料，可供饭店分析客源市场状况，宾客消费项目及能力情况，是饭店研究宾客消费心理、提高饭店的销售能力及服务的针对性的主要依据。

## 三、前厅部的组织结构

饭店及前厅的组织系统受到饭店本身的背景、特点、规模、经营方式、营业对象、目标市场、财务制度、管理经验、政策法令等诸因素的制约，所以，不同饭店应遵循组织结构设计原则，采取各自最适合的组织结构形式。例如有些饭店将问讯处、礼宾处及大堂副理合并为宾客关系中心统一对外服务，有的饭店则将大堂副理归入行政部以有效协调对客服务及内部各部门的合作。

前厅部组织结构示例：

（一）**大型饭店**

在大型饭店中，前厅部内通常设有部门经理—主管—领班—普通员工四个层次，但不同的饭店其前厅部组织结构也会有所变化。图 4－2 为大型饭店前厅部组织结构示意图。

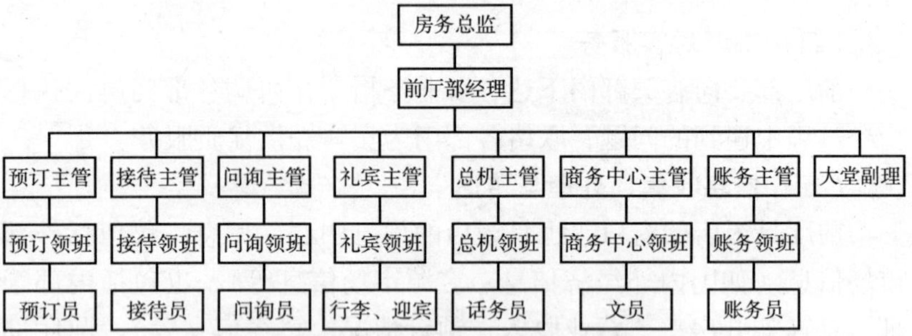


**图 4－2　大型饭店前厅部组织结构图**

（二）**中型饭店**

中型饭店的前厅部一般由部门经理—领班—普通员工三个层次构成，与大型饭店相比，前厅部下设的工种减少。图 4－3 为中型饭店前厅部组织结构图。

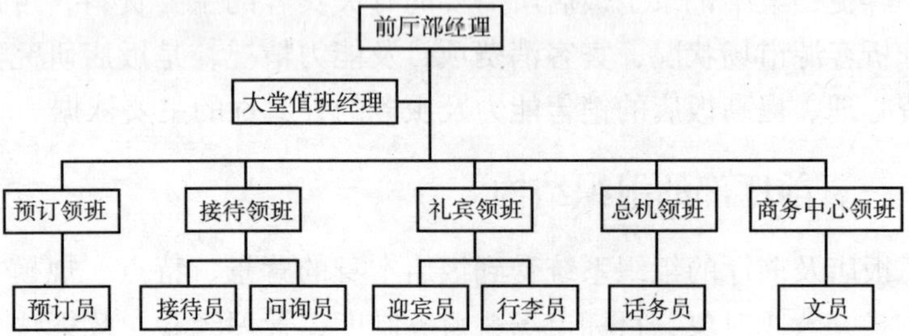


**图 4－3　中型饭店前厅部的组织结构图**

（三）**小型饭店**

小型饭店的前厅部通常由客房部下设的总服务台班组替代，一般只设领班（或主管）、普通员工两个层次。图 4－4 为小型饭店总服务台组织结构图。

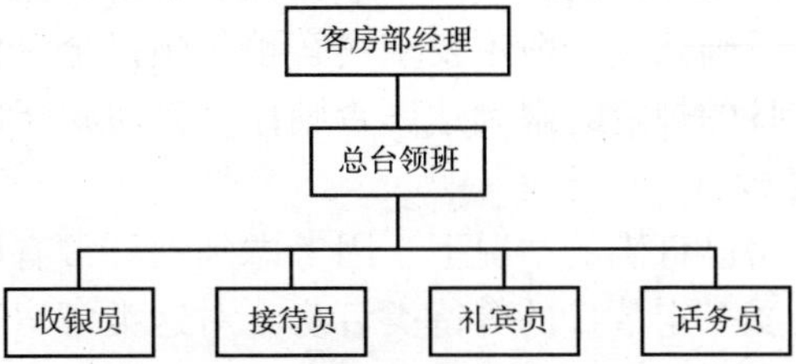


**图 4－4　小型饭店总服务台的组织结构图**



# 第二节　前厅部业务管理

## 一、预订业务管理

饭店前厅部一般设立预订处或订房部，提供预订服务。其主要职责是：接受宾客以电话、电传、传真、信函、网络平台、电子邮件或口头等形式的预订；负责与有关公司、旅行社等提供客源的单位建立业务关系，尽力推销客房并了解委托单位接待要求；密切与总台接待处联系，及时向前厅部经理及总台有关部门提供有关客房预订资料。

### （一）预订的种类

饭店在接受和处理宾客预订时，一般将预订分为以下几个类型：

1. 临时类预订

临时类预订指宾客的订房日期或时间与抵达日期或时间很接近，饭店一般没有足够的时间给宾客以书面确认或没有给予宾客确认。临时类预订宾客如在当天的“取消预订时限”（通常为 18:00）还未到达饭店，该预订即被取消。

2. 确认类预订

确认类预订指宾客的订房要求已被饭店接受，而且饭店以口头或书面形式给予确认，一般不要求宾客预付预订金，但规定宾客必须于预订入住日的规定时限到达，否则作为自动放弃预订。

3. 等待类预订

饭店在客房已订满的情况下，因考虑到预订常有取消及变更情况，所以仍接受一定数量的等待类订房。对这类订房宾客，饭店不发给确认书，只是通知宾客，在其他宾客取消预订或提前离店的情况下，给予优先安排。



4. 保证类预订

宾客可以预付订金来保证自己的订房要求，或在旺季饭店为了避免因预订宾客擅自不来或临时取消订房而引起损失，要求宾客预付订金加以保证。这类预订称为保证类预订。保证类预订使饭店与未来的住客之间建立了更牢靠的关系，宾客可以通过使用信用卡、预付订金以及订立商业合同的方式来进行订房的担保。

**（二）预订业务程序的控制**

为了确保预订工作的正常运行，必须建立完整且详尽的工作程序。

1. 受理预订

预订员受理宾客的预订时，需要了解的要点可归纳如下：

（1）住宿宾客的姓名、性别及人数。

（2）预期抵店日、到达时间、交通工具、出发地点。

（3）预期离店日、离店时间、交通工具、目的地。

（4）所需客房的种类、数量与价格。

（5）预订者的姓名及联络方法。

（6）付款方式。

（7）预付金。

（8）所需客房的特别要求。

（9）餐食标准及其他要求。

2. 接受或婉拒预订

如宾客的上述需求与饭店的接待能力相吻合，则接受预订，否则应婉拒。在婉拒宾客预订要求时，应主动提出可供宾客选择的建议。例如根据当时的实际情况建议宾客作些更改，或将宾客列入等候名单。

3. 确认预订

预订员在了解宾客的预订要求后，应立即将宾客的预订要求与饭店未来时期的客房利用情况进行对照，决定是否可以接受宾客的预订。如果可以接受，需要对宾客的预订加以确认。

（1）口头确认。对于宾客在即将抵达饭店前或在抵店的当日所进行的临时预订，由于时间仓促，饭店一般只能给予口头确认，但必须把需要提醒宾客的注意事项（如饭店保留客房的时间）告知宾客，以免引起不必要的麻烦。

（2）书面确认。对于确认类预订或保证类预订，饭店必须给予书面确认。书面确认书中应复述宾客的订房要求、房价及付款方式，申明饭店对宾客订房变更、取消预订的规定。对确认类预订的宾客申明抵店的时限，对保证类预订的宾客申明收取预订金。最后，还应对宾客选择本饭店表示感谢。

4. 复核预订

如果宾客的预订日期离抵店日期较远，在宾客抵店前预订员应通过书信或电话等方式与宾客进行再次复核，以免宾客由于多种原因取消或修改预订。

5. 预订的更改、取消

虽然预订已被确认，但宾客在抵店前，还是可能对预订内容作出更改，甚至取消。预订员必须填写预订变更单或预订取消单。将取消的订房资料归入取消类存档，将变更的订房资料与预订变更单汇总，按接受一个新的预订程序处理。

6. 抵店准备

（1）提前一周或数周，将主要客情（如重要宾客、大型会议团体、饭店客满等信息）通知相关部门，以便各部门提前做好相应准备。

（2）抵店前夕，将具体接待安排通知相关部门。

（3）抵店当天，前厅接待员应根据宾客订房的具体要求，提前分配房间，并将有关细节（变更或补充）通知有关部门，共同完成宾客抵店前的各项准备工作。

**（三）散客预订与团队预订的注意事项**

1. 散客（FIT）预订

一般预订宾客在15名以下时称为散客预订。散客预订时，应注意：



（1）散客预订的来源要按符合饭店的实际情况正确分类，这是饭店营销工作的重要资料。例如国内、国外、公司、旅行社、政府机关等来源。

（2）如果散客预订没有确定抵店日期，则应要求宾客支付预约保证金或接受其他更为准确的客源。

（3）接受贵宾（VIP）预订时，预订员应正确执行接待贵宾的有关规定，并迅速通知有关部门。

2. 团队（GROUP）预订

（1）在确认团队预订的同时，也要确认团队名单、餐食预订、旅行日程等事宜。

（2）对常常可能取消或更改预订的团队，例如旅行社、航空公司等确切性不高的团队，应在一周前进行复核确认。

（3）注意支付方式。

（4）妥善保管预订申请的来信原件或回信复印件。

**（四）超额预订**

由于种种原因，客人可能会临时取消预订，或者是订了房而不到，或者提前离店，从而造成饭店部分客房的闲置，引起损失。根据饭店经验，一般情况下订房不到者大约占订房数的5%，临时取消预订的约占8%～10%。因此，超额预订成了避免饭店遭受过多损失的有效方法。

超额预订多在旅游旺季或节假日采用，在订房已满的情况下，再适当增加订房数量。超额预订是一种艺术，也是一种冒险，需要有个合适的“度”。按照国际惯例，饭店接受超额预订的比例应控制在5%～15%，但各饭店应根据各自的实际情况，合理掌握超额预订的比例。

1. 根据团队订房和散客订房比例调整

团队订房多由旅行社、专业会议、外交机构、贸易公司等订房，事先有计划和安排，取消或预订不到的可能性较小，而散客预订的随意性较强或受外界因素影响较大。所以，当某一天团体预订多，散客预订少，就应相对减少超额预订的比例。

2. 根据临时预订与保证预订的比例

若当日保证预订的比例较少，则可适当增加超额数；如果当日预订多为保证类预订，则不宜进行超额预订。

3. 根据预订资料分析订房动态

根据饭店长期来的预订资料分析预订取消率、预期不到率、提前离店率以及延期离店率等因素，推算出超额预订率。计算公式如下：

超额预订数 =（预订取消率 + 预期不到率）×（可预订房数 + 超额预订数）－ 预期离店数延期离店率 + 提前离店率续住房数

超额预订率 = 超额预订数 / 可预订房数

**（五）饭店有关预订的政策**

制定有关预订的政策是饭店管理机构的任务，其目的是使整个预订工作有章可循，既能满足宾客的要求，保护宾客的利益，又有利于饭店经营管理，保护饭店自身的合法权益。这些政策包括：

1. 饭店预订规程

包括预订的操作程序、接受预订的数量、期限、团体与散客的比例、超额预订的比例等。

2. 对预订确认的规定

包括需确认的对象、确认的时间、确认的方式等。

3. 对预订金收取的规定

包括收取预订金的对象、订金的数量、限期或分段收取的方法等。

4. 对预订取消的规定

包括通知取消预订的期限，订金的退还办法等。

5. 饭店对预订宾客应承担的责任

对因工作差错、超额预订等饭店方原因造成违约的处理规定。

6. 预订宾客应承担的责任

对未能如约而来、逾期到达、迟缓通知取消预订等宾客原因造成违约的处理规定。



## 二、接待业务管理

前厅部的接待处为宾客办理接待入住手续，其主要职责为：接待前来投宿的宾客，包括团体、散客、长住客、预订宾客、非预期达到或未预订宾客；办理入住登记手续、分配房间；负责对内联络，掌握客房出租变化和业务接洽；掌握住店宾客动态及情报资料，建立客户档案；控制客房状态，及时更改客房信息；制作客房营业日报表等表格；协调对客服务工作。

### （一）接待业务控制的重要环节

1. 热情接待客人

接待服务是客人整个住店经历的初始阶段，常常发生在客人进入饭店后的第一个 10 分钟之内，对客人的影响很大，决定着客人是否对饭店形成肯定的印象。在此阶段受到热情款待的客人将会积极配合饭店的工作，反之不满情绪将会蔓延到其后的消费环节。接待员应充分关注客人感觉，热情迎接客人，凭借丰富的工作经验，随时准备为客人排忧解难。

2. 充分获取客人信息

接待员在客人最初登记时尽可能获取有价值的信息是非常重要的，这些信息可以传递给饭店各个部门的员工，从而更好地为客人提供服务。但一些接待员并没有认识到获取客人信息的重要性，往往只是机械地为客人办理必要的手续，而没有主动地积极获取客人信息。

3. 实现饭店收益管理目标

饭店收益管理的目标是最大限度地提高客房销售收入及最大限

度地提高饭店服务的利润。接待员销售客房的技巧及运用饭店折扣配置的能力如何，是否能用最佳房价销售出最多客房，在很大程度上影响饭店收益管理目标的实现。

**（二）接待业务程序的控制**

1. 识别宾客有否预订

主动向宾客问好，对宾客表示欢迎，询问宾客有否预订。若宾客已订房，则应迅速查阅《次日抵店宾客一览表》，并复述其订房主要内容，例如宾客所预订的房间种类及住店天数。经宾客确认后，请宾客出示有效证件，办理手续。



2. 根据宾客需要介绍房间

对于未经预订直接抵店的宾客，首先应该询问宾客的住宿要求，同时查看当天的客房预订状况及可售客房的情况，再根据宾客需要向其介绍客房情况及饭店的其他设施及服务项目。

3. 形成入住登记手续

（1）预订散客。对于已预订房间的散客，由于饭店在宾客订房时就已掌握宾客一定的资料，所以在宾客实际抵店前，可以将有关内容形成预先登记表，并将其按宾客姓名字母顺序，排列在专用的箱内。当宾客抵店时，则可根据宾客姓名或预订号迅速查找出该宾客的预先登记表，请其填写完其他有关内容，签名，形成入住登记记录。

（2）预订 VIP、常客。对于已预订房间的贵宾及常客，由于饭店掌握的信息资料较多，所以在宾客抵店前的准备工作可以做得更为充分及仔细。接待员可根据宾客的订房单及客史档案中的内容，提前填写好登记表及房卡等。当宾客抵店时，只要核对证件、签名后，即可进入客房。贵宾还可以享受先进客房，在客房内签字登记的礼遇规格。

（3）预订的团体会议宾客。对于已预订的团体会议宾客，可以根据其具体接待要求，提前将登记表交给陪同或会务组的人员，以便团体会议宾客在抵店途中或抵达饭店后，在团体大堂内或在大堂指定区域或在客房内填写。

（4）未预订的宾客。对于直接抵店的宾客，接待员应尽量帮助宾客，尽可能缩短形成入住登记记录的时间。

4. 排房、定价

宾客日趋个性化的消费需求及其饭店主题客房的增多，使接待员的排房工作更加复杂。接待员应根据不同宾客的喜好与习惯推荐相应种类的房间，如商务套房、无烟客房、女子客房、家庭套房等。同一种类的客房也因所处位置、景观、内部主色调、装潢、配备设施的不同，而存在着差异。



客房确定后，接待员就可在价格范围内，或根据饭店的信用政策条文给宾客定价。目前大多数饭店都将一定的打折权限下放给前台员工，宾客也习惯于和接待员砍价。需要注意的是，接待员在报价时应注意将重点放在介绍饭店的产品上，而不是和宾客在价格上做文章。

5. 确定付款方式

确定付款方式的目的，是为了决定宾客住店期间的信用限额，及加快退房结账时的速度。不同的付款方式所给予的信用限额不同，宾客常采取的付款方式有信用卡、现金及转账等。对于采用信用卡结账的宾客，接待员应首先确认宾客所持信用卡是不是饭店所接受的信用卡，信用卡是否完好无损，并在有效期内。对于以转账方式付款的宾客，一般都是在订房时就向饭店提出要求，并已获批准。接待员应向宾客清楚地说明属于转账款项的具体范围，例如房租、三餐费用等。

6. 完成入住登记手续

排房、定价、确定付款方式之后，接待员应制作房卡，并请宾客在房卡上签名，提醒宾客注意房卡上的宾客须知内容，并将房门钥匙交给宾客。有些饭店还为宾客提供用餐券、免费饮料、宣传品等。接待员还应安排行李员运送宾客行李，并将客房楼层与电梯位置告诉宾客，祝宾客住店期间愉快。接待员还应将宾客入住信息迅速通知总机及客房服务中心，并改变电脑记录，更新客房状态表。

7. 制作宾客账单，建立相关资料，存档

对于信用卡结账的宾客，应在印制好的账单上打印宾客的姓名、抵达日期、结账日期、房号、房间类型及房费等，然后将账单连同住宿登记表和宾客的信用卡签购单一起交前台收款员保存。

对于使用转账方法结账的宾客，需要制作两份账单：一份记录应由签约单位支付的款项，是向签约单位收款的凭证；另一份记录宾客自理的款项。

**（三）客房状态的控制**

接待员的另一重要工作内容就是控制客房状态，有效的房态控制有利于客房的销售和最佳利用。

1. 检查与核对

（1）检查核对客房预订情况：①预订的复核确认情况；②预订宾客的航班情况，掌握到达时间；③预订变更及取消情况；④预订不到情况的预计。

（2）检查核对预期离店客房情况：①无变动的预期离店情况；②延期离店情况；③提前离店情况。

（3）检查核对可出租房：①可出租房的整房情况；②复核可出租房房态。

（4）检查核对次日必须首先保证的客房情况：①贵宾房；②团队房；③饭店方违约的宾客次日入住房间；④保证预订宾客的预订房间。

2. 客房状况的转换

（1）宾客入住与退房。由于宾客的入住与退房，产生客房状况的转换。

（2）离店日期的变更及延迟退房的处理。宾客因事需提前或延迟退房，接待员应及时与预订处、收银处等取得联系，填写及传送有关通知单。

（3）换房处理。应首先弄清（或向宾客解释）换房原因；再向宾客介绍准备调换的客房情况，并确定换房的具体时间；填写《客房、房租变更通知单》，并送往有关部门，经签字确认换房信息已经收到；更改客房状况，并将换房信息记录在客史档案上。

## 三、前厅日常服务管理

### （一）问询服务

前厅部的问询处是为了满足住店宾客和来访宾客寻求饭店日常服务需要而设，其主要职责有：回答宾客有关部门饭店服务的一切问题和饭店外的交通、旅游、购物、娱乐、社团活动等内容的询问；代客对外联络（主要指机场、车站、码头、游览点等代办服务事项）；代客保管钥匙和贵重物品；处理宾客信函、留言、电传、电报、传真、电子邮件等。

1. 宾客信息

宾客信息的提供是饭店问询业务中最基本也是占比重较多的一项，在提供宾客信息时要注意：

（1）关于住店宾客的信息要问清对方身份再给予相应回答。

（2）未经宾客同意，不能将宾客的房号告诉访客。

（3）只知道房号打听宾客姓名时除了特殊情况外应拒绝回答。

（4）有同名宾客时要掌握好详细的个人情况，以免出错。

（5）注意宾客要求保密的情况。

2. 饭店内部信息

问讯员应掌握的饭店内部信息有：

（1）对饭店内提供的服务项目、营业时间与收费标准要详细加以说明。

（2）每天熟知有关特殊宴会、会议、展览会等预订事项。

（3）接收邮件，分类后转给宾客及饭店各部门。

3. 饭店外部信息

问询员应掌握的饭店外部信息有：

（1）饭店所在城市的主要旅游点及交通情况。

（2）饭店所在城市的主要娱乐场所、商业区、商业机构、政府部门、大专院校及有关企业的位置和交通情况。

（3）近期内有关大型商业、文艺、体育活动的基本情况。

（4）国内国际航班情况。

（5）饭店所在城市的主要风土人情、特产及习俗情况。

### （二）礼宾服务

前厅部礼宾服务处又称为大厅服务处，其主要职责为：机场车站等店外迎送；开关车门店门，向抵店宾客表示欢迎，致以问候；协助管理和指挥门厅入口处的车辆停靠，确保畅通和安全；代客装卸行李；陪同宾客进房并介绍饭店设施、服务项目；为宾客搬送行李；提供行李寄存服务；转递宾客的信件、电报、传真及邮件等；传递有关部门通知单；雨伞的寄存与出租；公共部位找人；代客联系车辆，送别宾客；负责宾客其他委托代办事项。礼宾部的金钥匙还能提供金钥匙服务，满足宾客的各项要求。



1. 迎接服务

（1）迎送宾客。迎宾员是代表饭店在大门口迎送宾客的专门人员，是饭店的“门面”，也是饭店形象的具体体现。因此，迎宾员必须服装整洁、仪表大方、精神饱满。

（2）指挥门前交通，确保回车道畅通。迎宾员应正确指挥饭店门前交通，引导和疏散车辆，保证大门前的交通畅通。

（3）维持饭店外围秩序，确保安全。迎宾员还负责维持饭店大门区域的秩序，谢绝可疑人物或衣冠不整者进入饭店大门，确保饭店安全。

（4）回答宾客问询。在宾客向迎宾员提出问讯时，迎宾员应热情应对，给予正确解答。

2. 行李服务

饭店的行李服务大致可分为行李搬运与行李存取两部分内容。

（1）行李搬运服务。行李员应认真阅读分析由预订处与接待处送来的抵离店宾客名单，掌握每日进出店的客流量，以便安排好人力。

①散客行李搬运服务。宾客进店时，行李员应向宾客致意，表示欢迎，主动上前提携行李。在宾客办理登记手续时，行李员应站立于宾客身后帮助看顾行李。在宾客办妥入住手续后，将宾客引领进入房间，同时将宾客行李送到。行李员回到行李处时，应填写工

作日记，写明服务时间、宾客姓名、房间号码、行李件数并签名。

接到离店宾客要求时，行李员应在指定时间前往提供服务。与宾客共同清点行李件数，记录并请宾客核实。装车后，告别宾客并迅速离开客房。当确认宾客已办妥离店结账手续后，将宾客行李装运上车，并提醒宾客核对。

②团队行李搬运服务。在接到团队接待通知后，应进一步确认团队宾客各项信息，做好接待准备。团队行李抵达时，应做好行李件数的核对及签收工作。行李员将每件行李系上行李标签，根据分房表在行李签上标明房号，按楼层装运到行李推车上，尽快送到客房，并做好记录。



在团队离店前，行李处应确认该团队宾客的房号、取运行李的时间，并作好分工。收集行李时，必须以团体为单位，避免出错。行李员在收集行李时，必须查看行李标签，验证团队名称和宾客姓名，核实行李件数，按房号填写在记录表上。待行李集中后，应汇总行李记录表，进行核对及计算总数，并请装运行李的驾驶员或押运员复核签字。

（2）行李寄存和提取服务。行李处还为宾客提供行李的寄存提取服务，应严格按照接收、领取寄存行李的制度与手续进行，避免差错。

### （三）总机服务

饭店电话服务的承担者为前厅部的总机房，其主要职责为：

#### 1. 转接电话

负责转接饭店内、市内及国内、国际长途电话。

#### 2. 电话问询及留言服务

接线员应随时回答宾客的电话问讯，例如查找宾客、会议、查询电话号码等方面的问询，并提供留言服务。

#### 3. 叫醒服务

叫醒服务是巧妙地利用电话为宾客服务的项目，一般有人工叫醒与自动叫醒两种方法。在宾客提出要求时，接线员应确保信息准确并做好详细记录，便于夜班人员按时提供叫醒服务。

4. DND 服务

当住店宾客希望不被干扰，要求总机提供阻止外来电话进入客房时，接线员应仔细询问宾客要求免干扰的时间及范围，并根据宾客的要求，认真实施。

5. 寻呼电话服务

大型饭店的电话总机负责管理传呼器发射台。接线员应熟悉传呼器携带者的呼叫号码及上班时间，及时提供寻呼服务，并做好记录。



**（四）商务中心服务**

商务中心为商务宾客提供各类商务所需的服务，例如提供复印、打字、电传、长途电话以及 Internet 等商务服务；提供翻译（多种语言）、听写/会议记录、抄写及文件核对、代办邮件、会议室出租、文件整理及装订等服务；提供秘书、托运、信差、商业信息查询及安排会晤等服务。

**（五）金钥匙服务**

饭店金钥匙服务，是一种典型的在完美主义的激情推动下实施的极致服务，所谓“精诚所至，金石为开”，饭店金钥匙对这种特定形式的理念和形式的执著追求，使服务中的各种困难迎刃而解。在金钥匙眼中，服务就是一切。

1. 金钥匙的本质

金钥匙的标志是两把交叉在一起的金钥匙，两把金光闪闪的交叉金钥匙代表着饭店委托代办的两种主要的职能：一把金钥匙用于开启饭店综合服务的大门；另一把金钥匙用于开启该城市综合服务的大门。

金钥匙既是一种专业化的饭店服务，又指一个国际化的民间专业服务组织，此外还是对具有国际金钥匙组织会员资格的饭店礼宾部职员的特殊称谓。

饭店金钥匙的本质，是指饭店中通过掌握丰富信息并使用以共同的价值观和信息高速公路构成的服务网络，为宾客提供专业个性化服务的委托代办个人或协作群体的总称。

2. 金钥匙服务

金钥匙服务是饭店内由礼宾部职员（如具有国际金钥匙组织会员资格则可称为“金钥匙”）为其所在饭店创造更大的经营效益的目的，按照国际金钥匙组织特有的金钥匙服务理念和由此派生出的服务方式为宾客提供的“一条龙”个性化服务，这种服务通常以“委托代办”的形式出现，即宾客委托，职员代表饭店为宾客代办。

## 四、前厅客账管理



前厅客账管理是一项十分细致复杂的工作，时间性与业务性都很强。前厅客账管理工作的好坏，直接关系到能否保证饭店的经济效益和准确反映饭店经营业务活动的状况，也反映了饭店的服务水平和经营管理效率。

位于前厅的收银处，每天负责核算和整理各业务部门收银员送来的宾客消费账单，为离店宾客办理结账收款事宜，编制各种会计报表，以便及时反映饭店的营业活动情况。从业务性质来说，前厅收银处一般直接归属于饭店财务部，但由于它处在接待宾客的第一线岗位，又需接受前厅部的指挥。

### （一）客账记录

客账记录是前厅收银处的一项日常业务工作。为了避免工作中的差错，发生逃账漏账情况，前厅收银处的客账记录必须有一套完备的制度来保证，并依靠各业务部门的配合及财务部的审核监督。客账记录的方法和要求主要是：

1. 账户清楚

接待处给每位登记入住的宾客设立一个账户，供收银处登录该宾客在饭店居住期内的房租及其他各项花费（已用现金结算的费用除外）。它是编制各类营业报表的情况来源之一，也是宾客离店时结算的依据。通常，饭店为零散宾客建立个人账户，团体宾客建立团体账户。团体宾客如有不愿接受综合服务费标准的限制，准备零点宴请用餐或其他消费时也要另立个人账户，但户头必须清楚、准确，切忌混乱不清，特别是姓名、房号必须与住宿登记表内容保持一致，账户要分类归档，取用方便。

2. 转账迅速

宾客在饭店停留时间短，费用项目多，每一位宾客一系列的消费都在几天、甚至几小时内发生，这就要求转账迅速。各业务部门必须按规定时间将宾客账单送到前厅收银处，防止跑账、漏账、错账发生，保证准时结账，准确无误。如采用电脑收银系统，只要收银员将账单输入收银机，前厅电脑就同时记下了宾客当时的应付款项，能避免漏账，大大提高工作效率。



3. 记账准确

前厅为宾客建立客账后，即开始记录宾客住店期间的一切费用。宾客的房租，采取依日累计的方法，每天结算一次，宾客离店，加上当日应付租金，即为宾客应付的全部房租，一目了然。其他各项费用，如饮食、洗衣、长途电话、电报电传、理发、书报、租车等项目，除宾客愿在发生时以现金结算外，均可由宾客签字认可后，由各有关部门将其转入前厅收银处，记入宾客的账卡。这就要求记账准确，宾客姓名、房号、费用项目和金额、消费时间等必须清楚，与户头账户保持一致。

**（二）宾客结账**

现代饭店一般采用“一次结账”的收款方式。所谓“一次结账”，指宾客在饭店花费的全部费用在离店时一次结清。这样，既能给宾客带来方便，又能够留下服务态度好、工作效率高的良好印象。

宾客的结账方式一般有三种：一是现金支付，这对饭店来说是最理想的，因为饭店收取现金以后可以马上使用；二是用信用卡支付，这种支付方式比较方便，同时饭店的应收款项也可得到保证；三是使用企业之间的记账单来支付饭店费用。

宾客离店结账的基本程序为：

（1）收银处夜班人员在下班前要将预定当天离店宾客的账户抽出，检查应收款项，作好结账准备。

（2）宾客离店要求结账时，收银员应面带微笑，问清宾客房间号码，找出账卡，并重复宾客的姓名，以防拿错。与此同时，收回客房钥匙。

(3) 收银员在习惯上要询问宾客在不久前是否接受过要付费的服务，如离房前是否使用过客房迷你吧及是否打过电话，并检查这些服务是否已经登账，以避免漏账。

(4) 向宾客报告在饭店的消费总数，开出总账单。如果宾客支付现金，则在账单上盖上“收讫”戳；如果宾客使用信用卡，则按照饭店有关信用卡的使用规定和要求来进行处理。宾客离开账台时，收银员要对宾客表示敬意，并欢迎再次光临。



(5) 结账后，收银员应将宾客的登记卡、结账单等各种凭据存档，并通知各有关部门调整宾客资料。归类存档的作用，一方面是方便夜间审核，另一方面是为了一旦宾客有什么差错要查询，可以提供证明材料，同时，也是为了作好饭店的客源市场分析。

### （三）夜审及营业报表编制

在许多饭店中，收银处夜间工作人员除了上述业务，还要承担夜间审核和营业报表编制的工作。

#### 1. 夜间审核

夜审工作是将从上个夜班核查以后所收到的账单及房租登录在宾客账户上，并做好汇总和核查工作。夜审工作人员管理和汇总的具体步骤如下：

(1) 检查是否所有营业部门的账单都已转来。

(2) 检查是否所有单据都已登上账户。

(3) 将所有尚未登账的单据登上账户。

(4) 按部门将单据分类计算出各部门的收入总额。

(5) 累计现金表，检查收到现金和代付现金的总额。

(6) 检查是否所用现金表上的项目都已登录在账户上。

(7) 进行一切必要的纠正。

(8) 检查所有折让和回扣是否有适当的签字批准，以及是否登录在账户上。

(9) 将当日房租登记在账卡上。

（10）将每个账卡的借方和贷方账目分别相加，求出当日的余数。

（11）将当日余数记入下一日新开账页的“接上页”栏内。

在上述整理汇总的基础上，夜间人员要将账户上的信息按项目登录到有关的账册上去并求出总数。然后，做好下列检查工作：

（1）检查每个营业部门的借方栏总数是否与相应的销售收入一致。

（2）将现金收入栏和代付栏总数与现金表相比较，以确认两数相符。

（3）检查折让和回扣总数是否与有关单据上的总数相符。

（4）将开账余数栏的总和与上一天结账时的余数总和相比较。

在此基础上，夜审员还负责制作报表，作好客房收入统计、餐饮收入统计、综合服务收入统计以及全店收入审核统计。这种报表全面反映饭店经济活动，是饭店的重要经济情报，应加以控制，并上报总经理室及转送其他相关部门，作为掌握和调整经营管理的重要依据。

2. 营业日报表的编制

营业日报表是全面反映本饭店当日营业情况的业务报表，一般由前厅收银处夜审人员负责编制，其中一份于次日清晨送往饭店总经理办公室，以便饭店经理及时掌握营业总情况。另一份送交财务部门作为核对营业收入的依据。

（1）根据客房状况资料，以楼层为单位，统计宾客数及其用房数、散客用房的营业收入；统计免费房、内宾用房、空房、待修房以及职工用房的数量；统计在店团体的用房数、人数及租金收入；由这些数据可以统计出当日出租的客房数、住店人数及客房营业收入。

（2）统计当日离店宾客数、用房数以及当日抵店宾客数、用房数。

（3）与财务部的夜审人员核对当天的客房营业收入。核对散客租金收入；核对团体租金收入；核对当天房价变更的统计结果。

（4）计算当日客房出租率及当日的实际平均房价。

（5）将上述数据汇总计算并核对后可记入营业日报表。

# 第三节　客房管理概述



## 一、客房部的功能及组织结构

### （一）客房部的地位和作用

1. 客房是饭店的基本设施，是饭店存在的基础

向宾客提供食宿是饭店的基本功能，而客房是宾客旅游投宿的物质承担者，是住店宾客购买的最大、最主要的产品。所以，饭店的客房是饭店存在的基础，没有了客房，实际意义上的饭店就不复存在了。我国饭店客房的建筑面积一般占总体建筑面积的60%～70%，在饭店投资上，客房的土建、内外装修与设备购置也占据了相当大的比重。

2. 客房收入是饭店营业收入的主要来源

客房是饭店最主要的商品之一，客房部是饭店的主要创利部门，销售收入十分可观，一般要占饭店全部营业收入的40%～60%。客房虽然在初建时投资大，但耐用性强，纯利高。客房部的有效管理及与其他部门的有效支持，将增强饭店活力，提高企业收益。同时，通过客房的销售、大量宾客的入住，也给其他部门带来了赢利的机会。

3. 客房部的服务与管理水平是提高饭店声誉及客房出租率的重要条件

宾客在饭店居留期间，客房是其停留时间最长的场所。而且饭店的公共区域卫生工作一般也由客房部承担，对宾客的影响较大。所以，客房的设施等级以及客房部的服务管理水平往往成为宾客评价饭店的主要因素，代表着整个饭店的质量水平。

4. 客房部是饭店降低物质消耗、节约成本的重要部门

客房商品的生产成本在整个饭店成本中占据较大比重，例如能源（水、电）消耗及低值易耗品、各类物料用品等，日常消耗较大。客房部是否重视开源节流，是否加强成本管理、建立部门经济责任制及原始记录考核制度，对整个饭店是否能降低成本消耗，获得良好收益起到关键作用。

5. 客房部担负着管理饭店固定资产的重任

在饭店企业，固定资产占总资产的80%～90%，包括建筑物、设备设施、家具、物品配备等。其中，在客房部管辖范围内的部分占了大多数。对整个饭店客房楼层部分、公共部分设施设备的日常保养及维护工作是客房部的重要工作任务。客房部的任务是管理好这些资产，或直接进行维修保养，或者增强责任心，及时督促或协助有关部门进行维修，尽可能延长资产的保值期。

6. 客房部是饭店的管家，担负着整个饭店公共卫生及布件洗涤发放的重任

客房部也是饭店管家部门，不仅负责整个饭店公共部分的清洁保养及绿化工作，也担负着整个饭店布件的洗涤、整烫、保管、发放的重任，对饭店其他部门的正常运转给予不可缺少的支持。

**（二）客房部的业务特点**

1. 以时间为单位出售客房使用权，提供服务

客房商品的销售属于以无形的时间为单位的商品销售形态，与其他商品最大的区别在于只出售使用权，但商品的所有权不发生转移。客房部员工一方面应尊重宾客对客房的使用权，向宾客提供各类客房服务；另一方面也应保护饭店对客房的所有权，做好客房设备设施、物资用品的保管和维护工作。

客房商品是以时间为单位出售的，所以其价值实现的机会如果在规定的时间内丧失，就意味着永远失去，因而饭店的客房被誉为是世界最易消失价值的三样商品之一。客房部应确定科学的客房清扫程序，加速客房的周转，及时为前厅销售提供合格的产品。

2. 随机性强

宾客入住饭店，大部分时间在客房度过，客房是宾客休息、工作、会客、娱乐、存放行李物品及清理个人卫生的场所。不同宾客的身份地位不同、生活习惯相异、文化修养与个人爱好也各有差异，所以对客房服务的要求也是多方面的，这就使客房部业务具有很强的随机性和差异性。

除了宾客的要求具有随机性和差异性外，客房部业务的本身也具有随机性。客房部的管辖范围较广，除了客房的业务以外一般还负责 PA 清洁、绿化及布件洗涤、发放等工作。而且客房的卫生与服务工作也比较琐碎，从客房的整理、物品补充、查房、设施设备的日常维修保养到各项客房服务，都具有很强的随机性。



3. 对私密性与安全性的高度要求

客房是宾客在饭店的私人领域，客房业务对私密性与安全性的要求很高。服务人员未经宾客同意不能随意进入客房，要做到尽量少打扰宾客；而且服务人员在客房内不能随意移动、翻看宾客物品，应尊重宾客的隐私权。

安全是宾客进行旅游活动的前提条件，是宾客最基本的需求。作为宾客在旅途中的投宿场所，每一个饭店都必须确保客房安全，为宾客提供一个安全舒适的私密环境。

### （三）客房管理的基本环节

1. 掌握客房接待业务工作量，做好服务过程的组织安排

根据前厅发出的客房预订信息、宾客到店预测信息以及接待通知单等信息，及时掌握宾客的入住情况，并据此安排好人员、物品用具以及客房，及时提供服务。

2. 合理制定服务程序，适应住店宾客需要

客房对客服务的内容很多，饭店应根据主要客源的实际需要及饭店的经营特色，合理制定服务项目及各项服务程序、服务要求。

3. 搞好清洁卫生工作，提供舒适环境

清洁卫生工作是客房部的重要工作内容，主要包括日常清洁及计划清洁。饭店应制定明确的清洁卫生标准及完善的卫生检查制

度，进行有效控制。

4. 加强设备及物品管理，控制成本损耗

客房部管辖范围内各种设备、物品的品种多、数量大。各种设备的使用、维护以及各类用品的消耗开支的合理程度，直接影响客房的经济效益。所以，加强设备与物品管理，有效控制客房成本消耗，是客房部的重要管理内容。

5. 正确处理和各部门之间的关系，保持接待服务工作的衔接和协调

客房部的正常运转，需要各部门的密切配合。所以，客房部应正确处理好与其他部门之间的关系，以保证客房部业务的顺利进行。

6. 搞好客房原始资料的收集和整理工作，加强客房信息资料控制

客房部的原始资料，包括每日客房状况表、客房服务工作记录、客房物品消耗记录、客房设施设备维修记录等。这些原始资料与信息是客房部掌握情况、发现问题、考核员工的主要依据，必须建立和健全。

**（四）客房部的组织结构示例**

近年来，客房部的组织结构经历了一些变化。随着国外隐蔽式服务的提出，饭店客房部从先前的楼层服务台服务模式向客房服务中心模式转换。但楼层服务台的撤销又使一些饭店感到不便，所以又出现了一些将楼层服务与客房服务中心组合在一起的服务模式。从而，客房部的组织结构也各有不同。

1. 设立楼层服务台的客房部组织结构

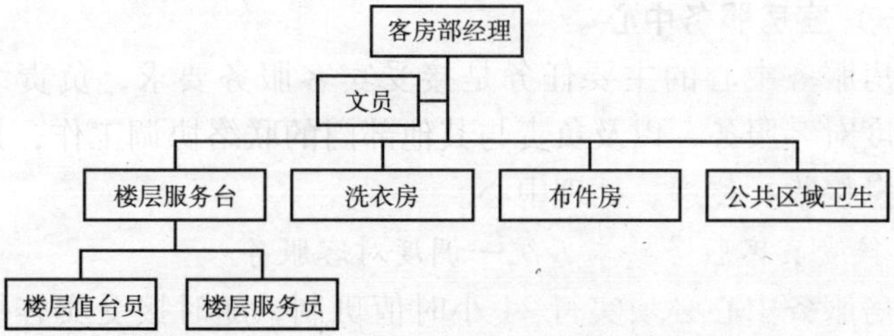


**图 4－5　设立楼层服务台的客房部组织结构**

2. 设立客房服务中心的客房部组织结构

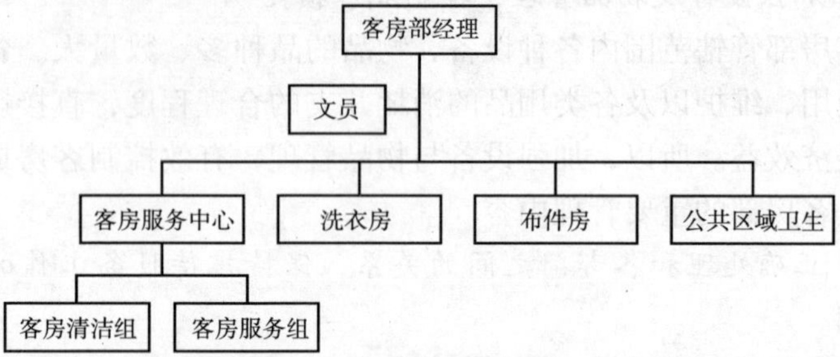


**图 4 –6　设立客房服务中心的客房组织结构图**



3. 既设立客房服务中心又保留楼层的客房部组织结构

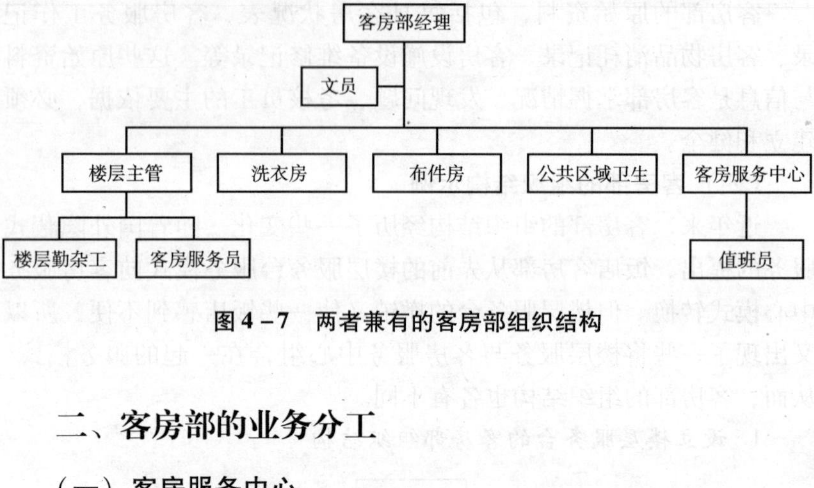


**图 4 –7　两者兼有的客房部组织结构**

## 二、客房部的业务分工

### （一）客房服务中心

客房服务中心的主要任务是接受宾客服务要求，负责统一安排、调度对客服务，以及负责与其他部门的联络协调工作，是客房部的信息接收、传递、处理中心。

1. 接受宾客服务要求，统一调度对客服务

客房服务中心必须实行 24 小时值班制，随时接受宾客提出的各类合理要求，并立即通知有关楼层服务员前往，为宾客提供有关

服务。客房服务中心还负责保管宾客租借用品，承担为 VIP 宾客准备礼仪物品的责任。

2. 管理楼层万能钥匙，安排清洁组对客房进行打扫

用于清洁整理客房的楼层万能钥匙由客房服务中心负责统一签发、签收及保管。每日通报各楼层的客房状态，便于清洁组领班安排每个楼层的客房清扫顺序及清扫人员。

3. 接受宾客投诉

接受宾客投诉，及时通知有关部门、人员，进行处理及听取宾客的反馈意见。

4. 与前厅部保持及时、直接的信息联系

客房部与前厅部的联系必须及时而准确，客房中心与前厅接待处应保持及时、定时的紧密联系。随时通报客房最新情况、核对房态，并传递宾客信息。

5. 负责与布件房、洗衣房进行布件、客衣的交接工作

客房服务中心负责汇总每日需要洗涤的客衣与布件，做好登记工作，并与洗衣房、布件房进行客衣与布件的交接。

6. 负责向工程部递交维修单

负责向工程部申报工程维修单，并检查维修情况。

7. 协调与其他部门的关系

协调与饭店其他部门的关系，共同做好对客服务。

**（二）洗衣房**

洗衣房主要担负洗涤整烫布草、员工制服和洗送客衣等工作，其管理水平、洗涤质量和工作效率的高低，不仅直接影响整个饭店的经营活动与成本损耗，也影响宾客对饭店服务质量的评价。

1. 负责饭店棉织品的洗涤、整烫

负责洗涤饭店棉织品，例如客房棉织品（床单、枕套、床罩、毛巾、浴巾等）和餐厅棉织品（桌布、餐巾、小毛巾等）等，并进行整烫。

2. 负责饭店员工制服的洗涤、整烫

负责清点饭店全体员工的制服，分类进行洗涤、修补及整烫。

3. 负责客衣的收取与洗涤、发放

接到客房服务中心电话后，迅速收取客衣，并进行仔细检查，在所收衣物上打码编号。根据客衣的不同洗涤要求进行洗涤，如有需要对客衣进行高标准织补或整烫。在装袋前仔细检查质量、核对件数，并及时送往客房服务中心签收。

4. 负责洗衣房设施设备的日常保养

洗衣房还必须对设施设备进行日常维修保养，正确操作机器。



5. 协调与其他部门的关系

洗送客房、餐厅所用布草是洗衣房的重要工作内容，所以洗衣房与客房及餐饮部都保持着密切的联络。而且，洗衣房的正常运转也离不开工程部与采供部的支持，对机器设备的维修保养，对洗涤用品的采购供应需要其他部门的合作，才能保证洗衣房的正常运转。

### （三）布件房

布件房负责饭店所有布草、制服洗涤后的交换、发送业务。具体包括：

（1）饭店客房、餐饮部布草的收发分类。

（2）对客房及餐厅布草的定期盘点。

（3）负责全店员工制服的储存、修补和交换。

（4）定期配备、更新布草和制服，保证制服和布草的及时供应。

（5）与洗衣房协调，搞好制服和布草的送洗、清点和验收。

### （四）公共区域卫生

饭店的公共区域面对的不仅是住店宾客，还有很多前来访客、开会、用餐、购物、娱乐的客人也常常在饭店的公共区域驻足，而且他们往往会根据饭店公共区域是否整洁来判断饭店的水平。所以，公共区域面临的评判者比客房区域更为广泛，其清洁保养工作质量的优劣，将会给饭店带来极大的影响。其业务范围包括：

（1）负责饭店室内和室外公共区域的卫生工作。

（2）负责饭店所有下水道、排水、排污等管道系统、沟渠、河井等的清疏工作。

（3）负责饭店卫生防疫、喷杀“四害”的工作。

（4）负责饭店的绿化、花卉护理工作。

## 第四节　客房部业务管理

### 一、客房清洁卫生管理

根据饭店机构进行的市场研究表明，促使旅游者选择饭店的诸要素中，清洁卫生居于第一位，其得分率高达63%。因此，客房的清洁卫生工作是客房部最基本的工作内容之一。

#### （一）客房日常清洁控制

1. 确定科学的清洁工作规范和程序

客房日常清洁的工作规范与程序有：

（1）客房清扫的顺序规定。客房清洁员在每天开始客房清扫前，应根据开房的急缓先后，宾客情况或总台或领班的指示决定客房清扫的顺序。一般情况下，客房的清扫顺序为：挂有 MUR（Make-Up-Room）指示的房间，即请速打扫房；总台或领班指示打扫的房间；走客房；普通住客房。

另外，VIP 客房一般采取专人打扫与三进房制或随进随出制；长住房则与宾客协调，定时打扫。

（2）客房清扫的准备工作。清洁员应明确客房清扫的准备工作程序：签领客房钥匙；了解当天房态；决定清扫顺序；准备房务工作车及清洁用品、器具与各类客房用品；准备吸尘器；检查着装。

（3）走客房清扫的注意事项：接到通知后，迅速来到客房；对客房进行检查，检查要点为宾客有无遗留物品、房间的设备与家具、物品有无损坏及丢失、客房的迷你吧与饮料消耗情况。如有以上情况，立即通知前台及领班，并进行登记；对卫生间各个部位进行严格的洗涤消毒；清扫合格后，立即通知总台，通报 OK 房。

（4）住客房的清扫注意事项。宾客在房间时，应经宾客同意再进房清扫；不得翻看宾客物品与文件；不得自行处理宾客物品；不得接听客房电话；房间清扫完毕后不得无故停留。

2. 制定客房日常清洁检查的程序和标准

客房的清洁卫生质量与饭店的清洁标准与检查制度的制定密切相关，同时这些标准的贯彻执行也非常关键。



（1）客房清洁标准。分为视觉标准和生化标准。视觉标准指宾客和员工、管理者凭借视觉或嗅觉能感受到的标准，但由于个体的感受不同，标准只是停留在表面。生化标准是由专业防疫人员进行专业仪器采样与检测的标准，所包含的内容有洗涤消毒标准、空气卫生质量标准、微小气候质量标准、采光照明质量标准及其环境噪声允许值标准等。生化标准是客房清洁卫生质量更深层次的衡量标准。

（2）客房清洁检查制度。包括清洁员自查、领班普查、管理员抽查、部门经理抽查、总经理抽查、定期检查、其他形式检查等。客房检查还有一些其他方式，如在客房设置宾客意见表、拜访住店宾客或邀请一些专家、同行进行检查。这类检查由于角度不同，能发现一些饭店自身不易觉察的问题，有利于提高饭店的质量水平。

**（二）客房的计划清洁控制**

客房的计划清洁是指在日常整理客房的清洁卫生的基础上，拟订周期性的清洁计划，采取定期循环的方式，清洁客房中平时不易做到或无法彻底清理的项目。例如地板打蜡、地毯吸尘、擦窗、家具除尘及打蜡、清扫墙面、卫生间清洁消毒等。

1. 制订计划

（1）每日计划清洁。每日计划清洁是指在完成日常的清扫整理工作外，每日都计划性地对客房某一领域或部位进行彻底的清理。

（2）季节性及年度性计划清洁。季节性与年度性的计划清洁的范围较大，不仅包括客房家具，还包括各项设备及床上用品。由于目标较大，时间较长，所以季节性与年度性的计划清洁一般在淡季进行，而且必须与前厅部和工程部密切合作，以便对某一楼层实行封房和维修人员进行设备检查与维修。

2. 落实计划及进行检查工作

客房部拟订计划后，应做好计划清洁的落实与检查工作。一般由领班负责督促清洁员完成当天的计划卫生任务，并进行检查。

3. 安排清洁用品

进行计划清洁需要一定的清洁设备及用品，所以事先安排好清洁用品非常重要，否则可能导致浪费清洁剂及降低清洁保养效果。

### （三）客房消毒控制

1. 客房卧室

客房卧室应定期进行预防性消毒，方法包括每日的通风换气、室外日光消毒、室内采光消毒以及每星期一次的紫外线或其他化学消毒剂消灭病菌和虫害，防止病菌传播。

2. 卫生间

卫生间的设备用具易于产生病菌，因此卫生间的消毒工作尤其重要，必须做到天天彻底打扫、定期消毒。

3. 茶水具与酒具

茶水具与酒具也是传播疾病的渠道，楼层应配备消毒设备与用具，以便进行杯具消毒。每天住客房的杯具都必须撤换，统一送杯具洗涤室进行洗涤消毒。走客房的杯具统一撤换，并进行严格的洗涤消毒。

4. 客房清洁员

客房清洁员自身的消毒工作也非常重要。清洁卫生间时，应戴胶皮手套进行操作；上下班更换工作制服，保持制服的洁净；定期检查身体，防止疾病感染。

## 二、客房服务管理

客房服务是饭店服务的重要组成部分，也是构成完整的饭店客房产品的要素，在很大程度上体现了饭店的整体服务水平及服务质量。

**（一）常规服务种类及要点**

1. 迎客服务

迎客服务是客房部对客服务的首要环节，其服务要点为：

（1）了解客情。客房服务中心接到前厅部的《客情通知单》及《特殊服务通知单》后，尽可能详细了解来客的各种基本情况，掌握来客的宗教信仰、风俗习惯、生活特点、身份职业以及接待规格，制订接待计划，安排接待准备工作。

（2）客房布置。按照宾客情况与接待规格进行客房布置与检查。

（3）迎客。在电梯间迎候，当宾客到达楼层时主动问候宾客，并引领进房。向宾客简单介绍客房情况，告知客房服务中心的联系方法，并祝宾客住店愉快。

2. 送客服务

送客服务是客房部对客服务中的最后一环，其服务要点有：

（1）了解客情。根据次日离店宾客一览表，掌握宾客离店情况，检查对客服务的落实情况。

（2）送客。当宾客离店时，到房间送别宾客，提醒宾客有无遗留物品。

（3）检查客房。迅速检查客房，如有物品丢失或损坏，或酒水饮料有最新消费，应立即通知总台及上级。

3. 会客服务

会客服务是当宾客有来访者时按宾客要求提供的服务，其服务要点有：

（1）了解宾客需求。了解宾客的访客情况及接待要求，如来访者人数及来访时间，提供饮料、点心、鲜花摆设等情况。

（2）做好准备。在来访前约半小时做好接待准备，如准备好茶具、茶叶、开水及其他饮料、食品、烟缸、座椅等。

（3）协助引领。访客到达时，在电梯口协助引领。

（4）提供服务。提供饮料、茶水服务，及时续水。

（5）协助送客。来访结束后，协助宾客送客。

（6）房间整理。撤出加添的家具与物品，并对房间进行小整。

4. 洗衣服务

洗衣服务在对客服务中，是比较容易引起宾客投诉的一个项目，所以更应注重对洗衣服务的控制。

（1）接到宾客要求后迅速前往收取客衣。

（2）认真听取宾客要求，向宾客说明提供服务的注意事项，仔细检查清点衣物并核对《洗衣单》。

（3）通知洗衣房前来收取客衣，并与收发员进行交接。

（4）将经过核收的衣物及时送往宾客房间，请宾客签收。

5. 擦鞋服务

为了方便宾客擦鞋，客房部在客房内为宾客放置擦鞋纸，而且根据宾客要求提供擦鞋服务。

（1）接到宾客要求后，及时前往客房收取鞋篮。

（2）将鞋篮编号，并将房号写在纸条上放入鞋篮。

（3）按操作规范擦鞋。

（4）一般半小时后将擦好的鞋送入房内。

6. 对客租借用品服务

（1）仔细询问宾客对租借物品的要求及时间。

（2）将用品送至客房，并请宾客在《租借物品登记单》上签名，向宾客说明注意事项。

（3）当宾客归还物品时做好详细记录。

### （二）特殊服务种类及要点

1. 病客服务

当住店宾客身患疾病时，客房服务中心应提供病客服务，给予宾客必要的关怀与照料。其服务要点为：

（1）发现住客生病应表示关怀，礼貌询问病情及宾客要求。

（2）根据宾客病情轻重进行处理。如果宾客病情不严重，可请宾客到饭店医务室进行治疗。若宾客病情严重，则立即将宾客送至医院进行救治。未经专门训练的员工，不得随意搬动宾客，应立即请示上级或联系医务室。

2. 残疾宾客服务

负责残疾人客房服务的服务员应根据不同岗位的工作流程及要

求，接受专业化培训，例如有关残疾人心理方面的知识培训、手语培训、残疾人的生活起居特点等知识的培训。

（1）专人负责，实施跟房服务。残疾宾客的生活起居与正常人存在着显著的差异。当有残疾宾客入住时，客房部应将责任落实到人，根据不同的服务对象，实施跟房服务、专人服务。

（2）突出针对性。残疾宾客是饭店特殊的宾客，而残疾宾客由于身体残疾的部位不同，又存在很大的需求差异。所以，饭店应根据不同的残疾宾客，制定具有针对性的服务项目、规程及规范。



（3）突出得体性。残疾宾客具有与健全人不同的心理特征，比健全人更为敏感、多虑。如果服务员没有设身处地为宾客着想，或者用语不当、举止不当，都会对残疾宾客带来伤害。所以，在接待残疾宾客时，服务员更要注意言行的得体性。

（4）突出有效性。残疾宾客由于身体上的残障，造成生活中的诸多不便。所以，客房服务员应接受专业的培训，运用娴熟的服务技巧，确保服务的有效性。

（5）尊重隐私。客房服务员应注意尊重及保护残疾宾客的隐私，不能随意向他人泄露任何关于宾客残障的信息。

3. 托婴服务

托婴服务是为外出的住客提供短时间的照看婴幼儿的有偿服务，代为照看婴儿的服务员应具备一定的保育知识。其服务要点为：

（1）宾客提出托婴申请时，应问清照看的时间，儿童的年龄及照看的要求及注意事项等。

（2）向宾客说明饭店的收费标准。

（3）看护员必须具备一定的保育知识，严格按照宾客的要求照看，确保儿童安全。

## 三、客房安全管理

客房安全是指宾客在客房范围内人身、财产、正当权益不受侵害，也不存在可能导致侵害的因素。

### （一）火灾预防及控制

饭店火灾的发生率虽然不高，但一旦发生，后果极为严重。它不仅直接威胁店内人员（包括宾客与饭店员工）的生命安全、饭店与宾客的财产安全，而且会极大地破坏饭店的声誉及社会形象，给饭店带来不可估量的严重后果。因此，饭店与客房部应制定一套完整的火灾预防措施与处理程序，更应注重对员工的防火意识及常识的培训，防止火灾发生。

1. 火灾预防

（1）完备的防火设施设备。在客房区域内配置完整的防火设施设备，包括：陈设物品的防火性能。例如，地毯、家具、墙面、房门及床罩等，都应选择具有阻燃性能的材料制作；各类防火、灭火装置及安全设施。例如，客房内的《安全须知》、《安全通道示意图》、各类安全报警装置、楼道内的安全防火灯及疏散指示标志等。

（2）员工的防火意识与知识。注重培养员工的防火意识，使员工在整理客房时能注意检查各种不安全隐患，并加强对宾客的防火宣传。配合保安部定期检查防火、灭火装置及器具，训练客房部员工掌握灭火设备设施的使用方法与技能。

（3）严格的防火制度及职责。制定客房部各岗位工作人员在防火、灭火中的任务及职责，并要求严格执行。制订发生火警时的各类应急与疏散计划及程序，组织员工进行模拟场景训练。

2. 消防与疏散

一旦发生火灾或出现火警信号及疏散信号，客房部员工应保持冷静，按照饭店与客房部制定的消防和疏散规则，迅速采取有效措施，保证宾客的生命财产安全及饭店与员工的安全，尽量减少损失。

**（二）盗窃预防及控制**

饭店发生盗窃情况可分为饭店财产被饭店工作人员、房客或窃贼盗走及住客财产被窃贼盗走两种情况。为了保障宾客、饭店与员工的财产不受损失，客房部必须制定各项安全规定，并严格执行，预防各类盗窃事件的发生。

1. 预防

（1）完善的设施设备。为了有效防止盗窃案件的发生，客房部除了增强全体员工的安全意识外，还应具备各类现代化的防盗设施。例如闭路电视监控系统、各类报警器及客房安全装置等。

（2）制定严格的各项安全制度。包括进出客房安全制度（客房清洁员、服务员、维修工、送餐服务员等员工进出客房时应登记其进出时间、事由、房号及员工姓名，其他部门的员工在进入客房时，应有客房部的员工在场）、钥匙安全制度（严格钥匙管理，制定严格的钥匙使用制度、领交制度及登记制度，并由专人负责保管）、进出饭店大门制度（员工携带物品进出饭店大门时应遵循饭店有关携带物品的规定，进行登记）。



2. 报失处理

（1）制定受理宾客报失规定。客房服务员接到宾客报失后，应立即报告上级，由部门与大堂副理、保安部取得联系，共同处理。宾客报失后，服务员只能听取宾客反映情况，不能随意对宾客作出任何猜测，以免为以后的调查工作增加困难。服务员接到报失后，不能擅自进房间查找。

（2）制定处理程序。首先应向宾客了解丢失物品的时间、地点及详细情况，并帮助宾客回忆物品丢失的前后经过，分析是否确实属于失窃。然后将宾客丢失物品的情况作好详细记录。在征得宾客同意后，由保安员与客房服务员共同在房间帮助查找。如丢失的财物属贵重物品或金额较大，应立即向总经理汇报，并保护好现场。经总经理同意向公安机关报案，由公安机关进行处理。

**（三）意外事故防范与控制**

客房部的设备设施种类复杂、用品繁多，宾客在客房停留时间长，服务员因工作需要也要经常进房工作，所以客房部一定要重视意外事故的防范与控制。

1. 防范

（1）客房部应重视员工的安全操作意识教育，要求员工养成规范细致的工作习惯，严格执行安全操作程序。

（2）设施设备的老化使用及不规范使用都是引发意外事故的原因，所以客房部应重视设备设施的正确使用及维护保养工作。

（3）安全操作规程的制定与严格执行是预防意外事故发生的重要措施，每一位客房部员工都应对安全操作规程熟知于心，并养成良好的安全操作习惯。

2. 处理

（1）在本人或他人发生意外事故时，首先应保持冷静，进行理智地思考及分析。

（2）立即通知有关人员，寻求帮助。

（3）当知晓他人发生意外事故时，立即赶赴现场，运用紧急救护常识进行必要的救护，避免事态扩大化。



## 四、客房设备物品管理

客房的设备物品及用品种类繁多，在饭店固定资产中占据较大比重。而且，这些设备物品的质量及配备的合理程度、装饰布置及管理的好坏，是客房商品质量及档次的直接体现。所以，客房部设备物品的有效管理及合理配备是客房部的重要管理内容。

### （一）编制客房设备用品采购计划

1. 核定客房设备用品的需要量

（1）设备部分。客房部根据客房等级、种类、标准及数量，分别核定设备的品种、规格、等级及数量。并且进行统一造册，制定客房设备的需要量及所需资金，报饭店审批。

（2）用品部分。客房部根据客房等级、种类、标准、数量及核定消耗定额，分别核定用品的品种、规格、等级及需求数量。并且进行统一造册，报饭店审批。

2. 编制采购计划

客房部根据各业务分部门提出的设备用品采购计划，进行综合平衡后加以确定，报饭店审批。

### （二）制定客房设备用品管理制度，加强客房设备用品的日常管理

1. 做好设备的分类、编号及登记工作

客房部管理人员应对客房部所属每一件设备按其用途及使用情

况进行分类、编号和登记，建立设备台帐和卡片，记录品种、规格、型号、数量、价值、负责部门及班组等。

2. 制定分级归口管理制度

分级归口管理有利于调动员工管理设备的积极性，有利于设备的管理和维护。

（1）分级。根据饭店内部管理机制，实行设备主管部门、使用部门、班组三级管理，每一级由专人负责管理，并建立台帐和卡片。



（2）归口。将某类设备归其使用部门或归使用班组管理。由几个部门或多个班组共同使用的某类设备，归到一个部门或班组负责面上的管理，其他部门与班组负责点上的管理。

3. 建立岗位责任制

设备用品分级归口管理，必须有严格的岗位责任制作为保障。责任明晰，落实到人，才能使各个班组与员工更好地使用及管理设备用品。

4. 实行客房用品消耗定额管理

以一定时期在保证客房经营活动正常进行的基础上客房所需要消耗的用品数量标准为依据，将客房用品消耗数量定额落实到每个楼层，进行计划管理，控制客房用品的消耗量，达到增收节支的目的。

**（三）制订设备更新改造计划**

客房部应与工程设备部门一起制订固定资产定额、设备的添置、折旧、大修和更新改造计划，以及低值易耗品的摊销计划，减少盲目性。设备无论是由于有形磨损还是无形磨损，客房部都应按计划进行更新改造。在更新改造设备时，客房部要协助设备部门进行拆装，并尽快熟悉各项设备的性能及使用、保养方法，投入使用。

# 第五章　饭店餐饮管理

〔**内容提要**〕餐饮服务是现代饭店不可或缺的经营内容。饭店餐饮部是饭店的重要利润中心。饭店餐饮服务的质量水平和风格特色在很大程度上反映了饭店的总体质量水平和风格特色，直接影响饭店的声誉乃至成败。餐饮管理是饭店中业务环节最繁多、技术水平要求最高、牵涉到的学科知识最广泛，因而也是最显复杂的一种业务管理。

〔**学习要点**〕

- 餐饮服务的基本特点
- 餐饮服务管理的基本内容
- 菜单的重要性及其设计依据
- 原料采购、验收、储藏、发放管理
- 食品成本控制

〔**思考题**〕

1. 简述饭店餐饮服务的作用和特点。
2. 举例说明服务是餐饮产品的主要内容。
3. 饭店餐饮服务管理有哪些主要内容?
4. 为什么说菜单设计是计划组织餐饮服务的首要环节?
5. 菜单设计应考虑哪些因素?
6. 原料采购为什么应使用原料采购规格标准?采购规格标准包括哪些内容?
7. 简述原料验收、储藏、发放的一般原则和管理要点。
8. 食品成本控制系统由哪些环节组成?各环节有哪些管理要点?

# 第一节　餐饮服务概述

## 一、餐饮服务的意义和作用

### （一）餐饮服务是一种重要的旅游资源



饭店产品由有形的实物产品和无形的劳务服务组成，是两者有机结合的一个整体，餐饮产品则最典型地体现了饭店产品的这一特性。餐饮产品是餐饮实物、烹饪技术和服务技巧完美结合的饭店产品，它能满足宾客的生理性直接需求以及许多如心理、感情方面的间接需求。不仅如此，饭店餐饮产品集中体现了一个地区的饮食文化，宾客在品尝美食的同时，可以从中了解到该地的民风民俗、文化传统、历史沿革乃至宗教习俗。因此可以认为，餐饮服务不仅是饭店产品，而且是旅游产品的重要组成部分，餐饮服务不单是旅游得以进行的手段，而且可以是旅游的目的之一，具有既属于旅游设施类又属于旅游资源类的双重性质。美食旅游、减肥旅游、食疗旅游在各地逐渐成为一种时尚这一事实则足可证明，饭店如能不失时机地开发名菜名点和创新餐饮产品，必然可以丰富餐饮服务内容，吸引更多的宾客。

### （二）餐饮服务是饭店服务的必要组成部分

住、食、行是人们外出旅行或旅游的必备条件，而住和食尤为重要。饭店、餐馆乃应旅游的产生而产生，随着旅游的发展而发展，不论中国或世界其他地方都是如此。英国早期的不成文法就规定，旅馆必须承担为住店旅客提供住宿、餐饮和安全的义务。在古代中国，几千年前就有了被称为“驿站”、“逆旅”等各种馆舍，为往来旅人提供住宿和饮食服务。可见，饭店存在的前提乃是旅游者的住宿和餐饮需求。有人说，不提供餐饮服务的饭店算不上真正的饭店，此话不免失之偏颇，但至少可以这样认为，餐饮服务是饭店服务的必要组成部分，只不过由于饭店的类型、规模、等级、经营重点、地理位置不同，各自餐饮服务的经营规模和特点也有所不同罢了，大型综合型饭店往往有10多处风格各异的餐厅、酒吧和可容纳上千人的宴会厅，而B&B饭店却只需提供简单的早餐。

**（三）餐饮服务水平是饭店服务水平的客观标志**

餐饮服务的水平客观地反映了饭店的服务水平，餐饮服务质量直接影响饭店的声誉和竞争力。餐饮服务水平由多种因素决定，但无一例外地牵涉到餐饮部的各个业务环节，从宾客的角度来分析，则主要由厨房烹调和餐厅服务两大因素决定。厨房烹调技术影响餐饮产品实物部分的水平，餐厅服务水平则影响着宾客购买、接受该产品时的精神和心理状态。餐厅服务水平除了指服务员的态度和技术，还包括餐厅的环境氛围、风格情调、餐饮器皿等的质量水平，而这一切又都取决于饭店的经营管理水平。世界各地因餐饮服务出色而声名鹊起并经久不衰的饭店为数甚众，如美国纽约的华尔道夫饭店屋顶星光餐厅、世纪广场饭店的餐厅、芝加哥的大使旅馆舞鞋餐厅等都以精美的餐饮和独特的服务风格，使这些饭店闻名于世，而万豪、凯悦、四季、香格里拉、半岛、文华东方等饭店公司素以注重餐饮服务称著，在饭店业界久享盛誉。

**（四）餐饮收入是饭店营业收入的主要来源之一**

饭店餐饮部是饭店重要赢利部门之一。在欧美国家，饭店餐饮收入一般可占饭店营业总收入的30%~40%，仅次于客房收入，是饭店第二大营业收入来源。当然，不同星级和类型、不同地区、不同管理模式的饭店的餐饮收入比例都会有所不同。如《2008中国饭店业务统计》数据表明，中国五星级饭店餐饮收入占饭店营业总收入比例略高于四星、三星级饭店，分别为39%、36%、38%；五星级饭店中，江浙地区的饭店餐饮收入占饭店总收入比例最高（43%），三亚最低（27%），西部地区和广州、深圳同为40%，北京、上海分别为35%、37%；而国内管理和业主自行管理的饭店显示出强大的餐饮创收能力，餐饮收入占饭店总收入比例远远高于国际管理的饭店。统计数据显示，国际管理的五星、四星级饭店餐饮收入比例分别为37%、31%，国内管理的五星、四星级饭店均为40%，业主自行管理的五星、四星级饭店分别为44%、43%。

需要指出的是，随着社会服务业的快速发展，各类餐饮企业大量涌现，对饭店餐饮服务构成强力竞争，饭店餐饮设施不再是一城一地的最佳宴饮场所，而饭店宾客对大多数饭店的餐饮服务来说，是非控制型宾客（Non-captive Guests），他们可以自由选择其他餐饮场所，饭店无法强制他们在饭店餐厅就餐，这就要求饭店把餐饮服务办得更具特色和魅力，具有与社会餐馆竞争的能力。

## 二、餐饮服务的基本特点



饭店餐饮服务充分具备饭店产品的各种特点。从根本意义上说，讨论餐饮服务的特点，实际上就是讨论饭店产品或服务的特点。

### （一）服务是餐饮产品的主要内容

只要对服务性企业的销售内容或消费者的购买内容稍加分析就不难发现：任何商品的销售或购买都伴随着服务的销售或购买；而任何服务的销售或购买也伴随着商品的销售或购买。据此，服务性企业以其销售活动而言便分成两种类型。一类是借助服务以销售商品为主的企业，如各类零售商店。这类企业提供的零售服务被称作“助销服务”，意即它起着帮助销售产品的作用。另一类企业是凭借实物产品以销售服务为目的的企业，如饭店、餐馆、美容厅、各类维修店等。在这类企业中，实物产品被视为“助销产品”，因为它起着促进销售某种服务、技术和技艺的作用。

饭店无疑属于上述后一类型。饭店的业务活动以凭借一定的实物产品，为宾客提供旅居服务为主要内容。饭店出租客房，其主要目的是销售客房服务；提供食品饮料，是为了销售烹调技艺和餐厅环境与服务。其中服务通过实物产品得到充分发挥并实现其价值，而实物产品则起着服务销售的载体作用。

如前所述，餐饮产品是由有形实物与无形劳务组成的饭店产品，因而餐饮产品的价值和使用价值不仅仅取决于餐饮实物本身，而且还取决于厨师和服务员的劳务服务。一方面，烹调技艺和服务技巧必须通过餐饮实物的销售和宾客的感受才能实现；另一方面，餐饮实物本身只有通过高超的烹饪技术和精良的餐厅服务才能得到更好的销售。这是我们认识饭店餐饮服务特点的出发点。

**（二）餐饮服务的无形性特点**

尽管餐饮服务是具有实物形态的饭店产品，但它仍然具有服务的无形性特点。服务的最简单的定义是“为他人完成某一工作或任务的行为”。服务本身是无形的，看不见、摸不到，消费者不能把服务本身购买回家，他带回去的只是服务产生的效果，是服务对消费者所产生的生理、心理、感官上的作用和影响。对就餐宾客来说，他享用了餐饮实物的色、香、味、形以外，更重要的是感受了餐厅的环境气氛、服务员的热情服务所给予的感官上和心理上的满足和舒适，而这一切正是服务的结果。

服务的无形性特点不难理解，讨论这一特点的主要目的在于认识饭店因此而面临的一系列工矿企业所不存在的问题。

1. 推销上的困难

由于服务的无形性特点，饭店企业很难向宾客描述或展示服务项目。以推销客房为例，一般的广告用语不外乎宽敞舒适、雅致宜人；推销餐饮，通常皆为鲜美可口、清洁卫生、营养丰富。但客房究竟舒适到何种程度，餐饮是否适合口味，只能凭宾客去猜想。他可能相信，也可能不相信，情况完全不同于购买实物商品。

事实上，对大多数宾客来说，他们在选择一家饭店或餐厅时，往往只凭他们所了解的关于这家饭店或餐厅的情况及其声誉。因此，现代饭店管理理论强调饭店必须注重品牌建设，树立良好的公众形象和社会声誉才能吸引宾客，也正是基于这个道理。

2. 推销饭店服务，不能仅仅强调该服务本身

服务性企业的经营者应该懂得，由于服务的无形性特点，在推销服务项目时应强调宾客在消费了该项服务后得到的益处，而不能仅仅宣传该项服务本身。桂林旅游车船公司宣传畅游漓江之乐趣比直接宣传其游船如何豪华效果要好；安全服务公司向企业灌输安全

对业主、职工的重要性比直接宣传其保安人员的专业技能更能招徕客户；饭店如能着意宣传当地旅游资源之奇特引人，无疑能比仅仅宣传饭店本身更有效地吸引宾客。

3. 服务没有专利权

不像工业产品或技术发明可以申请专利，服务因其无形性的特点，无法申请专利权，至少至今未有先例。因此，服务工作的革新创新往往只有极短暂的生命周期，特别是在竞争的形势下，很快就会被竞争对手仿效而失去优势。20 世纪 60 年代美国的联合航空公司、环球航空公司和美国航空公司之间的竞争便是如此。当时三家公司在机型、设备水平方面基本相同，因此竞争便在服务项目方面展开。当一家公司创造性地在飞行途中增加播放电影的服务项目，并以此吸引了乘客，另两家公司不久也放起了电影，而且连放两部；当一家公司悄悄地把飞行午餐从两道菜增加到四道菜，其他两家公司也立即紧紧跟上，而且增加到六道甚至八道。前些年杭州各饭店广东早茶服务之争也颇说明问题。杭州新侨饭店率先推出广东早茶，一时吸引了大批宾客，开辟了杭州饭店行业有史以来第一个早茶市场。然而好景不长，不出数月，其他饭店便纷纷引进“正宗广东早茶”，使新侨失去了优势。这些例子说明，在服务行业，由于服务无专利权，谁也无法阻止别人仿效，同时也说明了饭店企业服务项目创新的重要性和困难性。



**（三）餐饮服务的不可贮存性特点**

服务的不可贮存性特点指服务不能被贮存以备后用的特点。国外服务行业有句行话：世界上三件最不容易保存的东西，一是飞机的座位，二是饭店的客房，三是律师的时间。飞机起飞了而座位空着，一天过去了客房租不出去，律师干等一天并无客户上门，那么这空着的机位、客房以及时间便永远失去了这一天的销售机会。

饭店餐饮服务的不可贮存性特点表现在餐饮服务不能被保存储藏以应付将来之需这一点上。虽然仓库可以储藏饭店近期内所需的食品原料，但厨房却不能在一天内生产一周营业所需的餐饮产品。同样，餐厅服务员由于闲着无事而浪费的时间，不可能保存到第二天再使用。同时，由于饭店餐厅的接待能力在一定时期内一般都固定不变，而宾客的需求量却在不断地变化，因而造成了厨房、餐厅应付需求波动的困难，特别是当就餐宾客突然大量增加时，会不可避免地给厨房、餐厅带来压迫感。餐饮服务不可贮存的特点告诉我们，饭店必须主动采取营销措施，调节宾客需求量，使之尽可能接近饭店现有接待能力，避免因接待能力不足或宾客量不足而引起损失。

**（四）餐饮服务的差异性特点**

由于餐饮服务依靠大量的手工劳动，缺少机器控制，又由于职工的工作态度、技能技巧各有好坏和高低，因此，餐饮服务便不可避免地存在质量、水平上的差异。服务的差异性并非指一家饭店与另一家饭店的服务之间存在着差异，而是指同一家饭店所提供的服务存在着差异，具体表现为同一职工在不同的时间、不同的场合或对于不同的对象所生产的同一餐饮产品或所提供的同一种服务往往水平不一，质量不同。例如，酒吧调酒员如果不使用量杯或电子配酒器来控制分量，那他调制的鸡尾酒便难免会出现质量不一致的现象；餐厅服务员在整个服务期间，也必然由于体力、情绪变化的影响，难以自始至终提供同一质量的服务。因此，制定严格的质量标准，坚持执行质量标准，加强职工培训教育，不断地改善、端正服务态度，提高技术技能，是饭店餐饮服务取得成功的必要手段。

**（五）餐饮服务生产与销售的同时性特点**

同时性指饭店餐饮服务的生产过程和销售过程同时或几乎同时发生，即当场生产当场销售，消费者与生产者直接接触，中间不存在产品贮存、运输过程的特点。一家饭店的服务不可能输送到外地销售，这是饭店企业不同于工矿企业的一个方面。这一特点决定了饭店、餐厅规模必然受到区域性限制，市场范围受到一定的局限，因而必须根据目标市场的大小决定企业设施规模和接待能力。同时性特点也决定了饭店必须既重视销售环境，也重视生产环境，因为在绝大多数的情况下，饭店餐厅既是服务的生产场所，又是服务的消费场所。与此同时，餐饮服务的同时性特点为饭店创造了工矿企业所没有的当场推销的机会，使得餐厅服务员有机会直接向宾客介绍推荐食品饮料，促进销售。当然，这又要求餐厅服务员必须具有双重技能，即服务技能和推销技能。事实上，一名称职的餐厅服务员必须精于服务，善于推销。

**（六）餐饮收入的可变性特点**

一般来说，由于饭店客房价格和客房数量在一定时期内通常固定不变，因而客房的最高日营业收入也相应固定。但餐饮服务的最高营业收入却因为餐厅座位周转率和宾客人均消费额的可变性而成为一个变量，为提高餐饮收入提供了极大的可能和余地。现代饭店业中，在客房和其他设施设备水平都相似的情况下，餐饮服务便成了饭店之间相互竞争的一个重要手段。



**（七）餐饮服务对饭店其他设施的依赖性**

饭店餐饮服务能为饭店吸引宾客，提高客房出租率，但其自身的营业量却又在很大程度上依赖于饭店客房设施的规模及客房的出租率。餐饮服务对饭店其他设施设备也同样有较大的依赖性，在正常情况下，凡客房数多、出租率高、公共服务设施齐全的饭店，其餐厅营业量一般也较大。

**（八）餐饮服务的复杂性**

所谓管理艺术和科学，乃指管理者的职业技能和专业技能而言。职业技能指管理者应掌握的管理理论与原理，这在各行各业大同小异。而这些理论与原理还必须与专业技能相结合，管理者才能去从事某一特定行业的管理工作。

餐饮管理是饭店中牵涉到专业技艺、学科知识最多的一种业务活动。因此餐饮部经理不仅必须掌握一定的现代管理理论，而且还必须通晓烹饪技术，掌握与食品饮料及其服务有关的其他学科的知识，如心理学、化学、物理、食品卫生、营养学等。许多心理学的基本原理多被用于管理，例如，管理者应如何激发职工的积极性，如何刺激或调节市场需求，厨房职工的地位、等级是怎样影响工作效率的，宾客站队等候与坐在餐桌前等候对其心理产生什么不同影响和作用，餐厅的布置、色调、气氛、灯光、音响对客人进餐时的情绪有何影响，甚至餐盘的大小或食品的形状、大小与客人接受该食品的关系等都可用心理学原理进行研究。餐饮服务遇到的许多问题很可能与食品饮料本身无关，而是由餐厅服务不周或布置装饰不妥引起宾客心理、情绪不适所致。有经验的管理者认为，一个餐厅供应的食物本身质量可以一般，但只要服务出色，环境气氛宜人，便仍能吸引相当一部分宾客。相反，如果虽有上好的餐饮食物，其服务却粗鲁怠慢，环境布置不堪入目，这样的餐厅则断无成功之日。

物理学和化学的某些原理在餐饮管理和服务中也得到应用。例如，厨房洗碗机的工作原理，对流烤箱的原理，只有用物理学的原理才能解释。又如，为什么微波烤箱加热食品如此迅速，而烤出的食品从食物内部先熟；为什么厨师喜欢用煤气烹烧胜于电炉，尽管两者所散发的热量相等。化学原理的应用则更加广泛，更加引人入胜。为什么蔬菜烹烧以后会改变颜色，怎样才能使其保持原来的色泽；为什么有的肉容易煮烂，而有的却永远煮不烂而必须借助其他办法；为什么马铃薯冷藏后油炸极易炸焦发黑；而玉米在新鲜时其味甘甜，数小时后便甜味尽失；烹调中牛奶遇到酸性食物极易结块，应该怎样防止；油锅温度不高时炸制的食物为什么特别油腻，等等，这些虽都是极普通平常的问题，但要了解究竟，都需要学些有机化学知识。

食品卫生千万不能忽视。无论是管理者还是员工都有必要掌握常见致病细菌知识，懂得食品储藏的温度、湿度和时间要求以控制食品原料中微生物、细菌的繁殖生长，同时还必须清楚什么是食物中毒，能够识别各种中毒的症状并懂得怎样预防和怎样处理。

掌握营养学知识对饭店餐饮服务来说十分重要。“吃好”往往并不意味着科学饮食，餐饮服务从业人员应该掌握营养素的基本分类及其对人体的作用，了解不同年龄、不同性别的人的正常摄入量。懂得这些，有助于科学地制定菜单，为宾客提供营养丰富的餐食。要求饭店菜单标明各道菜肴的营养成分已成为一种趋势，向广大宾客提供富有营养、搭配科学的餐饮产品，无疑是餐饮服务义不容辞的职责。

## 第二节 餐饮服务组织形式和管理内容

### 一、餐饮服务组织形式

饭店餐饮服务不论其规模大小，一般都由食品原料采购供应、厨房加工烹调、餐厅酒吧服务三大部分组成，通常设有原料采供部、仓库、厨房、餐厅、酒吧、膳务部（或称管事部）等业务部门。



#### （一）原料采购供应

原料采供部和仓库负责食品原料物资的采购、验收、储藏、发放等工作。原料采供工作对餐饮产品的质量、食品原料成本有直接的影响。小型饭店的原料采供往往由厨师长负责，大中型饭店通常设有专门的原料采供部门负责食品原料的采购供应。

#### （二）厨房加工烹调

厨房是餐饮部的生产部门，为餐厅服务，与餐厅配套。如果饭店所有餐厅的饮食都能由一个厨房供应，那当然是最理想不过，然而实际上并不可行。因而饭店除了主厨房外，某些餐厅还通常有配套厨房。厨房业务由厨师长负责，下设各类主厨和领班。有些饭店还专设膳务部，主管餐厅布置、宴会布置、炊具餐具的洗涤保管和清洁卫生工作。

#### （三）餐厅酒吧服务

饭店各类餐厅、酒吧是餐饮部的前台服务部门。餐厅、酒吧不论从服务形式还是餐饮特色来分，可谓形形色色，五花八门，而且饭店规模越大，等级越高，便越是如此。大型饭店通常都有数处甚至十多处餐厅和酒吧设施，如正餐厅、宴会厅、风味餐厅、自助餐厅、多功能厅、咖啡厅、大堂酒吧、鸡尾酒廊等。各类餐厅根据其规模和等级，通常设经理、主管、领班三个层次的管理人员。酒吧通常设酒吧经理或主管。大型饭店一般还都设立宴会部，负责宴会业务的营销、组织和服务。

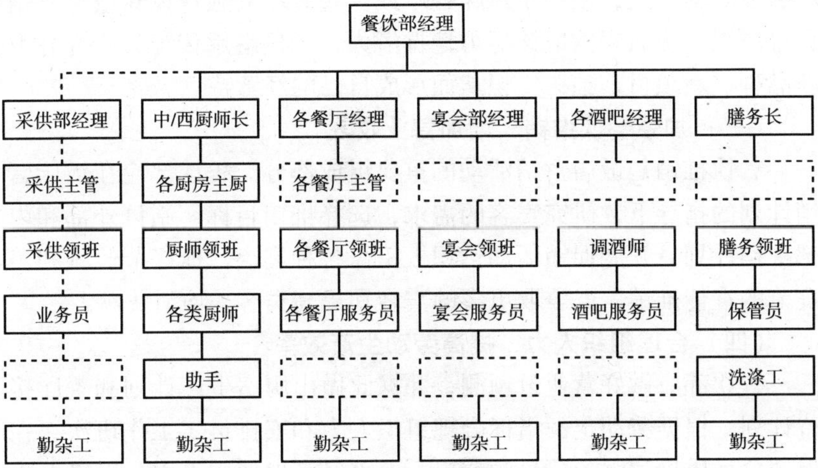


**图 5-1　大中型饭店餐饮服务组织结构示例**



## 二、餐饮服务管理内容

饭店餐饮服务管理的目的是实施饭店制订的餐饮服务经营方针和计划，满足宾客对于餐饮服务的各种需求，获取利润，激发员工工作兴趣。具体任务一般有以下八个方面。

### （一）掌握市场需求，合理制定菜单

要满足宾客对于餐饮服务的各种需求，必须首先了解本店目标市场宾客的消费特点，掌握宾客的餐饮要求和餐饮习惯，以及餐饮时尚、口味变化等餐饮市场发展趋势，在此基础上设计出迎合市场需求的菜单，作为确定餐厅种类和规格、餐饮内容和特色、选购设备、配备人员的依据和指南。

### （二）开发餐饮新品种，创造经营特色

饭店餐饮服务要具有吸引宾客并与其他饭店、地方餐馆竞争的能力，最重要的是必须具有自己的特色。如果饭店的餐饮服务毫无

独特之处，那么其附近甚至较远的饭店、餐馆便能轻而易举地吸引走它的宾客。事实上，饭店的风味餐厅或主题餐厅之所以比一般餐厅更受宾客欢迎，全在于风味餐厅或主题餐厅的独特风味或独特情调。所以，饭店餐饮应该努力挖掘潜力，积极继承传统，研究开发新品种、新项目，独树一帜从而形成自己的经营特色。

**（三）加强餐饮推销，增加营业收入**

餐饮推销是饭店营销活动的重要组成部分。餐饮部应在饭店营销计划的指导下，研究宾客的需求，选择推销目标，制订外部和内部推销计划，开展促销活动，积极招徕各种宴会，抓好节假日和美食节的宣传推销，以争取更多的宾客和提高宾客平均消费额。



**（四）合理组织人力，提高劳动生产效率**

餐饮部应做好营业量预测，并据此做出厨房生产计划和餐厅接待计划，根据劳动定额指标合理组织人力和安排员工工作班次，在保证食品质量和服务质量的前提下，最经济地使用人力，以降低人工费用，提高赢利。

**（五）保持并不断提高食品质量和服务质量**

能否保持并不断提高食品质量和服务质量是饭店餐饮服务经营管理成败的关键之一。餐饮部应以岗位责任制为中心，建立相应规章制度，制定各岗位的操作规程和质量标准，严格检查制度。仓库应抓好采购、验收、储藏、发放过程中的原料质量检查，以保证原料符合食品加工烹调的要求；厨房应抓好原料粗加工、细加工和烹调的质量检查，督促厨师严格按照菜谱要求操作，并努力改进加工烹调技术，不断提高食品质量；餐厅服务要坚持按照服务规程操作，不断改善服务细节，提高餐饮产品的外围质量。

**（六）控制餐饮成本，增加赢利**

餐饮成本控制是降低食品成本的必要措施，是餐饮服务管理的重要内容。成本控制涉及一系列业务环节，饭店应根据制定的标准成本率确定合理的食品销售价格；控制食品原料采购价格；加强原料验收、储藏、发放管理以避免原料损耗浪费；抓好原料粗加工关，控制原料加工损耗率；厨房要严格按标准菜谱要求操作的制度，并做好成本核算和成本分析，在保证食品质量、数量符合标准的前提下，尽量减少损耗、降低成本，提高毛利。

**（七）确保食品卫生和饮食安全**

餐饮卫生和安全是饭店餐饮服务质量的重要指标。饭店餐饮设施是为广大宾客服务的公共场所，负有相当的社会责任，因而餐饮卫生和安全是否符合标准可直接影响饭店的声誉和经济利益。因此，必须加强食品卫生和饮食安全管理，强化预防措施，确保食品卫生、环境卫生和员工个人卫生都符合标准要求，以杜绝食品污染、食物中毒等事故发生。

**（八）组织职工培训，提高行业素质和技术水平**

餐饮部应根据本部门具体情况，制订员工发展计划和培训计划，配合人事部门对职工进行思想政治、职业道德和科学文化的教育，开展有针对性的技术培训，以不断提高员工的行业素质和业务水平，形成稳定的训练有素的员工队伍。事实上，加强对员工的培训教育是饭店克服服务质量水平不稳定，保持和不断提高服务质量水平的唯一有效途径。



## 三、餐饮部主要岗位职责

**（一）餐饮部经理**

（1）贯彻饭店餐饮经营方针和各项规章制度，结合部门实际制定部门规章制度、岗位职责、服务程序，督导采购、库房、厨房和餐厅贯彻实施。对部门的业务组织、餐饮产品生产、服务质量和各项经济指标的完成负责。

（2）制订本部门年度、月度的营业计划，领导全体员工积极完成各项接待任务和经营指标，分析和报告年度、月度的经营情况。

（3）参加饭店部门经理会议、饭店专题会议，召开本部门例会、成本控制会议、预算会议、临时会议，传达上级指示，听取领班汇报，布置部门工作。

（4）负责本部门的安全、卫生工作，组织检查个人、环境、操作等方面的卫生状况，贯彻执行食品卫生制度，开展经常性安全保卫、防火教育，确保餐厅、厨房的安全。

（5）掌握本饭店的主要目标市场，了解消费者的餐饮需求，并有针对性地开发和提供满足市场需求的餐饮产品和服务。

（6）会同厨师长定期分析菜单，收集与反馈宾客对餐饮品种和菜品质量的反映和要求，调整菜单花色品种，不断推出特色菜式和饮品，确保菜单和产品适应市场需求变化。

（7）督促厨师长对厨房生产进行科学管理，保证菜肴质量，减少生产中的浪费，调动厨房员工的积极性。

（8）加强餐厅的日常管理，培养餐厅经理的督导水平；亲自接待 VIP 宾客，确保优质服务；及时妥善处理客人投诉，引导本部门员工不断改善服务质量。



（9）控制食品和饮品的标准规格要求，正确掌握毛利率，做好成本核算，加强食品原料及物品的管理，降低费用。

（10）做好设备设施维修保养工作，使之处于完好的状态并得到合理使用，加强日常管理，防止事故发生。

（11）扩大餐饮销售渠道，提高餐饮销售量，根据市场行情和不同时令制订餐饮推销、促销计划，如月度、季度美食节和时令菜式、风味食品的促销活动等。

（12）负责本部门培训计划的实施，熟悉和掌握员工思想状况、工作表现和业务水平，采取有效的激励手段，发挥全体员工的积极性，抓好员工队伍建设。

**（二）厨师长**

（1）全面负责厨房组织领导工作，拟定各厨房人员编制，提出各厨房领班人选，组织制定厨房管理制度、工作程序，督导各领班贯彻实施。

（2）会同餐厅管理人员，根据各餐厅市场定位研究确定零点、宴会、团队等餐饮毛利率标准，编制成本核算，报餐饮部经理审批后，督导各厨房实施。

（3）负责宴会、贵宾的菜单制定，审核各餐厅菜单，确保菜单内容和定价与餐厅市场定位相适应，同时根据市场需求变化，及时做好各餐厅菜单调整与更换。

(4) 负责签发原料采购和领货单，督导各厨房做好鲜货原料验收，发现问题，及时纠正。

(5) 巡视检查各厨房的工作，督导员工按工作程序操作，做好原料加工，产品烹制，发现问题，及时提出改进措施。

(6) 亲自做好重要宴会、重要宾客和食品节、美食节的餐饮生产组织工作，必要时亲自上灶烹制主要产品，保证产品质量，提高饭店信誉。

(7) 检查厨房原料耗用情况，分析成本消耗，做好成本控制工作，保证毛利指标顺利完成。

(8) 拟订培训计划，定期开展厨师技术培训，做好厨房员工考核，实施奖罚。

(9) 巡视检查厨房食品加工区卫生，贯彻《食品卫生法》，把好食品卫生关，防止食物中毒。

(10) 听取宾客意见，掌握厨房出品质量和销售情况。定期推出特色菜肴，不断提高菜品质量。

**（三）餐厅经理**

大型餐馆和饭店各类正餐厅多设有餐厅经理一职。餐厅经理需要具有多方面的才能。他必须是位出色的技术员，通晓餐厅服务的全过程和各种服务细节；他必须是位称职的主管，善于训练，指挥员工，调动他们的工作积极性；他必须具有接待各种类型的宾客的能力，善于推销，以提高餐厅销售收入；他更必须是一位精明的管理者，具有组织本部门工作、安排生产、控制服务质量的知识与能力。

餐厅经理必须与厨师长、宴会部经理紧密配合，还必须与饭店其他部门如总服务台、采购、财务、工程等部门及时交流信息以做到掌握全盘，有条不紊地安排整个餐厅业务工作。一位称职的餐厅经理必须具备高超的服务技术，包括各种形式的餐厅服务，尽管他本人通常不需要亲自动手。他必须善于计划，灵活变通，具有相当的预报、预测经验以及管理整个餐厅的能力。对于食品、饮料、酒类和烹饪各方面的知识，他应当尽量做到无所不知，能够回答一切可能的问题。当然，餐厅经理还必须具备处理宾客意见和各种纠纷的丰富经验和灵活手段。餐厅经理的基本职责如下：

（1）在餐饮部经理的领导下，负责餐厅的日常管理工作。

（2）组织和督导服务接待工作，密切联系各餐厅领班，根据服务员的技术专长与业务水平，合理安排工作岗位。

（3）发展良好的客户关系，满足宾客的特殊需要，主动听取宾客投诉意见，经常和各餐厅取得密切联系，不断改进服务技巧和提高服务质量。

（4）掌握各餐厅每日销售状况，检查各种大型宴会和重要宴席的服务接待工作。



（5）控制各餐厅低值易耗品及其他用品消耗，合理使用各种原材料，减少浪费，做到物尽其用。

（6）巡视餐厅，检查各项工作及制度的实施情况，确保服务质量和工作效率。

（7）负责员工培训及绩效评估工作，保证员工的工作态度和能力达到岗位要求，并按照奖惩制度实施奖惩。

（8）与厨师长保持密切联系和合作，提出有关食品销售建议，及时将客人需求反馈给厨师长，为食品原料的采购和厨房生产提供依据。

（9）负责餐厅设备卫生工作，督导员工正确掌握安全卫生知识，经常性进行安全教育，执行食品卫生制度，确保设备完好与环境清洁卫生。

（10）参加餐饮部工作例会，完成餐饮部经理指派的其他任务。

**（四）餐厅领班**

餐厅服务通常按区域进行，每个区域的业务工作由领班管理。按餐厅规模不同，有的餐厅中领班须参加实际餐饮服务，但在另一些餐厅中，领班只负责该区域中的组织、检查、监督及协调工作，绝大部分具体的餐饮服务由服务员承担。餐厅领班的职责如下：

（1）组织班组例会，检查服务员着装、仪表仪容和个人卫生，确保达到规范化要求后上岗，通报预订情况及根据服务需要向班组传达布置任务。

（2）协调沟通餐厅、厨房的工作，掌握每天供应情况。

（3）负责服务区内设备的维护保养和清洁卫生。

（4）带领和指挥服务员完成开餐前各项准备工作，如餐台摆设、餐厅卫生清洁、设备运转状况、工作台餐具备放情况。

（5）开餐时间督导本组员工为客人提供高质量、高效率的餐饮服务，确保各岗位严格执行工作程序与标准，注意观察客人用餐情况，满足客人提出的要求，遇有重要客人或人手不够时，要亲自服务，确保服务质量。

（6）处理或汇报宾客意见和投诉；做好宾客档案。

（7）定期对本班组员工进行绩效评估，向餐厅经理提出奖惩建议，组织、实施本班组员工的培训。

（8）做好餐厅销售服务统计及交接班工作。

（9）合理安排好员工的班次，保证服务工作顺利完成。

（10）完成餐厅经理下达的其他任务。

**（五）餐厅服务员**

餐厅服务员的具体工作内容因餐厅的类型、等级不同而有所差别。在一般情况下，服务员的职责是在领班带领下按照标准摆好桌椅、布置台面、摆齐餐具；宾客入座后，负责服务区域内的所有餐饮服务项目。通常是两名服务员配合，负责若干餐桌的服务，其中一名服务员担任助手，负责传送点菜单，取菜领酒，撤换餐具，另一名服务员始终留在服务区内照顾用餐宾客。

（1）服从领班安排，按照工作程序与标准做好开餐前的各项准备工作。

（2）严格按照工作程序和标准为宾客服务，处处为客人着想，尽量把服务做在宾客开口要求之前。

（3）熟悉菜单和酒水单，积极向宾客进行推销，按规格填好点菜单和酒水单。

（4）认真做好所在区域内设施设备的清洁保养工作，保证就餐环境幽雅洁净。

（5）尽量帮助客人解决就餐过程中的各类问题，必要时将客人提出的问题和投诉及时反映给领班，寻求解决办法。

（6）迅速补充餐具和台面用品，保证开餐后的整洁和卫生。

（7）做好餐具、布草、杂项的补充替换工作。

（8）当班结束后，做好收尾工作和与下一班的交接工作。

（9）积极参加培训，不断提高服务技巧技能，提高服务质量。

（10）完成领班交办的其他工作。



# 第三节　菜单设计

## 一、菜单的种类

### （一）根据餐饮形式和内容分类

根据餐饮形式和内容，饭店所使用的菜单一般有以下几种：早餐菜单、午餐菜单、晚餐菜单、宴会菜单、团体菜单、冷餐会菜单、自助餐菜单、特种菜单（如儿童菜单、家庭菜单等）、国际菜单（指异国风味餐饮菜单）、餐后甜品单、客房餐饮菜单、泳池茶座菜单、消夜点心单等。

上述各类菜单体现了一家饭店提供的各种餐饮形式和餐饮内容。用途专一，各具功能，相互间不能代替使用，是这些菜单的共同特点。早餐菜单一般内容较为简单；午、晚餐菜单必须品种齐全，富有特色；宴会菜单讲究餐饮规格、传统、名菜和特色；团体菜单内容须经济实惠，搭配有致；冷餐会和自助餐菜单讲究食物丰盛、食物造型和气氛渲染；特种菜单必须有特定的市场和针对性的餐饮内容；国际菜单应不失其异国餐饮的风格特点；餐后甜品单必须有强烈的诱人魅力；客房餐饮菜单或可包罗万象，也可简单明了。凡此种种都是这些菜单各自的特点。

罗列上述各种菜单并非意味着每家饭店都必须有这些菜单。很明显，一家饭店应使用多少种菜单主要取决于该饭店有多少种餐饮服务设施和餐饮服务项目以及各餐厅的每天开餐次数。而饭店使用的菜单越多，便说明饭店的餐饮服务设施越齐全，服务项目越丰富。

**（二）根据市场特点分类**

如若以饭店、餐馆的市场特点即就餐宾客的特点为标准对菜单分类，上述各种菜单则可划分为固定菜单、循环菜单、当日菜单和限定菜单等几种形式。饭店餐厅采用前两种菜单形式者居多。

1. 固定菜单

固定菜单，也称标准菜单。顾名思义，它是一种菜式内容标准化而且不作经常性调整的菜单。

固定菜单适用于就餐宾客人数较多而且趋于流动的餐饮企业。饭店餐厅、社会餐馆大多采用固定菜单，而学校、机关、工厂的食堂餐厅，则不宜使用这类菜单。因为饭店、餐馆的宾客几乎每天都在变换，他们不会因为餐厅每天供应同样的餐饮而感到单调，企事业自办食堂的用餐者相对固定，如果每天使用同样的菜单，不免令人感到乏味。固定菜单的计划、设计和装帧需要特别仔细、审慎的准备工作，因为这种菜单相对稳定，虽定期更换，但至少在数月之内固定不变。固定菜单一经制定，便能长期使用，可以省去经营者不少精力和时间。

2. 循环菜单

循环菜单是按一定天数的周期循环使用的菜单。这类菜单适宜饭店团体餐厅、长住型饭店的餐厅以及企事业单位食堂餐厅使用。

使用循环菜单，饭店必须按照预定的周期天数制定一套菜单，即周期有多少天，这套菜单便应有多少份各不相同的菜单，每天使用一份。当这套菜单尾使用了一遍，就算结束了一个周期，然后周而复始，再从头至尾使用这套菜单。

循环菜单周期的长短应根据市场特点决定。如果就餐宾客更换不多或固定不变，如某些度假疗养型、长住型饭店的宾客和学校、机关、工厂的食堂用膳者，那么循环菜单的周期应该适当放长，一般认为以30天至40天为一周期比较合适，以避免相同的菜式过于经常地重复出现。饭店餐厅如使用循环菜单，其周期则可减短，一般以一星期左右为宜，因为大多数住店宾客不会逗留一周以上。假如菜单的循环周期为七天，那么当相同的菜式再次出现时，宾客已经离店，不至于使他们留下餐饮单调的印象。

**（三）根据菜单价格形式分类**

我们还可以从价格形式的角度对菜单进行分类。根据不同的菜单价格形式，所有菜单可以分成零点菜单、套菜菜单和混合式菜单三种类型。也就是说，前面提及的形形色色的各种菜单，若以其价格形式作为分类标准，不外乎下述三者之一。



1. 零点菜单

零点菜单是最常见、使用最为广泛的一种菜单形式。零点菜单的价格形式特点是菜单的每一道菜式都标明价格。西餐零点菜单如此，中餐零点菜单也如此，其他餐饮内容的零点菜单同样如此。零点菜单可以是早餐菜单，可以是午餐、晚餐菜单，也可以是特种菜单或客房餐饮菜单等。零点菜单的价格档次较多，能迎合不同层次宾客的要求。而且由于所有菜式分别标价，宾客只须选择自己喜欢的菜肴，而不必如使用套菜菜单那样非得一次购买几道菜肴，即使其中有宾客不需要或不中意的菜肴。

因此，零点菜单不但普遍适用于一般社会餐馆，而且也同样适用于饭店的各类正餐厅、风味餐厅、咖啡厅等。但由于餐饮形式的限制，零点菜单不适合饭店的团体餐厅、自助餐厅，当然也不适合于宴会和酒会服务之用。

2. 套菜菜单

套菜俗称公司菜，也称和菜。套菜是价格固定的整餐餐饮。换言之，套菜菜单所列的是一组餐饮食品，若是西餐，可包括开胃品、汤、色拉、主菜、蔬菜、甜点、饮料在内的一组菜食；若是中餐，可包括冷盘、热荤、素菜、汤、面饭、点心、饮料等在内的一组菜食。而它们的价格也都以整餐餐饮为单位，而不是以单个菜式为单位，这是套菜菜单与零点菜单的区别所在。

值得注意的是，西餐套菜菜单与中餐套菜菜单在价格形式上有着细小的差别。西餐套菜菜单中每组菜食的价格由其中的主菜决定，即主菜的价格就是该组菜食的价格。这当然是西餐中主菜的重要位置使然。因此，西餐套菜菜单的价格通常列在各种主菜后边。宾客在选定主菜、配菜后，按主菜的价格付款。也就是说，菜单上除列有标价的主菜外，还有不标价的各类配菜，每类配菜各含数道不同花式的菜肴，宾客在点了主菜后，可以在各类配菜中任意选取一种自己喜爱的菜肴。由于各类配菜中各菜式的成本相差无几，因此不同的套餐价格主要取决于不同的主菜成本，一餐以牛排为主菜的晚餐或许比以猪排为主菜的晚餐贵一倍，而两者所用的配菜则完全可能是相同的。

中餐套菜菜单的价格形式比较简单，一般多按餐饮规格、数量而定。与西餐套菜菜单相比，使用中餐套菜菜单的餐厅中宾客对菜式选择的余地比较小，因为每组餐饮的内容完全由餐厅组合，其中很可能有宾客不喜欢的菜式。因此菜单设计者在计划此类菜单时，更应注意菜式的合理搭配。

3. 混合式菜单

混合式菜单综合了零点菜单与套菜菜单的特点和长处，因此是两者的结合。最初的混合式菜单无非是一份零点菜单及一份套菜菜单印制在一起，即一部分菜式以套菜形式进行组合，而另一部分菜式则以零点形式出现。这种方法的主要缺点是菜单过大，使用不便。现在，各地餐厅、饭店使用的混合式菜单多有变化。以西餐而言，有些餐厅的混合式菜单以套菜形式为主，但同时欢迎宾客再随意点用其中任何主菜并以零点形式单独付款。有的饭店使用的混合式菜单则以零点形式为主，但凡主菜皆有两种价格，一为零点价格，一为套菜价格，吃套菜的宾客在选定主菜后可以在其他各类菜中选取价格控制在一定限额内的菜式作为配菜。

应该提倡饭店团体餐服务也使用混合式菜单，即套菜与零点相结合的菜单。除了按照团体宾客的餐饮标准提供套菜以外，还应给宾客以零点的机会。零点菜肴的费用不包括在餐费标准内，因此宾客须另外付费。这种方式相比按餐费标准供应套菜的做法，固然要复杂烦琐一些，但它既然能使宾客有自由选择菜肴的机会，餐厅又因此能增加收入，两全其美之举，饭店何乐而不为？

## 二、菜单设计的依据

菜单的科学性和合理性影响企业的市场、设备、人员、成本、服务等方面，而这些因素也必然影响菜单设计工作。很明显，不顾宾客需求和经济能力，不考虑企业技术力量、设备条件以及原料供应、成本费用等因素，脱离实际地去拟写一份美好的菜单固然轻而易举，其结果却无可避免地会给企业带来混乱。菜单设计受到企业各种因素的制约，因而必须顺应主客观条件。



### （一）市场需求

任何一家旅游企业，即使资本极为雄厚的大企业，都不具备同时满足所有旅游者需求的能力和条件。因而旅游企业必须选择一群或数群具有相似消费特点的宾客作为目标市场，以便更好更有效地满足这些特定宾客群的需求。这是旅游市场细分概念的客观依据。

饭店餐厅和社会餐馆当然也不例外，它们必须选择自己的目标市场。例如，有的餐馆以招徕过往游客为主，有的以接待附近居民为主，有的则专事烹制佳馔珍馐，成为美食家的乐园。饭店餐厅也是如此，它们有的专门服务旅游团体，有的接待零散宾客，有的以招徕个人、团体、机关、企业的宴会业务为主。

因而，菜单设计应该首先认清目标市场，掌握目标市场的各种特点和需求。必须明确了解谁是本餐厅的宾客？他们从哪里来？旅游目的？年龄结构？性别比例？职业特点？文化程度？收入水平？风俗习惯？饮食嗜好和宗教禁忌？事实上，要设计成功的菜单，诸如此类的问题必须首先得到回答。同时，尽管饭店选定的目标市场皆由具有相似消费特点的宾客组成，但其中不同的个人还往往有着不同的需求。例如，有的人最关心的可能是菜食的质量，有的可能是餐饮的价格，有的或许是用餐的便利，有的或许是服务形式和环境气氛。总之，只有在及时、详细地调查了解和深入分析目标市场的各种特点和需求的基础上，饭店才能有目的地在菜式品种、规格水平、餐饮价格、营养成分、烹制方法等方面进行计划和调整，从而设计出宾客喜爱的菜单。

### （二）食品原料成本及菜式获利能力

菜单设计是饭店餐饮部为获取利润所必须进行的第一步计划工作。因而，菜单设计者必须自始至终明确饭店餐饮业务的成本对象，即目标成本或目标成本率，这在食品原料价格时有上涨的情况下尤为重要。如果菜单计划不合理，使得高成本菜式过多的话，饭店即使制定有完善的食品成本控制措施，也难于获得预期的毛利。

饭店的菜单与一般的快餐馆、点心店的菜单是大不相同的。快餐馆和点心店之类的企业可以尽量选择既畅销热门又有很大获利能力的菜式组成菜单，因为这类企业的市场比较狭小，需求比较单一。然而饭店却不能。如前所述，饭店的目标市场由众多的具有相似消费特点，但同时又各持不同需求的宾客组成。饭店只有提供丰富多彩的菜式品种才能满足各个层次的宾客的餐饮要求，而这意味着饭店的菜单必然由不同成本，甚至成本相差很大、获利能力大小悬殊的诸多菜式品种组成。

就原料成本和获利能力而言，饭店的所有菜式大致上可以分成四类：第一类既畅销又高利润；第二类虽畅销但利润低；第三类不畅销但高利润；第四类既不畅销又低利润。一般说来，没有获利能力或获利能力小的菜式，如第二、四类菜式，不应列入菜单或者应该及时撤换，除非有充分的理由将其保留。例如，某道菜式相当畅销，但其原料成本和制作成本相当高，因而获利能力不大，如第二类菜式。这样的菜式一般认为应该从菜单上撤掉，首先是因为它获利能力小、利润低，更重要的是正因其畅销便必然妨碍其他菜式的销售，使正常的菜式销售结构失去平衡，从而影响整个菜单的获利能力。相反，如果是一道高成本、获利能力差，但并不畅销的菜式，如第四类菜式，则不妨让它留在菜单上，虽然这类菜式销售机会不多，而且即使得到销售也无多大赢利。保留这类菜式的理由很简单，正因为它不畅销，因而不会影响其他菜式的销售，而保留这类菜式能使菜单内容显得更加丰富。我们不妨把这类菜式看做“装饰性菜式”，如同百货大楼的陈列商品一样，可以起到装饰和吸引宾客的作用。

总之，菜单的设计者在决定某一菜式是否应列入菜单时，应该综合考虑以下三点：

第一，明确该菜式的原料成本、售价和毛利，检查其成本率是否符合目标成本率，即该菜式的获利能力如何。

第二，分析该菜式的畅销程度，即可能的销售量。

第三，分析该菜式的销售对其他菜式的销售所产生的影响，即有利还是不利于其他菜式的销售。



**（三）食品原料供应情况**

凡列入菜单的菜式品种，厨房必须无条件地保证供应，这是一条相当重要但极易被忽视的餐饮管理原则，诸多餐馆及饭店餐厅未能做到这一点。某些餐厅的菜单虽然丰富多彩甚至包罗万象，但宾客点菜时却常常得到这也没有那也没有的回答，结果使宾客失望和不满，究其原因，通常是原料断档所致。因此，在设计菜单时必须充分掌握各种原料的供应情况。

食品原料供应往往受到市场供求关系、采购和运输条件、季节、饭店地理位置等因素的影响。菜单设计者在确定菜式时须充分估计到各种局限性，尽量使用当地出产和供应充足的食品原料。对于一般饭店来说，如果菜单菜式所需的原料都须从遥远的地方采购，甚至须从国外进口，则难免会发生供应不及时或原料成本过高等问题。

餐饮企业所需的食品原料中，不乏具有季节性特点的蔬菜、瓜果、水产、禽兽类原料。大多数季节性原料大量上市时，往往也是这些原料质量最好、价格最低的时候。菜单设计者应根据时令节气，不失时机地调整菜单菜式，以便一方面能及时满足宾客品尝时令菜肴的要求，另一方面有利于企业降低食品原料成本。这无疑是两全其美、有利可图的做法。

在掌握食品原料市场供应情况的同时，菜单设计者还应重视饭店现有的库存原料，特别是那些易损易坏的原料，如鲜果、蔬菜、乳制品以及各种仍可利用的剩余食品。要做到这一点，厨师长、管理人员每天都得巡视库房，决定哪些原料应立即予以消耗，以及根据具体情况考虑是否增设当日菜式进行推销，或作其他适当处理。

**（四）食物的花色品种**

不论何种类型和规格的餐厅，它们供应的食物都应该具有诱人的魅力。如果饭店宾客中有相当一部分属于长住型性质，或餐厅的常客较多，那么丰富食物的花色品种更是菜单设计的一项重要任务。设计新的花色品种并非易事，但同时却为我们提供了发挥想象力和聪明才智的机会。



以烹制荤菜而言，一般饭店所用的原料种类并不多，无非是猪肉、牛肉、羊肉、鸡、鸭、水产、海味、乳品等而已。据统计，某些地区的饭店以猪肉为主料烹制的菜式往往占所有菜式的35%～40%。然而，所用的原料种类虽然有限，经过不同的搭配、不同的加工烹调，却可以烹制出形形色色、各具神韵的菜式品种来。也就是说，可以通过各种不同的烹调加工方法，以使菜肴在色、香、味、形及温度方面达到调和或产生对比来丰富菜式品种。因而，要使菜单丰富多彩，菜单设计者本人必须掌握丰富的食品原料知识、配菜知识和相当多的烹调知识。

**（五）食物的营养成分**

菜单设计还必须考虑人体营养需求这一因素。相比之下，工矿、学校、医院等企事业单位的食堂餐厅对此较为重视，而一般餐馆及饭店则往往忽视为宾客提供营养成分搭配得当的饮食的必要性和重要性，认为宾客只是临时用餐，再多也不过数天而已，因此就餐者的营养问题与他们无关者有之；认为餐馆、餐厅提供的饮食已经如此丰富，山珍海味无所不有，因而根本不必考虑就餐者的营养摄入是否正常者有之。然而，随着我国生活水平的不断提高，人们已逐渐从满足于衣食温饱转向追求穿好吃好。餐馆、饭店已不仅仅是人们解决饥饿这一基本生理需求的去处，而将是人们品尝名菜美点、珍馐佳肴的场所；外出就餐已不再是偶尔为之，而将成为人们经常性的活动。更重要的是，饮食需讲科学，营养需求平衡。大鱼大肉、酒足饭饱并不意味着科学饮食。诚然，如何选择适合自己的饮食是就餐者本人的责任，但向广大宾客提供既丰富多彩又符合营养原理的饮食却无疑是餐饮服务义不容辞的职责。为此，菜单设计者不仅要掌握各种食物所含的营养成分，了解各类宾客每天所需的营养成分和热量摄入，还应当懂得该选用什么原料，如何搭配才能烹制出符合营养原理的饮食。

**（六）厨房设备条件及职工技术水平**



菜单设计还应当考虑饭店厨房设备和技术力量的局限性。厨房设备条件和职工技术水平在很大程度上影响和限制了菜单菜式的种类和规格。不考虑这些因素而盲目设计的菜单，即使再好也是空中楼阁。那种先行购置设备、招聘人员，然后再编制菜单的餐饮设施无异于本末倒置，必须努力避免此类情况。如果厨房现有烤箱的生产能力只能满足制作面包之需，菜单上就不可能增设需使用烤箱的其他菜式；如果现有厨师只擅长烹制某一菜系的菜肴，那么菜单上也不便立即增设其他菜系的菜式。如果菜单菜式的种类、规格、水平超出了设备生产能力或厨师的烹调水平和服务员的服务水平，后果可想而知。

与此同时，菜单上各类菜式之间的数量比例必须合理，以免造成厨房中某些设备使用过度，而某些设备得不到充分利用甚至闲置的现象。即使厨房拥有生产量较大的设备，在菜单设计时仍应留有余地，否则在营业高峰时难免会应接不暇而延误出菜。各类菜式数量的分配还应避免造成某些厨师负担过重，而另一些厨师闲着无事的情况，这种现象在厨师分工比较明细的西餐厨房更易发生。

总之，菜单设计者不能光凭主观愿望去决定菜单内容、规格和菜式数量，而必须先熟悉厨房设备条件，了解它们的最大生产量及各自的局限性，掌握各类厨师和餐厅服务员的实际技术水平，这样才能避免菜单内容与厨房设备和职工技术水平之间发生矛盾。

必须指出的是，现代饭店管理理论强调，要使菜单与厨房设备、职工技术力量之间的关系达到最大程度的和谐协调，就必须首先设计菜单，然后再按照菜单的要求去购置设备和招聘人员。

## 三、科学合理的菜单

任何餐饮服务设施，不论其类型、规模、等级，一般都有菜单设计、食品原料采购、食品原料验收、食品原料储藏、食品原料领发、原料粗加工、食品烹制、餐厅服务、结账收款等业务环节。这些环节围绕着优质服务和获取利润这一共同的企业目标，在各自独立发挥功能的同时，又相互联结组成了餐饮服务的营业循环。餐饮服务的营业过程恰似一个连锁反应，如果缺少其中某一环节或某一环节失灵，那么整个系统就会失去平衡甚至陷入瘫痪。假如我们仅仅观察饭店餐饮部或餐馆的日常业务，或只着眼于食品流程，那么很可能认为餐饮服务营业循环开始于食品原料采购。然而，只要我们对餐饮服务业务环节之间的相互关系稍加分析，就不难发现餐饮服务营业循环的起点是菜单设计，而不是原料采购或其他环节。理由十分明显：菜单不仅规定了采购的内容，而且还支配着餐饮服务的其他业务环节，影响整个餐饮服务提供系统。

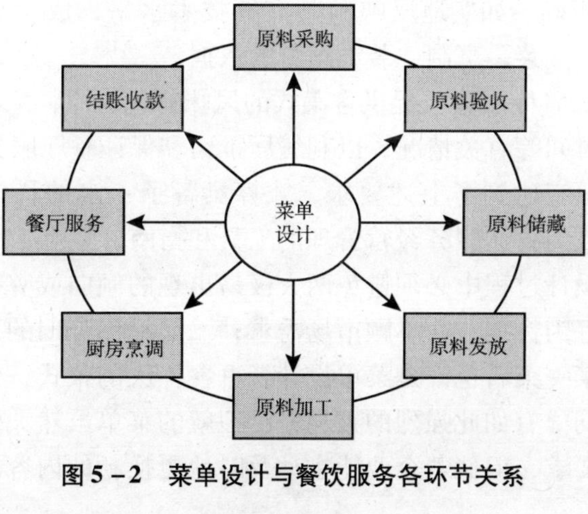


**图 5－2　菜单设计与餐饮服务各环节关系**

过去，几乎所有餐饮企业都是先购置设备，配备人员，临开业时才匆匆地拼凑菜单，未曾把菜单作为整个业务活动的基础。而今，越来越多的饭店经营者认识到，菜单体现了餐饮服务的经营决策，菜单设计是计划组织餐饮服务的首要环节，必须走在其他计划组织工作的前面。

菜单设计确非易事，设计科学而合理的菜单则更加困难。菜单设计是一个复杂细致的工作过程，不仅要求设计者充分重视和反复权衡各方面的有利条件和不利因素，更须有明确的设计目的和要求。一份科学合理的菜单至少应该达到以下几方面要求：

（1）以优美文雅而又诱人食欲的文字，恰如其分地描述出迎合市场需求的各种餐饮食品，以最大程度地吸引宾客，从而使菜单成为餐饮企业所拥有的最基本、最重要的推销工具。



（2）科学而合理地安排菜式品种和品种数量比例，成为企业控制劳力、设备成本费用的依据，以避免造成厨房、餐厅一部分劳力、设备使用过度，而另一部分闲置的现象。

（3）菜单价格正确体现原料成本和毛利之间的关系，成为企业管理原料成本的工具，以合理的价格确保企业获得预期的赢利。

（4）机动灵活，使企业有充分余地及时采用季节性食品原料以丰富餐饮内容，或采用临时特价原料以降低原料成本。

（5）正确、如实地反映厨师烹饪技术水平，成为企业制定菜谱、加工、配菜、烹制、装饰菜肴的依据。

（6）为餐厅服务员提供各菜式的风味特色、原料配制、烹制方法及所需时间等有关情况，以利餐厅推销和保证餐厅服务质量。

菜单只有达到了上述要求，才算具备了一定的科学性和合理性，方能成为餐饮服务经营管理的工具和指南。

菜单设计过程中必须避免两大极易出现的倾向或弊病。一是以自己的嗜好为标准，而不顾市场需求；二是沿用陈旧的菜式，而不敢创新。某一菜肴也许是菜单设计者百食不厌的菜式，但是否大多数宾客也同样有如此强烈的兴趣？已拟就的菜单虽然大体上可以满足宾客的要求，但倘若企业能主动及时地更换新的内容，那么毫无疑问，餐厅将会有更多更愉快的宾客光临。绝大多数饭店中，菜单设计工作由厨师长负责或主持。大型饭店企业，特别是饭店管理集团，往往还设立烹饪研究部，专门研究设计各饭店餐厅的菜单。

## 第四节　原料采购、验收、储藏、发放

### 一、原料采购管理



食品原料采购是一项比较复杂的饭店业务活动。原料采购的目的在于以合理的价格，在适当的时间，从安全可靠的货源，按规格标准和预定数量采购饭店餐饮服务所需的各种食品原料，保证饭店餐饮服务顺利进行。要完成采购任务，饭店应该制定完整的采购方针、原则和规程，同时选派具有相当专业职能知识的人执行具体的采购任务。

采购者必须了解饭店餐饮服务各方面的需要和局限。他首先得对菜单了如指掌，这不仅因为菜单决定了采购对象，即决定了要采购哪些食品原料，而且还决定了要采购什么等级及什么质量的原料。采购高质量的食品原料不等于采购质量最好的食品原料，而是指按照菜式需要采购适合于制作的各种原料。事实上，饭店也并非所有菜肴都非得最好的原料才能制作。饭店要实现利润目标，必须从食品原料采购开始就进行严格的成本控制。有效的食品采购工作能降低饭店的食品成本，从而增加利润。因此，有的地方并不把采购部门看成后勤部门，而把它视作对饭店赢利有直接贡献的一个部门。

#### （一）采购质量控制

饭店应该对所需的各种原料制定采购规格标准，而采购人员必须掌握这些规格标准并谨慎遵照以避免盲目采购。采购人员还必须及时掌握饭店当前的营业量预报以及各种原料的库存情况，因为菜

单决定了采购内容，而营业量决定了采购的数量。库存的食品原料往往必须先行消耗，这样才能避免过多地采购，造成原料积压、资金占用。当然，采购人员还应该及时掌握市场信息，了解供应情况，懂得各种食品原料的季节性特点，随时注意因气候、运输等原因对食物原料供应所产生的可能影响。

饭店要提供质量始终如一的餐饮成品，就必须使用质量始终如一的食品原料。制定食品原料采购规格标准，是保证餐饮成品质量的有效措施。采购规格标准是根据饭店的特殊需要，对所要采购的各种原料作出详细具体的规定，如原料产地、等级、性能、大小、个数、色泽、包装要求、肥瘦比例、切割情况、冷冻状态等。当然饭店不可能也没有必要对所有原料都制定采购规格标准，但对占食品成本将近一半的肉类、禽类、水产类原料及某些重要的蔬菜、水果、乳品类原料等都应制定采购规格标准。一方面是由于上述原料的质量对餐饮成品的质量有着决定性的作用；另一方面是因为这些原料的成本十分可观，因此在采购时必须严加控制。制定采购规格标准应审慎小心，要仔细分析菜单、菜谱，要根据各种菜式制作的实际需要，也要考虑市场实际供应情况，一般要求厨师长和采购部人员一起研究决定，力求把规格标准制定得实用可行。食品原料采购规格标准的文字表达要科学、简练、准确，避免使用模棱两可的词语如“一般’、“较好”等，以免引起误解。

例 1：牛腰肉采购规格标准：

—带骨切块，25 厘米宽；

—符合商业部牛肉一级标准；

—每块重量 5 ~6 千克；

—油层 1 ~1.5 厘米；

—中度脂肪条纹，肉色微深红；

—冷冻运输交货；

—无不良气味，无变质或融冻迹象；

—订购后第五天交货。

例 2：葡萄柚采购规格标准：

—海南岛产；

—每个直径9~10厘米；
—色泽淡黄，圆形或椭圆，内含12~14瓣果肉；
—皮薄、质细、肉嫩；
—表面无明显斑点或挤压伤痕；
—酸甜适中，无苦味；
—每箱36只装；
—订购后次日交货。

制定采购规格标准是饭店食品原料采购工作中至关重要的环节，它有助于饭店确保采购的原料都符合质量标准，适合各种菜式制作的特殊需要。采购规格标准一经制定，应该一式多份，除分送给货源单位使其按照饭店所要求的规格标准供应原料外，饭店内部一般应分送给餐饮部经理室、采购部办公室以及食品原料验收人员，以作验收原料时的对照凭据。采购规格标准可以在饭店营业的任何一个阶段制定或修正重定，因为它不可能固定不变。相反，饭店应该根据内部需要的变化及市场情况的改变，随时检查和修订采购规格标准。总的说来，饭店使用食品原料采购规格标准有以下作用：

（1）迫使管理者通过仔细思考和研究，预先确定饭店所需各种食品原料的具体质量要求，以防止采购人员盲目地或不恰当地采购。

（2）把采购规格标准分发给有关货源单位，能使供货单位掌握饭店的质量要求，避免可能产生的误解或不必要的损失。

（3）使用采购规格标准，就不必要在每次订货时向供货单位重复解释原料的质量要求，从而可以节省时间，减少工作量。

（4）将一种原料的规格标准分发给几个供货单位，有利于引起供货单位之间竞争，使饭店有机会选择最优价格。

（5）食品原料采购规格标准是原料验收的重要依据之一，它对控制原料质量有着极其重要的作用。

**（二）采购数量控制**

食品原料采购规格标准一经制定，只是在必要时才进行修订，但原料的采购数量却因各种原料的性质、用量、储藏等不同情况而经常改变，因此饭店需采取科学方法控制每种原料的采购数量，这些方法以各类原料的储存期长短为主要依据。

1. 鲜货类原料的采购

鲜货类原料不可久存的特点决定了饭店必须遵循先行消耗库存原料，然后才能进货的原则。因此，确定鲜货类原料的采购数量首先应掌握该原料的现有库存量，同时根据营业量预测，确定下期营业所需的原料数量，然后计算出采购数量。鲜货类原料采购通常有两种方法。



（1）日常采购法。日常采购法适用采购那些消耗量变化较大、有效保存期短暂而必须经常采购的鲜货类原料。采用日常采购法需要仓库管理员每天巡视仓库、冷库，对各种原料进行盘点，记录实际库存量，并根据营业量预报和具体情况决定所需原料的采购数量。饭店通常自行设计“订货单”，用于记录、控制各种鲜货原料的采购数量。每种原料的采购数量计算公式为：需购量 = 现存量 + 应备量 - 已订量。

（2）长期订货法。长期订货法适用采购消耗量变化不大的某些鲜活类原料，如某些乳制品、蔬菜、水果等，一般可有两种形式：①与供货商商定，在一定时期内，以一定价格，每天或每隔几天供应一定量的原料；②与供货商商定，每天或每隔几天，将某种或几种原料补充到规定数量，即最高储备量。

2. 干货类原料的采购

干货类原料采购一般有两种方式：定期订货法及永续盘存订货法。

（1）定期订货法。定期订货法是干货类原料采购最常用的方法。干货类原料的较长有效储存期使得减少进货次数成为可能，从而使仓库管理员有更多的时间处理鲜货类原料的事务。定期订货法是一种订货周期不变，即订货间隔时间固定，但每次订货数量往往不同的订货方法。订货周期通常根据饭店关于原料储备定额来确定，每到订货日期，管理员根据实际库存量和下期需用量计算出订货数量。计算公式为：订货数量 = 下期需用量 - 实际库存量 + 期末需存量。其中期末需存量指每一订货期末饭店必须保有的足以维持到下一次送货日的原料储备量，以下列公式计算：期末需存量 =（日平均消耗量 × 订购期天数）×150%。

（2）永续盘存订货法。永续盘存订货法也称订货点订货法或定量订货法，比定期订货法能更有效地控制采购工作。采用该方法要求每种原料都建立一份永续盘存卡，用于登录进货和发货数量，因而需要配备专门人员进行管理。小型饭店一般觉得这种方法不经济，但大型饭店则多采用此方法。这种方法要求饭店对每一种原料都设定最高储备量和订货点量。确定最高储备量，要考虑诸多因素，如仓库面积、原料库存限额、订货周期、每日消耗量、供货单位最低订货量规定等；订货点量指当某种原料的储备量降到应该立即订货时的数量，实际上就是定期订货法中期末需存量。计算公式为：订货数量 = 最高储备量 -（订货点量 - 日平均消耗量 × 订货期天数），订货点量 =（日平均消耗量 × 订货期天数）×150%。

**（三）原料采购程序**

饭店原料采购程序以及各功能间关系如图 5-3 所示：

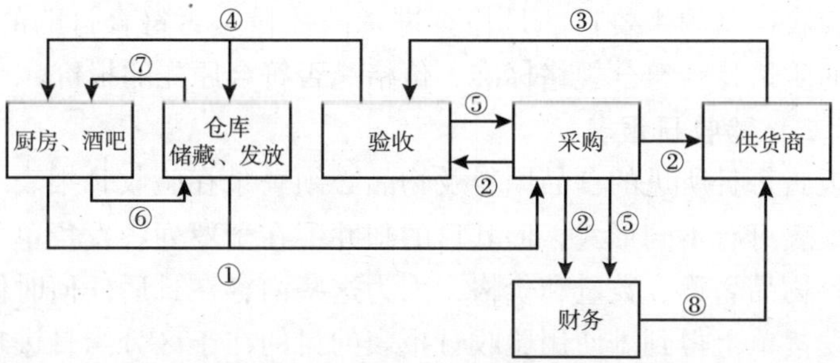


**图 5-3 饭店原料采购程序示例**

①仓库等用料单位向采购部门提出采购申请。

②采购部门核准后，向供货商订货，同时将订货单副本送验收部门和财务部门，以作验货及财务核算依据。

③供货商送货，并提交发货单等凭据。

④验收合格，及时将原料送入仓库储存，有的直接发放到用料单位。

⑤验收部门将发货单副本送采购并转财务部门。

⑥厨房酒吧等用料单位向仓库申请领料。

⑦仓库凭领料单发放原料。

⑧财务结算付款。

## 二、原料验收管理

### （一）原料验收控制



尽管饭店花了时间和精力制定了完整的采购规程，尽管采购人员有足够的专业知识，严格地遵照各项规格标准并以合理的价格订购了原料物品，但如果缺少相应的进货验收控制，那么先前所作的种种努力至此便会前功尽弃。有意或者无意地，供货单位的实际送货量可能超过订购量或可能缺斤短两，原料的质量可能不符合饭店的要求，会超过或低于采购规格标准，而原料的价格也可能与原先的报价大有出入。毕竟，饭店按质按量并以合理价格的订购并不能保证供货单位也按质按量并以合理价格为饭店提供原料物品。因此，验收控制的主要目的是检查进货的数量是否符合订购的数量，原料的质量是否符合规格标准，价格是否符合原先的报价。

### （二）验收日报表

饭店每日所进的食品原料及物品必须登录在验收日报表上，验收日报表可有不同形式，但其目的却并不在于罗列各发货单上的所有原料物品名称、数量和价格，因为这些内容在日后任何时候都可以从发货单上得到。使用验收日报表的目的在于区分当日进货中哪些是直接进货，哪些是仓库进货，哪些是杂项进货。

直接进货指当日进货不经过仓库储存，直接送至厨房当日予以消耗，其成本记入当天食品成本的原料；仓库进货指当日进货送至仓库、冷库储藏以备后用，其成本记入原料储备价值，待日后该原料从仓库发出消耗时方记入该天食品成本的原料；杂项进货指饭店餐厅、厨房用的其他物品如消毒品、清洁剂等，它们当然不能算作食品成本。但杂项进货栏还可用于填写饭店其他部门如酒吧等所需的食品原料，以助区分。如果有的原料，其中一部分须立即交送厨房加工，另一部分得入库储存，那么应该按实际分配比例，将其成本分成两部分，分别填入直接进货和仓库进货栏下。

由此可见，验收日报表的主要功能是成本控制，是为了财务部计算饭店当天的食品成本。有些饭店没有完整的成本控制系统，因而忽略了以上某些步骤，如验收员不填写验收日报表，也不分直接进货、仓库进货和杂项进货，只将一天内收到的所有货单、凭据交给会计入账，那么将无法正确统计当天的食品成本。



**表 5-1　验收日报表示例**

年　　月　　日

| 品　名 | 凭单号 | 单　位 | 数　量 | 单　价 | 金　额 | | |
|---|---|---|---|---|---|---|---|
| | | | | | 直接进货 | 仓库进货 | 杂项进货 |
| | | | | | | | |
| | | | | | | | |
| | | | | | | | |
| | | | | | | | |
| | | | | | | | |
| | | | | | | | |
| | | | | | | | |
| | | | | | | | |
| 合　计 | | | | | | | |

填表人：　　　　　　　　　　　　部门负责人：

## 三、原料储藏管理

在任何餐饮企业里，食品原料的储藏管理与食品原料采购、验收一样，对餐饮成品的质量和食品成本有着举足轻重的影响。

一般来说，食品原料储藏可以分成两大部分：干藏和冷藏。干货仓库用于干藏那些不需要低温保鲜的干货类食品原料；冰库及冷藏设备用于储藏冷冻食品原料及冷藏鲜货类食品原料。

**（一）干货仓库管理要点**

（1）干货仓库应该安装性能良好的温度计和湿度计，并定时检查仓库温、湿度是否适宜，防止仓库温度和温差超过许可范围。干货仓库的温度应控制在16℃～21℃，相对湿度保持在50%～60%。

（2）每一种原料必须有其固定的存放位置，任何原料的储存应至少离地面25厘米，离墙壁5厘米。

（3）入库原料须在其包装上注明进货日期以利于按照先进先出的原则进行发放，以保证原料质量。



（4）仓库应定期进行清扫、消毒，预防和杜绝虫害、鼠害。

（5）塑料桶或罐装原料应带盖密封，箱装、袋装原料应存放在带轮垫板上，以利挪动和搬运。玻璃器皿包装的原料应避免阳光直接照射。

（6）尽量控制有权进入仓库的人员数量。职工的私人物品一律不应存放在仓库内。仓库人员不在场时，仓库应加锁防止外人进入，预备钥匙应用纸袋密封，存放在经理办公室，以备急用之需。

**（二）食品原料的冷藏**

饭店一般多使用食品原料冷藏设备，以低温抑制鲜货类原料中微生物和细菌的生长繁殖，维持原料的质量，延长其保存期。饭店常用的冷藏设备包括各种厨房冰箱（冷藏箱、柜）以及常与冰库相连的冷藏室等。饭店所需的冷藏容量需根据餐饮服务类型、营业量、服务方式、各种原料的消耗比例、所用原料种类、剩菜处理方法等因素决定。在一般情况下，鱼肉禽类原料冷藏容量可占总容量的1/3，新鲜瓜果蔬菜等占1/3，乳制品占1/6，剩菜及其他占1/6。饭店应根据此比例及具体情况选购不同规格和用途的冷藏设备。

需要冷藏处理的食物原料一般不外乎各种新鲜的鱼、肉、禽类，新鲜的蔬菜水果（个别热带蔬菜、水果例外），各种蛋类及乳制品，各种已经加工的成品或半成品食品原料，如加工待用的生菜、水果、各种甜点、各种调料、汤料、剩菜等。

不同的食品原料有不同的冷藏温度、湿度要求，因此，理想的做法是将各种原料分别冷藏。大型饭店常常有十多个温度不同的冷藏设备用于冷藏不同的原料。如前所述，冷藏的主要作用在于抑制细菌的繁殖生长。细菌繁殖速度之快，令人瞠目。虽然细菌繁殖受到温度、湿度、营养等环境因素的限制，但必须知道，10℃～49℃温度段最适宜细菌繁殖，在餐饮服务中被称为“危险区”。因此，所有冷藏设备的温度必须控制在10℃以下。

冷藏食物可大略分成三类，各有不同的温度、湿度要求；新鲜肉、禽类要求冷藏温度在0℃～2℃、相对湿度75%～85%；水果和蔬菜要求2℃～7℃、相对湿度85%～95%的冷藏环境；乳制品类食物原料应贮放在3℃～8℃、相对湿度75%～85%的环境中；厨房操作时作一般冷藏用的冷藏柜应保持在1℃～4℃的范围，相对湿度75%～85%；鲜鱼冷藏要求较低的温度，一般应在－1℃，而且还不能久藏。



食品原料冷藏的一般规则有以下几点：

（1）冷藏前仔细检查每一件食品原料，不要把已经变质或者肮脏的原料送入冷藏室或冷藏箱。

（2）需要冷藏的原料，应尽快冷藏，尽量减少耽搁时间。

（3）冷藏设备的底部及靠近冷却管道的地方一般温度最低，这些地方应用于冷藏乳制品、肉类、禽类、水产类等最易变质的食物原料。

（4）冷藏设备只用于贮存容易腐败变质的原料。因此，有些热带水果如香蕉、菠萝、番木瓜及有些蔬菜和块茎类果实如西红柿、马铃薯、洋葱、南瓜、茄子等都不需要冷藏，其储藏温度可在16℃～20℃。

（5）冷藏时应拆除鱼、肉、禽类等原料的原包装，因为原包装物上往往沾有污泥及致病细菌。但经过加工的食品如奶油、乳酪等，应连同原包装一起冷藏，以免发生食品干缩、变色的现象。

（6）已经加工的食品和剩余食物应密封冷藏，以免受冷干缩和沾染其他食物的气味，并防止滴水或其他杂物混入。

（7）有强烈特殊气味的食物，应在密封的容器中进行冷藏，以免影响其他食物。

（8）冷藏温热的熟食，应使用底浅、面积大的容器，避免使用底深口小的桶状容器，以使其迅速散热，一般应先行冷却，然后再作冷藏。

（9）重视冷藏室、冷藏箱的卫生，制定清扫规程，定期打扫。

**（三）食品原料的冷冻储藏**

饭店和餐饮企业已开始使用越来越多的冷冻食品原料，包括各种冷冻肉类、禽类、水产海鲜、蔬菜等原料，已加工的成品和半成品食品，因而食品原料的冷冻储藏也将显得越来越重要。



任何食品原料都不可能无限期地储藏，其营养成分、香味、质地、色泽都将随着时间逐渐流失和降低。冷冻储藏的关键当然还是温度。虽然食品在0℃的环境中，在技术上就算已经冷冻，但食物内部的化学变化、微生物的繁殖生长即使在零下十几摄氏度的环境中还能继续发生。

原料冷冻的速度愈快愈好，因为速冻之下，食物内部的冰结晶颗粒细小，不易损坏结构组织。事实上，食物的冷冻应分三步进行：①冷藏降温；②速冻；③冷冻储藏。如果食物速冻与冷冻储藏在同一设备中进行，将难免不引起温差变化而影响原先储藏的食物的质量。因此凡有条件的企业，应安装速冻设备，其温度一般应在－30℃以下。

为了保持冷冻食品原料的新鲜质量，尽量延长其有效储藏期，冷冻储藏应注意以下基本规则：

（1）把好进货验收关，坚持冷冻食品在验收时必须处在冷冻状态这一原则，避免将已经解冻的冷冻原料送入冷库。

（2）冷冻原料温度应保持在－18℃以下，温度越低，温差越小，则食品贮存期及食品质量越能得到保证。

（3）冷冻储藏的食品原料，特别是肉类，应该用抗挥发性的材料包装，以免原料过多丧失水分而造成冻伤，引起变质变色，因而冷库内的相对湿度应比冷藏室稍高。

（4）冷冻食物一经解冻，特别是肉、鱼、禽类原料，应尽快烹制，否则由于温度回升，易引起细菌繁殖生长。

（5）冷冻食物一经解冻，不得再次冷冻储藏，否则，食物内复苏了的微生物将引起食物腐败变质，而且再次速冻会破坏食物组织结构，影响外观、营养成分及食物香味。

（6）有些冷冻食物，主要是蔬菜，可直接烹烧，不需经过解冻，反而有利于保持其色泽和外形。大块肉类必须先行解冻，一般应放置在冷藏室内进行，切忌在室温下解冻，以免引起细菌、微生物急速繁殖。如果迫于时间，则应将肉块用洁净塑料袋盛装，密封置于自来水池中用冷水冲刷以助解冻。

（7）不应将原料堆放在地面上或紧靠墙壁，以免妨碍库内冷空气循环，影响储藏质量。

（8）坚持先进先出的原则，所有原料必须注明入库日期及价格，并经常挪动储藏的食品原料，防止某些原料储藏过久，造成变质损耗。



## 四、原料发放管理

食品原料发放管理的目的：一是保证厨房用料得到及时充分的供应；二是控制厨房用料数量；三是正确记录厨房用料成本。

如前所述，原料进货分直接进货和仓库进货，这个区别对于计算食品成本十分必要。直接进货指原料验收以后不经仓库贮存，而直接发放至厨房作为当日消耗，其价值按进货价格记入当日的食品成本，食品成本管理员在计算当日食品成本时只需从进货日报表的直接进货栏中抄录数据。当然，并非每一项直接进货都如此简单，例如，有的原料验收后，其中一部分直接送至厨房消耗，因而将作为直接进货，而另一部分须送仓库贮存，因而得作为仓库进货分别登记；有时，一批直接进货当天用不完，剩余部分第二、第三天才得到消耗，但其成本却记入进货当天的食品成本，因而会不切实际地增高该天的食品成本率。但为了简化手续，直接进货经过验收，在进货日报表上登记后，便直接送交厨房，此后仓库便不做其他任何记录。

仓库进货则比较复杂。仓库进货是进货在验收后，送至仓库贮存备用，其价值作为原料储备价值入账，直至该原料从库房发出，在厨房消耗之日才能转入食品成本。因此，对每一次仓库进货的发放必须有正确的记录，才能正确计算每一天的食品成本。

由此可知，饭店每天的食品成本主要由两部分组成：一是当日进货日报表中直接进货的成本，二是当日仓库发出的仓库进货的成本。

原料发放控制一般规则如下。



**（一）定时发放**

为了使仓库保管员有充分的时间整理仓库，检查各种原料的情况，不至于成天忙于发放原料，耽误其他必要工作，饭店应作出领料时间的规定。仓库不应一天 24 小时都开放，更不应任何时间都可以领料。同时，只要有可能，应该规定领料部门提前一天送交领料单，不能让领料人员立等取料。这样，保管员便有充分时间准备原料，免出差错，而且还能促使厨房作出周密的用料计划。

**（二）原料领用单使用制度**

为了记录每一次发放的原料数量及其价值，以正确计算食品成本，仓库原料发放必须坚持凭领用单（领料单）发放的原则。领用单应由厨房领料人员填写，由厨师长核准签字，然后送仓库领料。保管员凭单发料后应在领用单上签字。原料物资领用单须一式三份，一联随原料物资交回领料部门，一联由仓库转财务部，一联作仓库留存。

**（三）正确如实记录原料使用情况**

饭店厨房经常需要提前准备数日以后所需的食物。例如，一次大型宴会的食物往往需要数天甚至一周的准备时间。因此，如果有的原料不在领取日使用，而在此后某天才使用，则必须在原料物资领用单上注明该原料消耗日期，以便把该原料的价值记入其使用日的食品成本。

### （四）正确计价

原料发放完毕，保管员必须逐一为原料领用单计价。计价完毕，把所有领用单送交食品成本核算员，后者即可以此计算当天的食品成本。

### （五）内部原料调拨流转的处理

大型饭店往往设有多处餐厅、酒吧，因而通常会有多个厨房。餐厅之间、酒吧之间、餐厅与酒吧之间不免发生食品原料的互相调拨流转，而厨房之间的原料物资调拨则更为经常。为了使各自的成本核算达到应有的准确性，饭店内部原料物资调拨流转应坚持使用调拨单，以记录所有的调拨往来。调拨单应一式四份，除原料调出、调入部门各需留存一份外，一份应及时送交财务部，一份由仓库记账，以使各部门的营业结果得到正确的反映。



# 第五节　食品成本控制

食品成本控制是饭店餐饮管理工作的重要组成部分，贯穿餐饮服务的始终。要达到食品成本控制的目的，饭店应建立完善的控制系统，使食品成本控制落实到各个日常业务环节。

## 一、采购控制

如前所述，食品原料采购的目的在于以合理的价格，在适当的时间，从安全可靠的货源，按规定标准和预订数量采购餐饮服务所需的各种食品原料，保证餐饮服务顺利进行。从成本管理的角度，采购工作中成本控制的内容也同样集中在食品原料的质量、数量和价格几个方面。

### （一）坚持使用原料采购规格标准

饭店应根据烹制各种菜肴的实际要求，制定各类原料的采购规格标准，并在采购工作中坚持使用。这不仅是保证餐饮成品质量的有效措施，也是最经济地使用各种原料的必要手段，因为并非所有莱肴都得使用相同等级或质量最好的原料。

**（二）严格控制采购数量**

过多地采购原料必然导致过多贮存，而过多地贮存原料，不仅占用资金，增加仓库管理费用，而且还容易引起偷盗、原料变质损耗等问题。因而，饭店应根据营业量需要、资金情况、仓库条件、现有库存量、原料特点、市场供应状况等因素作出采购数量决定，以采购近期内所需要的原料数量。

**（三）采购价格必须合理**



食品原料采购者应该在确保原料质量符合采购规格标准的前提下，尽量争取最低的价格。因而，在采购一种原料时，至少应取得三家供应单位的报价，以作比较选择。原料价格是否与原料质量相称是检验采购工作效益的主要标准。事实上，国外不少饭店企业就以质量与价格之比来评估采购效益：原料质量 ÷ 价格 = 采购效益。例如，某种原料单价为 9.05 元，其质量被评为 75 分，则该原料的采购效益为 75 ÷ 9.05 = 8.3。如果经过调查，发现相同质量的原料可以 8.50 元的单价购得，那么采购效益提高为：75 ÷ 8.50 = 8.8。如果以相同价格可以购得质量更好的原料，则采购效益也得到提高，如：质量被评为 85 分，则采购效益为 85 ÷ 9.05 = 9.4。

## 二、验收控制

验收控制的目的除了检查原料质量是否符合饭店的采购规格标准外，还在于检查交货数量与订购数量、价格与报价是否一致。因此，验收工作应包括：

（1）对所有验收原料、物品都应称重、计数和计量，并如实登记。

（2）核对交货数量与订购数量是否一致，交货数量与发货单原料数量是否一致。

（3）检查原料质量是否符合采购规格标准。

（4）检查价格是否与饭店订购价格一致。

（5）如发现数量、质量、价格方面有出入或差错，应按规定采取处理措施。

（6）尽快妥善收藏处理各类进货原料。

（7）正确填制验收日报表等有关表单。

## 三、储藏控制

为了保证库存食品原料的质量，延长其有效使用期，减少和避免因原料腐败变质引起食品成本增高，杜绝偷盗损失，原料储藏应着重以下三方面的控制。

### （一）人员控制

储藏工作应有专职人员负责，任何人未经许可不得进入库区。饭店高层管理人员当然有权巡视仓库，但也应尽量控制有权出入库区的人员数。库门钥匙须由专人保管，门锁应定期更换。

### （二）环境控制

不同的原料应有不同的储藏环境，如干藏仓库、冷库、冷藏室等，一般原料和贵重原料也应分别保管。库房设计建造必须符合安全卫生要求，以杜绝鼠害和虫害，并避免偷盗。有条件的企业应在库区安装监视器。

### （三）日常管理

原料储藏保管日常工作也应有严格的规程，其基本内容须包括以下几个方面：

（1）各类原料、各种原料都须有其固定的储藏地方，原料经验收以后，应尽快地存放到位，以避免耽搁引起损失。

（2）各种原料入库时应注明进货日期，并按照先进先出的原则调整原料位置和发放原料，以保证食品原料质量，减少原料腐败、霉变损耗。

（3）定时检查记录干藏仓库、冷藏室、冷库、冷藏箱（柜）等设施设备的温湿度，确保各类食品原料在合适的温湿度环境中储藏。

（4）保持仓库区域清洁卫生，杜绝鼠害、虫害。

## 四、发料控制

原料发放控制是日常食品成本管理中的一个重要环节。由于发料数量直接影响每天的食品成本额，饭店必须建立合理的原料领发制度，既要满足厨房用料需要，又要有效地控制发料数量。从成本管理的角度出发，发料控制的基本原则是只准领用食品加工烹制所需实际数量的原料，而未经批准，则不得领用。发料控制要抓好以下几个方面：

### （一）使用领料单



任何食品原料的发放，必须以已经审批的原料领用单为凭据，以保证正确计算各领料部门的食品成本。同时，饭店应有提前交送领料单的规定，使仓库保管员有充分时间正确无误地准备各种原料。

### （二）规定领料次数和时间

仓库全天开放，任何时间都可以领料的做法并不科学，因为这样会助长厨房用料无计划的不良作风。所以，饭店应根据具体情况，规定仓库每天发料的次数和时间，以促使厨房作出周密的用料计划，避免随便领料，减少浪费。

### （三）正确计算成本

领用原料的成本是饭店每天食品成本的组成部分，因此，仓库管理员每天须及时、正确地计算领料单上各种原料的成本以及全天的领料成本总额。

## 五、加工烹调控制

食品原料的粗加工、切配以及烹调、装盘过程对饭店食品成本的高低也有很大影响，这些环节如不加控制，往往会造成原料浪费，致使成本增加。因而，在食品原料的加工烹调阶段，饭店必须注意以下几个方面：

### （一）切割烹烧测试

对于肉类、禽类、水产类及其他主要原料，饭店应经常进行切割和烹烧测试，掌握各类原料的出料率，制定各类原料的切割、烹烧损耗许可范围，以检查加工、切配工作的效绩，防止和减少粗加工和切配过程中造成原料浪费。

**（二）制订厨房生产计划**

厨师长应根据业务量预测，制订每一天各餐的菜肴生产计划，确定各种菜肴的生产数量和供应份数，并据此决定需要领用的原料数量。生产计划应提前数天制订，并根据情况变化进行调整，以求准确。

**（三）坚持标准投料量**

坚持标准投料量是控制食品成本的关键之一。在菜肴原料切配过程中，必须使用称具、量具，按照有关标准菜谱中规定的投料量进行切配。饭店对各类菜肴的主料、配料投料量规定应制表张贴，以便职工遵照执行，特别是在相同菜肴采用不同投料量的情况下，更应如此，以免差错。

**（四）控制菜肴份额**

饭店中有不少食品菜肴是成批烹制生产的，因而在成品装盘时必须按照规定的份额即应按照标准菜谱所规定的烹制份数进行装盘，份数不足会增加每份菜肴的成本，影响毛利。

# 第六章　饭店娱乐服务管理

〔**内容提要**〕休闲娱乐已成为现代社会生活中不可或缺的内容，人们甚至在旅行途中都不愿意停止娱乐，因而娱乐设施在饭店中已十分普及，成为饭店经营的重要组成部分。饭店娱乐设施不仅为住店宾客提供服务，而且加入社会娱乐市场竞争，成为饭店的一个赢利部门。

〔**学习要点**〕

- 现代休闲娱乐概念
- 娱乐活动的发展趋势和特点
- 饭店娱乐服务选项原则
- 饭店娱乐服务的促销策略
- 饭店娱乐服务质量管理
- 饭店娱乐服务收入管理和成本控制

〔**思考题**〕

1. 现代休闲的含义是什么？
2. 娱乐活动有哪些发展趋势和特点？
3. 娱乐设施的经营管理有哪些特点？
4. 饭店娱乐服务应如何选项？
5. 娱乐设施营销应如何进行市场细分？
6. 娱乐产品的主要促销方法有哪些？
7. 娱乐设施管理人员应具备哪些素质？
8. 娱乐服务流程的设计原则是什么？
9. 娱乐服务质量标准包括哪些内容？
10. 超常服务有什么意义？
11. 娱乐设施收入管理有哪些主要方法？
12. 娱乐设施收入管理的原则是什么？
13. 娱乐设施的成本有哪几种类型？
14. 娱乐设施应建立怎样的成本管理体系？

# 第一节　现代休闲娱乐概述

## 一、基本概念

### （一）休息与休闲

“休息”与“休闲”是由“休”、“息”、“闲”分别组成的两个词汇，具有不同的含意。“休息”与“休闲”不仅反映了社会生产方式的变化以及由此产生的对劳动力要求的变化，同时也反映了人们对生活方式、生活质量以及生活意义的理解和观点的转变。

休息是一个传统词组。休息是人们为了恢复体力，使劳动力中的体力部分得到再生产而停止劳作。休息以“止”为主要标志，以“静”为主要方式。

而休闲是一个现代词组。休闲是人们对可自由支配时间的科学合理的使用，是人们有计划地利用闲暇从事与本职工作不同或无关的活动来恢复体力、获得乐趣和知识、提高创造力的活动。休闲随着社会化大生产的出现应运而生，并随着社会生产方式的进步，机械化、电子化程度的提高，分工的细化而日益成为现代劳动力中精神和智力部分再生产的必要手段。休闲是休息方式的演变和发展，是休息的高级形式，使人类劳动力再生产方式进入了一个新的阶段。

休闲概念的涵盖极广，它几乎包括了现代人安排、享用业余时间的全部活动和由这些活动而引起的所有社会、经济、文化现象和关系。因此，国内外的许多专家和学者认为它是社会学和经济学中一个新的领域，应加以全新角度的研究。

### （二）娱乐

休闲是通过一系列活动来充实和完成的，这些刻意安排的活动就是娱乐活动，又称休闲娱乐活动。它包括所有非工作性的，能够使人在轻松的气氛中获得快乐，增长知识并有益于精神、心理及生理健康的活动。娱乐活动涉及体育、文艺、保健、艺术等许多领域，并且随着时间的推移，娱乐活动涉及面越来越广，越来越多原本是工作（如医疗、实验等）的活动也都将成为娱乐活动。

**（三）娱乐设施**

为满足人们休闲娱乐需求而设立并经营的机构、系统、组织及其建筑物、设施设备等综合称为娱乐设施。娱乐设施种类繁多，从不同的角度和出发点可分成不同类型。

1. 按设立目的分类

（1）服务性娱乐设施。服务性娱乐设施通常属于事业设施，其主要任务是为特定的人群提供休闲娱乐健身服务，而不是创造经济效益，财务上一般不需自负盈亏，而是靠上级行政补贴。如各地党政机构设立的老干部活动中心，就是专门为离退休老干部服务的娱乐设施。



（2）经营性娱乐设施。经营性娱乐设施大多是独立经营、自负盈亏的企业实体，经营者的主要任务是获取经济效益。经营性娱乐设施根据市场需求和娱乐时尚变化不断改变经营项目和经营方法。饭店中的娱乐设施大都属于这一类型。

2. 按经营项目数量分类

（1）单项性娱乐设施。指以某一项或某一类娱乐项目为经营内容的娱乐设施，如社会上的电子游戏机房、保龄球馆、迪斯科舞厅等。

（2）综合性娱乐设施。指那些以多种类型娱乐活动为经营内容，为宾客提供各种档次服务的较大规模的综合性娱乐场所，并常附设餐饮、酒吧等服务设施，为宾客提供周全的服务。综合性娱乐设施的娱乐项目丰富多彩，往往涉及文艺、体育、健身、保健等，宾客可有多种选择。

3. 按管理体制分类

（1）附设娱乐设施。指主业不是娱乐经营的企业中与其他部门平行设立的娱乐设施，饭店的康乐（娱乐）部就属于这一类，其经营管理活动受饭店的指挥和领导。虽然饭店康乐部是与客房部、餐饮部平行的部门，担负着赢利的任务，但其服务性是明显的，主要任务是为住店宾客提供娱乐服务。

（2）独立娱乐设施。独立娱乐设施往往由企业、团体或个人投资，在行政上由企业或机构主管，在财政上受业主或董事会控制，但在经营管理上则完全独立，是独立法人企业，通常采用总经理负责制，由总经理统一指挥和领导整个娱乐设施的经营和人财物的管理活动。社会上的各种娱乐城、娱乐总会、俱乐部等都是属于这一类型的娱乐设施。

## 二、休闲娱乐活动的发展趋势

由于社会经济发展水平和速度不一，不同国家和地区的娱乐活动以及娱乐设施的发展水平也不一样，但它们大都经历了简单发展时期、普及发展时期、高档化发展时期和高档普及时期几个阶段。

根据娱乐设施发展历史以及人类社会经济发展展望，可以预见娱乐活动和娱乐设施的发展将呈现出以下趋势。

### （一）娱乐项目设计和选择向新、奇、刺激或高雅、宁静的方向发展

娱乐活动产生的原始原因之一是人们为了摆脱工作环境和工作内容造成的精神、心理压力，求得精神上的休息。

心理学研究成果表明有两种途径能够有效地缓解人的精神及心理压力。一种途径是在十分嘈杂喧闹、极其刺激、极其新奇的环境中进行一些疯狂、忘形的玩乐。当一个人处在众人之中时，身心常常为某共同关注事物所占据而浑然忘记自己，高刺激和强烈新奇感又可吸引人的全部注意力，使人完全投入而忘记除此以外的任何事情。另一种途径是在极其宁静的环境中做一些脱俗的雅事，可以使人得到精神上的抚慰和愉悦。

上述两种途径作为娱乐项目选择的依据，将使娱乐设施向差异巨大的两个方向发展。

### （二）娱乐与健美活动结合日益紧密

随着社会文明程度的提高，人们将更加关注自己的健康。越来

越多经过改良的体育活动融享受、娱乐、保健、塑形为一体变成了娱乐项目，而其中健美、保健服务将越来越专业，通常都有专业人员使用专业设备为人们进行专业指导。

**（三）娱乐设施将走向高档普及**

在未来，几乎所有人都会产生对娱乐设施的需求，这种需求将是日常生活需求的组成部分，而不是偶尔的享受。因此，越来越多的休闲娱乐设施将出现在生活社区，而随着人们生活质量的普遍提高，这些设施必须提供高档次的服务，实现高档普及。

**（四）娱乐活动与后续教育的联系日益紧密**

现代社会知识更新速度不断加快，几乎每个人都不同程度地感受到必须进行知识充电的压力。因此，与后续教育相关的、寓教于乐的娱乐活动将受到普遍欢迎，成为新的时尚和文化消费热点。

**（五）高科技成为不变的吸引力**

乐趣常常来源于惊喜，而高科技正是因为能够使人接近梦想而带给人们一次又一次的惊喜。因此，高科技天然地带有一种娱乐性质，据此而开发的娱乐项目会永远吸引那些追求惊喜和梦想的娱乐者。

**（六）文化氛围与主题特色需求突显**

娱乐消费者文化品位的提高及对知识的渴求，将使那些提供简单乐趣的娱乐场所很快失去吸引力。浓厚的文化氛围、较高的知识含量和鲜明的主题特色将成为娱乐需求的新导向。

**（七）定制化娱乐经营初露端倪**

人们的娱乐需求有极大的差异性，常常因人、因时、因地而异。根据特定需求提供特定娱乐产品是人们的一种追求。现代经营理念和高科技使定制化娱乐经营成为可能。定制化娱乐经营包括为特定需求特设娱乐设施，更包括利用一般娱乐设施进行设计、制作和提供特定的娱乐项目。

**（八）互动性、网络化的电脑游戏将占娱乐市场巨大份额**

随着数字技术的不断进步，互动性的电脑游戏，特别是网络游戏、网络多媒体娱乐项目日益引人入胜，使人足不出户即可领略各种娱乐刺激。它所拥有的任何娱乐设施所不能匹敌的方便性将轻而易举地占据人们大块或零散的闲暇时间，其市场占有力不可低估。

### （九）高雅艺术欣赏市场渐入佳境

高雅艺术欣赏市场是传统的文化娱乐市场，在社会经济水平较低的环境中，人们受文明程度的限制缺乏对此类娱乐产品的欣赏品位，从而影响了这一市场的成长发育。这种状况近年来发生了巨大的变化，可以预见我国这一市场的需求将日益旺盛。

### （十）女性娱乐市场异军突起

受传统性别角色定位的限制，长期以来，女性娱乐市场一向没有受到应有的重视，许多娱乐设施中未设置女性消费者特需的设备和服务。然而研究表明，现代文明正以极快的速度改变着妇女的地位和生活方式，她们将成为休闲娱乐市场上一个不容忽视的消费群体。



## 三、娱乐设施经营的特点

娱乐设施所满足的是人的一种高级精神需求，由于这种需求具有明显的不稳定性、社会性、专门性、享乐性和潮流性特点，使得娱乐设施在诸多方面明显区别于其他类型的服务设施。

### （一）初期投资相对大，经营成本相对小；固定成本相对大，变动成本相对小

提供娱乐服务必须依靠各种娱乐设备，因此娱乐设施的初期投资往往较大。然而一旦建成投入运营，大多只须支付一定的人工费、能耗费和耗用品的费用，经营成本相对较小。经营成本中不受营业收入影响的房产、设备设施折旧、维持设备正常运转的水电费，为保持稳定的服务质量而必须支付的骨干人员的固定工资费用等固定成本占了很大的比重，而随营业收入变化而变化的可变成本，如服务耗用品、奖金等则只占相对较小部分。

### （二）需求弹性强

娱乐需求是生活需求中的高质量部分，甚至是奢侈部分。因此，娱乐设施所面临的市场需求十分不稳定。消费者个人收入水

平、个人兴趣的变化乃至世界、国家、地区的经济、政治、文化环境的变化都会引起娱乐需求的变化，这对已花费了巨大投资的娱乐设施来说风险很大。

娱乐需求的不稳定性以及娱乐活动的潮流性，使得娱乐市场竞争十分激烈，项目的新旧、设施规模的大小和经营手法的灵活与否，都会给娱乐设施的生存带来威胁。相对于其他行业来说，娱乐行业的竞争更为残酷、激烈。

**（三）法律风险大**

娱乐活动是文化活动，它对人类的意识形态有着重要的影响，对一个地区的传统文化、社会风气和精神文明起着不可低估的影响作用。因此，任何国家和地区的政府都十分重视对娱乐设施社会效益的把握和管理，通常都会设立多个政府职能部门从不同角度对其进行专业管理，并根据具体情况不断出台各种长期或临时的管理法律和法规。我国娱乐场所从设立许可到经营的全过程通常都要涉及工商、公安、消防、卫生防疫、物价、税务、文化市场管理或体育管理、知识产权管理、园林、文物、环境保护、市政建设等部门的管理领域。由于娱乐业始终处于国家有关政策的“敏感区域”，法律风险很大，娱乐设施经营者在经营过程中要不断了解以上所有政府部门相关政策和规定，并按照各种新规定来规范自己的经营行为。近年来我国政府更是出台了一些专门针对娱乐场所管理的法律法规。自 2006 年 3 月 1 日起，由国务院发布的《娱乐场所管理条例》开始施行。明确规定，县级以上人民政府文化主管部门负责对娱乐场所日常经营活动的监督管理；县级以上公安部门负责对娱乐场所消防、治安状况的监督管理。要求在居民楼等五种地点不得设立娱乐场所；提高了设立娱乐场所的准入门槛，严格了审批条件，明确开办娱乐场所需持有娱乐经营许可证；规定有特定违法犯罪行为的人员以及吸毒成瘾人员不得进入娱乐业。在娱乐经营方面提出了许多具体要求，包括客人进迪厅必须先安检，娱乐场所不得宰客，不得接待未成年人，禁止提供营利性陪侍，必须安装透明门窗，安装闭路电视监控，违法记录予以曝光，必须使用正版音像制品，等等。2008 年 4 月 21 日，公安部发布了《娱乐场所治安管理办法》，并于 2008 年 10 月 1 日起施行。《办法》规定了娱乐场所治安秩序的第一责任人，建立了娱乐场所公安机关备案制度，从空间隔断、灯光、安检、监控、消防等安全设施方面做出了详细的规定，要求娱乐场所应当在显著位置悬挂含有禁毒、禁赌、禁止卖淫嫖娼等内容的警示标志。同时还强调了对从业人员实行实名登记的制度。国家版权局 2006 年发布了 1 号公告，宣布卡拉 OK 版权使用费从 2007 年 1 月 1 日起开始收取，给所有卡拉 OK 厅的经营者带来了极大的震动和影响。为了获得政府管理部门及周边社区、居民的支持，争取良好的经营环境，娱乐场所除了密切关注国家相关政策法规的变化，还应与相关管理部门及公众保持良好的关系，因此，娱乐设施在经营过程中公关任务也特别繁重。

**（四）治安环境复杂**

娱乐设施面向所有“有闲”人士开放，所接待的宾客成分复杂，在高密度人群和热闹的气氛中，在情绪和理智都极为放松的情况下，人和人之间的各种摩擦会不时出现，常会发生意外的治安事件，所以娱乐设施一般都需要有一支强大的保安队伍以预防和制止治安事件发生，避免和减少损失。

**（五）对设备的依赖性高**

娱乐活动不仅必须依靠各种专业设施设备才能实现，而且必须使各种设备时刻处于完好正常状态，因而娱乐行业比其他行业更需要花大投入配备先进的设备设施，保持技术精良、随叫随到的设备维修保养队伍，以保证不间断地、高质量地为消费者提供娱乐服务。

**（六）产品质量控制难**

娱乐产品具有服务产品的一般特性，其生产过程与消费过程同步发生，因而在生产和销售过程中没有时间可用于对产品的质量检测。这个特点决定了娱乐设施必须要求服务人员每次服务都要成功，以保证产品的高合格率。从这一意义上来说，娱乐设施的生产活动不是成功，就是失败，管理难度很大。

由于消费者购买的是某种心理体验，对娱乐产品质量的评价就会因每个消费者心理需求不同而不同。这种心理需求不仅与人的性格特征、年龄、性别、职业、学识、教养等长期影响因素有关，而且也与娱乐者的即时心情以及环境气氛有很大关系。娱乐产品质量这一不可感知性特点，造成娱乐设施管理者把握产品质量方面的困难。

## 第二节　饭店娱乐服务经营决策

对于时代性和潮流性极强的娱乐行业来说，经营能否获得成功，在很大程度上取决于投资者的项目决策。然而，在娱乐项目日益丰富，市场竞争日趋激烈的情况下，饭店娱乐项目选择又是一件难度很大的工作。由于没有既定的标准可用于衡量所选项目是否理想，经营者应把握一些基本原则并将决策建立在充分调研和分析的基础上。



### 一、饭店娱乐项目选项原则

#### （一）讲究社会效益的原则

娱乐项目的选择应首先遵循讲求社会效益的原则，即坚持选择对人们的身心健康有益，符合社会主义精神文明要求，并且是国家和地方的法律法规及政策所鼓励，至少是允许设置的项目。其原因十分简单，首先，一切对人们的身心健康具有毒害作用的娱乐项目和娱乐方式都是背离真正娱乐活动的初衷的；其次，应该对社会怀有一份责任感和使命感，努力使自己的经营行为为社会带来益处。事实上，娱乐经营者唯有以促进社会文明为己任才会得到社会的尊重，才会有真正良好的企业形象，也才能持久地占有市场；更重要的是，法律法规是任何一种行为被许可和被禁止的分界线，对于经营者来说是经营行为能否继续的生死线，一切违反法律法规的娱乐项目，无论它在侥幸避开法律管制时能产生多么诱人的经济赢利，都会无可避免地断送娱乐设施的前途。

**（二）尽量满足娱乐消费者正当需求的原则**

市场需求是娱乐设施生存的前提，有需求才会有消费，不断提高宾客的消费量是任何娱乐设施所孜孜以求的。因此，娱乐项目选项必须坚持社会效益原则的同时，还应该深入研究娱乐消费者的正当需求，以进一步丰富娱乐项目，最大限度地满足消费者的需求，从而提高消费者人均消费水平。一个好的娱乐项目应具有很高的趣味性，使娱乐者在娱乐过程中能够达到这样三种境界：一是忘记时间，二是忘记金钱，三是忘记自我。只有这样令人完全投入的娱乐项目才能真正起到放松人们身心的作用，也只有这样的项目才会长久地吸引宾客，投资者才可能得到丰厚的回报。娱乐时尚具有从社会经济较发达地区流向社会经济较落后地区的规律。因此对娱乐时尚的研究仅仅针对当时当地是无法保证企业建成后在市场上占据有利地位的，必须拓宽思路，研究其他国家和地区的娱乐潮流，特别是社会经济较发达的国家和地区，选择那些先进的能够代表现代人娱乐消费发展方向的娱乐项目作为投资对象，这样才能有取胜的把握。

**（三）讲求特色的原则**

特色就是与众不同，是娱乐设施对客源具有吸引力的根本所在。在选择娱乐项目时不仅必须避免雷同，而且应讲求特色，特色越明显，就越具有吸引力。

**（四）最先进的原则**

娱乐行业是最新科技、最新观念、最新生活方式得到综合反映的地方。娱乐消费者对于娱乐项目的先进性要求十分明显。如前所述，娱乐活动给宾客带来的快乐中包含了“先进”带给他们的惊喜。最先进原则一方面指所选择的娱乐项目本身应是国际上最新潮的，另一方面指尽管所选项目本身并非最新出现，但所采用的设施和设备是最先进的。

**（五）合乎当地人口味的原则**

饭店是同时为旅游者和本地居民服务的场所。旅游者与当地居民的文化背景及娱乐目的有很大差异，他们对娱乐产品的欣赏趣味也不相同。这一点应引起娱乐设施经营者的充分注意，在选项上应有所侧重。由于饭店业务旅游淡旺季明显，饭店娱乐设施在选项时绝不能完全忽视当地的娱乐口味，而应以尽量满足当地人口味为原则，以使客源市场更为广阔和稳定。

**（六）投资极限的原则**

投资行为不可避免地会受到财力的限制，若所选项目与投资者的资金实力不相符合，就会产生建设途中不得不降低设施设备档次等问题，结果无法达到预期目标，或者由于资金短缺而使工期延长，这对需求变化极快的娱乐业经营来说极为不利。

**（七）场地适应性的原则**

各种娱乐设施、娱乐设备对场地都有各自特殊的要求，因而在选项时应掌握有关娱乐项目对场地的要求以及现有场地的局限性，以便选择那些适合现有场地的项目。



## 二、饭店常见娱乐项目

娱乐市场的发展使娱乐设施能够为经营者带来不菲的经济收益，许多饭店都选择在初建或改建时设置一些娱乐设施。根据饭店的性质，饭店的空间条件和经济条件，各饭店会选择经营不同的娱乐项目，以下项目是在饭店中比较常见的娱乐项目。

**（一）歌舞厅**

歌舞厅是指那些以专业人员进行歌舞表演为主要内容的娱乐场所，是一种出现最早、最为普及的歌舞娱乐设施。

**（二）卡拉 OK 厅**

卡拉 OK 起源于 1972 年的日本神户，后随着科技发展而发展。它通过专业的音响设备为歌唱者提供伴奏、歌词提醒、MTV 欣赏及学唱歌曲等服务。这种娱乐项目自出现至今一直大受市场欢迎，属于“长青”的传统娱乐项目。

**（三）舞厅**

作为娱乐场所的舞厅包括交谊舞厅和迪斯科舞厅。交谊舞厅是指专为举办两人结对而舞的交谊舞会而设的舞厅，是人们心目中的高雅交际场所。迪斯科舞曲以强烈节奏、声效震撼人心为特色，而舞步讲究自由发挥，舞者完全可以不与任何人交往，独自狂舞，当然，也可以双双对对或三五成群分享快乐。一切都是随意的，一切都是提倡和尊重个性的。因此迪斯科舞厅的装修多采用“粗糙、原始”的原材料，装饰以各种荧光材料为主，靠电子、电脑灯光营造热烈、奇异的气氛，装饰图案则以奇、怪、异的形象和物品为素材。

**（四）健身房**

健身房又称体操房，是进行室内体育锻炼的场所，通常分为器械健身房和做健美操及瑜伽的体操房两类。

**（五）游泳池**

在我国，游泳池是传统的娱乐设施之一，主要为普通市民的运动娱乐提供服务。近10年来，国内旅游饭店的设施和服务逐步与国际接轨，在饭店星级评定标准中也加入了对游泳池的要求，饭店拥有合乎标准的游泳池在星级考核中可以得8分。饭店游泳池包括室内泳池、室外泳池，及室内外兼用泳池。

**（六）网球场**

现代网球场呈长方形，单打球场长23.77米，宽8.23米，双打球场比单打球场两边各宽1.37米。球场地面可以概括为草地、沙土地、硬地三大类。作为娱乐设施的网球场多以出租场地的形式经营，租金以小时为单位收取，出租网球及球拍的费用另算。

**（七）壁球房**

壁球场是一种室内球场，墙壁乃至天花板一般为透明体，正面墙壁画着红色的界线，墙壁表面坚固程度一致，平滑无缝，使球可以很好地反弹，并使运动者能够准确地预测球的回弹方向。壁球可进行单打比赛，也可以双打。客人手持如羽毛球拍般大小的球拍，对着墙壁猛力击球，待球反弹后由对手接击，其比赛的激烈程度并不亚于网球。观众则坐在幕墙玻璃外专设的座位上，或在楼上通过球房透明的天花板观赏。

**（八）台球房**

世界各地流行的台球种类主要分为英式台球、美式台球、法式台球。

法式台球与英式台球、美式球台的最主要区别是法式台球的球桌没有网袋，因而属于无袋式或撞击式台球，而英式和美式台球属于有袋式或落袋式台球。

一般来说，台球房的主要设备设施有球台（亦称台盘）、球、球杆、雀粉、三角箍、定位器以及计分器（板）等。

**（九）保龄球馆**

保龄球又称地滚球，是一种在木板球道上用球撞击木瓶的室内体育运动。

现代保龄球馆的主要设备：一是球道和助跑道。二是保龄球。保龄球内部由球核、重量堡垒和外壳三部分组成。三是自动化系统。即由程序控制箱控制的扫瓶、拣瓶、置瓶、回球、升球、瓶位信号、补中信号、显示器和犯规器等装置组成的球道控制系统以及电脑记分系统。四是附属设备。包括球员座位、茶几、快餐台、备用球和球架、桌底废物箱，还有球道的清洁打磨机、加油机，等等。五是木瓶。在现代化自动保龄球系统中，每条球道有2组共20个木瓶。六是保龄球鞋。

**（十）高尔夫球场**

高尔夫球是在由山、水、林、坡组成的室外草地上击球入穴的球类运动，参赛者一般每人击自己的球，按击球顺序将球依次击入每一个球穴内，每击一下算1杆，标准杆为72杆，其中长洞5杆，中洞4杆，短洞3杆，直至完成规定的穴数（标准球场为18洞），以杆数最少者为胜。

许多饭店可以设置高尔夫练习场，有室内的，也有室外的，即在比标准高尔夫球场地小得多的场地上，根据标准球场的建造原理，铺设人造草皮，设模拟果岭（即球洞周围相对平坦的草坪区，它与其他区域的草坪有明显的分界线，草坪的草质也明显不同）和发球区，供客人练习挥杆。

### （十一）健身浴及按摩中心

沐浴原是人们日常生活中的平常事，而今沐浴已远远超出了清洁的本意，成为保健身体、享受情趣的娱乐项目大量地出现在娱乐场所中。这样的沐浴方式有很多，主要包括桑拿浴、蒸汽浴、香水浴、冲浪浴、矿泥浴、水疗浴、光波浴、穴位冲淋沐浴、牛奶浴、鲜花浴等。由于它们都具有保健作用，我们将它们统称为健身浴。

在娱乐设施服务中，几乎所有的健身浴项目都与按摩联系在一起，按摩是沐浴后驱除疲劳的最有效的辅助医疗手段之一。按摩项目可以根据按摩理论的流派分为中式按摩、泰式按摩等；也可以按照按摩手法分为指压、油推等；还可以根据按摩服务的重点部位分为头部按摩、全身按摩、足底按摩等。

### （十二）棋牌室

棋牌室中提供的项目主要有中国象棋、国际象棋、围棋、扑克牌和麻将。棋牌室设施简单，投资不大，主要是为客人提供专用的桌椅和质地优良的棋牌用具，如自动麻将机等，并为客人提供周到的饮食服务，从而获得场地、器具租金及饮食出售收入。

### （十三）游戏机房

电子游戏机利用电子芯片和电脑程序设计各种对抗性的游戏，以其挑战性、竞争性和斑斓的声光效果使人迷醉，不仅儿童喜欢，成年人也会沉迷其中。因而在客流量较大的饭店。或度假型饭店，电子游戏机是娱乐设施中投资回收较快、效益较好的项目。

### （十四）酒吧

作为娱乐场所的酒吧有许多种，最常见的是音乐酒吧、歌舞酒吧和迪吧，通过装修、装饰和特色音乐配置，营造出富有特色的气氛，是客人休闲、交流的好地方，是饭店中最常见的娱乐设施之一。近年来出现的几种酒吧更值得一提。一是鲜啤酒坊。饭店将“啤酒工厂”搬进酒吧，现酿现喝，裸露的酿酒机器成为风格原始的装饰品，客人可以在酒馆里亲眼观看微型啤酒厂的生产过程，体验现酿现喝的乐趣。二是各种主题酒吧。这种酒吧以某种专业活动为主题进行装修、布置，如足球酒吧、拳击酒吧、攀登酒吧、旅游酒吧等，所吸引的客人大多是这些活动的爱好者。三是慢摇吧。在国内经济发达地区，一些白领人士渐渐地不再喜欢到那些过于喧闹的迪吧，而在过于清静的传统酒吧又不能大胆发泄工作中的压抑。精明的经营者开始改变经营模式，介于迪吧与传统酒吧的慢摇吧便应运而生，并迅速风靡全国，成了目前最时尚的娱乐方式之一。

**（十五）茶艺馆与咖啡屋**

茶艺馆是以茶艺、茶道、传播中国茶文化为旗帜的休闲娱乐场所。客人在茶艺馆中可以品饮名茶，观看茶道表演，听古筝、下围棋，与朋友轻松散漫地闲聊。

而咖啡屋与茶艺馆的最大不同是咖啡屋以咖啡文化为旗帜，装潢着重渲染异域风情，为客人提供的饮品主要是各品种的咖啡，在现磨、烹制的过程中向客人介绍有关咖啡的历史和知识，也可以提供煮咖啡的工具，请客人自己磨煮咖啡，自娱自乐，同时提供一些精致的西式糕点和水果。咖啡快食店则像茶吧一样，在一般咖啡屋的基础上加入了提供西式快餐的业务。



以上是饭店中比较常见的娱乐设施、娱乐项目。但每一个饭店在娱乐项目抉择时必须对当时当地的娱乐市场进行深入的调查分析，从而为本饭店的娱乐服务进行准确的市场定位。唯有如此，娱乐服务在饭店中才能摆脱“星级装饰品”、“饭店配套设施”的地位，成为饭店的赢利点之一。

## 三、娱乐服务市场定位

市场定位指娱乐设施经营者在对娱乐市场进行科学细分的基础上，根据目标市场的竞争状况、需求特性，自身的资源条件和特点，建立和发展差异化的竞争优势，使本设施所提供的项目或服务在消费者心目中形成优于其他竞争者的独特形象。这种定位包括企业定位和产品定位，其宗旨就是要设计和提供不同于竞争对手的独特的企业形象和“产品”形象，不论这种“独特”性是实质上的还是仅仅是感觉上的。

娱乐市场竞争激烈，只有与众不同才能获得一定的市场份额。

每一娱乐企业在经营中应尽量向市场提供他人没有的项目，而对于竞争对手众多的娱乐项目，则应设法创新，提供明显不同于他人的服务方式，从而使自己的设施和“产品”具有显著的特色。要做到这一点，娱乐设施在建立自己的特色时需要进行大量的调查研究，并掌握一定的原则。

**（一）设施特色应符合消费者需要**

20世纪90年代后，全国各大城市都出现了各种类型的娱乐休闲场所，极大地丰富了城市人的夜生活，人们可以去唱卡拉OK、跳迪斯科、听歌或是在各种特色酒吧中消遣畅饮。然而在众多的娱乐场所中，人们发现很少有能够让人静心思考、倾心交谈的地方。现有的娱乐设施环境多过于嘈杂，而许多娱乐消费者喜欢在安静的、具有文化气息的环境中与朋友聊天、休息。于是，近年来在城市的各个角落大量地出现了以品茶读书、听古典音乐为主要内容的茶室，并大受欢迎。这就是因为经营者进行了较为正确的市场定位，所建立的特色正好是某些消费者十分需要的。



**（二）产品特色应与竞争对手有明显区别**

如果一家娱乐设施所提供的产品与其竞争对手的产品无多大差别，便无法造成令消费者牢记的独特性。娱乐产品是设施与服务的综合体，因此应在设施设备或在服务上创造出与其竞争对手明显不同的特点，并使这种特点恰好满足目标市场消费者的需求，使得消费者对这种差异性能够很快地认知和理解，并十分欢迎。要做到这一点，必须着力研究和树立那些在当时当地娱乐市场上可冠之以“最”的、具有明显先进性的特色。一般说来，可在以下几个方面取得领先地位，建立特色。

（1）扩大营业场地，增加经营项目，以最大的规模在市场份额上取得领先地位。由于娱乐需求是人们基本生活需求之外的额外需求，因而往往不固定，不局限于某一种活动，因此大部分娱乐消费者希望娱乐设施能够给他们以尽量多的选择。这一特点决定了大型的综合性娱乐场所比小规模的单一性娱乐设施更容易吸引消费者，从而在市场上占有比较大的份额，取得较好的规模效益。

（2）以最好的服务和技术在产品质量上领先。如以高贵典雅的气氛和亲切周到的服务使本企业的娱乐产品区别于人；以高效、周到的服务在服务方式上领先；以最先进的设施设备在技术装备上领先；以特殊的技术技能，如疗效突出的按摩，在服务技术上领先。

（3）在经营方式上领先，如开展经营特许，确立他人难以仿效的优势。

（4）以价格优势领先，或以最低的价格吸引宾客；或虽然价格并非最低，但提供的服务使宾客感到值得。

**（三）娱乐设施所树立的特色应是竞争对手在短时间内难以模仿的**

很容易被效仿的所谓特色其实并不能称为特色。美国拉斯维加斯的 Mirage 饭店，在当地各大饭店都有娱乐表演、市场竞争激烈的情况下，花费巨资购进两只稀世珍宝——全白的老虎，高薪聘用驯兽专家每日定时进行驯兽表演，吸引了大批宾客。尽管门票售价高达 100 多美金，却场场爆满。由于白虎表演很难被其竞争对手所模仿，从而确立了该饭店在娱乐表演市场上不败的地位。这种做法在拉斯维加斯的饭店业界十分普遍，几乎每家饭店的演出都有独有的、他人很难模仿的特色。因此，到拉市的旅游者只要时间允许，会逐个去每一家饭店观赏，它们都以自己的特色在市场上占有相应的份额。



**（四）所树立的特色应尽量具有直接经济价值，创造利润**

服务程序上的一些小变动虽然使宾客感到更方便，但无论是设施自身还是消费者都会认为这是工作的正常改善，并不应该因此而增收费用，这样的改良就不能成为市场定位的特色。而当整个娱乐市场的保龄球馆都还采用手记分方式时，某一娱乐设施却投资改造，首创电脑记分，这一特色就会让许多消费者愿意支付更多的费用，从而使设施获得比手记分球馆更多的利润。

**（五）定位的特色应该具有可信度，而不能华而不实**

有些综合性的娱乐设施在宣传中标榜自己所提供的娱乐服务能满足所有的娱乐需求，这就有不实之嫌，让人产生不可信的感觉。

### （六）树立特色应该有的放矢

设施特色或产品特色应能巩固设施目前在市场上已占有的地位，或能打击竞争者的弱点，或能填补市场空缺。

## 四、娱乐产品促销策略

娱乐需求的不稳定性和娱乐服务的无形性特点要求娱乐设施大量地利用各种媒介，以形象的示范或描述进行宣传和促销，说服人们消费。娱乐设施的促销策略包括促销目标的确立及各种促销手段的合理使用。

像所有产品的促销活动一样，娱乐产品促销首先必须明确所要达到的目标，这样才能运用各种灵活方式达到所期望的效果。促销的基本目标主要是告知、说服和提醒消费者，使他们了解和接受我们的娱乐产品。除此之外，每个饭店的娱乐部门还应设立有针对性的具体促销目标。同时，在产品处于生命周期的不同阶段，促销目标也应不同。许多娱乐企业多年的促销策略值得饭店娱乐设施借鉴。



### （一）尽早进行攻势凌厉的引入广告

像其他产品一样，娱乐产品也符合产品生命周期的规律，在新产品和新项目刚刚进入市场时，必须经历一个引入期。在这个期间内，企业赢利很少，并要投入相当大的财力和精力进行宣传以使消费者了解新产品，接受新产品，最终喜爱新产品，从而将产品的生命阶段推向成长期和成熟期。不论何种行业、何种产品的经营者都希望最大限度地缩短这一获利微薄，甚至无利可图的引入期，而娱乐企业尤其如此。如前所述，娱乐产品具有很强的时代性和潮流性特点，其生命周期与其他有形的工业产品和无形的服务产品相比明显短暂。因此，娱乐项目在投入运营后再正式开始产品的市场导入工作，将会浪费许多宝贵的时光，甚至成为经营失败的主要原因。

从理论上讲，消费者接受促销所传递的信息需要经过认识（Awareness）、兴趣（Interest）、评价（Evaluation）、尝试（Try）、决定（Decision）、确认（Confirmation）等过程，若要使新的娱乐项目在对外接待之前就已为公众所熟悉，甚至所盼望，引起“千呼万唤始出来”的好效果，市场导入活动必须提前进行。越是大型的高档的娱乐企业，开始促销的时间就应该越早。

**（二）娱乐设施的促销者应学会“制造潮流”**

消费者的娱乐口味与娱乐市场的娱乐潮流是一对互为因果、互相影响的矛盾统一体，对不同的主体有着不同意义，并发挥着不同的作用。娱乐潮流是由消费者个体组成的消费者群的娱乐口味所决定、所影响的。而娱乐潮流一旦形成，就会反过来对消费者个体的娱乐口味产生极强的引导作用，具有明显的强制性和说服力。因此，娱乐设施的经营者不仅应十分注意研究娱乐潮流的变化趋势，努力使自己的项目不落后于时尚，更重要的是应该学会“制造潮流”。



**（三）娱乐设施的促销需要经常“生产”新闻，以保持公众瞩目率**

由于娱乐产品的生命周期与其他行业的产品相比普遍较短，他们经不起被市场遗忘，哪怕只是一段短暂的时间。因此，经营者要想获得理想的投资回报就必须抓紧娱乐产品生命期内的每一分钟，除适度进行重复广告外，必须经常有新闻出现在各种传媒上，使企业和产品的名称、标志及形象经常非广告性地与公众见面。这些新闻主要包括具有创意的系列营业推广新闻，有助于树立良好形象的社会新闻，具有社会影响和新闻价值的重要业务报道，等等。

**（四）用各种方法激励员工将每天的销售接待工作都当做“首场演出”**

娱乐场所本质上是一个舞台，戏剧化是构成其产品及氛围吸引力的重要因素。娱乐设施的每一位员工都应该意识到自己所从事的工作具有表演的性质，表情、言谈、动作、装扮都应充满创作的激情。然而要做到这一点并非易事，因为对工作人员来说这些工作毕竟是日日重复的。要使每次工作都能做到像“首演”那样投入和充满激情，需要经营者采用各种方式激励和管理员工，如对员工进行严格的训练，包括敬业精神的培训和展示热情的技巧培训，还应制定严格的质量检查制度，包括每日工作前着装的检查、精神状态检查及工作过程中质量巡查制度，将效益与员工工作表现挂钩的奖惩制度，以调动员工的积极性。

### （五）会员制营销策略

会员制是指俱乐部会员制，是娱乐场所的一种经营方法或经营体制。俱乐部一般说来是一种比较高档的娱乐设施，其原意是将一群有相同志趣的人组织在一起，如游艇爱好者组成游艇俱乐部，高尔夫球爱好者组成高尔夫球俱乐部；也可以按职业组成俱乐部，如企业家俱乐部等。真正的俱乐部都应拥有经营实体，如餐厅、客房及各种娱乐设施，这些设施不对社会开放而只为其会员服务，会员资格则需出资购买。随着俱乐部的发展，也随着娱乐市场竞争的日益激烈，俱乐部会员制也被其他娱乐设施所效仿，并在实践中有了一些改变，衍生出各种变化了的会员制。



#### 1. 全封闭式俱乐部会员制

全封闭式俱乐部会员制是最传统、最严格的会员制。全封闭是指企业只接待会员。企业在筹建时就限定了接纳会员的数量，规定了会员权益，并根据出资大小及档次确定各类会员籍的价格，会员籍价格通常都非常高。俱乐部定期或不定期地为会员举办各种联谊活动，为他们提供相互认识、交往及交流信息的机会。高档的俱乐部还为会员提供信息服务，为会员编辑、印刷、邮寄定期的信息刊物。连锁俱乐部会员还可在其他城市的连锁俱乐部内享受会员待遇。由于会员资格是定额的，当额满时要获得会员资格就需由他人转让，随着企业服务项目的增加和会员卡功能的增加，经营良好、信誉较高的俱乐部的会员资格往往会逐年涨价，因此有人认为购买会员籍是一项升值率很高的投资，拥有这样高档俱乐部的会员资格也成为身份地位的象征。

#### 2. 半封闭式会员制

由于全封闭式会员制只接待会员宾客，对那些场地较大、项目较多的娱乐设施并不适合，因为当市场竞争十分激烈，会员卡无法按计划售出时，会造成客源不足，影响企业的经济效益。但不少娱乐设施确又需要以全封闭会员制来保持其高档次形象，许多高档宾客也需要清静、高雅的环境及高层次交际场所的氛围，于是一些大型高档娱乐场所，如星级宾馆内的康乐部或康乐中心就采用一种改良的会员制，即半封闭会员制。所谓半封闭是指设施内划出一部分区域或项目作为会员区，只接待具有会员资格的宾客，而另一些区域，如餐厅、卡拉 OK 厅等则向社会开放。会员有权享用一些免费项目，付费项目也会得到八折到五折的优惠。会员资格也必须购买，但通常比全封闭式的会员价格要低一些。

3. 开放式会员制

实行开放式会员制的娱乐设施向全社会开放，设施内并无会员区与非会员区之分。非会员宾客可以在营业场所的任何区域按门市价消费，而会员宾客需购买会员卡，会员持卡可以得到多项特殊待遇：一是预订时可获优先安排，二是结账时可得较大优惠，三是消费额可从购卡费用中扣除。因此这种会员制实际上是一种优惠卡制度，会员享受优惠，企业则可预先收取费用，对双方都有利，因而被许多企业采用。



## 第三节 饭店娱乐项目设计

### 一、饭店娱乐服务组织机构设置

饭店娱乐设施是饭店的附属部门，许多经营管理职能由饭店有关部门统一承担，如销售、公关、财务、工程、保安等，因此其管理机构设置就可简略许多，只需在部门内指定专门人员配合饭店进行上述职能部门的工作即可。根据饭店规模和娱乐设施在饭店中的作用，不同饭店在确定娱乐服务的组织结构时常有不同安排。目前较有代表性的设置主要有两种。

#### （一）二级设立方式

所谓二级设立，就是将娱乐（康乐）部直接设在总经理级之下，与其他主要业务部门如前厅、客房、餐饮、营销等部门平行设置，成为一个二级部门。这种模式有利于娱乐（康乐）部进行专业管理，提高管理效率，也有利于企业内部经济核算，便于饭店管理者进行企业经营状况分析。这种设置方法还有利于提高娱乐（康乐）部的积极性，充分发挥创收潜能。这种模式一般适用于拥有集吃、住、购、娱于一本的娱乐设施、娱乐收入在饭店总收入中占重要地位的大中型高级饭店。由于这种模式在西方发达国家采用得较早，也较普遍，因此也有人称之为“欧美模式”。

近年来新建和改建的饭店用于娱乐（康乐）部分的投资大幅度增加，有的竟超过了客房餐饮设施的投入，而娱乐（康乐）部的收入也成为许多饭店不可忽视的一部分，有些甚至超过客房收入和餐饮收入而成为饭店的主要收入来源。在这种情况下，饭店给予娱乐（康乐）部越来越多的重视并提高其在饭店中的地位也就不足为奇。



**（二）三级设立方式**

在娱乐设施较少、娱乐收入不是主要收入来源的饭店，娱乐设施管理机构的设立通常采用所谓三级设立方式，即将娱乐（康乐）部设在某一个二级部门之下，成为一个三级部门，主要承担为住店宾客提供综合服务的任务。由于这种方式在亚洲，主要是日本，中国台湾地区的饭店中运用较早，有人称之为“亚洲模式”。它的主要特点是可避免管理机构臃肿，并可有效地避免服务过程中的扯皮现象，提高工作效率。由于与娱乐服务联系最紧密的部门是餐饮部，饭店在设置管理机构时往往将娱乐（康乐）部设立在餐饮部之下。

## 二、饭店娱乐设施从业人员素质

**（一）娱乐设施管理人员素质要求**

娱乐产品生命周期短暂，娱乐市场潮流变换频繁、竞争激烈，娱乐场所环境复杂，人员混杂，各种思想意识、行为方式相互交织，碰撞和摩擦随时发生。在这种环境下要使业务正常运转并取得成功，管理人员不仅必须要有较强专业知识和经营能力，而且在思想上、性格上都必须具备一些特殊的素质方能胜任。

（1）必须具有高尚的人格和情操，有足够的定力，做到不随波逐流。

（2）具有一定的性格魅力，热情、开朗，知识丰富，善于表达，具有较强的忍耐性和情绪上的自我调节能力。

（3.）具有一定的领导才能，包括较强的组织能力和凝聚力。

（4）思维清晰，计划性强，办事效率高。

（5）具有开拓精神、经营意识和经济头脑。

（6）能够熟练掌握工作中接触较多的语言。

（7）懂得国家和地区相关的政策、法律知识。

（8）具有一定的审美能力。

**（二）娱乐设施服务人员素质要求**

（1）五官端正、端庄大方。

（2）身体健康、精力充沛。

（3）开朗、热情。

（4）作风正派、有坚定的道德原则。

（5）精通业务。

（6）高中以上文化程度。

（7）具有一定的语言能力，能够运用宾客所熟悉的语言为宾客服务。

（8）机灵、应变能力强，善于处理各种突然发生的问题。

## 三、娱乐服务流程设计

**（一）服务流程设计原则**

（1）通过市场调研深入了解宾客的需求，根据宾客的需求设计娱乐服务内容和方式。宾客是否需要是衡量一项服务内容、一个服务环节及一种服务方式是否应该设计及如何设计的依据。

（2）娱乐服务过程必须最大限度地方便宾客，尽量减少娱乐活动前及活动结束后的手续环节和复杂程度，避免宾客必须办理过多手续，如每参加一项娱乐活动都需排队、交钱、开票。在设计服务方式时，要从便利宾客出发，研究每一个服务细节应在什么时间、什么地点、什么情况下提供最合适。

(3) 娱乐服务过程不仅要方便宾客，使每项娱乐活动顺利进行，而且应设计高标准的礼仪和周到的细微服务，尽量给宾客以舒适的感觉和尽量多的精神享受。

(4) 娱乐服务过程与宾客的消费过程是同步的，因此，娱乐场所的宾客并不仅仅是娱乐服务的消极消费者，而是娱乐服务的积极参与者。优质的娱乐服务过程是宾客与服务人员的互动过程。因此，在设计服务过程时，应注重服务人员与宾客之间交流程序的设计，如询问宾客的需求，向宾客介绍娱乐方式和规则以及以适当的方式鼓励、安慰宾客或分享宾客的快乐，等等。只有这样，娱乐部门才能生产出优质的娱乐服务产品。

**（二）确定娱乐项目服务内容**



娱乐项目服务包括主体服务和辅助服务。在确定服务项目内容时应首先确定娱乐服务的主体服务内容，即服务过程的基本内容。这一部分内容是娱乐设施对消费者的基本承诺，是娱乐消费者对某一娱乐消费的主要期望。一般情况下，娱乐服务过程中这一部分内容不会轻易改变。与此同时要设计和确定娱乐服务的辅助服务，即根据企业和市场的具体情况规定主体服务以外的附加服务内容。这些服务内容可以使主体服务更加完美，更加周到，往往还因其出于宾客期望之外而成为对宾客的一种额外优惠，提高宾客的享受程度，并起到促销作用，因此，辅助服务又称助销服务。辅助服务不像主体服务那样是人们进行某种娱乐活动的主要期望内容，因此可以视设施具体情况，在不同时期灵活地增减、变动。但应注意的是，当那些体现设施特色或档次的辅助服务一旦被消费者认同，取消这些服务可能会影响宾客对设施形象的评判，会认为是经营不景气，无法维持原有服务规格。因此，在削减服务内容时应十分慎重。

**（三）确定娱乐项目服务提供方式**

服务方式作为与服务内容同等重要的因素组成了娱乐设施的服

务产品。服务方式的重要意义在于，同样的服务内容用不同的服务方式提供会产生完全不同的效果，它影响着宾客对服务产品的满意程度，影响着企业在宾客心目中的形象，也影响着企业价格定位及营业收入。服务方式设计是服务流程及操作规程设计的重要内容。

服务方式设计主要包括以下因素：各项服务的提供时间；各项服务的提供地点；各项服务提供时所要用的工具、器具或道具；各项服务提供时服务人员应采取的态度；各项服务提供时服务人员应使用的语言；各项服务提供时服务人员应使用的动作。

### （四）常见娱乐项目服务设计

#### 1. 歌舞厅、交谊舞厅和卡拉 OK 大厅

歌舞厅、交谊舞厅和卡拉 OK 大厅的服务程序十分相似。宾客到达后，由迎宾员带领宾客到合适的座位入座，并立即为宾客点燃台烛，递送酒水单和曲目编码集，值台服务员要为宾客提供酒水服务。台面上应摆放点歌单和花束花篮赠送单，当宾客需要点歌或向歌手赠送花束花篮时，只需在相应的单据上填写好所点曲目或要向哪一位歌手赠送哪一种花束花篮，签字后交值台服务员，由服务员代为办理。在娱乐过程中，值台服务员要不断地为宾客提供即时服务。当宾客娱乐结束将要离去时，值台服务员要代宾客到账台通知结账，并在账台与宾客之间传递账单、结算款、找零和发票等。

歌舞厅和卡拉 OK 大厅的收费方法通常以收门票为多见，食品费、酒水费、点歌费、花束花篮费另计。在宾客入座后，值台服务员负责通知账台按宾客所坐台号开设专门账户，并将宾客所有的消费登记入账，当宾客要求结账时，账台要将所有消费金额加总，再按该桌宾客的人数计算门票费，与消费金额汇总后向宾客收取。

#### 2. KTV 卡拉 OK

当宾客到 KTV 卡拉 OK 场所娱乐时，首先由迎宾为宾客安排合适的 KTV 包房，并引领宾客入座。包厢服务员要及时递送酒水单和曲目编码集，迅速为宾客开启卡拉 OK 设备，并向宾客介绍各种设备的使用方法。开机后，趁宾客点曲和欣赏屏幕画面时为宾客提供酒水服务及水果、小食。在宾客娱乐过程中，包厢服务员要提供

帮助宾客查询曲目、点歌和补充酒水的服务。当宾客要求结账时，包厢服务员应代宾客来往于账台与包厢之间，传递账单、结算费用、找零和发票等。

KTV 卡拉 OK 的收费通常根据房间大小、租用时间计算。服务员在引领宾客进入包厢后，即为宾客设置一张卡，上面用打卡机或人工记下开机时间，到宾客关机结账时再记下结束的时间，据实际使用包厢的时间按规定的收费标准收取房间、设备租用费，食品饮料费用另计。近年来随着各种娱乐场所 KTV 的普及，竞争激烈，许多娱乐设施已不收 KTV 包厢费，只按照包厢大小或按宾客人数规定最低消费额。

3. 迪斯科舞厅

在迪斯科舞厅中，由于宾客经常离座活动，甚至频繁更换落座地点，其服务流程与歌舞厅、交谊舞厅、卡拉 OK 大厅有所不同。迪斯科舞厅一般采用直售式方法，即在舞厅入口处设售票处，宾客购票入场。宾客进入迪斯科舞厅后，由迎宾引领入座，服务员立即为宾客提供酒水服务，但宾客需现付费用。娱乐过程中宾客有任何需要，在场内走动的服务人员应随时给予服务。

4. 保龄球馆

宾客到保龄球馆娱乐时，首先要到服务台买局，即预先说明消费量并预交费用，这样球馆可以精确地估计每一球道的占用时间，有计划地安排预约宾客，避免预约宾客无限期地等待。这种方法在业务繁忙的球馆及球馆营业高峰时段较为常用。在业务不忙的时段保龄球馆也常采用先打球后结算的方式。保龄球馆收费一般以局为单位，有时也以包道方式收费，即在规定时间内不限定局数，只以每道计价收费。宾客买局后，向服务台领取球鞋，大多数高级娱乐场所免费提供，但有些为加快球鞋换新率也收取一些折旧费，宾客换鞋后将自己的鞋和包（非贵重物品）放入指定贮物箱保管或交由鞋柜服务员代为保管，然后等候服务人员开设球道。在宾客娱乐过程中，球道服务员要负责帮助宾客选择和寻找合适的保龄球，必要时为宾客讲解打球的方法、规则，为宾客记录成绩，处理（或通知维修人员处理）常见设备故障。同时，球道服务员还要为宾客提供饮料服务，有些球馆还提供快餐服务，当然费用都是另收的。在采用先打球后收费方法的球馆，由球道服务员代宾客与账台联系结账。

5. 健身浴中心

在娱乐场所，健身浴通常与按摩连在一起，收费时也作为一次消费统一结算。较高档娱乐场所健身浴加按摩的服务流程设计如下：

服务台接待人员首先应向宾客询问所需服务项目，根据宾客情况安排包厢或更衣场地，并以更衣柜号码或包厢名称为宾客开设账户。服务员带领宾客到更衣室更衣、领取消毒毛巾，然后在水房服务员的带领下进入湿洗室。这里面积较大，有许多淋浴间和不同水温的大池，通常池周围还有供宾客休息的躺椅。湿洗间提供宾客沐浴所需的一切低值易耗品，并有专业人员为宾客提供搓背等服务。宾客要先在淋浴间洗净身体方可入池浸泡，然后随意进入蒸浴房进行桑拿、蒸汽等健身浴，最后淋浴。此后服务人员会引领宾客进入干身室，由那里的专职服务员用浴巾为宾客干身并帮助宾客穿好特制的衣服，然后宾客进入休息大厅。休息大厅通常宽畅清洁，环境宜人，宾客可在躺椅上观赏大屏幕的投影电视，并预约按摩。为了宾客之间互不干扰，方便需要休息的宾客小睡，每个躺椅都配备了耳机，宾客可以独自收听电视里的配音或其他电台，这期间，服务员还应送上免费饮料、水果和香烟。宾客也可根据需要和爱好点用额外的食品饮料，还可以要求扦脚服务。在休息厅，服务员要询问和记录每个宾客的按摩要求，包括所需的按摩方式和按摩时间（通常按摩时间和按摩收费都以钟为单位，头钟按门市价收费，加钟优惠），并按预约顺序请宾客入按摩房进行按摩。按摩结束后，宾客还可到专设的美发室吹干头发，做好发型，最后由服务员通知账台结账，并传递账单、钱款。整个消费过程，宾客无须支付现款，只需在消费单据上签字认可消费额，每一个环节由各岗位的服务员紧密衔接，记录宾客的包厢名称或更衣柜号码及消费金额，并将宾客签字认可的账单迅速送到账台，由账台汇总向宾客收取费用。小费的收取通常也以这种方法进行。

6. 棋牌室

当宾客到棋牌室娱乐时，应首先向迎宾员说明所需要的游戏项目。迎宾员带领宾客选择宾客满意的棋牌室后，服务员要及时为宾客接挂外衣，提供拖鞋，并迅速为宾客准备好游戏器具，在必要时向宾客介绍游戏方法和游戏规则。宾客落座后，为宾客提供茶水、食品服务，必要时提供快餐。在宾客游戏过程中，服务员除为宾客添加茶水外，若宾客需要还应陪宾客练习，为宾客提供游戏建议。宾客需要结账时，也由服务员代为办理。棋牌室的收费方法主要由开房和按时间计算的娱乐费组成，食品饮料费用另计。

7. 高尔夫球场（或练习场）

宾客到游高尔夫球场打高尔夫球时，应首先到服务台接洽，按实际需要租用高尔夫球、球杆、球鞋、球车等打球器具。对第一次打高尔夫球的宾客，服务员应引领其到专设的接待室听取专业人员讲解打球方法、规则和球场礼仪知识。对于熟练宾客，应立即分派球童引领宾客更衣、进入球场。在球场内由专门服务人员为宾客点用饮品。打球过程中，球童要代宾客保管暂时不用的球具，并带着球具与宾客同行，为宾客捡球、插标志旗、记录成绩，帮宾客分析球路、击球角度和力度，为宾客提供分杆及击球方法的建议。娱乐结束后，送宾客回到服务台，退还租用品，结清消费款。

高尔夫球场的收费方法一般是计时收费，高尔夫球练习场以发球个数计费，租用球具费用和酒水费用另计。

8. 游戏机室

宾客进入游戏机室，首先到服务台购买游戏代用币，然后由服务员引领到宾客所选择的游戏机前，为第一次游戏的宾客说明游戏方法，并作必要示范。宾客获奖时，服务员要及时核验、开单，引领宾客领奖。

9. 游泳馆

宾客到泳馆游泳，先要到服务台登记，领取更衣柜的钥匙，然后到更衣室更衣。更衣室服务员负责看管宾客衣物，贵重物品应存于服务台的保险柜中，并为宾客递送浴巾。宾客更衣后应先到淋浴间淋浴，然后进入泳池。游泳馆救生员负责保护宾客游泳时的安全。宾客上水时，服务员应及时递送浴巾；宾客在泳池边的躺椅上休息时，服务员为宾客点用饮料，并迅速将账单送至账台。宾客泳毕，进入淋浴室淋浴，更衣完毕后到服务台结账。游泳馆通常按人数计费，有时规定一场的时间，按每人每场收费。

## 第四节　饭店娱乐服务管理



娱乐服务是娱乐设施凭借专业娱乐设备，以服务人员的服务行为和技能为宾客提供精神享受的过程。宾客对娱乐服务质量的评价主要来自于对服务过程的感受。宾客对服务是否满意及其满意程度取决于宾客的感受与期望之间的相符程度。若宾客的感受低于期望，就会对娱乐服务的质量感到不满意；若感受超过期望，则会产生满意的感觉，超出期望越多，满意程度就越高；如果感受恰好与期望一致，宾客一般不会十分满意，但也不会不满意，通常认为这种服务是合格的，与他们的付出价值相符，这种感觉称为“宾客基本感觉”，是娱乐服务质量的最低要求。

很显然，仅仅达到这一目标对娱乐设施的成功经营和长期发展是远远不够的，要使宾客对娱乐产品产生信任感，成为多次回头的“忠实客户”，就必须提供超出宾客期望的优质服务。因而，娱乐设施服务质量管理的内容由两大部分组成，一是使宾客期望之内的基本服务质量稳定，确保宾客不会产生不满意的感觉，达到质量控制的底线。这一部分管理所采用的主要方式是将服务过程制度化，以“产品生产管理”方法将服务生产工业化。二是鼓励服务人员研究宾客共同心理的基础上，研究掌握不同宾客不同的具体情况，提供因人而异的个性化服务，使服务质量超出宾客的期望，使宾客获得尽量高程度的满意感觉。

## 一、娱乐服务质量管理

### （一）制定质量标准

娱乐产品的服务质量不可能经过检验合格后再出售给消费者，质量保证只能依赖服务过程中的质量控制。制定明确的质量标准是进行有效质量控制的首要条件，所有的质量控制工作都应以标准为依据。娱乐设施服务质量标准是一种描述体系，它具体阐明了管理者对每个岗位服务工作所产生的服务效果及服务效率要求。服务质量标准与服务规程不同，它并非告诉服务人员应该怎样做，而是规定了他们工作时在遵守服务规程、操作规程的基础上必须取得的服务效果。

娱乐设施的服务质量标准应包括卫生、安全、服务态度、服务效率等方面的要求。在可能的情况下，服务质量标准应尽量量化，尤其是效率要求。质量标准中描述性的语言应具体、准确，不应模棱两可。娱乐设施制定的质量标准应是大多数服务人员目前有必要也能够做到的，而不是对他们的期望。这些都是娱乐设施制定服务质量标准的关键点。

1. 娱乐设施服务质量标准内容

（1）卫生要求。营业场所环境必须装饰完好美观，家具陈设整齐，无尘，无破损。营业场所客用设备及用具必须定期清洗消毒，做到无尘，无污迹，无细菌。为了给宾客以愉快的感觉，服务人员在岗上必须保持卫生的个人形象。

（2）安全要求。各种客用娱乐设备应严格按计划进行保养，使其外观和性能都处于完好状态。

服务人员应不厌其烦地向宾客解释设备的正确使用方法，为娱乐宾客进行安全装置的检查及进行必要的运动保护。劝阻宾客使用有碍安全的不规范娱乐方式。

各服务点应有保护宾客财产的具体措施，如宾客物品寄存处或保险箱，并设专人负责保管。娱乐设施应制定安全巡逻制度防止治安事故的发生，给宾客以安全感，并进行规范和严格的消防管理，保障宾客在娱乐场所的生命安全。

（3）服务态度要求。礼节礼貌要求：要求服务人员具有良好的职业化的仪表仪容、言行举止、热情殷勤的待客态度，掌握表示尊重的言谈和行为方式。

服务主动性要求：要求服务人员做到对待每一位宾客就像对待到自己家做客的朋友一样，真诚地欢迎他们，随时愿意帮助他们，态度主动、诚恳而热情。

服务周到的要求：使宾客在消费过程中感到方便和舒适，要求服务人员熟悉大多数宾客的需求，将方便宾客的措施想在宾客要求之前，至少应在宾客提出要求后及时给予满足。

服务技巧要求：要求服务人员遵守服务规程，但又不生搬硬套服务规程，能根据不同宾客的具体情况灵活地使用语言技巧、表情技巧、动作技巧等，使宾客愉快，使问题化解并起到推销企业产品的作用。



（4）服务效率要求。对兴致勃勃的娱乐宾客来说，等待是最令人扫兴的，尤其是由于服务人员工作效率低下而造成的等待更是他们所不能容忍的。因此，娱乐设施的服务质量标准中应有明确的效率要求，对服务工作中的各个环节都应有时限的规定和要求。

2. 制定娱乐服务质量标准的关键点

（1）服务质量标准应尽量量化表达，尤其是效率要求。如宾客到达娱乐场所时应在30秒钟之内得到服务人员的问候和接待，在营业高峰期也不得超过60秒；服务生接电话时，3声铃响之内必须接听；宾客点用饮料后应在3分钟内服务到桌，高峰时段不超过5分钟；营业场地内的室温冬天在18℃～22℃，夏天25℃～28℃；室内游泳池的水温保持在25℃～27℃，室外游泳池的水温在23℃～24℃，池水的pH值在7.2～7.8，等等。

（2）质量标准中描述性的语言应具体、准确，以便于执行、检查。如对服务态度的要求应明确规定在什么时候应该微笑、站立或说什么话语，而不能仅仅用“宾客第一”，“使宾客如沐春风”等形容词予以概括。

(3) 娱乐设施应根据本企业市场定位及主要客源的需求情况制定服务质量标准，不应照搬国内外高档娱乐设施的质量标准。如以当地市民为主要目标市场的娱乐设施就没有必要要求其总机服务员和前台接待人员先用英语问候宾客。

**(二) 娱乐服务质量控制培训**

制定服务规程及服务质量标准是服务质量管理的第一步工作，只有让所有服务人员严格按照服务规程和质量标准操作，并将它们融入日常服务工作之中才能够真正达到控制服务质量的目的，而这需要对服务人员进行培训。娱乐设施管理者应组织服务人员全面学习、领会服务规程和服务质量标准，使他们掌握各服务岗位特定的服务程序和服务质量标准内容，明确质量要求，并训练员工严格按照质量要求提供服务。

**(三) 以服务规程和服务质量标准为依据规范服务工作**

管理人员应以服务规程、服务质量标准为依据检查和监督服务员的工作，以此控制服务过程中的服务质量，并根据检查结果对服务人员进行奖惩。这种检查和监督应成为各级管理人员的日常工作的主要部分，才能及时纠正服务人员的不规范服务行为，保证服务质量标准的落实。

**(四) 对服务质量进行评估，不断改进服务工作**

虽然娱乐服务的生产过程和消费过程是同步发生的，但如果服务人员提供的服务不符合质量标准则通常在事后才会被发现，对消费者来说，此时任何纠正措施都为时已晚。因而，全面了解服务过程中不合标准、产生偏差的情况和原因，对恰当处理宾客投诉、总结经验、防止同类事故再次发生，不断改进服务工作有着十分积极的意义。首先，要对服务质量进行客观的评估。这种评估一般都以宾客对服务质量的反映和评价为依据。娱乐设施可从宾客投诉、宾客表情、宾客议论、宾客意见表等多种渠道获得宾客对服务质量的评价，在此基础上分析产生问题的原因，找出主要影响因素，制订解决问题的计划和措施，然后进行 PDCA 循环管理。

**(五) 教育员工提供超常服务**

向宾客提供了符合质量标准的服务，仅能避免宾客对服务的不满意投诉而已，并不能保证宾客对娱乐服务感到满意，更不意味着宾客因此而信任、喜爱这种服务，成为我们的“忠实宾客”。而创造“忠实宾客”正是所有娱乐经营者孜孜追求的目标，为了达到这一目标，娱乐设施的经营者必须下工夫研究宾客对每一种娱乐产品的期望。如前所述，每个娱乐消费者都带有某种期望，这种期望可以分为两个部分：一部分是现实期望，即买卖双方都已明确的宾客将得利益。满足现实期望可以使交易顺利进行，宾客不会不满意，然而也不会特别满意。另一部分是潜在期望，即宾客潜意识中希望得到的利益，满足潜在期望会使宾客感到格外满意。宾客期望尤其是宾客潜在期望的内容因人而异，通常受个人见识、需求及广告宣传等多种因素的影响。娱乐设施经营者应教育服务人员在日常工作中自觉地有意识地了解不同类型的宾客和他们的各种特点，不断积累各种宾客不同的期望信息，努力提高服务艺术，做到察言观色就能分析出宾客的现实期望和潜在期望，在保证宾客现实期望得到满足的基础上，出其不意地满足宾客一些潜在期望，往往会取得很好的服务效果。这就是“超常”服务的作用，是优质服务的秘诀。而服务人员要真正掌握了解宾客“期望”的方法却必须经过一个长期磨炼的艰苦过程。



服务质量是娱乐设施的生命线，娱乐服务质量管理的关键点就在于通过制定服务规程和质量标准来规范难以计量的服务质量；努力研究娱乐消费者对每种娱乐产品的期望，特别是潜在期望，因人而异地为宾客提供个性化的超常服务，提高宾客满意度，以创造忠实宾客。

## 二、娱乐设施财务控制

### （一）娱乐设施收入管理

1. 娱乐设施营业收入分类

娱乐场所的营业收入有许多不同种类，而不同种类的营业收入需要用不同的管理方法进行管理，因此，研究娱乐设施的收入管理应首先对其营业收入进行科学的分类。

（1）按营业收入内容分类，有娱乐活动收入，包括按时计价的场租费收入和按人次计价的入场费收入等；食品、饮料等实物销售收入，是娱乐服务的附属收入，由于这种实物是可食用的消耗品，又常常拆包装零售或进一步加工后出售，因此在控制上也有一定的难度；服务费、小费收入，是娱乐场所的重要收入之一，但由于其随意性和奖励对象的特殊指向性等特点而难于管理。

（2）按企业实际收到收入款的时间分类，有预收收入、现收收入、滞后收入、赊账收入。

（3）按消费者的支付手段分类，有现金收入、转账支票收入、信用卡收入。

（4）按计价方式分类，有计时收入，即按照客人娱乐活动所用的时间计费收取的收入；计量收入，即按客人使用娱乐设备或参加娱乐活动的次数来计费收取的收入；人次收入，即按消费者人数收取的收入。

2. 娱乐设施收入管理方法

饭店通常采用以下方法对来自每个收入口的不同类型的收入进行科学有效的控制，使企业的赢利目标得以实现。

（1）建立营业收入计划目标。娱乐设施营业收入管理的第一个环节就是确定企业收入的总目标，并将总目标分解到各部门，各部门依据不同时期娱乐市场客源及价格等方面的变化情况，编制出切实可行的年度营业收入计划、月收入计划及每天的收入计划。这些计划不是总目标的简单平均分解，而是总目标与具体市场情况相结合的经营计划，使各部门在不同时期、采取不同方法完成目标，最终实现饭店娱乐服务营业收入总目标。在计划实施过程中，经营者应定期检查部门的完成情况，将检查的结果作为奖惩的依据，或根据新的市场情况对原计划进行调整，只有这样，营业收入的管理才是有的放矢、切实有效的。

（2）科学地设立收入点。娱乐设施营业收入管理的目标就是在尽量方便客人的同时避免漏账及员工作弊。而科学设立收入点是达到目标的关键之一。收入点设置少，能够方便客人，但增大了漏账的概率；而盲目增加收入点，不仅会令客人感到不便，而且容易给某些心怀不轨的员工留下作弊的机会。因此，娱乐场所设置收入点必须掌握两个原则：

①在能够控制漏账发生的前提下，尽可能地减少收入点。一般说来，一个拥有独立出入口的娱乐场地以只设一个收款口为宜。

②尽量避免由服务人员充当收款员。特别是涉及收付现金的场所，收款工作必须由专职收款员承担。

（3）设计科学的收款程序。在非自动控制的条件下，防止收入差错和作弊现象的最好方法是根据不同类型的销售收入，如物品销售收入或非物品销售收入、按时计价销售收入、按人次计价销售收入、按量计价销售收入等，为每一个收入点制定科学严密的收款程序，做到环节清晰、分工明确、衔接严密，即明确规定何时何地由何人负责收款的哪一部分工作，规定每一岗位应在收到何种信息后才能继续下一环节的服务。



（4）设计科学的收款单据。收入管理的程序应由紧密相连的环节构成，而这种衔接的紧密性依赖于各种表单设计和运用的科学性及合理性。科学合理的表单设计和运用可保证收款过程中一旦出现问题，可以进行逐层追查，为有效管理提供极大方便。

收入管理表单设计的内容包括表单格式、表单内容、表单联数等。与所有管理表单的设计一样，娱乐服务收入管理的表单设计应遵循以下原则：①内容全面，应包括管理者所需的全部信息。②填写要求明确、填写方便。③设计简洁。④样式美观。

3. 娱乐设施收入管理的原则

每个企业都有各自特殊的情况，在收入管理过程和方法上不尽相同，但在设计收入控制程序时都应把握以下两个原则：

（1）对收款过程设立监督机制。娱乐服务的收费常常是计时计人的“无形商品”计费，而收款员又大量接触现金。为防止差错或作弊现象的产生，收款过程的监督机制是非常重要的，它们包括：第一，收款过程的主要环节应分人负责，即开单、发货、划价记账、收款、统计核对应由不同的人员负责，严格禁止“一手落”的做法。第二，建立严格的交接班制度。交接班时，离岗人员要将本班处理的钱款、账目点数统计清楚向下班交接，每一个环节都应有严格的签字交接手续。第三，统计核对制度必不可少。每天营业结束后，应由专门的统计核对人员对款、账、物进行清点核对，以保证账款相符，如有差错应立即查实错处，按交接单据查找责任人。第四，建立主管人员核查制度。在营业过程中，主管人员应随时监督账台的工作，抽查账台的记录与实际情况是否相符，尤其是按人数和按时间计费的项目。第五，对收款人员实行定岗定位与轮岗相结合的工作安排。

（2）收入管理程序应衔接严密。娱乐设施收入管理程序必须衔接严密、环环相扣，使每一个环节都无法忽略，做到"无此则无彼"，即如果在收款过程中缺少或跳过一个环节将使收款工作无法进入下一环节，宾客消费就无法进行，以确保收款过程按规定经过所有环节，最终准确记账。同时，收款员在营业结束后如不经过统计、账款核对等环节，或吧台等发货部门不通过账账、物账核对环节，当天的工作便无法结束。



**（二）娱乐设施成本管理**

所谓理财不外乎两个方面的工作，一是开源，二是节流。收入管理是为企业开源提供保障，而成本管理就是节流计划的具体实施。

1. 娱乐设施的成本内容

（1）经营成本。即在经营过程中发生的各项直接支出，主要有食品饮料成本、客用耗品成本、洗涤成本、奖品成本等。

（2）经营费用。即各项目部门在经营过程中发生的各项费用支出，主要有运输费、装卸费、保险费、燃料费、水电费、广告宣传费、差旅费、洗涤费、清洁费、低值易耗品摊销、物料消耗、经营人员的工资（含奖金、津贴和补贴）、职工福利费、经营保险费（如各种娱乐设施的客人安全保险）、工作餐费、设备折旧费、修理费及其他费用。

（3）管理费用。即为组织和管理经营活动而发生的费用以及由企业统一负担的费用，包括管理人员的工资、福利、工作餐费、服装费、办公费、差旅费、会议费、物料消耗等公司经费，以及工会经费、职工教育经费、劳动保险费、待业保险费、劳动保护费、董事会费、外事费、租赁费、咨询费、审计费、诉讼费、排污费、绿化费、土地使用费、土地损失补偿费、研究开发费、税金、折旧费、修理摊销、无形资产摊销、低值易耗品摊销、开办费摊销、交际应酬费、坏账损失、存货盘亏和毁损、上级管理费等。

（4）财务费用。即为筹集经营所需的资金而发生的一般财务费用，包括企业经营期间的利息净支出、汇兑净损失、金融机构手续费、加息以及为筹集资金而发生的其他费用。

2. 娱乐设施成本管理体系

娱乐设施的成本管理通常是通过成本计划和成本控制这两大部分工作来完成的。娱乐设施的成本计划中应包括以下内容：



（1）成本预算。预算是成本管理主动化的重要手段，可以改变仅靠事后总结、奖惩的管理方法所造成的被动局面。

娱乐设施通常以预测业务量为基础确定计划期内各项目的成本费用预算。如一年的水费预算费用、电费预算费用等。但由于现实中宾客需求、业务量、市场物价等影响成本的因素不断变化，因此在预算中还必须有预计各种因素发生变化时的成本机动额，有时称为预计超出量。这个量可定为正数或负数，因为有些因素会使成本支出超出预算，而有些因素可使成本得到节约。将所有成本项目的预算总额和机动额制成企业费用预算表，可使整个预算更为清楚，便于执行。

同时，成本预算还应将上述预算中的直接成本分解到各个部门，编制部门成本预算。娱乐设施项目部门和职能部门的经营内容和工作内容各不相同，各部门应按照自己的特点，对其可控范围内的各项成本费用进行预算。

（2）成本定额。实际上，成本预算必须以各项成本定额为基础，根据成本定额及业务量预测可推算出预计成本额。因此，成本计划中各项成本定额是必不可少的。

娱乐部门的成本定额是指在达到规定服务质量要求的前提下完成一个单位的接待任务所需的标准成本量。核定成本定额是一项很重要的工作，定额过高会使成本预算过大，易导致浪费，而核定过低则会影响娱乐服务质量。因此，在核定时一定要经过科学实践和研究。通常，只有可控成本才需定额。

（3）成本率指标。由于影响成本的因素较多，变化也快，以绝对额形式确定的成本预算往往需要修正。为此，成本计划中还应对成本制定各种比率指标，以便对各级成本管理部门的工作进行评价。常用的成本率有：①预算（标准）成本率，即一定时期内直接成本额占营业收入的百分比。②预算（标准）费用率，即一定时期内费用额占营业收入的百分比。

3. 成本控制

成本控制指按照成本计划目标和要求，对经营过程中形成成本的每项具体活动进行审核和监督，以保证成本预算顺利实现。娱乐部门的成本控制包括以下几个部分：



（1）成本的日常控制。成本的日常控制由部门和班组具体实施，在每日经营活动中对那些涉及发生成本的行为进行规范和监督。

每个部门或班组所辖范围内的总成本都是固定成本与变动成本之和。对于不随业务量变化而变化的固定成本来说，其控制工作的重点是扩大业务量，增加客源，增加营业收入，因为业务量越大，单位固定成本就越小，可直接起到降低产品总成本的作用；而对于可变成本则必须依据定额控制管理。成本计划中制订的单位业务量所需的各种消耗品定额是可变成本控制的依据，要将这些定额落实到每个相关岗位、相关人员的相关工作中。基层管理人员必须按规定分发各种消耗品，并做好记录，留下完整的原始凭证。对于非一次性的耗用品，要严格监督其使用情况，做到正常使用，减轻磨损，杜绝浪费，并如实记录耗用量。对所有用品的储存要加强保护，减少损耗与丢失，这样才能有效地降低可变成本，达到增加赢利的目的。当然，变动成本的大小与采购进价有关，日常成本控制工作还应包括对采供工作的控制和管理。

（2）期末成本核算。期末成本核算的目的是对各种实际发生的成本费用进行定期总结、分摊和汇总，以供管理人员对各级各部门的成本管理实效进行客观全面评价。

娱乐设施的成本核算要从基层做起，因而要为班组设计实用的成本日报表、月报表、季报表和年报表，其中前两个报表对班组核算尤为重要。

日报表主要用于记录属于直接成本的整装商品和一次性消耗品，非一次性消耗品、散装商品和需分摊的成本则可列入月报表，在月报表中，非一次性消耗品的成本记录一般应以领用数为准。日报表中的所有内容都要反映到月报表中，月报表是日报表的汇总，而季报表、年报表又是月报表的汇总。在班组核算的基础上定期核算出各部门的各项直接成本，汇总各部门的直接成本便得出娱乐设施直接成本总额。



娱乐设施的间接成本费用应向各部门进行分配，分配方法可以按营业额比例分摊，可以按场地占用面积比例分摊，也可以按部门工资比例分摊。

（3）成本分析。成本分析的目的是评价本期内的成本管理工作是否达到预期目标，分析管理工作成功与不足之处及其原因。具体方法是将上述核算得出的实际成本与预算成本进行对比，检查各项成本是否符合预算，如有差异，是否在许可范围之内，若超出许可范围，则必须寻找差异原因。对成本影响较大的主要项目，应对照定额指标或标准成本逐项进行检查，同时还要将成本发生过程中的具体凭证与企业成本管理制度相比，检验每项成本的发生情况是否按规定程序办理。为了解成本费用在营业收入中的相对比例，评价其是否合乎预算，应计算核算期内的成本率和费用率。若成本费用率与预算或历史成绩相比有升降变化，还应计算其变化速度，并与各影响因素的变化速度相比，以确定变化速度是否合理。

### （三）娱乐设施成本管理原则

娱乐设施成本管理工作内容繁多，方式多样，但不论用何种方法进行成本管理，都应遵循以下原则：

1. 成本管理必须遵守国家有关规定

企业的成本升降不仅影响企业的利润，还会影响国家的税收。因此，国家对各种企业的成本开支范围、费用开支标准和成本费用的摊销方式都有明确规定。娱乐设施在成本管理过程中必须遵守国家的这些规定，不把不该计入成本的支出如各种赔偿金、罚款及捐赠支出计入成本。

2. 处理好降低成本与保证服务质量的关系

尽量降低成本支出是成本管理工作的目标，然而成本不仅与企业利润有关，也与企业的产品质量有很大关系，若成本降至过低，会影响娱乐产品的质量，引起客人不满，客源减少，损害娱乐部门的长远利益。因此，成本管理必须以保证服务规格、服务质量为原则，在制定标准成本和成本预算时都要以服务质量要求为依据。降低成本要在保证质量的前提下挖掘内部潜力，力求节约，减少浪费，而不应为了降低成本而采用劣质物品或克扣客人。

3. 成本管理必须实行分级归口、全员管理

成本管理涉及娱乐设施前台和后台的所有工作人员，但娱乐设施中发生成本支出的各部门、各班组之间独立性比较强，管理人员对成本发生的具体过程难以进行周全的控制，因此娱乐设施的成本管理必须采用分级归口、全员管理的方法，实行企业、部门、班组三级管理，层层下达指标，层层进行考核，并将成本管理的责权利与每一位工作人员和服务人联系起来，只有这样，成本管理才能真正行之有效。

# 第七章　饭店安全和卫生管理

〔**内容提要**〕饭店是为宾客提供住宿、饮食、娱乐、购物和其他服务的综合性服务企业，是宾客外出旅游、商务、会议等活动的生活基地。对宾客而言，饭店产品不仅仅是客房的床位、餐厅的食物，也包括消费这些物质产品时所享受的愉悦和舒适的感受。但归根结底，使宾客产生愉悦感、舒适感和满足感的基石是饭店产品的安全与卫生。缺乏安全与卫生的饭店产品，不仅满足不了宾客的基本需求，还会对宾客的安全造成威胁，同时也会给饭店带来无法弥补的损失。

〔**学习要点**〕

- 饭店安全管理的重要性
- 饭店安全保卫部与其他部门的关系
- 饭店治安管理与消防管理
- 饭店公共区域卫生质量控制
- 饭店餐饮卫生管理的主要内容

〔**思考题**〕

1. 从饭店安全角度看，饭店的要害部位有哪些？
2. 饭店安全保卫部与其他部门的关系如何？
3. 饭店的治安管理有哪些主要内容？
4. 饭店消防管理的关键在于哪里？
5. 饭店公共区域卫生工作的特点是什么？
6. 饭店公共区域卫生工作的业务范围有哪些？
7. 饭店公共区域卫生管理制度的制定要注意些什么？
8. 饭店餐饮卫生的重要性体现在哪些方面？
9. 饭店餐饮卫生管理的基本内容有哪些？
10. 饭店餐饮设备与餐具的卫生管理应注意些什么？

# 第一节　饭店安全管理概述

## 一、饭店安全范围

饭店安全所保护的对象可指在饭店所控制的范围内所有人员及所有财产。

### （一）饭店安全的概念

饭店安全的概念有三层含义：

（1）饭店客人、饭店员工的人身及财物以及饭店财产和财物，在饭店所控制的范围内不受侵害。

（2）饭店内部的服务及经营活动秩序、工作及生产秩序、公共场所保持良好的安全状态。

（3）饭店内不存在导致对饭店客人及员工的人身和财物以及饭店财产造成侵害的各种潜在因素。

### （二）饭店安全的范围

饭店安全范围广泛，根据不同的角度，可以分成不同的种类。

1. 按内容和性质

按内容和性质不同，饭店安全可以分为生产安全、交通安全、食品卫生安全及社会治安安全等。

2. 按管辖范围

按管辖范围不同，饭店安全可以分成总经理办公室安全、前厅部安全、客房部安全、餐饮部安全、营销部安全、工程部安全、人力资源部安全、采购部安全、商场部安全、财务部安全、安全保卫部安全等。

3. 按重要程度

按重要程度不同，饭店安全可以分为要害部位安全和非要害部位安全等。饭店的要害部位一般包括：饭店指挥中枢类要害部位，如总经理室、安全保卫部及其所属消防中心、闭路电视监控中心、电脑机房及数据库等；财富、秘密类要害部位，如总出纳室、客人行李库房及保险柜库房、商场、机要档案室、VIP 专用客房等；基础设施类要害部位，如总配电间、总水泵房、电话总机房、电视播发中心、空调及通风采暖中心、汽车库及汽油库、客房总钥匙及钥匙管理等。

## 二、饭店安全管理的重要性

常常有人认为饭店的安全工作是依附于服务而产生的，它不直接产生利润，属于非生产性部门，因而将之作为“二线”部门而轻视。这种看法无疑是片面的。饭店安全工作的好坏，不仅直接关系到饭店的正常运转，也在很大程度上影响饭店的效益。

### （一）安全管理是提高客人满意度的重要保证

安全是人类的一个最基本的需求。饭店宾客如同其他任何人类一样，具有免遭人身伤害和财产损失，要求自身权利和正当需求受到保护和尊重的安全需求。而且，宾客身处异地他乡，他们对自己的生命安全、财产安全和心理安全的关注与敏感，其期望程度比平时更甚。因此，从经营的角度而言，为宾客提供安全的环境以满足客人对安全的期望，是饭店开展正常经营管理工作和提高服务质量的一个基础。

### （二）安全管理直接影响饭店的社会效益与经济效益

宾客来饭店消费，饭店经营者有义务制定出能保证消费者安全的服务标准，具备能够保证消费者安全的服务设施。否则，饭店经营者将面临因安全问题而引起的投诉、索赔直至承担法律责任，从而影响饭店的社会效益和经济效益。因此，从法律的角度而言，饭店在经营管理工作中必须牢固树立安全意识，确保饭店内所有人员及所有财产的安全。这里的“所有人员”，既包括宾客，也包括从业人员以及所有合法在饭店的其他人员；“所有财产”包括宾客财产、饭店财产以及从业人员的财产。

### （三）安全管理有助于提高员工积极性

安全管理不仅是对客人安全、饭店财产安全的管理，同时也包括对员工安全的管理。如果饭店在生产过程中缺乏各种防范和保护措施，将不可避免地产生工伤事故，使员工的健康状况受到影响，很难使员工积极而有效地工作。

## 三、饭店安全管理工作任务及机构设置

饭店为了更有效地进行安全管理工作，一般在饭店组织内设置专门的机构——安全保卫部，以对安全管理工作进行负责。

### （一）饭店安全管理工作的任务

1. 开展安全和法制教育，提高员工的安全意识

没有受过专业训练的员工对安全保卫工作的认识不尽一致，而且饭店的员工由于分工不同，考虑问题的角度不同，对安全工作重要性的认识也有高低之分。因此，饭店安全保卫部应经常开展安全和法制教育，使广大员工牢固树立“安全第一”的观念，提高对安全保卫工作的认识。

2. 健全安全防范管理制度，严格实行安全保卫岗位责任制

安全保卫部的安全防范管理制度有门卫制度、巡逻制度、客人住宿验证登记制度、钥匙管理制度、总服务台安全防范制度、财务保管制度、防火安全制度、访客制度、情况报告制度、通缉协查核对制度、交接班制度等。对于这些制度，安全保卫部应严格执行，杜绝松懈。落实安全防范管理制度的基础，是积极推行安全保卫岗位责任制。实行岗位责任制能调动员工的积极性，增强安全保卫人员的工作责任性和主动性，有利于安全防范措施和制度的落实。



3. 加强饭店内部的管理，维护内部治安秩序

安全保卫部在饭店内部治安管理中的主要职责是在饭店总经理领导下，在治安管理部门的指导下，对饭店内部的治安管理工作进行管理、检查、督促，以维护饭店内部的治安秩序。例如加强对饭店的开业、转业、客人登记以及兼营舞厅、音乐茶座等的管理工作；加强对酒吧、咖啡馆、商场、游乐场等饭店内部的公共场所的治安管理，维护内部治安秩序；加强对危险物品和枪支弹药的管理；对饭店内部员工的轻微违法犯罪行为进行教育、帮助，严肃查

处各种治安案件；配合有关部门作好消防、交通管理，防止火灾和与其他灾害事故作斗争。

4. 协助公安机关查处破坏事故和治安灾害事故

饭店内容易发生的灾害事故，主要有火灾、中毒、爆炸、建筑物倒塌等。这些事故对饭店经营和国家声誉都有严重影响。饭店安全保卫部应采取有效的措施做好事故预防和查处破坏事故。在饭店发生治安灾害事故后，经调查如属人为破坏，安全保卫部应负责调查并报公安机关追究其刑事责任；如属责任事故，由有关部门负责处理，安全保卫部予以配合。

5. 确保饭店的重点与要害部位的安全

饭店一般既有重点部位也有要害部位。要害部位主要指对国家安危、国际名声和饭店业务全局具有重大作用和影响的部位。安全保卫部应做好划定要害和确定要害保卫的主要措施，根据饭店实际情况采取切实可行的方案，确保要害部位的安全。

**（二）饭店安全管理工作的机构设置**



1. 机构设置原则

在现代化的管理中各种机构的设置都力求精简、统一和高效，饭店安全机构也不例外。

（1）与饭店管理体制相适应原则。安全保卫部作为饭店的专门负责安全工作的职能部门，与其他部门一样，直接受总经理领导，向总经理负责。安全保卫部是饭店大系统内的一个小系统，它的机构设置必须与饭店总体的管理体制相适应。

（2）与饭店规模星级水平相适应原则。饭店的规模和星级不同，接待客人的层次不同，安全的要求也不同。因此，饭店安全机构的设置和力量的配备，必须与饭店的规模与星级水平相适应。例如高层建筑的防火要求比一般建筑高，而庭园式豪华饭店的占地面积大，范围广，安全机构的设置必须与以上特点相适应。

（3）与饭店的安全设施相适应原则。大多数高级饭店都安装自动灭火、报警、安全电视监控系统，这些都需要设立专门的管理岗位及专门的安全管理人员。

（4）与所承担的安全保卫任务相适应原则。由于饭店的管理机制不一，也使饭店安全部门的任务有所不同。例如有的饭店安全保卫部门对饭店其他部门安全工作贯彻、落实、检查、考核方面需要投入较多的力量，有的则主要由各部门自行负责，安全保卫部只需检查督促等。

2. 机构组织体系

饭店安全保卫部的组织机构主要包括安全保卫部经理、副经理、各小组组长、主管、领班、保安员等层次，主要有内部保卫、外部保卫、消防监控等。

## 四、安全保卫部与其他部门的关系

饭店安全保卫部与其他部门在安全工作方面的关系非常密切，具体如下：

### （一）与前厅部的关系

（1）协助前厅部对门厅场所的秩序进行管理。在客流量达到高峰时，安保部要加强门厅安全工作的控制，除有专人在门厅巡视外，并有电视监控系统昼夜监视。一旦发现安全方面问题，应及时作出反应，进行处理。

（2）通过建立制度，协助前厅部加强安全管理。安全管理的内容有客人投宿登记、离店结账、外币兑换、行李存取、保险柜租用、客房钥匙管理等。前厅部如在上述环节发生案件或治安事故，由安全保卫部负责查处，前厅部予以配合。

（3）会同前厅部一起受理客人有关安全方面的报案和投诉。前厅部接到客人关于物品失窃、丢失、人身意外等方面的报案或投诉时，应及时通知安全保卫部，共同接待，然后由安全保卫部查处，查处结果也应与前厅部一同进行答复。

（4）安全保卫部应配合公安机关及国家安全机关向前厅部了解有关情况，起到中介联络的作用。

### （二）与客房部的关系

（1）协助客房部在客房管理制度、楼面及客房服务员岗位责任制中列入安全工作要求，并督促检查其实施。

（2）安全保卫部通过巡逻、防火系统、电视监控，对楼面、通道、电梯的安全和客房内防火安全进行监督。

（3）楼面及客房服务人员，若发现危及客人人身和财产安全的案件及可疑情况，一方面保护现场，稳住可疑人员，另一方面报告安全保卫部前去处置。安全保卫部需要了解有关楼面以及客房内的可疑情况时，客房服务人员应给予协助和配合。

**（三）与工程部的关系**

（1）工程部负责防火、报警及安全监控系统有关设备的安装和维修，应及时与安全保卫部沟通，共同采取措施，以免造成系统失灵，监控工作失控。

（2）安全保卫部应协助工程部建立施工安全、防火和外来施工人员的管理制度，做好安全防范工作，并督促检查其落实情况，加强防火监督。

（3）配合工程部加强外来施工队管理。



**（四）与餐饮、娱乐部门的关系**

（1）协同餐饮、娱乐部门研究营业场所内的不安全因素，建立安全管理制度和各个岗位的安全责任制，预防不安全因素的侵害。

（2）娱乐部门认真贯彻公安部门关于这些场所的治安管理规定，维护公共场所的治安秩序，做好安全保卫工作。

**（五）与财务部的关系**

（1.）安全保卫部应主动与财务部配合，注意犯罪动向，研究对策，健全银钱及外币管理制度，装置技术设施，以加强安全防范工作。

（2）对于饭店大宗现金的解送和提取，安全保卫部要紧密配合财务部做好安全保卫工作。

（3）财务部如发现可疑情况应及时与安全保卫部联系，取得安全保卫部的支持。

**（六）与公安及其他安全业务有关机关的关系**

（1）安全保卫部与安全业务归口管理的公安机关业务部门有着

极为密切的联系。

(2) 与公安机关其他业务部门，如消防、交通、外管、边防等，也有业务上的联系，应互相配合。

(3) 安全保卫部与其他安全业务有关的机关如国家安全机关、检察机关、海关等，在安全工作方面也有一定联系。

# 第二节　饭店安全管理主要内容

## 一、饭店安全管理计划

### （一）成立饭店安全管理委员会

饭店虽然设立安全保卫部，但是，安全管理不是某个人或某个部门的工作，它需要饭店内每个职工的努力。饭店安全管理委员会由每个部门选派一名管理人员组成，其职责是制订、完善和执行饭店的安全计划。

安全管理委员会应意识到自己对饭店客人的人身及财产、饭店员工人身及财物和饭店财产的安全负有全面的责任。

安全管理委员会通过检查饭店安全状况，督察安全保卫部的工作情况，及时提出指导意见。经常开展安全调研活动，从安全政策和制度上保障饭店顺利开展经营工作。

### （二）制订饭店安全工作计划

饭店安全工作计划应是完整的计划，包括明确的政策及精心设计的程序、过程和活动，旨在防止犯罪，减少损失和降低饭店中犯罪活动的可能。

饭店安全工作计划的内容必须符合国家的有关法规，又必须符合饭店所在地的地方性有关法规及社会治安条例，还必须能被饭店的客人所接受。

饭店安全计划按其内容可以分为以下几种：

（1）总体计划；
（2）专题计划；
（3）单项计划；
（4）部门计划。

## （三）开展安全工作学习培训

安全工作的关键，其实就是管理与培训问题。管理人员既要负责检查与发现不安全隐患，并及时纠正，也要负责安全工作的学习与培训督导。

### 1. 专业知识培训

有关饭店意识与安全工作的专业知识训练，有以下几方面的内容：

（1）饭店业的特点及饭店意识、宾客意识。
（2）饭店组织结构、部门设置及相互关系。
（3）饭店大堂秩序的控制。
（4）钥匙控制程序。
（5）闭路监控电视系统的操作和应用。
（6）消防报警系统的程序。
（7）紧急事故处理的程序。
（8）各通道控制的程序。
（9）电梯操作控制程序和用电梯时遇紧急情况的处理程序。
（10）货物进出控制的程序。
（11）员工通道入口处的控制程序。
（12）宾客行李安全保管及贵重物品寄存程序。
（13）宾客结账程序。
（14）账台及出纳员现金解交程序。
（15）停车控制程序。
（16）设备安全检查及维修的程序。
（17）设备、工具安全使用规程。
（18）更衣室控制程序。
（19）防止滑倒的措施。

（20）事故报告单与事故分析的程序。

以上专业知识的训练不仅要在课堂上讲授，更应该在上岗培训期间，边干边学，把学到的知识在实践中体验领会及应用。

2. 相关知识培训

除此之外，对员工的培训还更应该着眼于提高素质，因此，还应该对他们进行更广泛的知识及能力的训练。内容包括：

（1）我国的法制及法规，尤其是适用于饭店经营及饭店安全的法规。

（2）法律知识及法律程序。

（3）整个饭店的安全计划，有关安全工作的政策、程序、活动等。

（4）本饭店建筑设计布局、各种设备的装置及有关建筑、设备的各种规章。

（5）人际关系技巧。

（6）调查技术。

（7）报告书及沟通技巧等。

安全保卫部经理及经理助理也应有学习机会，以提高他们的管理水平。他们可不定期地参加管理知识学习，学习行政管理技术、组织技巧及人员管理知识等。具体内容包括：行政管理技术，如主持会议，书写报告及保存记录，收集、核对、分析数据等；组织技巧，如分清各岗位的职责及共同合作的目标、计划与决策技巧、实施方法分析、实施方案制订等；人事管理知识，如人员配备原则，岗位职责说明的制定，录用人员程序，职工指导及训练，对下属沟通技巧，对下属工作的评估与激励，工资管理等。

3. 饭店安全要点

以下是对饭店员工适用的30条安全要点，可供饭店安全培训时参考：

（1）从地上拾起或提起东西时，采用直背屈腿的姿势。

（2）不要一次拿太多的东西。

（3）拿重物时，要请人帮助。

（4）当挂淋浴帘时，不要站在浴盆边缘，以免滑倒。

（5）不要用手捡剃刀片，应用抹布把刀片捡入簸箕。

（6）不要用手拾碎玻璃，应用湿布拾。

（7）不要用手伸进废纸篓去掏垃圾，应拿起废纸篓，将垃圾倒进垃圾箱。

（8）擦玻璃时，注意破口，以防手指割破。

（9）翻床垫时，从两侧抬起，对准床边一侧，然后放到恰当位置。

（10）零星物品不要放在地上，以免绊跌。

（11）电线要放在家具后面人走不到的地方，防止绊跌。

（12）关门时，使用房门把手，直接抓门会碰伤手指。

（13）不要把刀口对向身体，不用时，放回不会伤人的刀架上。

（14）洗玻璃杯子时如杯子破碎，先将水槽中的水放掉，然后用擦布捡起碎片。

（15）不要用毛巾塞进玻璃杯去擦干杯子，以免玻璃杯在手中破裂。

（16）不要用玻璃杯舀冰块，应用金属勺子。

（17）使用活梯时，要检查梯子是否有毛病，在梯子上不宜站得太高，花一点时间进行检查会节省很多时间。

（18）注意客房里一切不足之处，并立即加以改进。

（19）在点燃煤气炉前，要检查是否漏气。

（20）点煤气炉时，人要站在一边，不要用火柴点它，用涂蜡长烛芯。

（21）端热锅时使用布垫。

（22）用钢丝绒或烈性清洁剂擦洗器皿时，应戴上防护手套。

（23）擦洗浴室地板或其他相似地方时，要使用护膝。

（24）电梯的载客量不能超过规定限度。

（25）电梯操作必须经过批准。

（26）客梯和货梯在每次停下来时，都要关掉电源。

（27）盛物盘不要装载过多。

（28）运送或放置玻璃器皿，要使用专用玻璃架。

（29）正在维修的机器，要挂上警告标志。

（30）不要在移动的机器上工作。

### （四）安全设备

“工欲善其事，必先利其器。”在安全保卫工作中，人是决定性的因素，这点毫无疑问。但是，使用先进的设备工具能提高工作效率。

饭店安全设备的装备必须结合本饭店的实际情况加以考虑。盲目地认为其他饭店有，本饭店也必须有，这往往会造成不必要的浪费。总之，添置安全硬件要从工作实际出发，要考虑成本、维修、使用以及使用该硬件对饭店的作用与效果。

下面是饭店通常使用的安全硬件及工具：

#### 1. 信息处理系统

电脑信息的处理技术近几年来在高技术领域有很大的发展。信息处理包括客房预订中心、客房管理系统、销售点结账、财务会计、文字处理和单机电脑的运用等。电脑信息处理系统已用电脑代替了过去手工进行财务处理的手段，不仅高效，而且安全。它还能将数据处理功能与饭店管理学，如能源控制、通信等联结起来。

#### 2. 电信系统

电信系统包括程控电话、电话自动记账和电视会议设施，能使宾客享受普通住家在通信上的便利。作为安全硬件，电话系统可将客房内烟感器及其他安全装置发出的讯号传送到总台，电话账单一目了然，并能迅速打印出来，以免漏账。

#### 3. 防火系统

饭店防火系统包括：

（1）手拉报警系统。

（2）烟雾感应器。

（3）自动喷水器、水塔消防水管系统、携带式灭火器。

（4）中心广播网。

（5）客人疏散信号发布系统。

（6）消防人员联络系统。

（7）消烟、灭火器的装置。

（8）防烟和防火梯道。

（9）安全出口标记与紧急信号灯。

（10）紧急发电机。

4. 锁匙系统

设计周密的锁匙系统是饭店最基本的安全硬件。

为了有效地运用锁匙，钥匙要定期更换、改变。如传统的锁应定期更换锁芯。当然，使用电子计算机控制的电子门锁更换的余地更大。

5. 闭路电视监控系统

饭店的闭路电视监控中心一般设在保安部，监视镜头可以监瞄任何容易发生偷盗的地点，并可以通过电脑程序加以控制。在饭店出入口处、电梯口、客房走道及其他敏感部门安装监视器，监视这些场所的活动，从中发现可疑人物及不正常活动，以便及时采取措施。采用闭路电视监控系统可减少保安部巡逻人员，并提高工作效率。



**（五）制定安全标准与工作规范**

饭店应根据国际旅行社普遍所需的安全要求，结合本饭店的实际情况，制定出各个场所、各项服务工作的安全标准。这些标准不应是笼统的、空洞的，而应是具体的、详尽的。在对构成犯罪、事故及引起客人、旅馆受损、受害的各种不安全因素进行调查研究后，应根据饭店制定的安全标准，提出实际解决问题和处理问题的办法。对实际解决办法作系统的阐述，从而形成切实可行的计划，这是饭店安全计划的主要内容。

应该强调的是：饭店安全计划的内容必须符合国家的有关法规，又必须符合饭店所在地的地方性有关法规及社会治安条例，还必须能为饭店客人——国际旅行者所接受。

饭店安全计划中所提出的系统的实际解决办法涉及各个工作部门及各个工作岗位。安全工作必须有机地与各工作部门及各工作岗位的职责、任务结合起来。因此，饭店安全计划的执行不仅是靠少数的管理者或专业安全保卫人员，而是应依靠广大的员工在各自的岗位上共同努力实施。广大员工的积极参与是饭店安全计划实施的基本保证。

另外，与当地执法部门——公安机关保持密切联系，争取他们的配合、协助也是饭店安全计划实施的一个重要保证。

饭店安全计划的主要内容虽然已有机地结合在各工作部门及各工作岗位的职责和任务中，但饭店安全计划却不能给“融化”掉，仍应自成体系，以文字形式存在，作为定期检查的依据。安全计划本身应根据情况的变化及客人安全需求的变化不断进行更新及发展。

饭店安全标准的制定，必须充分考虑在合理的范围之内，使宾客免遭人身的伤害，保护他们财物的安全，同时也必须考虑饭店员工的安全和饭店财产的不受损失。

制定安全与工作规范，一类是根据区域与岗位制定。如大堂、客房、电梯、走道的控制等。另一类是根据所提供的服务功能制定。如贵重物品寄存、客房钥匙的管理、外来访客的登记等。



例 1：宾客财物安全保管箱使用的程序

1. 在宾客登记入住时，总服务台人员应告诉客人，饭店提供安全保管箱服务，询问是否有贵重物品需保存。在住店登记表和客房内的《服务指南》中，也应注明有此项服务，以提醒客人注意。

2. 如客人使用安全保管箱，请客人填写《安全保管箱使用单》，并留下签名样本。

3. 给客人提供空箱号码及保管箱的钥匙，所有安全保管箱都应设双锁控制，每一保管箱必须有 2 把钥匙才能开启，一把交给客人，另一把由总台专职人员保管。客人如丢失钥匙，需赔偿。

4. 当宾客往保管箱内放物品时，工作人员应避免张望，以防客人疑心。当宾客把东西放入保管箱内，工作人员应当着宾客的面把双锁锁上，并把宾客保管的钥匙交给客人。

5. 客人在居住期间，每次要求使用安全保管箱，都必须填单签字，与总台专职人员一起开启及上锁。

6. 客人离店时，取回存放在保管箱内的物品后，应在“使用单”上签字，表明物品如数收回并归还钥匙。

7. 客人所填写的《安全保管箱使用单》及签字样本，不能在客人离店后随即销毁，应按照饭店的政策，保存一段时期，以遇情况时备查。

国外有的饭店为了使旅客放心，要求工作人员在宾客使用时退出现场。有的饭店则要求工作人员留在现场，但不得接触和观望宾客的物品。一般说来，工作人员不应当帮助宾客在保管箱中放入或取出东西，只能让宾客自己去做。在打开或锁上保管箱时，都要让宾客亲眼看见。工作人员不得单独接触宾客的物品。

对于因体积太大而不能放入安全保管箱内的客人贵重物品，饭店应能提供一个特殊保管库。该库的安全程度及客人存放、领取的程序与上述的安全保管箱基本相同。

例 2：宾客失物处理

1. 严格规定员工在饭店范围内发现客人失物，必须将物品如数交到客房部。查出有私自侵占客人失物的现象，必严加惩处。该规定应明确地列入饭店员工手册之中，并在平时的教育中经常重申。

2. 客房部为处理客人失物的归口部门。客房部设置客人失物日志，记录下职工交来的客人失物情况，如日期、品种、数量、拾物地点及拾物人姓名等，并将失物妥善地保管好。

3. 总台人员、总机人员或其他职工遇到客人有关失物的询问，不能随意回答。须经客房部查核后，才能给客人以明确的回答。

4. 如客人亲自来店认领时，客房部人员必须问清失物的情况并请客人详细说明物品，以防假冒。如客人不能来店，但通过电话、书信说明上述情况，经核对属实，可由客房部负责将物品邮寄给客人，邮资由客人承担（须事先向客人说明），邮局回执应保存一段时间。



### （六）定期检查与记录

对饭店安全工作的定期检查与记录是安全管理不少缺少的部分，这些记录使管理人员能及时了解安全工作现状，尤其是明了所发生不安全事件的类型、原因与后果，以便今后更好地采取防范措施。

下面是几种类型的记录：

1. 每日活动记录

记录安全人员在每日的值勤、巡逻工作中所观察到的饭店安全情况。

2. 各类事件报告

对下列事件写出专项报告：客人伤病死亡，偷盗等犯罪活动，紧急事故（如停电、火灾等），财物损坏，客人逃账等。

3. 定期的数据统计资料

定期对饭店内所出现的不安全现象及发生的涉及安全的各种事件加以统计，整理出数据资料，以便更正确、精确地把握住这个时期的安全状况。

4. 会议记录

饭店管理层召集的各种有关安全问题的会议，如饭店安全委员会会议、防火委员会会议、各部门参加的安全工作协调会议的记录都必须整理好存档。各种会议所作出的决定应详细记录在内。

5. 内外联系记录

在饭店内部与其他各部门就安全问题的工作联系及与饭店外部的公安、消防等部门的工作联系，都应以备忘录的形式加以记录送交对方，并自己存档备查。

搞好安全工作的记录，还必须注意下列几点：

（1）为使各种记录、报告更有效，安全部应设计好各种类型记录、报告的标准格式（有的可以是表格形式）。这些标准格式应清楚、易懂、完整。

（2）填写、书写各种记录、报告的人员应受训，以便正确地按要求填写及书写。

（3）原始的记录、报告应根据需要进行整理、组织及保存。某些受时间局限的材料，只需短期保存，然后销毁；有些材料，如悬案等则需长期保存。零碎、单个的原始记录需进行归纳整理才能集中明确地说明问题。有关某一事件的各种原始记录也需要进行组织及整理，集中成专案材料。

（4）应注意安全记录及报告的保密。

## 二、饭店治安管理

### （一）治安案件种类

对下列违法犯罪行为，情节较轻，不够立为刑事案件的，立为治安案件：

1. 扰乱公共秩序案

扰乱饭店秩序，影响工作和营业的正常进行，不听劝阻，尚未造成严重损失的；造谣惑众、煽动闹事，尚未造成后果的；谎报险情、制造混乱，尚未造成严重后果的；偷开他人机动车辆，未造成后果的。

2. 流氓滋扰案

聚众斗殴，尚未造成严重后果的；流氓奸宿以及有其他流氓行为，情节轻微的。

3. 殴打伤害他人案

故意殴打他人，尚未造成伤害后果的；过失伤害他人，尚未致人重伤的；打架斗殴，致人轻微伤害的。

4. 偷窃财物案

偷窃财物折款50元以上不足200元的。

5. 诈骗财物案

使用各种欺骗方法，骗取公私财物折款50元以上不足200元的。

6. 抢夺财物案

抢夺公私财物，数额较小的。

7. 哄抢财物案

哄抢国家、集体、个人少量财物的。

8. 毁坏公私财物案

故意毁坏公私财物，情节轻微的。

9. 赌博案

赌博少量财物的；为赌博活动提供条件的。

10. 卖淫奸宿案

偶尔卖淫或奸宿暗娼的；以及为卖淫、奸宿提供条件，情节轻微的。

11. 妨碍公共安全案

公共场所违反安全管理规定，造成不良后果的。

12. 妨碍公务案

拒绝、阻碍国家工作人员依法执行公务，情节轻微的。

13. 违反危险物品管理案

违反爆炸、剧毒、放射性危险物品管理规定，尚未造成严重后果的。

14. 违反户口管理案

假报户口或伪造、涂改、转让、出借、出卖户口证件（含居民身份证）的；不按规定申报户口，经指出拒不改正的。

15. 其他违反治安管理的案件

指其他违反治安管理，需要立案调查，并按有关治安管理处罚的法规处理的案件。

**（二）治安案件处理程序**

安全保卫部值班人员在接到治安案件的报案后，应当立即问明事情发生的时间、地点和经过，并且记录下当事人的姓名、国籍、性别、年龄、身份等，立即向值班经理汇报。

值班经理接到报告后，要立即派内保主管和警卫人员到现场了解情况，保护和维持现场秩序。对于较严重的事件，安全保卫部经理需亲自到现场调查，同时要向值班总经理报告。

安全保卫部人员在找客人了解情况之前，一定要慎重，要了解客人的身份。对于客人之间一般的吵骂等轻微违法行为，安全保卫部可出面进行调解。对于其违法的行为，要查明情况，在征得总经理同意后，向公安部门报告。

如果事件涉及外国客人，需向当地公安机关外管部门报告。如果违法人员属国内人员应向当地公安派出所或公安分局报告。凡是发生在饭店内的客人违法事件均需向饭店的上级主管部门报告。

在向公安部门报告后，安全保卫部的人员应对违法行为人进行监控，等待公安人员的到达，安全保卫部人员不能对行为人进行关押，可以说明应等候公安人员前来处理。

事件处理完毕后，安全保卫部要把事件的情况和处理结果记录留存。

## 三、饭店消防管理

《中华人民共和国消防条例》和实施细则规定：“企业事业单位实行防火责任制度，确定一名行政领导人为防火负责人，全面负责本单位的消防工作。”“高层建筑的宾馆、饭店必须建立健全消防组织，制定防火安全管理办法。”还“应当根据需要设立群众义务消防队或者义务消防员，负责防火和灭火工作”。按照消防条例的规定，饭店应当建立相应的消防组织和消防机构。消防组织指的是饭店消防委员会，这是饭店的消防管理组织，全面负责饭店的消防工作。

饭店的消防机构指的是饭店消防的执行机构，负责日常的消防检查工作。有的饭店设消防中心，有的饭店在安全保卫部内设消防组，也有的饭店同时设置消防中心和消防组，由工程部负责消防中心的工作（即消防的硬件部门），安全保卫部负责消防组的工作（消防工作的软件）。



### （一）饭店消防委员会的组成

饭店消防委员会是饭店最高一级的消防管理组织，大多由饭店各主要部门的负责人组成。肩负着本饭店消防工作制度的制定、落实与检查的责任。消防委员会的主任可由饭店的总经理或分管安全工作的领导担任。安全保卫部经理和工程部经理任副主任。委员一般由客房、财务、饮食、培训、前厅等部门负责人和大堂经理等组成。

饭店应按照领导负责，分级管理，各负其责的原则管理饭店的消防工作，确保饭店的绝对安全。在大中型饭店，除建立饭店消防委员会，饭店的一些重要部门还应当建立消防小组，负责本部门的消防工作。各部门的消防领导小组负责人由部门行政领导兼任，重点部位的班组要设消防安全员。

### （二）饭店消防委员会的主要工作

饭店消防委员会的职责是，认真贯彻上级和公安消防部门有关消防安全工作的指示和规定，把饭店防火工作纳入日常管理工作，做到同计划、同布置、同检查、同评比，实行“预防为主，防消结合”的方针，充分发动与依靠每位职工，定期研究和布置本饭店的消防工作。饭店消防委员会的主要工作有以下几个方面：

（1）贯彻执行《中华人民共和国消防条例》及实施细则和其他有关消防法规。

（2）组织实施逐级防火责任制和岗位防火责任制。

（3）组织制订灭火方案和疏散计划。

（4）负责饭店消防工作计划和政策的制订与落实。

（5）组织防火安全检查，消除火灾隐患和不安全因素。

（6）检查和指导饭店消防器材的配备、维修、保养和管理。

（7）安排饭店专职消防员培训学习。

（8）定期组织饭店的消防演习。

（9）一旦发生火灾时，担任现场指挥，组织职工进行扑救工作，保护火灾现场。

（10）负责追查处理火灾事故，协助调查火灾原因。

**（三）消防中心的主要工作**



消防中心是饭店消防工作的执行机构。消防中心是在安全保卫部或有关部门的领导下，以及公安消防部门的指导下，负责饭店的消防工作，保障饭店的正常运转。消防中心的主要工作有两个部分，一部分是消防的硬件管理，另一部分是消防的软件管理。

消防工作的硬件部门有各种消防设施、设备和器材等。这一部分工作主要由工程部或消防中心负责硬件管理的工程人员负责。其主要职责是定期检查和保养消防设施与器材，确保全饭店的消防设施、设备及器材的完好，始终处于良好的使用状态。

饭店消防工作的软件部分是指消防工作的组织与管理，包括以下一些主要工作：

（1）制订饭店防火、灭火与疏散计划。

（2）对饭店的各种危险品实行监管并检查其防火、防爆工作的落实情况。

（3）每日巡查饭店，检查消防设施和器材，杜绝不安全事故的发生，发现不安全因素立即排除并上报。

（4）对职工进行消防教育和培训，使每位职工不但认识到饭店消防工作的重要性，还要熟悉报警程序、疏散程序、熟悉饭店的紧急出口和通道，并能正确地使用灭火器材。对新录用的员工进行入店消防教育，只有通过了消防考核，才能上岗工作。

（5）负责对饭店义务消防员的训练工作。

（6）发现火警信号或接到火警报告，迅速弄清情况并及时将发火地点、火势状况、燃烧物质及扑救情况向安全保卫部经理和总经理汇报，由总经理决定是否向公安消防部门报警。

（7）与在饭店施工的单位制定防火安全措施。审批“防火申请报告”。建立消防安全工作档案。

**（四）火灾疏散程序**

饭店一旦发生火灾，要尽快地把大楼内的人员和重要财产及文件资料撤离到安全的地方。

在客房楼层工作的服务人员发现本层着火时，除了迅速报警，还要立即组织本楼层人员疏散。

在进行紧急疏散时，客房部的服务员注意通知房间的每一位客人。尽管房间的客人可以通过广播得到通知，由于饭店内居住着各个国家以及各种类型的客人，紧急广播不可能同时用多种语言进行广播，可能还有些客人停留在房内。这就需要服务员认真检查每一个房间。只有确定本楼层的客人已全部疏散出去，服务员才能撤离。

在接到疏散的命令时，当班的服务员要立即分头去检查房内有无客人。检查房间时，要同时检查卫生间和套间的所有房间。在确认房内无人时，要把房间的所有门都关上，以阻止火势的蔓延，然后在房门上做个记号，表示此房已检查无客人。可用两种方法做记号，一是在房门上挂个“已检查过”的牌子。二是用粉笔在门上画个记号（饭店事前约定）。

各部门、各岗位的人员在进行疏散时应遵循“老、弱、病、残、儿童、妇女”在先的原则，由一名工作人员在前领路，另一名工作人员认真检查本工作点的每一地方、每一角落，确保无任何人员留下时方可离开。在离开时要把重要的文件资料及资金带上，并把门关好，挂上“此地已检查过”的牌子。

在疏散时，要通知客人走最近的安全通道，千万不能使用电梯。可以把事先准备好的“请勿乘电梯”的牌子放在电梯前。

## 第三节 饭店公共卫生管理

### 一、公共区域的概念和特点

饭店是一个小社会。除了住客之外，前来用餐、开会、购物乃至参观游览的人们络绎不绝。饭店的公共区域便成为客人逗留人数最多，来往最为频繁的场所。由此，饭店的公共区域也成为公众衡量整个饭店的标准。饭店的幽雅环境取决于清洁、合理布局、设施配备及装饰等方面，而其中，清洁卫生无疑是创造宜人环境的最基本的条件。



#### （一）公共区域的概念

凡是公众共有共享的活动区域都可称之为公共区域。通常，人们又习惯把饭店的公共区域分为室外与室内。室外又称之为外围，它包括外墙、花园、前后门广场及停车场等。室内公共区域又进而分为前台和后台。前台区域是指专供客人活动而设计的场所，如大厅、休息室、康乐中心、餐厅、舞厅和客用洗手间等；后台区域即为饭店员工而划出的工作和生活区域，如员工更衣室、员工餐厅、员工活动室、倒班宿舍等。

#### （二）公共区域的特点

公共区域因在饭店中所处的位置不同，所使用的对象不同，因此其清洁保养的要求也有所不同。一般而言，公共区域大多有如下特点：

1. 众人瞩目，要求高，影响大

由于公共区域所涉及的范围相当广，因此其清洁卫生的优劣对饭店的影响非常大。公共区域是饭店的门面，是饭店规格档次的标志，其卫生管理工作的好坏，直接关系到饭店在公众心目中的形象。

2. 活动频繁，环境多变

公共区域是人流交会、活动频繁的场所，环境在不断变化，更增添了清洁工作的难度。

3. 人员复杂，难以控制

公共区域的清洁工作烦琐复杂，工作时间不固定，人员分散，由此造成清洁卫生质量不易控制。这就要求公共区域服务员在日常工作中必须具有强烈的责任心，积极主动，适时地把工作做好。同时，管理人员也应加强巡视和督促，以有效控制卫生质量。

4. 工作条件差，专业性、技术性强

公共区域清洁卫生工作比较繁重，劳动条件和环境比较差。例如负责停车场及饭店周围的卫生，无论刮风下雨，都必须尽心尽力。另外，这些工作又具有较强的专业性与技术性。员工在工作中所接触的设备、工具、材料及清洁剂种类繁多，用途各异，需要对此有全面的认识。



## 二、公共区域卫生管理范围

公共区域卫生的管理范围，是根据饭店的规模、档次和其他实际情况而定的。一般主要包括：

（1）负责大厅、饭店门前区域、花园、客用电梯及饭店周围的清洁卫生。

（2）负责餐厅、咖啡厅、宴会厅及舞厅等场所的清洁保养工作。

（3）负责饭店所有公共卫生间的清洁卫生。

（4）负责行政办公区域、员工通道、员工更衣室等员工使用区域的清洁卫生。

（5）负责饭店所有下水道、排水排污等管道系统和垃圾房的清疏整理工作。

（6）负责饭店卫生防疫工作，定期喷洒药物，杜绝“四害”。

（7）负责饭店的绿化布置和苗木的保养繁殖工作。

## 三、公共区域卫生质量控制环节

### （一）定岗划片，分工负责

公共区域卫生管辖范围广，工作繁杂琐碎，需要实行定岗划片，包干负责的方法，才能有利于管理和保证卫生质量。

### （二）制定计划卫生制度

为了保证卫生质量的稳定性，控制成本和合理地调配人力和物力，必须对公共区域的某些大的清洁保养工作，采用计划卫生管理的方法，制定相应的计划卫生制度。

### （三）实行走动管理

公共区域管理人员要实行走动管理，加强巡视，检查卫生质量，了解员工工作状态，及时发现问题并进行整改，作好检查记录。



## 四、公共区域卫生管理制度及标准

### （一）日常清洁保养制度

根据各区域的活动特点和保洁要求，列出所有责任区域的日常清洁基本标准以便进行工作安排和检查对照。其一般形式与主要内容如下：

（1）大厅及走廊随时保持整洁。早中班每小时进行一遍地面推尘、倒烟灰、座位整理、扶手与平台抹尘、清除地毯及水中垃圾。夜班作全面清洁。

（2）客用电梯早中班每4小时清扫一次，夜班作全面清洁。

（3）客用洗手间早中班每1～2小时进行一次整理。下午及后半夜各作一次全面清洁。

（4）餐厅和舞厅每日营业结束后进行全面清洁保养。

（5）多功能厅每日清洁一次，需要时可随时清洁。

（6）行政办公室每日下班后清洁一次。

（7）员工更衣室每日早中班各清洁一次。

（8）员工通道与电梯每班清洁一次。

（9）外围每日早晚清扫两遍，其他时间由外围服务员随时保持其整洁。

**（二）服务员的分工负责制度**

根据日常清洁标准，将各项工作落实到早中夜三个班次；再根据工作量多少确定各班次所需要的人员并为服务员划分责任区。为保证工作的实施及便于检查效果，应制定出早中班各责任区服务员的工作流程和时间分配方法，而夜班通常只需列出其工作内容即可。

**（三）分期清洁保养计划制度**

公共区域范围广、项目种类多，如果缺乏一个分期分批逐级保养的计划，往往会使公共区域的日常卫生工作陷入混乱。公共区域的卫生工作由于分块多、各处使用情况有别以及环境要求不同等特点，所以必须以各区分别制订清洁保养计划。



## 第四节　饭店餐饮卫生管理

### 一、食品卫生管理

饭店餐饮卫生管理的主要目的是为客人提供合乎卫生、对人体安全的餐食。餐饮卫生是保证就餐者健康的首要条件，也是影响餐饮产品质量的重要因素。为了保证食品卫生，杜绝食品污染和有害因素对人体的危害，保障就餐者的身体健康，饭店应切实抓好餐饮卫生管理工作。餐饮卫生管理工作的主要内容有食品卫生管理、员工卫生管理、环境卫生管理及设备餐具卫生管理。

饭店提供的食品必须是没有受过污染、干净、卫生和富有营养的。食品如果受到污染将会给顾客带来疾病，造成食物中毒。导致食品受到污染的来源主要是病菌、寄生虫或化学物质及其有毒的动植物。因此，必须做好食品污染的预防工作，保证食品卫生。

**（一）预防生物性污染**

菜肴食品的制作要经过多个环节，从食品原料采购、运输、加工直至菜肴的烹调和传送，有多种原因和渠道会沾染病菌、寄生虫卵和霉菌。因此，预防菜肴食品的生物性污染非常重要。主要的预防措施有：

（1）采购新鲜的、没有被污染过的食品原料。

（2）严格把好食品原料的运输关，作好防尘、冷藏和冷冻措施。

（3）按照食品储存的标准温度和方法，正确储存各类食品，避免虫害。

（4）食品原料应尽快处理，做好的菜品应尽快食用。

**（二）预防化学性污染**

水果和蔬菜在生长期会沾染化肥与农用杀虫剂，因此预防食品受到化学性污染也非常重要。

（1）认真清洗蔬菜瓜果，消毒后再用清水认真清洗。

（2）选择无毒物溶出及符合卫生标准的食品包装材料及容器包装食品。

（3）严格掌握硝酸钠和亚硝酸钠的用量，并尽量用其他无毒的替代品替代。

## 二、员工个人卫生管理

员工良好的个人卫生可以保证良好的健康和高效率的工作，而且可以防止疾病的传播，避免食物污染，并防止食物中毒事件的发生。

**（一）员工健康管理**

餐饮部员工的健康管理是餐饮卫生健全发展的基础。餐饮从业者在上岗前必须经过卫生医疗机构的检查，合格后方能使用。员工在雇用后每年必须主动进行健康检查，并取得健康证明。

**（二）员工卫生管理**

员工卫生是餐饮卫生管理中的一个重要内容。如果操作人员患有疾病或者个人卫生不良、操作方法不当等，都有可能导致病菌的传播。

1. 员工个人卫生管理

个人清洁是个人卫生管理的基础，个人清洁状况不仅显示个人的自尊自爱，也标志着饭店及餐厅的形象。

（1）培养员工良好的卫生习惯。员工个人卫生管理除了依靠严格的上岗规章制度外，还应从根本着手，即培养员工良好的卫生习惯。

（2）员工工作服卫生管理。饭店应为餐饮工作人员准备两套以上的工作服，工作服必须每天或定期清洗、更换。特别是厨房工作人员的工作服应结实、耐洗、轻便、舒适并且具有吸汗作用。

2. 员工操作卫生管理

员工操作卫生管理的目的是防止工作人员因操作时的疏忽而导致食品、用具遭受污染。员工在操作时，应参照以下几项基本原则。

（1）员工在工作场所禁止饮食、吸烟，并尽量不交谈。

（2）员工在拿取餐具时应采用卫生方法，不能用手直接接触餐具上客人入口的部位。

（3）不能用手直接抓取食品，准备食物时尽可能使用各种器皿用具。当必须用手直接进行操作时，应戴好清洁的工作手套，并且在操作结束后处理好使用过的手套。

（4）工作时不使用破裂器皿。

（5）器皿器具如掉落在地上，应洗净后再使用。

（6）若熟食掉落在地上，则应弃置，不可再使用。

（7）注意成品，避免污染。

**（三）员工卫生教育**

通过对员工进行卫生意识和卫生知识的教育，使员工了解餐饮业的特性及作业体系，以及卫生对于餐饮产品质量的重要性。

1. 卫生教育基本内容

具体内容包括：卫生管理体系；食品中毒种类和原因；防止食品变质应注意的事项；环境卫生等。

2. 卫生教育方法

卫生教育可以通过以下方法进行：

（1）定期举办员工卫生讲习会或演讲。

（2）举办各类卫生竞赛。

（3）分发卫生宣传小册子或宣传单。

（4）放映幻灯片或教育影片。

（5）施行个别针对性教育。

## 三、环境卫生管理

餐饮产品的卫生情况与环境卫生管理大为相关，这里所指的环境包括餐厅、厨房、所有食品加工、储藏、销售场所、洗涤间、卫生间及垃圾房等。按照餐饮产品储存、加工、生产、消费等流程，各环节的卫生管理都必须严格到位，不容忽视。

### （一）餐厅环境卫生管理

餐厅环境卫生管理包括对餐厅地面、墙壁、天花板、门窗、灯具及各种装饰品的卫生管理。下面以某饭店餐厅环境卫生管理规定为例，加以说明。

（1）保持餐厅地面的清洁，每天清扫大理石地面并定期打蜡上光；每天清扫并用墩布擦木地板地面，定期除去木地板上的旧蜡，上新蜡并磨光；每天将餐厅的地毯吸尘2～3次，并用清洁剂和清水及时将洒在地毯上的汤汁擦干净。

（2）保持餐厅的墙壁和天花板的清洁，每天清洁1.8米以下的墙壁一次，每月或定期清洁1.8米以上的墙壁和天花板一次。

（3）保持餐厅门窗及玻璃的清洁，每三天清洁门窗玻璃一次，雨天和风天要及时擦拭。

（4）每月或定期清洁餐厅的灯饰和通风口一次。

（5）每餐后认真清洁餐厅的餐台、餐椅、服务桌和各种服务车。

（6）保持备餐间的卫生，每天整理和擦拭餐具柜、洗碗机。

（7）保持花瓶、花篮和各种调料的卫生。每天更换花瓶中的水，每天更换调料瓶中的各种调料。

### （二）厨房卫生管理

厨房卫生管理包括通风设施、照明设施、冷热水设施、地面、墙壁、天花板等的卫生管理。

1. 通风、照明设施

（1）通风设施。厨房应安装通风设施以排出炉灶烟气和仓库发出的气味。通风设施应定时或经常清洁。

（2）照明设施。有效的照明设施可以缓解厨房员工的眼睛疲劳，在厨房应安装防爆灯具，或使用防护罩，以免灯泡爆裂时玻璃片伤人或散入食物内。

2. 冷热水设施

厨房与备餐间应有充足的冷热水设施，因为厨房和备餐间的任何清洁工作都必须依靠冷热水设施完成。

3. 厨房墙壁、天花板、地面、门窗的卫生管理

（1）厨房墙壁。厨房墙壁应采用光滑、不吸油水、易冲洗、浅色的材料，墙壁之间、墙壁与地面之间的连接处应以弧形为宜，以利清扫。用水泥或砖面砌成的内墙应具有易于清洁的表面，各种电器线路和水、气管道均应合理架设，不应妨碍对墙壁和天花板的正常清扫。

（2）厨房天花板。厨房天花板应选用不剥落或不易断裂及可防止储存尘土的材料制成。通常，厨房宜选用轻型金属材料作天花板，其优点是不易剥落和断裂并可以拆卸安装以利于清洁。

（3）厨房地面。厨房地面应选用耐磨、耐损和易于清洁的材料，必须经得起反复冲洗，不至于受厨房内高温影响而开裂、变软或变滑，一般以防滑无釉砖较为适宜。应经常保持地面清洁，每天冲洗地面。

（4）厨房门窗。厨房的门窗应没有缝隙，保持门窗的清洁卫生。厨房的门窗应每天进行擦拭，较高位置的窗户和玻璃，如超过1.8米，可以三天至一周清洁一次。

**（三）更衣室和卫生间的卫生管理**

员工的便服常从外界带入病菌，因此不能穿着上班，也不能挂在厨房、仓库或卫生间内。更衣室应不靠近厨房、仓库和餐厅，要求通风、照明良好。

员工卫生间应设在隐蔽处，出入口应有自动闭门装置。设备应齐全，卫生纸与肥皂等用品应及时补充。

### （四）垃圾处理设施的管理

不适当处理垃圾会破坏饭店的环境卫生，胡乱堆放未经处理的垃圾是污染食品、设备、餐具的危险因素。垃圾桶应及时清理，每次清理后应用热水、消毒剂认真洗刷。大型饭店应设置垃圾冷藏室，配备垃圾压缩机，或使用垃圾粉碎机。

## 四、设备餐具卫生管理

由于设备、餐具卫生管理不善而污染食品导致食物中毒的事件常有发生，因设备、餐具不符合卫生要求而被罚款或勒令停业整顿的餐饮企业也屡见不鲜。因此，餐饮部应格外重视设备及餐具的卫生管理，保证供应食品不受污染，符合卫生要求。

### （一）制定科学合理的操作规程

制订出设备卫生计划及各种设备洗涤操作规程并教育训练员工，是搞好设备、餐具卫生的关键。由于设备、餐具具有不同的用途与使用特点，所以，在制定操作规程时应从以下几个方面进行考虑。

1. 设备种类

用于餐饮生产的设备与餐具种类众多，根据各自用途，大致可分为原料加工设备、烹调设备和工具、冷藏设备、清洁消毒设备与储藏输送设备等。

2. 清理时间

根据不同设备的使用频率、使用状况及易清洗度，科学制定各种设备的清理时间。例如深油炸锅应以长柄刷擦洗，用水和半杯醋冲净，煮沸 5 分钟，并用水冲净并烘干。

3. 拆卸、洗刷、安装步骤

根据各类设备的构造原理确定拆卸、洗刷及安装的步骤。

4. 安装注意事项

为了避免设备清洗后的正常使用，还应明确各项设备的安装注意事项。

5. 各类清洁剂与消毒剂的性质、数量和水温

洗刷、冲洗、消毒所使用的清洁剂与消毒剂品种繁多，其性

质、数量和适宜水温常常有很大的差异。因此，在操作规程中应详细而明确地表明各类清洁剂与消毒剂的使用注意事项。

**（二）各类设备餐具卫生管理**

1. 加工设备及厨具

这一类设备、炊具包括厨刀、案板、切菜机、绞肉机、拌面机，各种盆、盘、筐等。由于它们与生料直接接触，受微生物污染的可能性较高，因而应切实做好这些设备、厨具的洗涤、消毒工作。

2. 烹调设备及厨具

烹调设备及厨具包括炉灶、炒勺、油锅、烤箱等。对于这类设备的清洁卫生要求主要是控制不良气味的产生，并提高设备的效率。这类设备如果洗刷不净，在烹制食物时能产生大量油烟和不良气味，特别是油锅、烤箱及烤炉等，如不注意清理油垢和残渣，厨房内往往会油烟弥漫。同时，油垢和食物残渣往往影响烹调效果，并会缩短设备的寿命。



3. 冷藏设备

厨房冷藏箱和冷藏柜只能用于短期放置烹调原料，它们并不是万无一失的保险箱。某些微生物在低温环境下仍能生长繁殖，时间一长，同样会引起食物腐败变质。因此，要搞好冰箱卫生，管理人员首先要熟悉各类食品的性质、储存所需温度、储存极限时间，要指派专门人员负责冷藏设备的清洁卫生工作。

4. 清洁消毒设备

清洁消毒设备包括洗碗机、洗杯机、洗涤池等。这些设备在使用后容易沾上污物与食物残渣，正是微生物生长繁殖的最佳场所。因此保持这些机器、设备清洁卫生的重要性显而易见，只有先做到洗涤机械和设备的清洁卫生，才能确保被洗涤的食具的清洁卫生。

5. 储藏和输送设备

橱柜、架子、推车等虽然不与食物直接接触，但却与餐盘、碗碟等食具直接接触，如不经常进行卫生消毒，同样会引起食物中毒与传染疾病。因此，应充分重视对储藏和输送设备的卫生管理。

# 第八章　饭店质量管理

〔**内容提要**〕饭店服务质量是决定饭店营销效果、经济收益和竞争实力的重要因素，是饭店的生命线。对一家运营中的饭店来说，服务质量直接影响宾客的满意程度，而宾客的满意度又决定着饭店的口碑和声誉，最终决定着饭店经营的成败。因此，建立一套以宾客满意为核心的服务质量管理体系，运用科学的质量管理技术不断改进与提升饭店服务质量，是保障饭店能在激烈的市场竞争中获得生存与发展的关键。饭店应实施全面质量管理，对每一个服务项目和服务区域，都应有明确的质量标准，饭店每一位管理人员、每一位员工，都应当具备强烈的质量管理意识；与此同时，还应当积极引进国际先进的质量管理理论和管理方法，并结合自身的实际情况将其灵活运用于饭店服务质量管理过程中。

〔**学习要点**〕

- 服务质量的定义和特性
- 饭店服务质量的内涵
- 饭店服务质量管理基本内容
- 饭店服务质量管理体系和运作要素
- 饭店服务全面质量管理的含义
- 饭店宾客满意度测量方法
- 服务质量分析工具

〔**思考题**〕

1. 饭店服务质量具有哪些特征?
2. 简述饭店服务质量管理的主要内容。
3. 简述饭店服务质量管理体系的构成。
4. 简述饭店服务质量管理体系的实施步骤。
5. 如何理解全面质量管理的含义?
6. 试设计饭店 QC 小组的组织和活动方案。
7. 感知服务质量要素模型的内容是什么?
8. 如何进行饭店宾客满意度测量?
9. 运用因果图分析法分析实践中发现的某一具体问题。

## 第一节　饭店服务质量

### 一、服务质量的定义和特性

在饭店管理过程中，“服务质量”是使用频率很高的一个词语，但理解上常常有不同。片面的理解是把饭店服务质量狭义地理解为服务员的服务态度和服务技能。要正确理解服务质量的含义，首先应当明确“质量”的概念。

按照国际标准化组织（ISO）的定义，质量（Quality）是指产品、服务、活动、过程、组织或体系满足顾客和其他受益人的显性需要和隐含需要的能力的总和。

“显性需要”指合同规定、法律法规、规章制度、技术规范、质量标准等所规定的要求；“隐含需要”指顾客和其他受益人的期望、人们所公认的、不言而喻或不必明确表达的需要，如非合同环境下用户对质量的需要、不宜或不必明确表达的需要、虽未明确规定但实际存在的需要。



由此，我们也可以得出服务质量的定义：服务质量是指服务产品能满足规定的显性需要和潜在的隐含需要的能力的总和。服务质量是以能否满足宾客需要及其满足程度为原则来评价的，即服务质量高低是指服务产品满足被服务者需要的程度。因此对服务提供者来说，分析宾客的需要是一项十分重要的工作。在分析宾客的需要时，不仅要分析其明确的、规定的显性需要，也要分析其潜在的隐含需要。这就是以上定义给我们的启示。

宾客对服务的需要可以分为精神和物质两个方面。精神需要是指宾客在接受服务时是带有思想和感情的，因此需要从服务过程中得到热情、诚恳、礼貌、尊重、亲切、友好、理解、安慰等精神上的满足。物质需要是指宾客还需要通过服务得到物美价廉、及时周到、安全卫生、舒服方便等物质上的满足。

从饭店宾客的物质需要和精神需要来分析，饭店服务质量可以归纳出以下六方面特性。

### （一）功能性

指饭店的设备设施、服务项目、服务过程必须具备和产生与饭店等级档次相符的功能和作用。这是饭店服务质量的基础。

### （二）经济性

宾客为其消费的服务支付费用，饭店服务质量的经济性特征要求饭店提供的服务应使宾客感到“物有所值”。

### （三）安全性

指饭店应保证服务过程中宾客的生命不受危害，健康与心理不受伤害，合法权益不受侵害，财物不遭损失。安全性是饭店服务质量的基本内容。

### （四）时间性

时间性是服务质量的效率特征，指服务工作在时间上应能满足宾客的要求。时间性包含适时、准时和及时三个方面，如宾客入住和结账服务要迅速及时，总机叫醒服务必须准时，而餐厅上菜则要适时。

### （五）舒适性

指饭店服务过程应使宾客在视、听、嗅、触等感观上以及心理上获得舒适愉快。饭店服务的舒适性除与设施配置、实物产品、服务态度、服务技术有关外，还与饭店的服务氛围、文化品位有密切联系。饭店的装饰格调、色彩搭配、灯光配置、艺术品陈设、背景音乐、员工服装，以及温度、湿度、噪声、异味等都会影响宾客对饭店服务质量的评价。

### （六）文明性

指饭店服务应在自由、亲切、尊重、友好、自然、谅解、宽容的气氛中进行。饭店服务质量的文明性特征要求饭店努力创造一种和谐的人际关系，使服务过程显得自然、和谐和生动。

## 二、饭店服务质量的内涵

饭店服务是有形产品与无形服务的有机结合。同样，饭店服务质量也是有形产品质量和无形产品质量的统一。有形产品质量是服务质量的凭借和依托，无形服务质量是饭店产品质量的主体，主要是指服务人员在服务过程中的服务态度、服务效率、服务方式、服务礼仪、服务技能等。

**（一）设施设备质量**

饭店的设备设施是饭店为宾客提供服务的依托，设施设备的配置及其运转状态的好坏是饭店服务质量的重要内容。可以说，饭店是通过有效地利用服务设施为宾客提供服务的一种组织。设备设施质量的具体表现形式是：

1. 服务项目的设置

服务项目设置是在饭店建设计划中就设计决定了的，如客房种类、餐厅数量、会议室、商场、洗衣房、康乐设施等。饭店作为综合性服务企业，一般需要有较为完善的服务项目，才能为宾客提供多方面的服务。近几年饭店里流行着这样一句话："一家好的饭店是设计出来的"，其含义就是饭店服务项目的合理设置。

2. 设施设备配置的舒适性

饭店的设施设备配置应当以宾客感觉舒适为主要标准，如饭店大堂和客房的灯光配置，就应当充分考虑宾客的视觉感受。饭店设施设备舒适程度的高低一方面取决于设施设备的配置，另一方面取决于对设施设备的维护和保养。因此饭店必须加强设施设备的管理，确保设施设备的舒适性，为创造优质服务提供物质基础。



3. 设施设备的完好程度

设施设备的完好程度直接影响服务质量，如果客房恭桶堵塞、空调失灵、电器损坏，即使服务态度再好，提高服务质量也是一句空话。同样，餐厅服务员尽管笑脸相迎，但总是断水停电，餐椅残破，提高服务质量也是不可能的。所以，只有随时保持设施设备完好，保证各种设施设备正常运转，充分发挥设施设备效能，才能有效提高饭店服务质量。

**（二）实物产品质量**

饭店的实物产品质量主要指餐饮产品质量、客用品质量和购物商品质量。

1. 餐饮产品质量

餐饮食品是饭店生产、加工、销售的实物产品，其质量好坏是饭店服务质量的一个重要标志。餐饮产品的质量高低取决于食品材料质量、烹饪制作水平和管理水平等多种因素，最终体现在产品的色、香、味、形、器、质、名等要素上。只有餐饮产品精致可口、营养丰富、卫生安全、独具特色，才能获得宾客满意的评价。

2. 客用品质量

客用品是饭店实物产品的组成部分，它是指饭店直接向宾客提供的消费用品和生活用品，如宾房的一次性消耗用品和多次性消耗用品。这些客用品往往使用频率很高，因此宾客对其品质的感受与评价也直接影响着饭店的服务质量。饭店提供的客用品数量要与饭店的等级档次相适合。

3. 购物商品质量

饭店向宾客提供和销售的商品体现了宾客直接的物质需要。购物品的产品性能、花色品种，外观颜色，内在质量与价格之间的吻合程度都是其质量的体现。

**（三）劳务质量**

劳务质量是饭店服务质量的根本内容，也是饭店质量标准和服务规程内在价值的所在。饭店劳务质量涉及面广，主要包括以下几个方面。

1. 服务态度

服务态度是提高服务质量的基础。它取决于服务人员的主动性、灵活性、积极性和创造精神，取决于服务人员的素质、职业道德和对服务工作的热爱程度。在饭店服务实践中，良好的服务态度表现为热情服务、主要服务和周到服务。服务人员的表情、眼神和动作都是服务态度的具体表现。

2. 服务技巧

服务技巧是提高服务质量的技术保证。它取决于服务人员的技术知识和专业技术水平。饭店服务员在为宾客提供服务时应根据不同场合、不同时间、不同对象具体情况灵活恰当地运用服务技术，以取得最佳服务效果。熟悉业务、掌握服务规程和操作程序，不断提高接待服务技术，具备灵活的应变能力，才能把自己的聪明才智和饭店服务工作结合起来，体现在为宾客服务的全过程中，从而提供高质量、高效率的服务。服务技巧作为劳务质量的重要组成部分，关键是要做好服务人员的专业技术培训。

3. 服务方式

服务方式是指饭店采用什么形式和方法为宾客提供服务，其核心是如何方便宾客，使宾客感到舒适、安全、方便。服务方式随饭店服务项目而变化。饭店服务项目大体上可分为两大类：一类是基本服务项目，即在服务指南中明确规定的，对每个宾客几乎都要发生作用的那些服务项目。另一类是附加服务项目，是指由宾客即时提出，并非每个宾客必需的服务项目。饭店服务质量管理必须结合饭店服务项目的特点，认真研究服务方式，如宾房预订方式、接待方式、餐厅销售方式等。各种服务方式都必须从住店宾客活动规律和心理特点出发，有针对性地提供服务。如餐厅、商场、娱乐设施的营业时间；客房清扫的顺序和时间安排；商务中心传真、复印的手续；宾客住店期间的一次性结账手续等。总之，每个服务项目都要根据实际需要选择服务方式，以提高服务质量为根本出发点。



4. 服务效率

服务效率是服务工作时间概念，是提供各种服务的时限。服务效率的基本含义是服务的准时性和适时性。饭店服务讲求效率，首先要做到准时，尽量减少宾客等候时间。饭店服务还必须讲究适时，应该根据宾客情况，把握最适当的时机为宾客服务。

饭店服务效率有三类：第一类是用工时定额来表示的固定服务效率，如打扫一间客房用0.5小时，宴会摆台用5分钟等。第二类是用时限来表示的服务效率，如总台登记入住每人不超过3分钟。宾客衣服洗涤必须在若干时间内送回等。第三类是有时间概念，但没有明确的时限规定，是靠宾客的感觉来衡量的服务效率，如服务中是否能做到急宾客所急，想宾客所想，这一类服务效率在饭店是大量的。服务效率在饭店服务中占有重要的位置，饭店不仅要针对三类不同效率用规程和具体的时间来确定效率标准，还要使员工具有良好的效率意识。

5. 礼节礼貌

礼节礼貌是饭店服务质量的重要条件。饭店服务员面对面地为宾客服务，因而礼节礼貌直接影响服务质量。礼节礼貌是以一定的形式通过信息传输向对方表示尊重、谦虚、欢迎、友好等的一种方式。礼节偏重于仪式，礼貌偏重于言行。礼节礼貌反映了饭店的文明程度和文化修养，体现了饭店员工对宾客的基本态度。具体来说，饭店礼节礼貌要求服务员衣装整洁，举止端庄，待客谦恭有礼；尊重不同宾客的风俗习惯；坐、立、行、说要讲究姿势，动作优美，语言文雅动听，规范化；各种礼仪运用得当；坚持微笑服务等。

6. 清洁卫生

饭店的清洁卫生状况体现饭店的管理水平，也是服务质量的重要内容。饭店清洁卫生工作主要有：饭店各场所的清洁卫生标准；食品饮料卫生标准；用品卫生标准；个人卫生标准等。饭店还要制定明确的清洁卫生规程，具体规定设施、用品、食品饮料、个人卫生等卫生操作规程，同时健全卫生检查制度。

**（四）环境氛围质量**

饭店的环境氛围是由饭店的环境装饰美化、服务设施的布局、灯光音响、室内温度的适宜程度等构成。良好的服务环境能够给宾客提供舒适、方便的食宿和娱乐条件，在满足宾客物质方面需求的同时，又满足他们精神享受的需要。对良好的服务环境的要求是：整洁、美观、安全、有秩序和具有文化品位。

**（五）后台服务质量**

后台服务质量是指饭店与对客服务相关的各环节、各部门的管理工作、技术工作和组织工作的好坏。它是使饭店服务质量达到质量标准的重要保证。饭店服务不仅是前台员工直接面对宾客的服务，也包括饭店后台各部门的密切配合。“如果你不是直接为宾客服务，你就应当为直接给宾客服务的人提供服务”，这是饭店管理专家对后台服务和管理工作的描述。饭店的工作质量主要体现在管理工作和组织工作的水平上。它涉及饭店所有部门和人员，每个工作岗位都直接或间接地影响对客服务的质量。所以，为了保证饭店质量能满足宾客的需求，不仅需要抓好前台服务质量，也要抓好与对客服务有关的后台服务工作。

## 第二节　饭店服务质量管理体系

### 一、饭店服务质量管理体系的构成

质量管理体系是质量管理的一个重要概念，对饭店来说，饭店的组织结构、程序设计、管理过程和资源配置都应当对质量负责，为质量管理服务。

饭店服务质量管理体系，就是饭店通过一定的组织制度、规章、方法、程序，使饭店服务质量管理活动系统化、标准化的过程和方法。建立饭店服务质量管理体系的目的，是要把饭店各部门的质量管理职能纳入饭店统一的质量管理系统，从而保证识别宾客的各种需要，并提供能满足宾客各种需求的高质量的服务。

饭店服务质量管理体系通常由以下方面内容组成，即质量管理组织机构、质量方针与质量目标、质量规范和标准、人员和物质资源，而这些方面的交互点是饭店与宾客的接触互动。

#### （一）质量管理组织机构

为使质量管理体系有效运转，饭店应设立质量管理专职机构，作为质量管理体系的组织保证。通常是由总经理亲自担任或任命一位质量代表担任质量管理工作小组或质量管理委员会的领导，下设质量管理小组和质量管理员，从上到下形成质量管理的机构网络。

与此同时，饭店应明确规定各部门的质量责任，总经理要对饭店质量管理员明确授权，并直接参与质量检查，各部门要把质量工作作为一项中心工作来抓。

### （二）质量方针和质量目标

质量方针是饭店管理的重要文件，它体现了饭店对宾客对饭店服务质量要求的认识，为饭店确定长期的质量宗旨、方向，并规定饭店为实现质量目标应遵循的基本原则和所应采取的措施，对饭店的服务质量管理具有长远的指导意义。质量方针通常包含于“经营使命书”中，是饭店员工基本价值观念的一部分。

根据确立的质量方针制定饭店服务质量目标，即确定饭店服务过程各环节所必须达到的质量水平。制定服务质量目标，应着眼于满足饭店宾客需要以及服务质量持续改进，质量目标应尽可能量化。与此同时，质量目标应有利于形成统一的企业形象和饭店市场竞争力的提高，有利于形成饭店成员共同对服务质量承担责任的机制和氛围。

### （三）质量规范和标准

饭店质量管理是对饭店所有服务的质量管理，因而饭店质量管理体系必然涉及或包含饭店服务的所有环节。饭店要对各服务项目的日常管理和服务环节建立质量标准，制定工作规范和工作程序，使员工的服务行为有章可循。饭店应把各个岗位、各个环节的服务过程如实记录，仔细分析研究，按照质量管理要求进行改进，使之合理化，并以文字和图表的形式确定下来，形成服务程序。服务过程的规范化、程序化、标准化，既是饭店质量管理体系的重要内容，也是建立服务质量管理体系的重要基础工作。与此同时，饭店还应制定服务质量检查程序和控制标准，建立质量信息反馈系统，收集及分析服务不符合标准的原因，提出和实施改进措施。



### （四）人员和物质资源

在饭店资源中，人是最重要的因素。“任何组织中最重要的资源是该组织中的每一个成员，这对服务企业尤为重要，组织的每一个成员的行为和业绩都直接影响服务质量。”饭店服务质量与饭店员工素质紧密相关，一方面，为使饭店质量管理体系有效运转，达到质量管理的目标，饭店应配备合格的人员；另一方面，饭店的质量管理体系建设也应当充分重视管理人员和员工的素质建设。

饭店的物质资源包括提供服务所需的各种设施、设备和用品。

在质量管理过程中物质资源的配备要根据饭店宾客的需求和饭店的规格档次，强调适用性。设备用品的不配套会降低服务水平，影响宾客的满意程度。

**（五）饭店与宾客接触互动**

服务是一种双向交流，饭店服务是通过服务员与宾客接触互动才得以实现的，因而饭店与宾客建立相互信任、相互协作的良好的互动关系，能使宾客在接受服务的过程中感到良好的服务质量。

宾客在与饭店的接触和互动过程中不仅感受到服务员的服务态度、服务水平和服务技能，而且也感受到设备设施的完好和有效。例如，在客房，与宾客接触的不仅是客房服务员，而是包括设施、环境和服务在内的整个客房区域。

在与宾客的接触和互动过程中要注意倾听和收集宾客意见，要重视与宾客的沟通和联络，以利于饭店设计出能满足宾客需求的服务产品，不断提高服务质量，饭店质量管理体系组成部分之间的关系如下图所示。



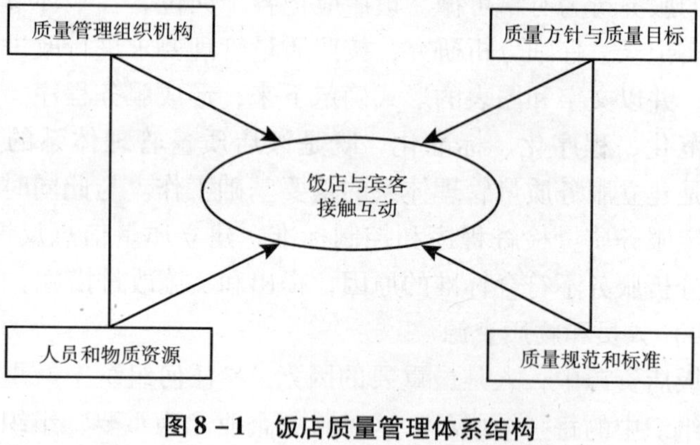


**图 8－1　饭店质量管理体系结构**

## 二、服务质量管理体系运作过程与要素

饭店要为宾客提供优质服务，不仅要建立服务质量管理体系，还要保证服务质量管理体系的正常运作。饭店服务质量管理是动态

的，因为饭店是一个24小时运转的社会经济组织。服务质量管理体系的有效运作，可以保证饭店在任何时间都处于健康的运转状态。因此，我们要分析饭店服务质量管理体系的运作要素。

服务质量管理体系的运作过程包括市场开发、服务设计、服务提供、服务效果分析和改进四个部分，并细分为15个基本要素。

### （一）市场开发过程

#### 1. 市场研究和分析

要提高饭店市场竞争能力，饭店服务产品必须适合市场需求，而如何适合市场需求取决于对市场的充分把握。市场研究和分析是饭店开发服务产品的重要前提，是饭店提高服务质量的重要基础。

市场研究和分析强调研究分析宾客的特点、需求、期望，竞争对手的现状及发展趋势，包括产品的特点、质量、信誉、销售渠道、质量控制方法等，国家及行业的有关法规，各种环境制约因素，市场发展趋势与前景，同时也要对企业是否具有开发新产品满足宾客质量需求的能力作出正确判断。

#### 2. 饭店义务和承诺

饭店产品也是一种商品，饭店同样有责任以某种方式向社会和宾客确切地表达自己所承担的义务和各种承诺。通常饭店表明自己的等级标准、服务项目和接待规格，就是告知宾客支付一定的费用后能够得到什么。饭店的义务确定后，就需要与宾客进行充分的沟通，让宾客了解并接受饭店的产品。饭店对义务的承诺是必须做到的，因此在确定义务、作出承诺时要经过严格审查，千万不能为了谋求宣传效应而言过其实，这会损害饭店的声誉，并导致宾客纠纷。

#### 3. 编写服务提要

饭店服务提要是饭店在进行市场研究和分析，考虑饭店的能力与责任义务的基础上，为所要提供和开发的服务项目或产品编写的大纲。服务提要是服务设计的基础，必须形成正式文件，并经饭店最高管理者审批和有关方面的认可。

### （二）服务设计过程

服务设计的任务是把服务提要所规定的各种要求转化为包括服务

规范、服务规程和质量控制规范的完整的、稳定的服务产品。服务设计决定了饭店的日常运作，因此设计要周密，以保证服务的规范化。

服务设计过程有以下要素：

1. 服务规范设计

服务规范是指一项服务所要达到的水准和要求，即通常所说的服务质量标准。服务规范的设计是将服务提要所列的服务要求具体化，作出精确完整的描述。服务规范设计实际上是对服务项目作出定量或定性的质量指标或要求，并规定相应的验收和检查标准，使标准在饭店运作过程中得到落实。

制定饭店服务规范的目的，一方面是为员工的服务操作提供可遵循的标准，另一方面是为服务质量的检查提供衡量的尺度。需要注意的是，为了避免服务规范在执行和检查过程中出现模糊性，应当尽可能采用定量标准，对于确实只能定性的标准也要保证措辞准确、描述到位。

2. 服务规程设计

服务规程是关于服务的操作标准。由于饭店服务具有无形性的特点，对服务过程的控制就显得十分重要。控制服务过程，需要把整个服务过程分解成若干个作业步骤，进而描述每一步骤的作业方法和要求，使员工在提供服务的过程中减少差错。编制服务规程就是编制这样一套用于控制服务过程质量的程序。



编制服务规程要求清晰具体地描述服务的每一个细节，对服务过程中可能出现的安全、卫生及有关宾客舒适性、私密性的问题，都要作出详细规定或防范措施，对牵涉部门之间配合的工作要互相呼应和衔接，对服务过程中涉及的人员和设备设施也必须明确其技术水平和功能规格要求。同时为确保服务过程的可追溯性，要对服务过程中的情况作必要的记录，以便检查。

3. 服务质量控制规范设计

服务质量控制规范与服务规范、服务规程之间是一种相互依存的关系。在明确了服务规范和服务规程以后，还必须使服务过程可以检查和控制，这种控制方法和验收标准就是服务质量控制规范。

在实践中，饭店通常使用“服务质量检查评分表”，详细列明每一服务过程中每一步操作应达到的目标和结果，以对服务质量进行检查、评价。

目前我国许多饭店在编制饭店规范时，往往只重视服务规范和服务规程，并统称“服务规程”，但缺乏明确质量控制规范，这使得服务过程和服务结果缺少控制和验收，影响饭店的服务质量的提高。

4. 设计评审

对所设计的规范、规程应作正式的、以文件为依据的、综合的、有系统的检查，目的在于评价设计是否符合饭店的要求，这种评审是饭店内部的自我完善性质的评价。

设计评审通常由饭店最高管理者组织，参加者应当包括所有与评审内容相关的部门的代表，设计评审的主要依据是服务提要。评审应对设计的各种规范、规程作仔细的检查，确保这些规范、规程能满足宾客的需要，同时能够避免各种差错和缺陷，满足饭店对客服务的需要。

5. 设计确认

饭店对所设计的各种规范、规程还需要加以确认。确认可以分为两类，一类是对新的规范、规程实施前的确认，目的是确认规范、堆积内容是否符合宾客需求，服务提供过程是否完善，所提供的资源是否有效，整个设计是否符合有关法规、标准要求，能否满足管理需要。另一类是对已经实施的规范、规程重新进行确认，根据实施过程来确认规范、规程是否科学、有效，是否需要修改以及如何修改。这种确认应当定期进行，并且有计划、有组织地进行。确认结果应写成文件存入服务质量管理档案。

6. 设计更改控制

服务规范、服务规程、质量控制规范是控制服务全过程的基本文件，因此对规范和规程的修改应当十分慎重，要进行有效的控制和管理，必须先对更改规范和规程的必要性进行验证，再确定更改什么项目及如何修改。更改规范和规程同样应当有计划、有组织地进行，经过批准后才可实施，并对实施的结果进行评价。

### （三）服务提供过程

服务提供过程是饭店服务满足宾客需要的过程，从服务质量管理的角度考察，则指按设计的规范和规程提供服务并确保达到设计要求的过程。在服务提供过程中，设计质量转化为实际服务质量，服务规范和规程受到实践的检验。服务提供过程有以下运作要素。

1. 服务质量的供方评定

供方评定指饭店对所提供的服务的自我评价。饭店对服务质量的自我评定通常包括两方面工作，一是饭店管理者按照质量控制规范，对服务提供过程中的关键活动进行定量或定性的测评，二是服务人员的自我测评。饭店通常无法对所有服务项目的服务过程进行完全的监督，因此服务员自我测评是饭店质量评价的重要组成部分。这两方面的测评结果可用来验证所提供的服务是否符合规范要求，是否切合实际，是否需要改进。评定的结果应当有文字报告，作为今后改进的依据。

2. 服务质量的宾客评定

饭店服务质量的高低最终取决于宾客的评判，宾客的评判是对服务质量的最基本的测评。任何宾客在不同场合的评价都应引起重视，都需要进行认真的收集、整理。饭店应当明白，宾客并没有责任对饭店的服务进行评定，因此，为了获得充分的、真实的宾客评价，饭店必须以诚恳的态度以及多样、恰当的方法，引导宾客作出评价。同时应当注意，宾客的评价中会含有许多主观因素，不同宾客的评价有时还会互相抵触，因此饭店需要综合分析宾客评价，需要参照饭店的自我评定进行研究，以确定宾客评价的价值，避免被宾客的某些评价引入歧途。当然，对宾客提出的服务过程中的明显失误，应立即改正，以表示饭店改进服务质量的诚意。



3. 服务状况分析

指对服务现状及其发展趋势的一种综合研究。要求饭店对服务提供过程的实际情况进行回顾、分析、总结，肯定成绩，发现问题，并对不合格服务提出改进意见和纠正措施。对服务现状的评价和把握应建立在充分调查和研究的基础上，提出充分依据，并形成正式报告。

4. 不合格服务的纠正措施

不合格服务是指达不到规范要求的服务。饭店各部门、每个服务员都有相应的识别、报告、纠正不合格服务的责任。饭店应根据不合格服务的具体情况，明确规定纠正工作的职责和权限，并列入质量管理体系文件。

由于不合格服务的表现方式和产生的因素各不相同，识别方法和纠正措施也因而不同。现场发生的容易识别的不合格服务，应立即加以纠正，如果已经造成宾客不满，则应采取措施，取得宾客的谅解。原因复杂的，则应当调查研究，并对纠正措施进行跟踪，以确保其有效。对不合格服务的具体情况、所采取的纠正措施和实施结果等都应当记录备案。

**（四）服务效果分析和改进**

服务质量是个动态的概念，即指质量是在服务过程中实现的，质量具有不稳定的特性，以及质量能够不断提高不断完善。要改进和提高饭店服务质量，需要对服务效果进行分析，以便采取改进措施。服务效果分析与改进，是质量管理体系的必然组成部分，包括两个运作要素。

1. 信息收集与分析

收集和分析关于服务效果的信息是饭店改进服务质量的基础工作，为此饭店应建立信息反馈系统，有目的地、经常地进行质量信息的记录、整理、分析。

信息既来自饭店内部，也来自宾客。从饭店自我评定、宾客评价、饭店质量审核中得到的信息和分析结果可以作为改进服务质量的依据。但在信息的收集和分析中应注意对系统误差的识别。由于许多人为的原因，如质量评价的主观因素、程序、环境、工作条件、操作等原因，会造成系统的误差。饭店必须善于识别误差、了解误差产生的原因，以保证信息分析的准确性和可靠性。

2. 改进服务质量

建立质量管理体系，不仅在于保持服务质量水平，更在于提高服务质量水平。不断提高服务质量水平是饭店必须面对的永无止境的挑战。服务质量改进是为了提高服务全过程的效果和效率，减少质量损失，提高宾客的满意程度。服务质量的改进有赖于饭店全体人员的积极参与，甚至需要宾客的参与。要使全体人员积极、主动地参与质量改进，需要树立质量观念，提高质量意识，创造有利于改进质量的环境。

饭店质量管理体系运作的四大过程及其 15 个基本要素是从大量的实践中概括出来的，反映的是一般规律。每个饭店及内部各部门的具体情况不一样，因此在建立自己的质量管理体系时，应根据饭店的情况加以选择，对要素进行增删、修改和应用。

## 三、饭店质量管理体系实施步骤

饭店质量管理体系的建立和有效运行（图 8－2），需要采取许多实际步骤。它的前提条件是饭店高层管理者对建立质量管理体系



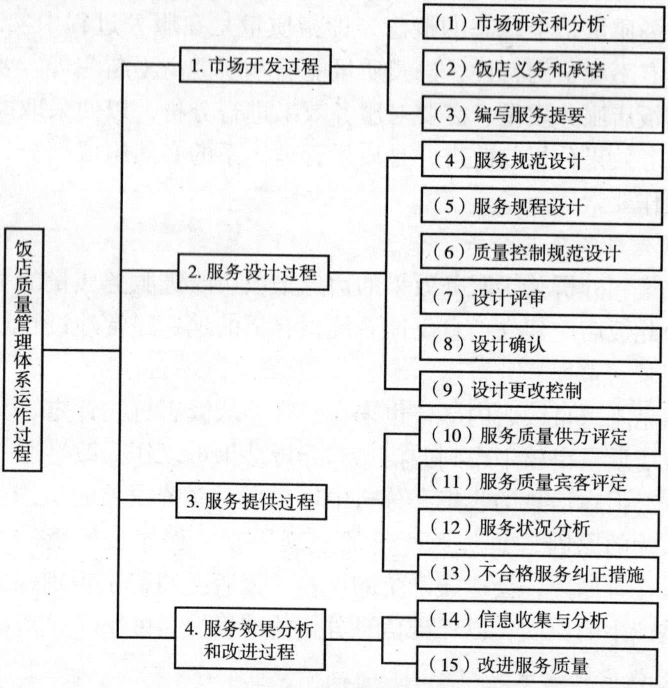


图 8－2 饭店质量管理体系运作过程

有充分的认识，有足够的决心和信心来推动体系的建设。

### （一）任命质量管理代表

建立质量管理体系，对饭店的质量加以管理，是饭店总经理的责任。但一些规模比较大的饭店，总经理不大可能有足够的时间和精力来具体协调质量管理体系的建立和监督体系的运行，因此，需要任命一名行政人员来负责这项工作。这个人可以是副总经理，也可以是其他人，通常称为质量代表，也可以称为质量经理。

质量代表需要具备以下基本素质：

（1）具有丰富的饭店管理知识与经验。

（2）熟悉饭店的产品，熟悉饭店的各项政策与各种运作程序。

（3）善于发现问题，有较强的沟通协调能力和独立处理问题的能力。

质量代表是一个重要的岗位。被任命者必须有协调一切活动、监督质量管理体系运行、对体系运行状况和效果进行评审的责任和权力。质量代表对总经理负责，直接向总经理汇报工作，代表总经理行使有关质量管理方面的权力。

### （二）成立服务质量工作小组

饭店服务质量涉及饭店的各部门、各区域，建立和实施饭店服务质量管理体系是一项纷繁复杂的工作，因此饭店有必要成立饭店服务质量工作小组。质量代表负责小组的具体工作，小组成员由各部门的领导或授权代表组成。

工作小组的主要任务是：

（1）制定饭店的质量目标。

（2）制定各部门、各岗位的质量职责和权限。

（3）研究并制定饭店的质量政策。

（4）研究并制定饭店的质量文件。

（5）研究并制定饭店服务质量的控制措施。

（6）定期检查质量管理体系的运行效果。

饭店服务质量工作小组制定的有关事项和文件，必须经过饭店总经理的批准，才能在全饭店推行。饭店质量管理工作小组应当是饭店的永久性组织。

### （三）制订工作计划

为了对质量管理体系的建设过程进行控制，保证质量管理体系的质量，饭店应当制订质量管理体系建设的工作计划。计划由工作小组拟订，经饭店最高管理层批准以后执行。

制订计划前应对饭店内外部情况进行综合的调查研究，对饭店的经营环境、质量管理现状进行分析，找出薄弱环节，抓住重点问题。工作计划要保证质量管理体系的建设质量，并对工作过程有切实可行的控制措施。工作计划中的工作要求、责任要明确，工作所需的人员、物资应予以保证，对每个阶段的工作结果应认真地进行评审。

### （四）制定质量目标和质量政策

制定饭店质量目标和质量政策的依据有两方面：一是饭店质量方针所确定的质量等级；二是有关质量文件（如星级标准）的要求。质量目标确定以后，就应当成为饭店质量政策的基础。饭店质量政策应当包括对饭店产品与服务质量的承诺、达不到标准时的纠正措施和赔偿保证、饭店有关部门的责任和义务以及纠正权限与奖惩措施等。

### （五）优化饭店管理组织机构



饭店的管理组织机构是饭店质量管理体系的有机组成部分，应当有利于质量管理体系的运作。

在质量管理体系的建设过程中，饭店应当根据质量管理体系的运作需要，对饭店管理组织机构进行科学设计和必要调整，以保证饭店的整个管理组织有统一的质量认识和质量目标，同时要保证饭店管理指令和信息渠道的畅通。

确定饭店管理组织机构以后，就可将饭店质量管理的职责进行分解，明确各部门的职责。职责分解时，要遵循职、责、权、利统一的原则，使各部门和有关人员能够充分执行其质量职责。

### （六）制定质量管理体系文件

在建立饭店服务质量管理体系的过程中，应当重视质量管理体系文件的建设，使质量管理体系文件化。饭店质量管理体系文件通常由以下内容构成：

(1) 服务质量手册。指阐述饭店的质量方针并描述饭店质量管理体系的文件。

(2) 服务规范和服务规程。指说明每一工种、每一岗位的工作标准要求和每一项服务操作方法的文件。

(3) 服务质量控制规范。指对服务的目标和结果进行描述的文件。

(4) 服务质量检查记录。指及时记录饭店运行过程中发现的各种质量问题并纳入控制范围的文件。

(5) 服务质量效果记录。指记录饭店质量管理活动状况和所达到的结果的文件。

质量管理体系的文件化是饭店质量管理的一项重要工作，因为只有完善的体系文件才能按文件的要求执行各项工作，使质量管理工作条理化、规范化，有章可循；同时也只有将质量活动的执行结果记录成文，才能证明已经执行了各项工作，使质量管理活动有据可查。质量管理体系文件还能够及时发现饭店运作过程中存在的问题，及时发现宾客的要求，为质量管理活动提供依据。

**（七）实施质量管理体系**

饭店质量管理体系文件编制完成以后，应当对饭店全体员工进行教育和培训，培训的基本内容和重点是饭店的质量管理体系文件，其中包括服务规范、服务规程和质量控制规范。

实施质量管理体系阶段的教育培训应当落实到每个部门和每个实施者的岗位。不同岗位的人员除了必须掌握本岗位的质量要求外，还应当了解相关岗位、相关程序的内容和要求。

在质量管理体系实施以后，饭店要加强组织协调，并对质量管理体系的实施情况加以监督。实施过程中，会出现偏离文件要求的情况，需要加以分析和控制。对文件本身的问题以及执行过程中的某些矛盾应采取相应的措施进行协调和改进。

**（八）质量管理体系评审与审核**

质量管理体系实施以后，对质量管理体系本身是否科学合理，质量管理体系的实施情况是否合乎要求和达到目的，饭店最高管理者需要加以评审和审核。通过评审对质量管理体系的现状和适应性做出正确的评价，作为改进的依据。质量管理体系的评审应当是不定期的，其目的是不断地改进饭店的质量管理。

## 第三节　饭店服务全面质量管理

### 一、全面质量管理的含义

全面质量管理（Total Quality Management，简称 TQM）的概念是美国质量管理专家费根堡姆（A. V. Feigenbaum）和朱兰（J. M. Juran）等人在 20 世纪 50 年代末、60 年代初提出来的。几十年来，全面质量管理的理论和方法得到了广泛的运用，并在实践中不断发展与完善，现已成为主要的质量管理理论，是现代科学管理的一个重要组成部分。

全面质量管理是指企业的各个部门、全体员工以宾客为导向，同心协力，综合运用管理理论、专业技术和科学方法，通过对生产与服务全过程的管理，追求卓越业绩，在质量方面持续改进，全面地满足宾客需要的管理活动。



全面质量管理的基本要点是：以宾客的物质需求和精神需求为依据，以宾客满意程度为标准，以服务的专业技术和各种适用的科学方法为手段，以全员参与、持续改进为保证，以取得最大的社会和经济效益为目的，以服务的实际效果为最终评价。

我们可以从以下几个方面来深入理解饭店服务全面质量管理：

#### （一）以全面满足宾客需求为标准

全面质量管理以宾客需求的全面满足作为衡量质量的标准。全面满足宾客需求，要求饭店不仅要满足宾客物质方面的需求，而且要满足宾客精神方面的需求，不仅在某一阶段、某些环节满足宾客的需求，而且要全过程、全方位地满足宾客的需求。以宾客满意作为衡量产品与服务质量的标准已成为世界性潮流，是对企业与宾客关系变化的理性概括。全面质量管理也以此作为管理活动要达到的目标，并以此来衡量管理活动的绩效。

## （二）全方位的质量管理

饭店产品与服务的质量是饭店各部门、各服务环节综合作用的结果。因此，提高服务质量需要对饭店服务各个环节全方位地加以管理，不仅要对服务产品功能性的质量特性进行管理，也要对经济性、安全性、时间性、舒适性和文明性等方面的质量特性进行管理；不仅要对物进行管理，更重要的是要对人进行管理；不仅要对前台进行管理，也要对后台进行管理。全面质量管理以系统的观点来看待质量控制，着眼于系统的整体优化，从而提高产品与服务的质量。它不是只注重某一局部的质量，不是“头痛医头，脚痛医脚”，不是搞“突击”，搞“运动”，追求形式，而是要切切实实地提高企业的素质，实现质量管理的目标。

## （三）全过程的质量管理

全过程的质量管理意味着要对服务前、服务中、服务后的每一个阶段的质量进行全面管理。因为无论哪一个环节出现问题，都会破坏整个服务循环，使服务工作难以进行或造成不良影响。在饭店，重点要树立后台为前台服务的意识，使服务过程成为一个完整的体系。

## （四）全员参与的质量管理

如前所述，饭店服务的质量是饭店各部门、各服务环节、各岗位和全体服务人员综合作用的结果。而每一个岗位、每一位服务员的工作同样都直接影响着服务质量。因而，保持和提高饭店服务质量需要全体员工共同努力，共同承担质量责任。全面质量管理强调对全体员工的管理，特别应注重对员工的训练，强调在员工中“植入”质量意识，要求对员工授权，鼓励全体员工参与管理，以全员参与及团队合作的方式来进行持续不断的质量改善。

人是推动产品与服务质量进步的根本，也是全面质量管理成败的关键所在。人员管理的精髓在于人心的凝聚、士气的提升和潜能的发挥，进而形成企业的核心竞争力。因此全面质量管理的根本目的，不单是产品与服务的质量提高，更在于推动企业成为学习型组织，改善企业的素质。

### （五）多种科学方法的质量管理

全面质量管理对于具体的管理方法是开放性的。凡科学的、有利于提高质量的管理方法都可以吸纳。自全面质量管理开创以来，质量管理方法已有很大的发展。如跨职能部门团队、专案管理、标杆管理等都是在这40多年的实践中出现的受理方法，这种开放的特性使全面质量管理能与时俱进，不断丰富和发展，保证旺盛的生命力。

对于饭店，因为服务质量的构成丰富，且影响质量的因素复杂多变，既有人的因素，又有物的因素；既有客观因素，又有主观因素；既有内部因素，又有外部因素，因此，要全面系统地控制各种因素，就必须针对具体问题和情况采取灵活的分析方法和管理手段。管理者只有不断学习掌握先进科学的质量管理技术，并不断地探索和发展新的方法，才能真正满足消费者的需求，实现饭店经营和发展的目标。

### （六）持续改进的质量管理

全面质量管理是持续不断地提高饭店服务产品质量的过程。质量的改善是没有尽头的。如果努力一阵子，达到了阶段的目标就不再继续，那就不是全面质量管理。强调质量的持续改善是全面质量管理的特点之一。



全面质量管理首先是一种管理的哲学。它要求我们从工作的相互关联、相互影响，从局部与整体的相互关系中去认识质量。从全局出发去优化局部，从相互的关联与影响中去优化各个环节。全面质量管理理论认为，质量管理应该变被动为主动，由对结果质量的管理改为对过程质量的管理。以往的质量管理注重的是对结果的检验，这是被动的管理，因为到检查时，问题已产生，不可挽回。全面质量管理则注重过程的管理，从过程中寻找对结果产生影响的因素，加强对过程的控制来改善质量，它更多地强调预防，强调从源头、从产品与服务的规划、设计阶段就尽力排除影响质量的各种不良因素。朱兰就曾指出，80%的质量问题都是规划不当而产生的。全面质量管理特别关注人的作用，人的能动作用在质量管理中居于重要的地位。全面质量管理无疑是一种先进的、合乎客观规律的管理哲学，实施全面质量管理就是选择一种科学的管理哲学。

## 二、QC 小组

QC 是英文“Quality Circles”或“Quality Control”的缩写，QC 通常称为质量控制小组。根据中国质量管理协会的定义，QC 小组是在生产或工作岗位上从事各种劳动的职工，围绕企业的经营战略、方针目标和现场存在的问题，以改进质量、降低消耗、提高人的素质和经济效益为目的组织起来，运用质量管理的理论和方法开展活动的小组。

QC 小组的概念最初是由美国的管理专家提出的，20 世纪 50 年代介绍到日本，首先在日本的制造业得到应用，以后扩展到服务业。1962 年，日本科技联盟出版了《现场与 QC》杂志，在它的推动下，QC 小组逐渐普及，并取得了惊人的成效。20 世纪 80 年代，惊讶于日本产品的质量和劳动生产率的欧美国家，开始重视和学习日本的管理经验，QC 小组被认为是日本管理成功的秘诀之一。在欧美各国，许多声名显赫的大公司也都开展了 QC 小组活动，并且出现了专门从事推广这一活动的顾问咨询公司。

### （一）QC 小组的特点

虽然 QC 小组的形式多种多样，人员类型或活动目的存在不同，它们都具有以下几个主要特点。

1. 明显的自主性

QC 小组以职工自愿参加为基础，实行自主管理，自我教育，互相启发，共同提高，充分发挥小组成员的聪明才智和积极性、创造性。

2. 广泛的群众性

QC 小组是吸引广大职工群众积极参与质量管理的有效组织形式，不仅包括领导人员、技术人员、管理人员，而且更注重吸引生产、服务工作第一线的操作人员参加。广大职工群众在 QC 小组活动中学技术，学管理，群策群力分析问题，解决问题。

3. 高度的民主性

这不仅是指 QC 小组的组长可以是民主推选的，可以由 QC 小组成员轮流担任课题小组长，以发现和培养管理人才；同时还指在QC小组内部讨论问题、解决问题时，小组成员间是平等的，不分职位与技术等级高低，高度发扬民主，各抒己见，互相启发，集思广益，以保证既定目标的实现。

4. 严密的科学性

QC小组在活动中遵循科学的工作程序，步步深入地分析问题，解决问题；在活动中坚持用数据说明事实，用科学的方法来分析与解决问题，而不是凭“想当然”或个人经验。

QC小组为企业创造了效益、财富，培养了人才，已经成为企业内部管理的亮点。也正是因为它的卓有成效，QC小组活动在世界范围内被广泛推广运用，国际上每年都举办一届国际质量管理小组会议，通过学习、交流、研讨不断促进QC小组的发展和技术创新。

### （二）QC小组活动开展步骤

1. 确定问题

饭店服务中问题总是存在的，只要有强烈的质量意识，多问几个为什么，多想想是否可以做得更好，就不难找到问题。QC小组可以从员工工作的不顺畅、不方便中找到问题，可以从宾客的抱怨、建议中找到问题，也可以从细心的观察中找到问题。QC小组研究问题，要遵循四个原则：

（1）实用性。要研究的问题应是员工身边的问题，与本职工作有直接联系。

（2）可行性。经过一段时间的工作，这一问题是可以解决的。

（3）可测性。问题和效果都是可以测量的。

（4）效益性。对改善服务质量有实际作用。

2. 把握问题现状

问题的现状是研究的出发点，对现状的清晰把握是解决问题的前提。小组成员要掌握问题现状的有关资料，资料应具体，尽可能量化，详细记录获得资料的时间、场所及其提供者姓名，以便日后核对，并将资料数据制成图表，以便分析。

3. 设定目标

QC小组活动是质量改善活动，应事先确定目标。目标要明确、具体，尽可能用数字表示。目标不明确，太抽象，就不易激发小组成员的动力，日后也不易衡量评价。但设定目标要适度，不宜过多、过高。目标应是可以实现的，但与现状相比又有明显的改善，以使小组成员有工作成就感。

4. 确定活动计划

为了达到目的，有步骤地开展活动，需要制订活动计划。活动计划应当由小组的成员共同讨论，集思广益，协商一致。活动计划要围绕活动目的，始终抓住活动主题。从开始到完成，时间不宜过长，但也要适当留有余地，因为活动进程中，有可能要修改计划。活动计划可采用图表方式，便于对活动的进程进行检查、控制。

| 项　　目 | 负责人 | 活动计划 | | | | |
|---|---|---|---|---|---|---|
| | | 3月 | 4月 | 5月 | 6月 | 7月 |
| 把握现状 | | | | | | |
| 确定目标 | | | | | | |
| 分析原因 | | | | | | |
| 确定并实施对策 | | | | | | |
| 评估效果 | | | | | | |
| 巩固成果 | | | | | | |
| 总　　结 | 全　　员 | | | | | |

5. 调查问题成因

由问题症状出发，追溯原因，这是 QC 小组活动中最重要的一环。对造成问题的原因，不能想当然地加以认定，应当通过在工作现场的观察调查来确定。造成问题的原因也许不止一个，要用数据来确定各种影响因素的重要程度，使原因与结果之间的关系明朗化，并结合各方面的意见，得出结论。

6. 确定并实施对策

小组成员应一起研究确定对策，而且应尽可能从各个不同角度提出对策，然后研究分析，选择最佳对策。对策是针对原因的，原因也许有很多个，应该抓住最主要的、影响最大的原因。当然，对策必须是可行的，否则就是纸上谈兵。对策确定以后，则应克服各种困难，坚决实施。在实施时，必须注意与有关方面沟通，必要时取得谅解与支持。

7. 评价效果

在实施对策过程中应注意收集资料，做好记录，并尽可能用数字和图表表示，以便在评价成效时与实施前的状况进行比较。如果已达到目标，则要检查是否增加了费用和工作时间，是否引发出新的问题；如果未达到目标，则要检查确定的目标是否有误，计划是否正确，活动过程、方法是否科学、合理。

8. 巩固成果

根据实施对策结果，形成新的工作标准、工作程序，并对员工进行正确的作业训练，使之成为行为习惯。要防止取得成果后不采取任何措施，致使故态复萌，QC 小组活动的成果也便前功尽弃。

9. 总结交流成果

总结过程也是反省的过程，有利于积累经验改进方法，提高小组成员的能力，也有助于明确存在的问题，成为下一个循环的出发点。交流成果可以起到相互促进的作用，对于认识 QC 小组活动的意义也很有必要。



QC 小组活动是动员员工参与管理的好办法。对于饭店、对于员工都有很大的好处，这已经为许多饭店的实践所证明。

## 三、PDCA 管理循环

PDCA 循环的概念最早由美国著名质量管理专家戴明博士（W. E. Deming）提出，也称戴明循环（Deming Cycle）、戴明环（Deming Wheel），是一种应用广泛的质量管理方法。它将质量管理过程分为四个阶段：

计划阶段（Plan）：制定质量管理方针和目标，确定具体行动内容；

实施阶段（Do）：实施计划阶段所确定的行动内容，包括执行计划所需的人员培训、产品设计开发等活动；

检查阶段（Check）：检查实施计划的结果，分清正确的与错误的，明确结果，找出问题；

处理阶段（Action）：对检查结果进行处理，成功的经验应加以肯定并予以标准化，或制定作业指导书，便于以后工作时遵循；对于失败的教训也要总结，以免重现。对于未能解决的问题，应及时转入下一个 PDCA 循环。

PDCA 循环强调饭店服务质量管理的四个阶段缺一不可。只计划而没有实施，计划就是一纸空文；有计划，也有实施，但没有检查，就无法得知实施的结果，难以确定计划与现实是否存在差距，存在多大差距；若计划、实施、检查俱全，但没有处理，则不但已取得的成果不能巩固，失败的教训不能吸取，而且发生的问题还会再次重复。因此，PDCA 循环的过程，就是饭店质量管理活动开展和提高的过程。

PDCA 循环有以下三个明显特点：

1. 周而复始

PDCA 循环是按一个顺序进行，它靠组织的力量来推动，像车轮一样向前进，周而复始，不断循环（图 8－3）。一个循环结束了，可能解决了一部分问题，但还有问题没有解决，或者又出现了新的问题，再进行下一个 PDCA 循环，依此类推。



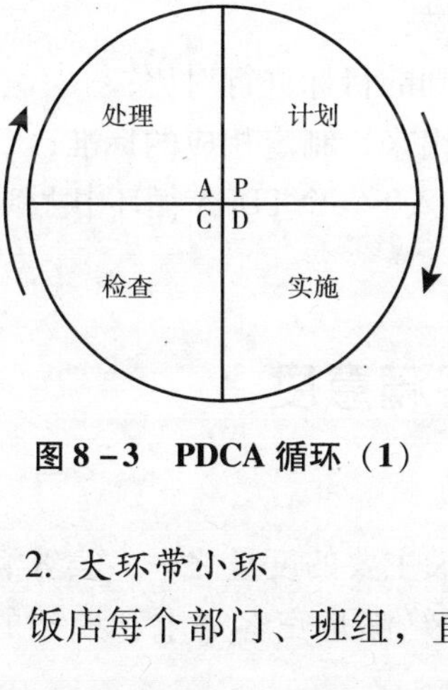


**图 8－3　PDCA 循环（1）**

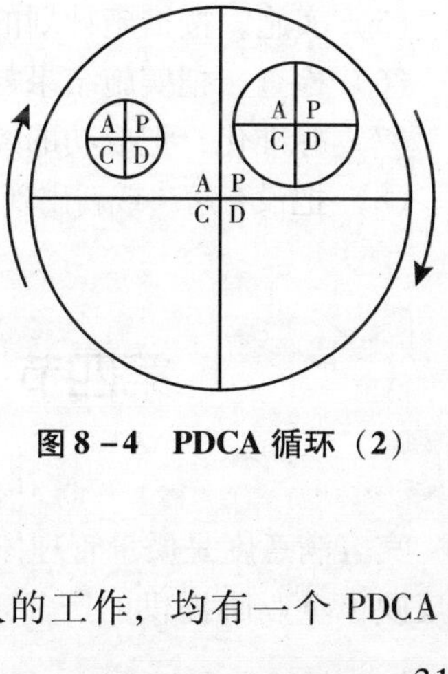


**图 8－4　PDCA 循环（2）**

2. 大环带小环

饭店每个部门、班组，直至个人的工作，均有一个 PDCA 循环。如图8-4所示，饭店的整体运行体系与其内部各子体系的关系就是大环套小环，一环扣一环，形成了一个有机的组合体。上一级的管理循环是下一级管理循环的根据，下一级的管理循环又是上一级管理循环的组成部分和具体保证。通过各个小循环的不断转动，推动上一级循环，以至于整个饭店循环不停转动。各方面的循环把饭店各项工作有机地组织起来，纳入质量保证体系，实现总的预定质量目标。因此，PDCA循环的转动，不是哪一个人的力量，而是组织的力量、集体的力量，是整个企业全体职工推动的结果。

3. 阶梯式上升

PDCA循环不是停留在一个水平上的循环，不断解决问题的过程就是水平逐步上升的过程。每通过一次PDCA循环，都要进行总结，提出新目标，再进行第二次PDCA循环，使质量管理的车轮滚滚向前。PDCA循环是持续改进的管理方法。

PDCA循环的四个阶段八个步骤是：

（1）分析现状、发现问题；

（2）分析质量问题中各种影响因素；

（3）分析影响质量问题的主要原因；

（4）针对主要原因，采取解决的措施；

（5）实施，按措施计划的要求去做；

（6）检查，把实施结果与要求达到的目标进行对比；

（7）标准化，把成功的经验总结出来，制定相应的标准；

（8）把没有解决或新出现的问题转入下一个PDCA循环中去解决。



## 第四节　宾客满意度

宾客满意度是质量管理体系绩效最主要的度量之一。宾客满意度反映了企业所提供的产品或服务最终满足宾客需求和期望的能力。宾客满意度是服务质量管理的核心，强调“宾客导向”，从宾客需求和期望的角度去设计、提供产品和服务。

## 一、宾客满意度含义

对饭店来说，宾客满意度就是宾客对其所购买的饭店产品和服务的满意程度，以及他们未来继续购买的可能性。宾客根据自身对产品和服务的需求和以往的消费经验，在购买前形成预期，并最终通过购买和享用产品的功能和特性满足需求。不同的宾客在实现自己的需求和期望时，由于受到生活习惯、经济能力、价值观、个性等不同因素的影响，会对产品或服务作出不同的选择与评价。饭店宾客的满意度不能简单地取决于饭店提供的无形服务质量标准或有形产品质量标准的高低，它更取决于宾客对饭店服务的期望质量与经验质量的对比，它实际上是饭店宾客消费前的“期望质量”与实际消费“感受质量”的比较结果。20 世纪 80 年代，美国学者帕拉苏拉曼（J. A. Parasuraman），泽丝曼尔（V. A. Zeithaml）和贝利（L. L. Berry）就是基于这一观点，从“期望（Expectation）—感知（Perception）”的角度，针对质量服务管理提出了服务质量模型（Service Quality Model）和感知服务质量要素模型（Determinants of Perceived Service Quality）（A Conceptal Model of Service Quality and Its Implications for Future Research, Journal of Marketing, Fall 1985）。在后来的研究中前者发展成为服务质量差距模型（Gaps in Service Quality），后者则成为感知服务质量模型（Perceived Service Quality）（图 8－5）。根据这一理论，宾客的期望源于个人需要、过去的经历、饭店的广告宣传以及公众的口碑。而宾客感知是根据个人体验形成的主观评价。宾客的满意程度就是期望与感知的对比结果。当期望大于感知（ES > PS），形成高期望低感知，宾客会感到期望落空或名不副实，产生不愉快的感受，从而对服务质量不满意。当感知大于期望（ES < PS），宾客体验到热情的、个性化的服务带来的意外惊喜，他的评价会是物超所值，非常满意。而当期望与感知相等（ES = PS），宾客的满

意度可能表现为无所谓或基本满意。饭店只有准确地识别、定位哪些宾客是自己的目标市场，并充分了解他们的消费需求、消费心理，从而设计和提供有针对性的服务，同时对服务质量实施持续改进才能不断提高宾客的满意程度。

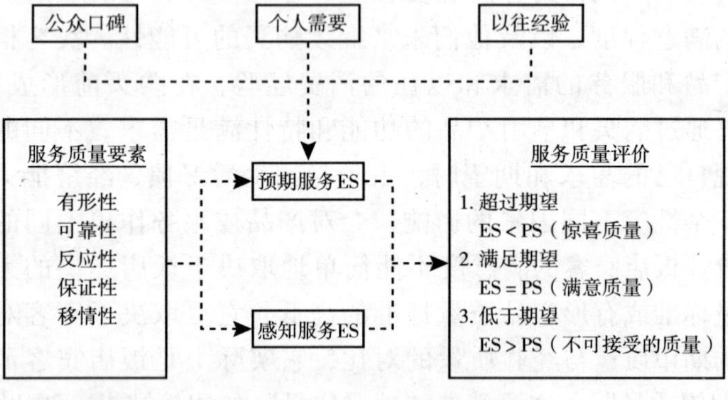


**图 8－5　感知服务质量模型**

## 二、服务质量要素



感知服务质量模型给出了服务质量要素：有形性（Tangibles）、可靠性（Reliability）、反应性（Responsiveness）、保证性（Assurance）、移情性（Empathy）。它们是构成服务质量的五个基本方面，也是评价服务质量的主要指标。

### （一）有形性

指服务产品的“有形部分”，如饭店的各种设施设备以及服务人员的外表等；宾客评价饭店服务质量时常对直观的、有形的事物具有倾向性，因此，饭店应通过有形的物质来展示服务质量。一方面，有形性提供了企业服务质量的线索，另一方面，对宾客评价服务质量提供了直接的依据，例如，饭店通过装饰、材料、色彩、照明、温度、湿度、背景音乐等来塑造富有情调、令人舒适而愉悦的氛围，甚至服务人员的着装、举止、面部表情、精神状态这些都是服务质量的有形表现。

### （二）可靠性

指饭店企业可靠地、准确无误地完成所承诺服务的能力。它是宾客评价饭店质量的核心内容和关键部分。宾客希望可靠的服务来获得美好的经历。而饭店企业也把服务的可靠性作为树立企业信誉的重要手段。例如，当预订的客人抵店的，总台服务人员及时地根据客人事先的要求安排好客房，并为他办好入住登记手续，如果由于饭店的问题导致预订客人不能正常入住，就说明饭店服务的可靠性存在严重问题。无论是叫早服务、代办服务，还是餐饮服务、客房清扫服务，饭店与宾客接触的每一项服务都会涉及客人对饭店的信任和可靠性的评价。

### （三）反应性

指饭店企业准备随时帮助客人，并提供迅速有效服务的能力。简单地说，就是饭店能否做到“急客人所急”。反应性体现了饭店服务传递系统的效率，并反映了服务传递系统的设计是否以宾客需求为导向。服务传递系统要以宾客利益为重，尽量缩短宾客在消费过程中的等候时间等。如从客人点菜到厨房出菜、服务人员上菜的时间，总台为客人办理入住登记或结账手续的时间，当客人提出增加客房消耗品需要时，服务人员送房的时间，等等。当服务传递系统设计不合理，或服务传递系统出现故障导致服务失败时，及时解决问题，高效的投诉处理可能会使宾客对质量的感知得到一定的弥补。



### （四）保证性

指饭店员工的知识技能、礼貌礼节及其表现自信与可信的能力。首先，员工应具有完成服务的知识和技能，这是赢得宾客信任的重要因素；其次，对宾客的礼貌和尊重，友好与好客使宾客虽在异地他乡却有宾至如归的感觉；最后，员工要有可信的态度，主动与宾客进行沟通与交流，适时适地地帮助他们。保证性使宾客消除了跨越地理空间的不适感。

### （五）移情性

指饭店的服务工作自始至终以客人为核心，关注他们的实际需要，并设身处地地为他们着想。移情性是建立在换位思考的基础上的，要求员工做到想客人所想。在服务过程中，员工要主动接近宾客，掌握他们的需求。同时要对他们的心理变化和潜在需求有很强的敏感性，从而使整个服务过程充满人情化和人性化。

## 三、宾客满意度调查与测评

要了解宾客对饭店服务的评价，就必须进行宾客调查。当然，调查只是信息收集的手段，饭店还必须通过运用宾客满意度分析技术，对调查结果进行分类、比较、分析和整理，从而发现对选择服务策略和改进措施更有价值的信息。

### （一）饭店宾客满意度调查

饭店进行宾客满意度和服务质量调查常采用问卷调查、访谈、现场观察、会议座谈等形式，调查方法主要有：

1. 宾客意见书

根据不同的使用目的，饭店可以设计各类《宾客意见书》，就饭店的服务质量征询宾客意见，这类意见书通常放在客房或餐厅等主要营业场所。

《宾客意见书》的设计与使用要强调科学性，设计不合理或使用不当会导致错误的信息和数据，不能反映宾客满意度的真实情况。征询意见内容要明确易懂，提问方式应易被宾客接受，问题的形式应多采用封闭式，这不仅能简便快捷地获得宾客的回答，也有利于数据的分类、整理和分析。



2. 老宾客、新宾客与流失宾客调查

调查新宾客选购本企业服务的原因，老宾客在本企业消费额减少的原因，流失的宾客不再购买本企业服务的原因。饭店应识别每位宾客，特别是老宾客的动态和需要，因为这些客人是饭店经营利润的重要保证。雅高、假日、凯悦等许多饭店集团都非常关注自己的常住客，以各种不同方式了解他们的需要，奖励和鼓励客人多次入店消费，建立了完整的常客计划、忠诚客计划，这类计划许多已成为竞争策略的一个重要组成部分。向这些客人了解消费感受，请他们评价服务质量，提出意见和建议的途径有很多，如有的饭店通过定期举办常客聚会活动，有的通过寄发调查表，也可以在客人住店期间进行专门拜访。

3. 专题座谈会

调查对象可以是本企业的宾客，也可以是竞争对手企业的宾客或是本企业的员工。虽然调查对象有时候并不是宾客，但这种间接的信息传递能使饭店对质量状况有更为全面的了解。并且，调查对象在这类座谈会中为饭店提供了许多市场信息、行业信息，也能提出各种改进服务工作的建议。

4. 宾客投诉记录

宾客投诉时，形成的投诉记录是重要的原始档案，它不仅是饭店及时有效地处理解决问题的依据，经过整理分类和数据处理，还可以帮助饭店分析宾客投诉原因，发现常见问题，寻求质量改进途径。

5. 宾客咨询委员会

通过会议、电话调查、问卷调查等方式，定期征求这个委员会成员的意见和建议。

6. 神秘客人暗访

神秘客人是受饭店评估机构委托或饭店邀请，以宾客身份入住饭店，通过观察及消费体验对饭店的服务质量进行评估，对饭店服务质量的整体状况、突出的感受、存在的问题和改进建议提出个人看法或形成暗访报告。因为他们具有专业眼光，非常有经验，他们的意见与建议对饭店提高服务水平有很大帮助。国际上，著名酒店集团的通行做法是通过第三方机构指派神秘客人对连锁酒店的硬件与软件进行评价打分。神秘客人暗访也是我国星级旅游饭店评价体系中的重要环节。其中，《星级饭店访查规范》中对神秘客人的定义是：持有各级旅游星级饭店评定机构的有关委派证件，以普通旅客身份入住饭店，不通报身份，在店检查期间亦不暴露真实身份的访查人员。

7. 拜访宾客

是一种非常直接而主动的调查方法。饭店管理人员通过拜访宾客及时而直接地听取宾客的意见，而不是只靠记录和调研人员的汇报或量化的数据结果反映情况。在良好的与宾客交流的气氛中，管理人员能获得更大量、生动、可信的信息，既能了解宾客对某项服务工作的真实反馈，又可获得宾客对本饭店服务的总体印象评价。

8. 其他

直接或间接反映宾客满意度的调查办法还有很多，如从员工现场报告获得信息，通过经营数据记录系统分析和推测宾客期望与宾客感受差异等。

各类方法既有其优点，也有其局限。管理人员应根据本企业的性质、服务策略、信息使用者的需要，确定调研方法。

**（二）饭店宾客满意度测评**

饭店宾客满意度测评，是通过适当的方式方法，获取饭店宾客满意度信息，在此基上进行统计分析，寻求改进措施的过程。如前所述，宾客满意度是宾客对饭店服务质量的主观评判，不同宾客对同一服务会产生不同的感受，形成不同的判断，满意度因宾客与饭店服务接触程度的不同而不同。因而，测评饭店宾客满意度首先要合理设定满意度指标和级度。

满意度指标是指用以测量宾客满意度的项目因子或属性。满意度指标的设定通常依据服务质量要素以及所测评的产品或服务的特征或属性，如对饭店餐厅服务的宾客满意度测评可设置“口味、价格、时间、舒适、安全、文明”等指标，也可以把服务质量5要素（有形性、可靠性、反应性、保证性、移情性）作为一级指标，再根据所测评的产品或服务对应于各要素的特征或属性在每个一级指标下确定若干个二级指标。指标分级越多，所测项目越多，得到的信息也越多越具体。

满意级度表示宾客在消费了饭店产品与服务后对有关指标所产生的满意度的等级，有3级度、5级度、7级度、9级度、10级度等，一般常用的是3级度、5级度和7级度，为统计分析，通常还需要对每个级度分别赋值。宾客满意度的测评方法通常有以下三种。

1. 宾客满意级度

使用宾客满意级度测评宾客满意度，需设定满意级度数轴，以7级度为例，宾客满意级度以“很不满意、不满意、不大满意、一般、较满意、满意、很满意”7个相关级度表示，分别赋值为-60，

-40，-20，0，20，40，60，总和为零（图8-6），根据宾客对测评指标不同满意程度的选择评价，在满意级度数轴上找到相应的分值，计算出某一产品或服务的满意级度的综合分值，然后对照满意级度数轴，确定宾客满意度。计算公式为：

$$CSM = \Sigma X/N$$

CSM：满意级度综合分值

$\Sigma X$：指标满意分值

N：指标项目数量

例如，某饭店对西餐厅服务的六项属性指标的宾客满意程度进行调查，结果为口味—满意、价格—很满意、时间—较满意、舒适——一般、安全—满意、文明—满意，对照宾客满意级度数轴的分值，计算得出CSM为33.3，据此可以判断宾客总体上对饭店西餐厅服务的满意度处于“较满意”和“满意”之间，接近“满意”。

**表8-1　某西餐厅服务宾客满意度测评（1）**

| 测评指标 | 口　味 | 价　格 | 时　间 | 舒　适 | 安　全 | 文　明 |
|---|---|---|---|---|---|---|
| 满意级度 | 满　意 | 很满意 | 较满意 | 一　般 | 满　意 | 满　意 |
| 满意分值 | 40 | 60 | 20 | 0 | 40 | 40 |
| 综合分值 | CSM = ΣX/N = (40 + 60 + 20 + 0 + 40 + 40) ÷ 6 = 33.3 | | | | | |

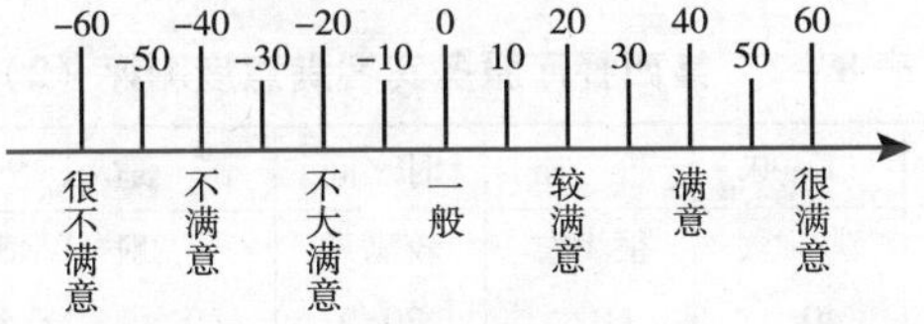


**图8-6　满意级度数轴**

2. 宾客满意度加权平均值

使用宾客满意度加权平均值测定宾客满意度，首先应对调查样本的属性进行分类，掌握各类属性宾客的数量比例及其对某项服务产品的满意度，然后以各类属性宾客占全体样本的比重为权数，计算得出某项服务产品的宾客整体满意度，计算公式为：

宾客满意度 ＝ Σ(各类属性宾客所占比重 × 各类属性宾客满意度)

这一方法强调将饭店宾客根据各类属性，如职业、旅游动机、性别、年龄、地区等进行细分，在掌握不同属性宾客对某服务产品的满意度的基础上得出对该项服务产品的宾客整体满意度，从而为开展有针对性的服务质量管理活动提供重要依据。

这一方法也可结合满意级度数轴，测评某一产品的宾客满意度。以上述对某西餐厅的宾客满意度测评为例，由于宾客对六项指标的要求程度不同，因而可根据测评指标对宾客的重要程度作分值加权，以更科学地反映宾客的满意度。如对西餐厅服务的口味、价格、时间、舒适、安全、文明六项指标根据它们对宾客满意度的影响程度确定加权值分别为0.2、0.3、0.1、0.1、0.15、0.15，则计算公式为：

宾客满意度 ＝ Σ(各指标权数 × 各指标满意分值)

与表8－1中算术平均法测评结果不同，加权平均法测得的满意级度的综合分值为40，表明宾客满意度处于满意水平，主要是因为宾客对权数较大的口味和价格这两个指标的满意程度较高，因而提升了宾客整体满意度，由此可知，利用加权平均法测评宾客满意度更能准确地反映宾客的满意度情况，而该西餐厅提高宾客满意度的关键是抓好菜肴口味和价格这两个主要因素。



**表8－2　某西餐厅服务宾客满意度测评（2）**

| 测评指标 | 口　味 | 价　格 | 时　间 | 舒　适 | 安　全 | 文　明 |
|---|---|---|---|---|---|---|
| 满意级度 | 满　意 | 很满意 | 较满意 | 一　般 | 满　意 | 满　意 |
| 满意分值 | 40 | 60 | 20 | 0 | 40 | 40 |
| 指标权数 | 0.2 | 0.3 | 0.1 | 0.1 | 0.15 | 0.15 |
| 综合分值 | CSM = Σ(各指标权数 × 各指标满意分值) = 40 | | | | | |

3. 宾客满意率

宾客满意率（CSR）是指在一定数量的目标宾客中表示满意的宾客所占的百分比，也是用来测评宾客满意度的一种工具，计算公式为：

$$CSR:\frac{S}{C}\times 100\%$$

CSR：宾客满意率

C：目标宾客数量

S：目标宾客中表示满意的宾客数量

宾客满意率计算简单，但信息单一，仅有宾客满意和不满意信息，计算的结果是百分比，不能准确、完整地描述宾客满意度。

## 第五节　服务质量分析工具

全面服务质量管理建立在科学的方法上。有效地运用质量分析技术，可以帮助饭店管理者找出存在的质量问题及产生原因，从而找到有针对性的解决问题的措施和方法，以保证同类的质量问题不再出现。饭店常用的服务质量分析工具有圆形图、因果图和系统图等。

### 一、圆形图分析法

圆形图又称饼图，圆形图分析法通过计算服务质量信息中有关数据的构成比例，以图示的方法表示饭店存在的质量问题。

饭店管理者通过各种原始记录、质量信息报表、质量检查结果、宾客意见调查表、客人投诉处理记录、质量考核表等方式多方面收集饭店目前存在的质量问题，对收集到的质量问题信息进行汇总，根据不同的内容将问题分类，计算每类质量问题的构成比例，最后形成圆形图示。

例如，某饭店某月由宾客投诉反映出的服务质量问题共 25 例，其中客房卫生问题 7 例，占 28%；服务态度问题 6 例，占 24%；设施设备问题 4 例，占 16%；餐饮产品问题 3 例，占 12%；安全问题 3 例，占 12%；其他 2 例，占 8%。（图 8－7）将这些数据生成圆形图，即可一目了然地掌握饭店存在的服务质量问题种类及其分布。

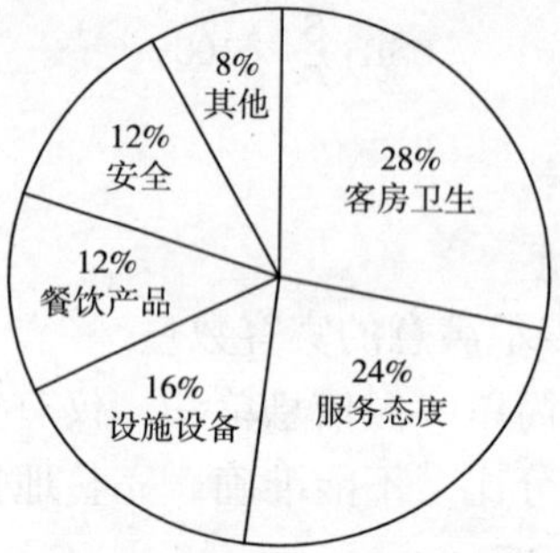


**图 8－7　服务质量分析圆饼图**

## 二、因果图分析法

因果分析图又称鱼骨图、树枝图，是日本东京大学石川馨（Koaru Ishikawa）教授创建的一种分析质量问题产生原因的有效工具。在饭店经营过程中影响饭店服务质量的因素是错综复杂的，并且是多方面的。因果分析图对影响质量的各种因素之间的关系进行整理分析，并把原因与结果之间的关系用箭头和线条表示出来。

因果图是建立在对问题因果关系的细致分析的基础之上的，是对分析结果的图示。这种方法可分三个步骤：

首先，确定要分析的质量问题。近阶段宾客投诉率比较高的问题，质量检查中发现的突出问题等都可作为因果分析的对象。

然后，收集质量问题形成的原因。使用头脑风暴法，让管理人员和服务人员在没有干扰和心理压力的情况下扩展思维、充分讨论，围绕着问题成因提出各种各样的意见和想法。问题归因应从大到小，从粗到细，追根溯源，逐层展开，做到尽可能具体。

最后，形成因果图。在对各种意见、想法进行整理，剔除重复和没有价值的内容后，将导致质量问题的各种直接原因和间接原因进行归纳图示。通过因果图分析，各种原因之间的关系一目了然，饭店便容易找出切实可行的解决方案。

下面为某饭店餐厅针对出菜速度太慢这一问题进行的因果分析（图 8－8）。

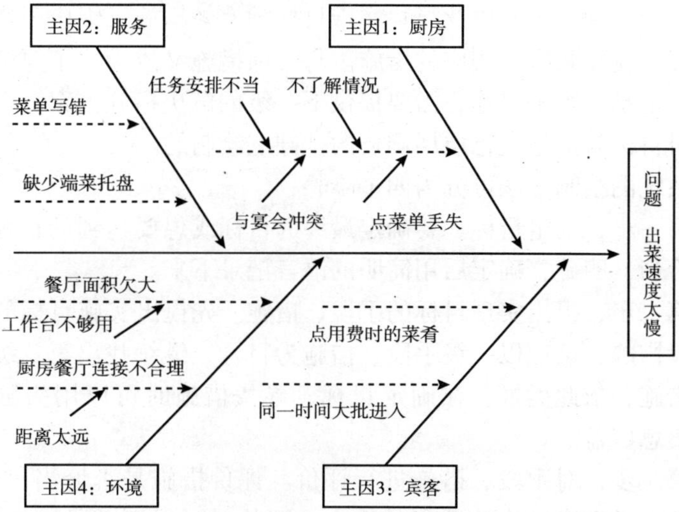


**图8－8　服务质量分析因果图**

（1）在鱼头位置写下结果，即要讨论、分析的问题。

（2）确定造成这一问题产生的主要原因。从4M1E五大影响因素入手，即从人员（Man）、设施（Machine）、材料（Material）、方法（Method）和环境（Environment）因素进行分析，推测出在服务、厨房、环境、宾客、联络、信息等方面导致质量问题的原因。

（3）对确定的问题进行讨论，寻找第二层原因，并继续追寻下去，直到找到最深层的原因。

（4）对最深层原因加以识别，通过收集资料等方法，确定对结果有重大影响的原因。

（5）对原因作必要的整理，并用因果图把它表示出来。

（6）根据因果图所指出的问题所在，制定具体的、切实可行的改进措施。改进措施一般应明确做什么（What）、谁去做（Who）、何时做（When）、如何做（How），简称3W1H法。

## 三、系统图分析法

系统图是把要实现的目标与实现谈目标所采取的手段系统地加

以展开的一种图表，以此寻找实现目标的有效措施。饭店要实现某个目标，就需要采用相应的措施。每一项措施又成为一个要解决的问题，也是一个子目标，需要提供下一级的解决措施方案。系统图是在对目标和措施进行层层剥析的基础上绘制的。

系统图绘制方法可分为四个步骤：

第一步，确定目标。要确定最终的目标或想要达到的目标。目标要恰当、明确，确定后用简明的语言记录下来。

第二步，提出实现目标的手段、措施。先提出实施目标的第一级手段措施，然后以一级手段、措施为目标，继续找出第二级的手段、措施，依此类推。在确定目标、寻找措施时可以用头脑风暴法，集思广益。

第三步，对手段、措施进行评价。评价措施是否恰当、可行，并在此基础上决定措施手段的取舍。评价时可以把手段措施展开。从最后一级开始评价，看每一级的措施是否保证上一级目标的实现，最终能支持总目标的实现。

第四步，绘制系统图。根据这些大小目标和措施相互支撑所形成的结构和关系进行描绘，就制成了系统图。（图 8－9）



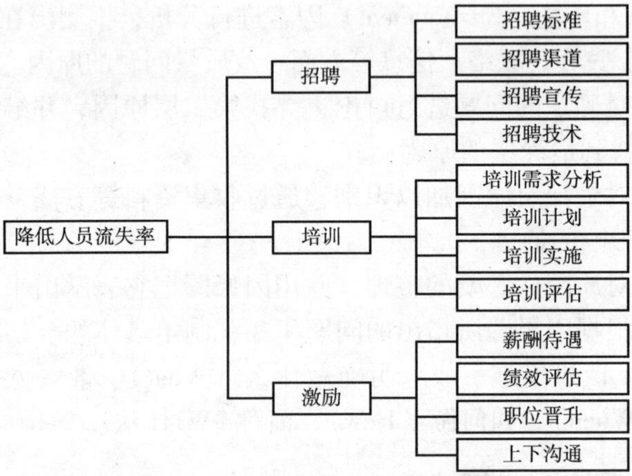


**图 8－9　服务质量分析系统图**

# 第九章　饭店人力资源管理

〔**内容提要**〕如何有效利用和开发人力资源是现代饭店管理的重要课题。没有满意的员工，就不可能有满意的顾客，而没有满意的顾客，就不可能有满意的效益。要让员工心情舒畅、积极工作，从组织层面而言，首先，必须给员工以职业发展的空间和公平竞争的机会，使员工感到英雄有用武之地；其次，必须给员工以职业发展的条件，从职业生涯指导、职业发展道路、职业培训体系等方面，建立员工职业生涯发展的成长平台；最后，必须给员工以工作绩效的回报，通过建立科学的绩效目标、绩效考评与绩效回报的管理体系，让员工劳有所获，干有所值。总之，要让员工奋斗有方向，成长有条件，工作有动力，使饭店组织成为员工迎接挑战、追求理想、实现事业的快乐舞台。

〔**学习要点**〕

- 饭店人力资源管理的对象、特征与目标
- 饭店人才理念与招聘管理
- 饭店选人与用人管理机制
- 饭店员工职业生涯的管理
- 饭店员工绩效的管理体系

〔**思考题**〕

1. 为什么说饭店管理说到底是人的管理？
2. 传统人事管理与现代人力资源管理的主要差异是什么？
3. 掌握饭店人力资源供求状况的意义何在？
4. 如何理解“适应就是人才”的管理理念？
5. 如何做好饭店员工的招聘工作？
6. 如何理解“事业留人”这一观点？
7. 饭店怎样贯彻“有位才有为”的管理理念？
8. 怎样做好饭店员工的动态管理？
9. 如何构建饭店的绩效目标体系？
10. 如何设计饭店的绩效回报体系？

# 第一节　饭店人力资源管理概述

## 一、饭店人力资源管理对象

### （一）饭店人力资源管理的对象是人

饭店是以人为中心的行业，饭店的业务经营活动离不开人和物这两个基本因素，而人是饭店业务经营活动的中心，是一种决定因素。因此，饭店的管理，说到底就是人的管理。

饭店人力资源管理的对象，首先是人。所以，要管好人力资源，就必须认识人。作为饭店人力资源管理对象的人，大致有三个层次：

1. 自然人

自然属性，即是一个生命的有机体。人的自然属性决定了人在生存的过程中不能摆脱对自然生存条件的追求。自然人的属性决定了在人力资源管理过程中应该理解员工对薪金福利等要求，因为只有让员工满足了最基本的生存要求，才能要求员工在事业上有所奉献。

2. 社会人

处在一定社会的人，必然受到社会历史、文化、政治、经济的影响而打上社会的烙印。如果人仅仅具有自然属性，那么人力资源管理也就无从谈起。行为管理理论学者认为人是生活在社会中的“社会人”，除了对温饱的要求之外，人不可避免地要受到所处的社会环境、亲人、教育等影响。如果人是孤立存在的个体，那么人与人之间的合作、人与人之间的影响，甚至是人与人之间的排斥也就成为空谈，那么人力资源管理理论中的类似团队合作理念也就失去了自身的意义。

3. 职业人

当人进入一个企业开始自己的职业生涯的时候，那么人的属性中又增添了一项，那就是“职业人”。从事不同职业的人需要掌握不同的职业技能，养成了不同的职业习惯，也具有不同的职业意识和职业心态。由于饭店业是典型的服务性企业，而且许多工种都是需要从事实践性很强的服务过程，所以往往要求饭店从业人员具备良好的客房、餐饮等具体的服务技能，同时也必须具备良好的服务意识，因为只有具备良好的服务意识，才能真正地让顾客感觉到"宾至如归"。

**（二）饭店人力资源管理的对象是人的能力**

饭店人力资源管理并非真的去管人，而是管理人的能力。因为，从人的本性来说，人是不愿被人管的。所以，饭店人力资源管理的主要任务是有效利用与开发员工的能力，必须围绕员工能力的识别、能力的利用、能力的培养与能力的激发展开。所谓人的能力，就是指为顺利完成某种活动且直接影响活动效率所必备的心理特征。它主要取决于以下四个要素：

（1）体质——人的身体素质，包括力量、速度、耐力、柔韧度、灵敏度等人体运动的功能状态，以及对于一定劳动负荷的承受能力和消除疲劳的能力。

（2）知识——人们从事实践活动的各种经验和理论。

（3）智力——人们认识事物，运用知识解决问题的能力。包括观察力、记忆力、思维力和想象力等。

（4）技能——人们合理化、规范化、系列化和熟练化的一种动作能力，即劳动者的操作技术与技巧。

**（三）饭店人力资源管理的对象是人力资源**

人力资源，即蕴藏在人的机体内的劳动能力。对于一个社会而言，人力资源是指能推动整个经济和社会发展的劳动力的能力，即处在劳动年龄的已直接投入建设的人口的能力。人力资源是一种重要而又特殊的资源，它具有以下五个特征：

1. 生物性

人力资源存在于人体中，是一种有生命的资源，与人的生理特征、基因遗传等紧密相连。这种特殊性将人力资源与物质资源相区别。

2. 时效性

人力资源存在于人的生命之中，它是一种具有生命的资源，它的形成、开发和利用都要受到时间的限制。从个人成长的角度来看，人才的培养也有幼稚期、成长期、成熟期和退化期的过程，相应地，其使用则经历培训期、试用期、最佳使用期和淘汰期的过程。所以说，人力资源的形成、开发、配置、使用具有很强的时效性。

3. 再生性

与物质资源相比，人力资源是一种再生资源，可以繁殖，生生不息，而且，人力资源在使用过程中，有一个可持续开发、丰富再生的独特过程。这种再生性通过人口的再生产和劳动力再生产的过程得以实现。

4. 能动性

人力资源具有思想、情感和思维，具有主观能动性，人的能力只有当自己愿意发挥时才能实现，属于独占支配地位，而不像其他资源处于被动使用的地位。如果人的能动性得到开发，人就能有目的地、有意识地主动利用其他资源去推动社会和经济的发展，而且人类通过自己的知识智力，创造了工具，使自己的器官得到延伸与扩展，从而增强了自身的能力。

5. 社会性



人力资源是一种社会资源，人力资源的形成、配置、使用和开发作为一种社会活动，必然受到社会各种条件的制约。

## 二、饭店人力资源管理的特征

饭店人力资源管理，就是为了实现企业的目标，对人力资源的获取、利用与开发等进行计划、组织、领导与控制的活动。与传统的人事管理相比，具有以下特点：

### （一）人力资源管理的战略性

传统的“人事管理”基本上属于执行层面的一些事务性的工作，如劳动组织、档案保管、考核升级、报酬分配等，相应的负责部门被称作为“人事部”。人事管理往往被看做为一种单纯的业务技术性管理活动，属于战术管理。而现在我们提出的人力资源管理则是根据组织的战略目标，建立人力资源规划、利用、开发的管理系统，相应的负责部门称为“人力资源部”。它不只局限于对劳动力的进、出、管等事务性管理。而是结合本饭店的实际情况、根据行业发展的趋势及人才市场的信息做出总体的战略规划。

**（二）人力资源管理的开发性**

传统的人事管理把人当做饭店业务活动的一个要素，侧重于静止地用，简单地管，其内容主要是人员的招收、调配、绩效考评、工资发放、档案管理等工作。在人事管理年代，饭店往往把规范员工的行为作为人事管理的重心，要求员工个人的行为必须服从企业的目标。结果导致饭店员工中潜力巨大，动力不足的状况。西方管理学家彼得·德鲁克认为：“组织的效率，来自于组织中每一个人是否能够最充分地发挥自己的聪明才智。每个人自由地发挥自己的才智，又能够相互分工协调，这便是组织的奥秘所在。任何组织，如果不能充分地发挥个人的才能，这种组织必定是最低效的或无效的。”所以，人力资源管理把人看做一种具有能动性的、可开发的资源，管理的重心是开发人的活力和潜力，最大限度地发挥人的作用。

**（三）人力资源管理的投资性**

传统人事管理往往把人力方面的支出仅仅看做是一种成本，因而工作的重心往往放在如何节约，提高效率上。而人力资源管理则把人力方面的支出不仅看做成本，更把它看做投资，饭店的编制定员、薪酬政策、培训投入是一种投资决策，其准则是合理的投入产出比例。根据人力资源管理的理念，人力资源是一种能动的且具有无限潜力的资源，而要把这种资源转化为生产力，就必须坚持素质倍增原则，对人力资源进行投资，形成人力资本。所谓人力资本，就是体现在劳动者身上的、以劳动者的知识与技能或者其质量表现出来的资本。如何使人力资源成为人力资本，这是人力资源管理能否成功的关键。

### （四）人力资源管理的综合性

传统人事管理的管理对象是局部的，而人力资源管理的对象则是全员的，将企业内所有的从业人员都纳入人力资源管理的范畴。由于对象、内容与职能的不同，必然导致方法上的差异。传统的人事管理主要借助标准化，而人力资源管理的方法是科学性与艺术性的结合，既注重标准化、程序化、制度化、定量化等科学管理方法及电子计算机等先进手段，又注重企业文化、情感管理等软性管理。

## 三、饭店人力资源管理的目标

任何管理活动都必须有一定的目标，否则就没有方向。饭店人力资源管理的最基本目标就是通过合理利用和开发人力资源，不断提高饭店的劳动生产率。

饭店劳动生产率是劳动者的劳动成果与相应的劳动耗费之间的对比关系，或者说是饭店员工在单位时间内创造的有用的劳动成果，如人均创收、人均创利、人均创汇等。为此，饭店人力资源管理有以下三个直接目标：

### （一）造就优秀的人力资源队伍

饭店要正常运转并取得良好的效益，不仅要有一定数量的员工，而且这些员工的质量要符合饭店业务经营的需要。饭店人力资源管理就是要广招贤人，注重培育，提高员工的素质，使员工队伍不仅在数量上充足，而且在质量上匹配，以保证饭店业务活动的正常进行。



### （二）建立最优的人事劳动组织

人的管理实质并非“管”人，而在于“得”人，谋求人与事的最佳配合。一支优秀的员工队伍，必须有机地结合，否则，就会像一盘散沙。饭店人力资源管理的目标，就是要通过科学地排列、组合，使员工得以最优地组合，形成一个精干、有序、高效的劳动组织。其基本标志是机构设置科学，岗位职责分明，编制定员合理，人人各尽所能，职位能力匹配，群体结构优化。

### （三）创造自动自发的人事环境

人才竞争归根到底是人力资源开发理念和机制的竞争，如何留住真正有用的人才，并使他们充分施展自己的才华，这是饭店人力资源管理战略的重心。饭店的人力资源管理，就是要通过各种有效的激励措施，创造一个良好的人事环境，从而使员工安于工作、乐于工作、最大限度地把自己的聪明才智和积极性发挥出来。

## 第二节 饭店招聘与用人管理机制

每个人都有自我实现的需求，都有希望从事自己喜爱并能发挥自己潜力、实现自己抱负的愿望，而本职工作则是一个人达到自我实现的基本平台。为此，饭店首先必须确立正确的人才理念，并建立科学的招聘体系和用人管理机制，让个人在追求自我实现的同时，实现组织的目标。

### 一、饭店人才理念

要让员工人尽其才、才尽其用、用有所得，饭店必须确立“适应就是人才”的基本理念，即只要胜任本职工作的人，都是企业的人才，都应得到相应尊重和重用而具有广阔的天地。饭店人才的适应性，主要体现在以下三个层面：

#### （一）适应行业的要求

适应饭店行业的要求，即饭店职业人。饭店的业务活动是以顾客为中心的客源组织与接待服务，即饭店业务活动的服务性。应该说，在以态度具有决定意义的饭店行业，最重要的素质莫过于“发自内心的热爱”。当员工认为工作有意义时，在工作中会更加投入，工作满意感也往往得到增强。此外，由于饭店比起其他行业更需要频繁地与人打交道，饭店人才还需要具备开朗的性情和善于沟通的本领。饭店服务的显著特征就是“现做现卖”，饭店服务的生产与消费是同时或几乎是同时进行的，而且由于顾客自身的特点，如兴趣、性格和心情等，也直接影响服务的效果。对于同样的服务，不仅不同顾客的感受和评价会有所不同，即使是同一顾客对于同一服务，也可能今天满意，明天不满意。这就要求饭店从业人员必须具有顾客导向的思维方式，眼观六路，耳听八方，读懂顾客的心理，掌握顾客的情绪，准确把握顾客的感觉；同时必须具有“表演”意识，按照自己扮演的角色和剧本、剧情的要求，说好每一句“台词”，做好每一个“动作”，努力创造顾客价值。

**（二）适应企业的要求**

适应特定企业的要求，即企业人。每个企业都有自己独特的人才观与价值观，只有认同并付诸于行动的员工，才能成为被企业看得上和看得起的人才。同时，不同企业有不同的企业文化和管理风格，对人才也有不同的要求。饭店人才是某一饭店的人才，必须适应特定饭店的企业文化和管理风格。只有适应特定企业管理风格，员工才能更好地施展自身才能与提升工作效率，才可能获得机会与重用。

**（三）适应岗位的要求**

适应特定岗位的职业要求，即岗位人。每个员工都是在特定岗位工作的人，必须明确各岗位的任职资格和要求。为此，饭店必须做好工作分析这项基础工作。



工作分析，亦称职务分析，就是对工作任务和技能要求的描述和研究过程。工作分析的结果主要表现为两个重要文件：一是工作描述，二是工作说明书。工作描述是针对工作的内容，它提供了有关工作任务、职责信息的文件，而工作说明书是针对工作中的人，它列出了完成某项工作的人所必需具备的素质和条件。

## 二、饭店招聘体系

饭店招聘，有广义与狭义之分。广义的招聘包括外部的招聘和内部的招聘；狭义的招聘仅指外部的招聘。这里所指的招聘是狭义的招聘，即指依法从社会上吸收劳动力、增加新员工或获取急需的管理人员、专业技术人员或其他人员的活动。饭店的业务与规模要扩大，饭店的经营与管理水平要提高，都需要从外部招聘一定数量和质量的人才，饭店必须确立正确的招聘指导思想，遵循科学的招聘程序，并综合运用有效的招聘方法。

**（一）饭店员工招聘程序**

饭店的招聘程序一般要经过准备筹划、宣传报名、考核录用与招聘评估等阶段。

1. 准备筹划

这一阶段主要包括：确立招聘工作的指导思想，根据饭店经营需要和社会上劳动力资源的状况，确定招工计划。

（1）确立招聘指导思想。要使饭店的招聘工作卓有成效，必须有正确的指导思想。总的来说，饭店招聘工作必须确立以下指导思想：一是塑造形象的思想。饭店招聘员工过程实际上是饭店向社会展示企业形象的过程。饭店招聘工作必须注意招聘信息发布及时有效，招聘进程安排清晰而紧凑，招聘工作人员素质良好。二是投资决策的思想。饭店人员的招聘实际上是企业的一项投资决策，其正确与否将长期影响组织的经营优势，为此必须关注确保信息完整、对称与真实；确定与坚持必要的投资准则，构建科学有效的招聘机制。三是市场导向的思想。饭店招聘员工既是企业挑选人才的过程，也是应聘者挑选企业的过程，因此必须遵守市场交易规则，努力在企业与应聘者之间营造双向、平等与共赢的局面。四是遵纪守法的思想。遵纪，即遵守行规；守法，即遵守国家法律。在人才招聘的过程中，不要为了“挖人”而“不择手段”，应以行业规则为准，实现公平交易与良性竞争。

（2）人力资源需求预测。饭店人力资源需求预测，实际上就是饭店未来人员数量上和质量上的变化预测。一般而言，影响饭店人员需求变化的主要因素有：

①饭店规模的变化。

②饭店等级、档次的变化。

③饭店企业组织形式与组织结构的变革。

④饭店经营项目和产品结构的调整。

⑤饭店人员素质要求的变化。

⑥饭店人员流动状况。

⑦社会科学技术的进步。

（3）人力资源供给分析。饭店人力资源的供给情况，直接关系到饭店的招聘政策。要制订科学的员工招聘计划，做好员工招聘工作，首先必须对人力资源供给状况进行详尽分析，以便正确制定员工的招聘标准和政策。人力资源外部供给的影响因素较为广泛，且不易控制，应引起足够重视。一般而言，影响饭店人力资源外部供给的因素主要有：

①本地区内人口总量与人力资源率。它们决定了该地区可提供的人力资源总量。

②本地区人力资源的总体构成。它决定了在年龄、性别、教育、技能、经验等层次与类别上可提供的人力资源的数量与质量。

③本地区的经济发展水平。它决定了对外地劳动力的吸引能力。

④本地区的教育水平。特别是政府与组织对培训和再教育的投入，它直接影响人力资源供给质量。

⑤本地区同一行业劳动力的平均价格与外地比较的相对价格、当地的物价指数等。

⑥本地区劳动力的择业心态与模式、本地区劳动力的工作价值观等。

⑦本地区的地理位置对外地人口的吸引力。

⑧本饭店对就业人员的吸引力，如饭店声誉、薪酬收入、培训、晋升机会等。

（4）策划招聘方案。饭店在招聘的准备筹划阶段应认真思考以下问题：什么岗位需要招聘、选拔？招聘多少人员？每个岗位的任职资格是什么？运用什么渠道发布信息？采用什么样的招聘测试手段？招聘预算是多少？关键岗位的人选何时必须到位？招聘的具体议程如何安排？在此基础上，根据国家有关部门的政策、饭店短缺岗位的任职资格以及饭店人力资源市场的供求情况，确定招聘区域、范围和条件，确定相应的人事政策，并据此确定招聘简章。

2. 宣传报名

发布招聘信息与受理报名，既是筹划工作的延续，又是考核录用的基础，起着承上启下的作用。这一阶段主要应抓两大环节：一是发布招聘简章，其目的在于使就职者获得招聘信息，并起到一定的宣传作用；二是接受应聘者报名，其目的是通过简单的目测、交谈与验证，确定其报名资格，并通过填写就职申请表，了解就职者的基本情况，为下一步的考核录用工作奠定基础。

3. 考核录用

考核录用阶段是招聘工作的关键，主要包括全面考核和择优录用两项工作。全面考核，就是根据饭店的招聘条件，对就职者进行适应性考查。饭店应根据不同的岗位确定不同的考核方式。一般来说，面试是最基本的方式，实践考试在技术人员的招收中占据重要地位，管理人员的招收，可结合多种人才测评技术，如心理测验、无领导小组讨论、角色扮演等。择优录用，就是把多种考核和测验结果组合起来，综合评定，严格挑选，确定录用者名单，并初步拟订工作分配去向。

4. 招聘评估

招聘评估是饭店员工选拔、招聘过程中不可缺少的一个环节，必须结合饭店情况进行动态跟踪评估。如果录用人员不符合饭店岗位的要求，那么不仅在招聘过程中所花的财力、精力与时间都浪费了，而且会直接影响到相关岗位与部门的工作成效。招聘评估一是要注意招聘结果的成效评估，如成本与效益评估，主要有招聘成本分析、招聘成本效用分析、录用人员数量和质量分析等。二是要注意招聘方法的成效评估，如招聘的信度评估与效度评估等。三是要认真总结本次招聘的成功与不足之处。最重要的是，要认真评估在关键岗位上是否找到最为合适的人选。

**（二）饭店员工招聘途径**

饭店从外部招聘人才，应根据所需人才的要求采用不同的途径。

1. 借助外力

人员招聘，特别是高层管理者、重要的中层岗位与尖端的技术人员的招聘，是一项专业性和竞争性非常强的工作，有时饭店利用自身的力量往往难以获得合适的人才。对此，饭店可以委托专业搜寻、网络人才的“猎头”公司，凭借其人才情报网络与专业的眼光和方法，以及特有的“挖人”技巧，去猎取饭店所需的理想人才。当然，饭店也可采用人员推荐的方法，即通过熟悉的人或关系单位的主管引荐合适的人选。

2. 借助网络

21 世纪是网络经济的时代，互联网像一张无边无际的天网，笼罩在人类生活与工作的“上空”，以特有的方式改变人类的思维与观念。网络招聘日益成为招聘的主渠道之一，因为网上招聘具有费用低、覆盖面广、周期长、联系便捷等优点。饭店通过网络招聘人才，既可以通过商业性的职业网站，也可以在自己公司的主页上发布招聘信息。

3. 借助会议

随着我国以市场为基础的人力资源开发及就业体制的建立与完善，人才市场的逐步形成与规范，各种人才见面会、交易会等也相继增多。饭店应抓住这种时机，广为宣传，塑造形象，网罗人才。

4. 借助“外脑”



现代社会知识爆炸，科技突飞猛进，经营环境千变万化，饭店要想自己拥有和培养各类人才既不经济，又不现实。所以，饭店可采取借助“外脑”的途径。其方法主要有：一是聘请“独立董事”，以保证决策的客观性和科学性；二是聘请顾问，参与企业的重大决策和有关部门的专项活动；三是委托专业公司经营管理或进行咨询与策划，以减少风险。

5. 借助培训

为了提高自身的素质，越来越多的饭店中高层管理者积极参加各种外部培训班，以更新自己的知识结构，拓展人际关系网与发现新的发展机会。在培训期间，饭店管理者会接触到各种各样的人才，有些人才可能正是饭店急需引进的。因此，饭店管理者应利用外部培训机会，有意识地物色所需的紧缺人才，并借助同学情谊与自身魅力等吸引优秀人才加盟。

### （三）饭店员工招聘技术

#### 1. 笔试技术

笔试，是指在控制的条件下，应试者按照试卷要求，用记录的方式回答的一种考试。这种考试一般在以下几种情况下使用：一是应聘人员过多，需要用笔试先淘汰一部分人员；二是招聘岗位需要特定的专业知识与能力，学历和职称难以考量其是否具有必要的应知和应会；三是需要测试其智商等要素。

#### 2. 面试技术

面试是一种评价者与被评价者双方面对面的观察、交流的互动可控的测评形式，是评价者通过双向沟通形式来了解面试对象的素质状况、能力特征以及应聘动机的一种人员考试技术。

面试是一项较为复杂的工作，饭店招聘主管人员在正式面试之前，应做好面试的各项组织和准备工作。主要有以下三个方面：

（1）选择面试场所。选择面试场所应考虑两个因素：第一，根据面试的类型和方式确定面试场所。第二，面试的场所要求安静、整齐、舒适。如果面试场所混乱、嘈杂或拥挤不堪，会影响面试的效果，同时面试场所也会形成应聘者对饭店企业的第一印象。

（2）选择面试方式。所选择的面试方式应有助于面试官识别符合特定岗位要求的员工。比如，欲识别一群应聘者中谁更具领导才能时，可选择“集体面试”的方式，通过让多个应聘者以小组讨论的方式解决某一问题，借此评审应聘者的合群性、人际关系处理能力、应变能力与支配他人的能力等。

（3）确定面试的内容和步骤。面试内容和面试目的有着密切的关系，内容应根据所要达到的目的来设计和准备。

#### 3. 测试技术

招聘录用过程中使用的测验类型有很多，大致可以归纳为以下几类。

（1）操作与身体技能测试。操作能力测试是通过实际操作对应聘者是否掌握某项操作技术的检验，如厨师的烹饪技术；身体技能测试是指力量与耐力测试。操作与身体技能测试可以被用作判断应聘人是否适合接受训练，估计应聘人需要多长时间才能学会这些技能，以及决定应聘人能否胜任这项工作的依据。

（2）心理测试。主要可分为智力测试、能力倾向测试、人格测试、态度兴趣测试等。

（3）模拟测试。也称情景模拟测试法，是一种在控制的情景模拟状态下进行的练习，在行为模拟过程中，应聘者表现出与组织目标相关的行为。模拟测试尤其适合于对应聘者是否具有某种潜能的评价。

## 三、饭店用人管理机制

如果说招聘主要是从外部招收和引进人才，那么用人则主要是指对内部人才的合理使用。

### （一）合理定员

饭店的编制定员，就是根据饭店的经营方向、规模、档次、业务情况、组织结构、员工政治思想和业务素质等，本着节约用人、提高效率的准则，确定饭店的岗位设置，规定必须配备的各类人员的数量。饭店定员方法主要有五种，应根据不同情况灵活应用，互相补充。



1. 按劳动效率定员

这是一种根据工作量、劳动效率、出勤率来计算定员的方法。凡是实行劳动定额管理并以手工操作为主的工种，都可以用这种方法计算定员。

2. 按岗位定员

这是按饭店内部组织机构和各种服务设施，确定需要饭店员工的岗位数量，再考虑各个岗位的工作量、劳动效率、工作班次和出勤率等因素来确定人员的方法。这种方法一般适用于饭店的前厅工作人员、综合服务设施服务人员、门卫人员、行李人员、值班电工、锅炉工等岗位的定员。

3. 按比例定员

这是一种按照与员工总数或某一类人员总数的比例，来计算另一类人员数量的方法。这一方法是依据饭店某类人员客观上存在一定比例关系的规律提出来的，如厨房炉台与切配人员的比例、就餐人数与员工食堂人数的比例等。

4. 按职责定员

这是一种按既定的组织机构和它的职责范围以及机构内部的业务分工和岗位职责来确定人员的方法。它主要适用于确定饭店管理人员的数量。

5. 按设备定员

这是一种按设备开动的台数、开动的班次和员工的看管定额来计算定员人数的方法。它主要适用于锅炉房、总机房等岗位的定员。

**（二）知人善任**

知人善任，包括知人和善任两个要素。所谓知人就是要识别人、熟悉人，指的是对人的考察、了解；所谓善任就是要用好人，指的是对人使用得当、用其所长。知人与善任相互联系，相辅相成。知人，是善任的前提和条件，不知人就难以善任；善任，是知人的目的和结果。因此，在科学知人之后，要从用人所愿、用人所长、能位相称等方面对人加以"善任"。



1. 用人所愿

一个人的工作成就，除了客观环境的制约外，从主观上来看，既取决于他自身的实力，同时也取决于他的努力程度。而个人工作的努力程度则主要取决于他对工作的兴趣和热爱。根据行为科学的理论，人只有在做他喜欢做的事情时才会有最大的主观能动性；工作适合他的个性素质，才可能最充分发挥他所具有的能力。所以，为了激发人才的工作热情，更好地发挥其才能，饭店企业应在条件许可的情况下，尽可能考虑被使用对象的兴趣、爱好和个人志愿，合理安排他的工作。

2. 用人所长

用人所长，首先要根据人才个体的各项主要要素的单项能级和能质，合理使用人才。其次要根据群体的对比情况，充分发挥个体才能和群体结构的完美组合，使每个人的特长和优势得到最合理、最充分的发挥。再次是要运用发展变化的观点来选用人才，对人才各项基本要素进行全面分析，并依据各项要素的发展趋势，发现人才潜质，使其潜能得到有效的开发。

3. 能位相称

能位相称，即按能授职，要求“人得其职”与“职得其人”。“人得其职”是指员工资质完全能胜任该岗位的要求；“职得其人”是指岗位所要求的内容，这个员工完全能达到。要做到能位相称，关键必须注意岗位的科学设计，使其成为以责任为中心的名、责、权、质、利的有机体。同时，必须注意科学的测评考核机制，全面分析了解每个员工的素质状况和个性特点。然后，根据两者之间的相适程度逐一进行配置，以便求得人员和工作的最大相容，做到知人善任。

4. 用当其时

所谓用当其时，就是要善于捕捉用人的时机，不拘一格，大胆、及时地把人才提拔到合适的岗位，使人才风华正茂、精力最充沛的时期与其事业的巅峰时期同步，使人才的成长与企业的发展同步。同时，要善于利用人生不同时期的才能特征，合理安排工作岗位，使人生的不同阶段都能散发出耀眼的光芒。



**（三）结构优化**

每个人都是有缺陷的，因而必须注重群体整合。为提高群体的相容度，在组合群体成员时，首先要求各个成员观念、理想、信念上保持较高的一致性；其次要注意成员之间性格的协调与相容；最后要合理配置群体成员的年龄结构、性别结构、专业结构和能力结构。结构优化的最终目标是使每一个部门都成为视角多元、决策高效、执行有力的互补性团队。互补性团队通常以任务互补、专长互补、认知互补与角色互补的形式出现。

## （四）动态管理

实行动态管理，保证合理流动，这是改善员工队伍素质，实现人力资源最佳配置的前提条件。当然，员工的过度和无序流动则会影响饭店的服务质量，并增加人力成本，从而影响饭店的经济效益。所以，饭店必须建立和完善员工流动的管理办法，以制度约束形式规范员工的流动。关键是建立科学的晋升、退出与离职管理机制。

### 1. 晋升管理机制

饭店员工的内部晋升，应坚持以能力、绩效为导向，建立公开、公正、公平的用人机制。

（1）信息公示制。这就是要求饭店在选人和用人过程中，要保证员工的知情权，做到标准公开，信息对称，过程透明，结果公示。

（2）公开赛马制。就是饭店通过创造一个公平竞争的机制，在“群马奔腾”中使“千里马”脱颖而出。为了激发员工的工作热情，更好地发挥其才能，企业应在条件许可的情况下，尽可能尊重每一个人的选择权，并且热情鼓励大家勇于“自荐”，让人才勇于自我挑战，为各类人才自我超越创造更好的条件。

（3）科学甄选制。知悉个人能力的大小是一件困难的事情，所以要综合运用科学的方法来对员工进行识别、甄选。饭店企业内部选人，一般可以采用以下四种方法：

①观察法，即通过了解被观察者的血型、星座及面相等来了解其个性特征及适应职业与职位。

②交往法，即通过与员工的相处，对他的实际表现作出评价。

③考核法，即通过员工绩效的考评，了解员工的实际工作态度、行为与结果。

④试用法，即把员工放在特定的岗位进行实际考查。

以上方法各有利弊，应综合应用。

### 2. 退出管理机制

员工退出管理机制，就是通过采取必要的管理措施，淘汰不合格的员工，并让难以胜任本职工作的员工从原岗位退出。对于不同的员工和不同情景，饭店一般可以建立三种强度不同的员工退出机制：

（1）刚性退出机制。就是通过将市场竞争和优胜劣汰规则引入饭店员工动态管理体系，对不称职和不合格的员工实行强行流动的管理举措。如海尔实行的"三岗并存，动态转换"机制，即根据员工的实际工作行为与结果，分为优秀、合格和试用三个等级，并且动态变化。又比如对一些严重违纪的员工，根据制度规定给予辞退。

（2）中性退出机制。就是通过形成环境压力，让难以胜任的员工自己提出在原岗位退出的管理措施。其基本策略是运用目标管理的思想，在考虑员工能力与岗位要求的基础上，与员工就预期目标达成共识，并通过严格具体的检查考核机制，促使员工恪尽职守，完成目标。若员工由于自身原因，无法完成预定目标，则会感到较大的压力。此时，他面临两种选择，一是自动退出，二是等待强行淘汰。对于自动退出的员工，饭店可以按照员工的实际情况，给予适当照顾，妥善安置。如果是强行淘汰，那就可能待岗或由员工自己另谋出路。

（3）柔性退出机制。就是企业通过制定一些有利于退出员工的政策，让员工自动退出的方式方法，体现了对员工的尊重与关爱。这主要适合管理者、历史上对企业有较大贡献的优秀员工和企业工龄较长的老员工。该方式需要关注三个关键点：一是充分考虑员工的个人要求；二是员工的利益必须有保障；三是员工退出现有岗位后仍有事情可做。柔性退出机制有助于促进部分员工心甘情愿地"交权"，从而保证员工结构的合理，给更多的员工以发展的机会。



3. 离职管理机制

员工离职，是指饭店员工由于种种原因而主动辞职的情况。对于饭店而言，员工离职或对员工离职处理不当，不仅可能导致饭店正常的运行程序的混乱，服务质量的下降，企业人力成本的增加，经济效益的滑坡，而且还有可能导致员工凝聚力的下降，企业形象的破坏和企业竞争力的削弱。所以，饭店企业必须构建科学的离职管理机制，有效防范员工的离职风险。

（1）离职防范。饭店要想有效控制员工的离职风险，必须注重员工的离职防范，做到防患于未然。一般来说，员工离职的主要原因主要有：一是自己的能力没有得到充分的发挥，在饭店未能得到重用；二是自己的付出，未能得到相应的回报；三是饭店内部的人际关系不和谐；四是饭店职业不适应症或厌倦症；五是因为生活原因，如上班地点离家过远或饭店的工作性质、时间与家庭生活的矛盾等。后两个原因的离职，也许饭店一般无法通过主观努力加以克服，而前三个原因的离职则是饭店可以通过有效的管理加以防范的。因此，饭店企业必须深入挖掘员工离职的原因，制定与实施针对性策略，如选择合适员工、尊重员工、加强与员工的沟通、适当授权、加强培训、采取合理的激励手段、打造良好企业文化等，从而帮助员工走向成功，提高员工满意度，减少员工离职率。

（2）离职挽留。对于员工的辞职请求，总的来说，应该给予必要的挽留。其基本的途径主要有三条：一是冷静期制度，即凡是要求离职的人员，必须在离职前的一定期限内提出辞职报告。这一方面可以使提出辞职的员工有一个冷静的思考，避免冲动的离职行为；另一方面也为饭店挽留该员工创造了一定的时间。二是离职挽留谈话，即对提出辞职要求的员工，指派合适的管理人员通过有效沟通，消除其的一些误解或心结，使欲辞职的员工回心转意，从而改变离职的决定。三是借用外力，即通过与辞职员工关系密切和有较大影响力的人士，帮助做好挽留工作。

（3）离职处理。离职处理一般涉及离职手续、离职谈话与离职送别三个层面。对于经过挽留还是决定离职的员工，饭店应该为他办理离职手续，而不要人为设置障碍，以免造成不必要的负面影响。同时，在办理离职手续时，应该与离职员工进行面谈，面谈内容根据饭店与离职对象不同而有所区别。当然，对于某些对饭店曾经作出过重大贡献或担任一定职务的员工，还应举行一定的欢送仪式，以表达企业对他的尊重和情谊。同时，饭店还应建立主要的离职人员的档案。

## 第三节　饭店员工职业生涯管理

人生的大部分时间是在职业生涯中度过的，理想成功的职业生涯是每个人的追求。饭店的职业生涯管理必须形成系统，注重早、中、晚各职业阶段的职业生涯指导，设置多元化的职业发展通道，重点清晰的职业发展阶梯和切实的培养举措，并建立有效的职业培训体系。

### 一、职业生涯指导

员工的职业历程大体可以分为职业生涯早期、职业生涯中期和职业生涯后期等三个阶段。由于在不同时期，员工的个人生理特点和职业生涯特征的不同，其面临的职业生涯发展问题和组织的指导任务也各不相同。

#### （一）早期阶段的指导

职业生涯早期阶段是指一个人由学校进入饭店，在饭店内逐步“饭店职业化”，并被所在的饭店接纳的过程。针对饭店员工在职业生涯早期阶段的个人特征和存在的问题，饭店在此阶段的主要指导任务是，协助员工早日适应本职工作，帮助员工尽快融入饭店。



1. 在员工上岗前进行精心的职业技能指导

对于刚从学校毕业的饭店新人，为使他们能有效地适应饭店工作，应向他们展示将来要从事的工作以及工作要接触的环境条件等，使他们明白，如果到饭店工作，将可能得到哪些方面的利益，将承担哪些职责，这有助于他们形成较为现实的未来工作展望。同时，对其进行有针对性的职业技能指导。

2. 在正式上班后协助员工尽快适应环境

新员工进入饭店后，必然要经历一个适应饭店环境的过程，这也是新员工学会工作、做好工作、获得发展的必要条件。饭店有关部门和管理者要从三方面指导员工：一是引导员工接受组织现实的人际关系，客观地正视工作环境，不要主动介入饭店人际关系的是非，学会将自己的分析能力和智慧用在完成工作任务上。二是指导员工学会尊重上司与老员工，与上司、老员工融洽相处。三是指导员工寻找个人在饭店中的位置，建立心理认同，赢得上司和老员工在工作上的支持。

3. 在日常工作中指导员工正确面对困难

在刚开始工作的过程中，“新人”经常遇到各种困难和障碍。此时，饭店首先要帮助员工确立正确的心态，面对暂时的逆境，不可以心灰意冷，畏缩不前，使其认识到这是表明个人能力、素质和进取精神的良好机会。其次，在工作技巧上指导员工，如向一线员工传授如何察言观色、服务在顾客开口之前，如何处理顾客投诉等技巧，切实提高其工作能力、效率以及如何从中得到满足感。在心态和技巧的双重指导下，“新人”的职业能力有望实现快速进步，并顺利通过饭店的考察，实现员工、饭店双满意的喜人结果。

4. 基于职业规划及时反馈员工工作绩效

职业生涯早期阶段，饭店应找一位受过特殊训练，具有较高绩效和品德的主管，与饭店新员工一起，在饭店人力资源部的协同下，共同规划其职业生涯的发展道路。同时饭店要及时向员工传递有效的工作绩效评价情况。

**（二）中期阶段的指导**

职业中期阶段富于变化，饭店员工既有可能获得职业生涯成功（甚至达到高峰），又有可能出现职业生涯危机。该阶段员工具有特殊的心理、生理和家庭特征。根据职业生涯中期阶段饭店员工的个人特征和面临的主要问题，饭店在此阶段的主要指导任务是制订工作家庭平衡计划，建立有效预防与解决职业生涯中期危机的机制。

1. 帮助员工平衡工作与家庭责任之间的关系

工作家庭计划应贯穿于整个职业生涯，在员工负担极为沉重的中期阶段尤为重要。工作家庭平衡计划可从以下方面着手：一是定期或非定期向员工提供家庭问题和压力排解的咨询服务，指导员工科学制订个人工作与家庭平衡计划，合理安排自己的工作与生活；二是创造一些参观或联谊的机会，促进家庭成员对饭店员工的理解与支持，如奖励优秀员工家庭旅游，邀请饭店员工的家属到所属饭店度假等；三是饭店可有意识地联合其他企业或借助集团力量，采取一些政策和措施，将部分福利扩展到员工家庭范围以内，以适当减轻饭店员工的家庭负担，帮助员工平衡工作和家庭责任的关系；四是在某些岗位采用计时工作制与弹性工作制，以满足某些员工，特别是女性员工的需要。

2. 构建职业中期危机预防和善后处理机制

职业生涯中期危机的爆发率高、影响面广，为此饭店必须建立职业生涯中期危机的预防和善后处理机制。针对缺乏职业认同，职业发展停滞不前的员工，可赋予员工以良师角色，提供职业生涯的发展机会。针对现实和职业理想不一致的情况，饭店可对员工实行工作轮换，对工作内容进行丰富化设计，以对员工产生吸引力、刺激力，减少其“疲惫倾向”，并在轮换过程中找到尽可能与职业理想相似的工作，使其快乐地为组织尽力。对于一线服务人员，由于年龄与观念等问题，有一部分晋升为管理者，但大多数可能流向其他行业，饭店可结合其性格、气质、能力等因素为其修订职业生涯规划，帮助其设计转业或再就业方案，甚至提供一些基础的再就业培训，或与其他部门建立合作再就业机制，让员工怀着快乐、感恩的心情离开饭店。

3. 帮助员工保持工作弹性和增强环境适应力

研究表明，保持员工工作的弹性和环境适应性是避免职业停滞的有效手段。饭店可以结合国内外形势，强调持续变化的现实，激发员工持续学习的动机，督促这些跨过职业顶峰的员工不断更新知识，提高学习能力。此外，饭店还应不断创造“职业发展阶梯”，让有能力的员工有奔头。饭店企业应该明白，虽然不能保证员工终生受雇于企业，但是不断提高员工的雇佣价值（职业能力）对于双方都是有益的，这是克服职业升迁障碍等问题的有效手段。



**（三）后期阶段的指导**

从年龄上看，职业生涯后期一般处于50岁到退休年龄之间。从饭店的实际来看，处于这一阶段的员工大都是饭店的管理和技术人员。面对职业生涯后期阶段的员工，饭店管理的主要任务是引导员工转变角色和调适心理，协助其做好个人退休计划。

1. 指导员工转变角色

面对竞争力下降的现实，饭店要指导老员工发展新角色，当师傅带徒弟，培养新员工；充任教练，对新员工进行技能培训；或充当顾问、参谋角色，为饭店出谋划策，提供咨询等服务。

2. 开导员工调适心理

面对责任、权利的下降和“空巢”现象，引导员工实现心理平衡，将思想和生活重心转移到个人活动和家庭方面，培养业余爱好，努力引导其在家庭、社交、社区、志愿者活动中寻找到新的满足和成就。

3. 引导员工回顾生涯

在员工的职业生涯即将结束时，饭店应引导员工回忆自己的职业生涯，总结和评价自己的职业生涯周期，为自己的职业生涯画上完美的句号；将自己的成功经验与失败教训，以现身说法形式与年轻员工一起分享。

4. 教导员工准备退休

饭店可通过开展退休咨询、举办退休座谈会、退休研讨会等，教导员工做好退休的思想准备，接受“长江后浪推前浪”的必然规律，减轻退休后产生的茫然感和失落感。另一方面，要培养员工的个人兴趣，协助其策划退休后的生活。

## 二、职业发展机会



饭店为员工建立多元的职业发展通道，并配以清晰的职业发展阶梯描述，使员工的职业生涯发展有所依循、可感知度高，有利于充分调动员工的积极性与创造性，增加其对饭店的忠诚感。当然，职业生涯规划的顺利实施，有赖于切实的培养举措的支持。

### （一）职业发展通道

饭店职业发展通道，就是饭店为员工设计的自我认知、成长和晋升的管理方案。职业发展通道大体可分为管理发展通道和技术发展通道，饭店应致力于构建“双通道多层级发展通路”。

1. 管理发展通道

管理发展通道是指饭店内部员工在管理岗位从初级、中级到高级不断发展和提高的通道。这种通道比较适用于立志从事管理工作的员工和各类管理专业的大中专毕业生。

2. 技术发展通道

技术发展通道是指饭店员工沿着服务技能、维修、技术开发、财会等专业型的方向发展，又可分为专业技术发展通道如工程师，与操作技能发展通道如厨师、一线服务人员。致力于在专业上有所作为，而不喜欢承担管理责任的员工大多选择技术型通道，他们精力集中，专心钻研，促进自己的专业技术不断进步和提高，最终达到非常精湛的程度。比如服务人才一般沿着试用工——初级工——中级工——高级工——服务技师——高级服务技师的方向发展。

**（二）职业发展阶梯**

职业发展阶梯主要是设计饭店内部人员晋升的条件、方式和政策组合。清晰的职业发展阶梯不仅显示出员工的晋升方式，而且显示出晋升机会的多少，如何争取晋升，为那些渴望获得内部晋升的员工指明了方向，且提供了平等晋升的机制。

1. 阶梯速度

清晰的职业发展阶梯要求明确阶梯的宽度、速度和长度。根据员工的能力和业绩的差异，职业生涯阶梯有快慢之分。饭店内正常晋升与破格晋升都要有政策可依，尤其是破格晋升。破格晋升有利于发掘有潜能的高素质员工，避免大材小用。为了让部分高潜质的年轻员工能发挥更大的作用，必须有效地克服“玻璃天花板”效应的影响。饭店应有意识地创造年轻员工与“圈内人”进行接触的机会，提供年轻人员与高层管理人员深入交流的机会，并努力为有能力但资历浅的员工设置“绿色升迁通道”，让其越过职位升迁上的无形障碍。

2. 阶梯宽度

在管理发展通道中，较高的管理职位要求员工在多个职能部门、多种工作环境中的轮岗经验，使员工具有高度的综合能力，这属于宽职业发展阶梯；反之，在基层管理或职能管理部门，它只要求员工具备有限专业经验和能力，这属于窄职业发展阶梯。

3. 阶梯长度

清晰的职业发展阶梯还包括职业发展阶梯的长度，即根据饭店组织的规模和工作的复杂程度，来决定职业发展阶梯的长短。如在操作技能发展通道内，客房服务员，其职业发展阶梯就较短，而厨师的职业发展阶梯就会相对较长。为了有效激励各层次员工，饭店必须有意识地在每个职能领域将阶梯变长，在每个专业领域设立技术级别，并在不同部门间建立可比性。

**（三）职业培养举措**

切实的人才培养机制与有序的人才培训体系是员工实现职业生涯目标的基本保证。饭店必须通过实践锻炼与培养，给人才提供表演的舞台和发展的机会，以提高他们的实际操作能力与经营管理能力。

1. 岗位选择制

岗位选择制不仅仅指在员工招聘过程中，饭店和员工之间实行平等有效地双向选择，还指员工在工作一段时间后，如觉得自己的岗位实际与岗位预期有偏差，或当前工作所需展示的个性与自己的性格相差过大，造成严重的现实冲突等不适应症时，可以申请调换岗位。饭店在合理的范围内，可协助其进行职业生涯规划，给其一次新的岗位选择机会。

2. 项目试验制

项目试验制是饭店发现有潜质人才，从而破格提升的常用且有效的方法之一。项目试验制主要是为一些有潜质员工创造挑战性的工作机会，鼓励他们自愿担当饭店临时项目的负责人，组建合理的运作团队，完成饭店任务。在饭店的经营过程中，有不少临时项目，如节日庆典、公关策划等，饭店可以某个主题，采用招投标方式，由员工自由组合，组成项目小组，参与该活动的设计与组织。饭店应给予充分授权和信任，并允许失败，以此建立起员工参与机制。这既可以满足员工自我成就的需要，激发员工的进取精神；又可以使他们在实践中检验自己的实际水平，并磨炼他们的意志，培养他们的能力，在迎接挑战的同时也享受着快乐的过程。

3. 职务见习制

职务见习制主要是指饭店给予在基层岗位工作了一定时期并有培养前途的潜质人才一个见习管理职务，或对有待提拔的管理者提供见习职务，如见习主管，并指定有经验的管理者负责对见习者进行指导。其实质是“在战争中学习战争，在实践中培养人才”。这样，既可以在管理岗位没有空缺的情况下，留住优秀的人才，又能激发员工的工作热情，锻炼他们的管理能力。

4. 助理职务制

助理职务制，就是让被开发的潜质人才在预先准备好的职务台阶上经历一番工作锻炼，待他达到有关能力标准后再正式任命的一种人才管理方法。在此过程中，助理得到领导的关心和指导，助理也可以通过学习领导的工作方式、工作风格、性格特点和优秀品质，得到迅速成长。

## 三、职业培训体系

饭店员工职业生涯的顺利发展，离不开有效的基于职业生涯管理的职业培训体系。

### （一）培训组织体系

饭店培训组织体系构建的要点是“高层有人抓，中层有人管，基层有人做”，它是将饭店培训有效落实的组织保障。

1. 培训工作有人抓

“有人抓”表明的是高层领导重视，并能从权力机制上保证饭店培训能得到有效支撑。

2. 培训工作有人管

饭店培训“有人管”具体是指，饭店的相关部门（人力资源部或培训部）具体负责确定培训需求和目的、决定培训标准、选择培训师、确定培训教材、计划培训项目、实施培训项目以及协助高层领导确定培训预算；饭店的职能部门协助人力资源部实施培训项目。

3. 培训工作有人做

培训需要“有人抓”、“有人管”，但培训真正落到实处还是要有做实事的人。一般来说，饭店层面应有培训师，部门层面应有兼职培训师和培训员，班组层面应有操作示范员（师傅）。

### （二）培训计划体系

饭店培训的顺利开展离不开培训计划体系的指导。有效的饭店培训计划体系必须达到以下“三有”的要求。

#### 1. 培训工作有计划

饭店培训工作计划就是根据饭店企业的发展战略，从饭店的人力资源规划和开发战略出发，对饭店一定期限内的培训发展进行规划，以达到饭店、员工双成长的结果。年度培训计划一般由饭店主管培训的高层领导牵头、人力资源部（培训部）主导、其他所有部门参与制订。

#### 2. 培训项目有方案

饭店的培训由一个个具体的培训项目构成。培训项目方案是从饭店企业的战略出发，在全面、客观的培训需求分析基础上做出的对培训时间、培训地点、培训教师、培训对象、培训方式和培训内容等的预先系统设定，同时，也回答需要多少资金、具体操作流程、注意事项等基本问题。

#### 3. 培训课程有大纲

在制订培训项目方案的基础上，还要辅以培训课程教学大纲。培训课程的教学大纲一般包括以下内容：课程培训的目的与要求，如必须掌握的知识点与技能；课程培训的内容与时间安排；课程培训的形式与方法；课程培训的考核方式与要求。



### （三）培训制度体系

要保证饭店职业培训体系的有效实施，饭店就必须完善培训制度体系。对于饭店而言，以下三项制度，尤为必要。

#### 1. 全员培训制度

饭店业务活动的顺利进行，有赖于全体员工的恪尽职守。而要让员工做好本职工作，首先必须保证所有员工掌握应知应会。因此，所有员工必须纳入饭店的培训网，不经培训，不得上岗。饭店必须对全体员工按不同形式、要求与考核方法实施有针对性的培训，将员工培训与上岗、转岗及晋升有效结合起来。通过实行全员培训制度，促进员工努力学习，提高工作技能，改进工作态度，使所有员工有信心、有意愿、有能力为顾客提供卓越服务质量。

2. 培训层次制度

饭店培训必须分层次进行，而且应根据内容和要求，确定不同的培训责任，自上而下，避免上下脱节，把饭店统一培训和部门自行培训结合起来。同时，饭店应该根据员工的不同等级而给予不同层次，不同侧重点的培训。一般来说饭店的培训可以分为上岗培训、在岗培训和转岗培训。

（1）上岗培训。又称岗前培训，是指饭店新员工步入工作岗位之前的培训，目的是为了提高新员工的素质，使其适应岗位需要。

（2）在岗培训。这是指向饭店在职员工进行的以提高其工作能力为主的不脱产培训。岗位培训通常采用等级培训和交叉培训等形式来进行。等级培训使员工提高服务操作的熟练程度，使员工掌握的技能技巧再提高。交叉培训则是通过使员工掌握两个或两个以上的工作岗位技能，提高其雇佣价值，成为多面手，或者使员工学会从不同岗位角度思考问题，以在服务中亲密协作。

（3）转岗培训。这是指员工由于工作需要或其他原因，从一个岗位转向另一个岗位的培训。转岗培训和在岗培训内容相似，但对象不同。转岗培训有时是系统的全方位的培训，有时只是针对某一专业技能的培训。



3. 培训考核制度

完善的培训考核制度是基于培训时间保证制度和培训效果评估制度而制定的，培训考评的对象主要包括培训参与者、组织者与培训者。

### （四）培训方式体系

现代饭店培训方式日益多元化，主要有以下几种。

1. 课堂讲授方式

这是目前最常见的培训方式，主要是由培训教师或饭店内部专业人员授课，此法易于操作，经济高效，传授知识比较系统和全面。但它是单向式沟通，受训人员处于被动状态，缺乏实际的直观体验。比较适合职业生涯早期的员工入职培训，以帮助新员工了解饭店的服务理念、价值观、历史等与企业文化、规章制度相关的信息。

2. 案例分析方式

这是指把饭店实际运营中的情景或问题加以典型化处理，形成案例供受训者讨论、分析和思考，以提高其分析问题和解决问题的实际能力的一种培训方式。与课堂讲授方式相比，案例分析方式具有生动活泼、双向交流、易调动受训者主动性、重能力培养等优点，在饭店管理培训中比较受欢迎。但其有耗时较长，对培训教师和受训者要求较高，案例有时难以完全反映真实情况等不足。

3. 研讨培训方式

这是指对某一专题进行深入探讨的培训方法，主要适用于概念性或原理性的知识的学习和把握。在受训者事先调查的基础上，通过报告、研讨等，来与他人进行信息交流和问题探讨。此方式可以引导受训者进行积极的思考，发表自己独特的见解，而且形式灵活，适用于饭店各层次的培训。但是研讨培训比较难组织，要定好主题、定好主持人、定好形式和定好时间。

4. 角色扮演方式

这是指在一个模拟真实的工作情境中，由受训者扮演不同的角色，去处理各种问题，以提高受训者的行动能力的训练方式。其常用于让员工模拟与自己工作相关的另一职位上的角色，亲自体验对方的感受，如服务员扮演顾客、同事，学会换位思考问题的方法，从而达到有效沟通和理解的目的。

5. 游戏培训方式

这主要是指普通游戏，而非商业游戏培训方式，由于其本身的趣味性而深受员工欢迎，成为饭店培训中一种重要的辅助培训方式。普通游戏培训是指通过参与一些经过精心设计，表面上和其他游戏相差无几的活动，但内含许多与饭店管理或服务工作密切相关的游戏，从而使受训者在不知不觉中学习、巩固所学的知识和技巧，开阔思路，提高解决问题的能力。游戏培训方式参与性强、员工热情高、培训内容和技巧易掌握，易转移到现实工作中，但设计要求高。

6. 现场培训方式

这是指让受训者在工作现场边工作、边学习或锻炼。包括以让员工适应新岗位为目的的现场培训和以培养人才、改善绩效为目的的现场培训，分别适用于较具机械性的岗位和二线职能部门。这种方式常采用国际饭店培训通用的“四步法”：“告诉你如何做”（Tell you）、“示范做一遍”（Show you）、“跟我做”（Follow me）、“检查纠正”（Check you）。它省去了专门的培训场所和设备，受训者可以兼顾工作和学习。

7. 心理训练方式

心理训练方式主要是帮助员工建立和增强自信心、提高对挫折的承受力和战胜挫折的能力，帮助其以积极快乐的情绪面对生活和工作。饭店员工需要和不同的顾客打交道，并为顾客提供优质的服务。这一特殊的职业特点要求员工学会控制自己的情绪，以理性的想法去思考问题，保持心理健康，从而给顾客提供一贯性的优质服务。饭店心理训练方式涵盖正向激励和逆向挫折两方面，前者用积极、愉快和善意的方式激发员工的自信心和成功欲，后者通过向心理、体能挑战的课程，训练员工的受挫力、意志力和自信心。



8. 野外拓展训练方式

野外拓展训练方式是一种以体验、经验分享为基础的教学形式，是一种全新的学习方法和训练方式。它利用崇山峻岭、浩瀚大海等自然环境，在解决问题、应对挑战等过程中，达到激发潜能、增强团队凝聚力的培训目的。与传统的培训方式相比，它具有活动综合性、挑战极限、高峰体验、强调团队精神、注重自我教育等特点。

**（五）培训评估体系**

虽然培训具有很高的投资回报率，但究竟能为饭店带来多少利益，很难用一个公式来计算。因此，必须对培训投资进行投入产出分析，进行考评、确认。

1. 培训效果的层次

不同的培训安排，培训效果是不一样的。一般来说，培训效果可以分为以下四个层次：

（1）“入耳”，即反应层次。这是培训效果的最低层次，具体表现为“有没有意思”、“培训对自己是否有帮助”等。

（2）“入脑”，即学习层次。效果优于“入耳”层次，具体表现为“与受训前相比，是否掌握了较多的知识、较多的技能和改善了态度”等。

（3）“入身”，即行为层次。这是培训效果的较高层次，具体表现为“受训后，行为是否有改善”、“是否运用了培训中的知识、技能”、“是否在服务中态度更友善了”等。

（4）“入心”，即结果层次。这是培训效果追求的最高层次，具体表现为“有没有提高”。如饭店的顾客投诉率下降、满意度增加，员工的协助精神加强等体现在工作绩效中，并最终让员工真正认同从培训中消化吸收的东西，乐于与善于追求“身心合一”的效果。

2. 课堂效果的评估

课堂效果主要是指培训实施和培训控制的过程中，与事先确定的培训目标之间的差距分析，主要体现在效果层次的“入耳”和“入脑”。内容可包括培训主体和培训对象是否吻合，培训课程设计是否合理，课堂气氛是否活跃，受训者学习情绪是否高涨，培训教师是否选择恰当，培训课程说明是否充分，培训场地是否安排得当，培训的设施设备是否充分，培训方式选择是否适当，培训时机是否适当，培训教材是否合适等。

3. 实践效果的评估

实践效果主要是对培训效果层次的“入身”和“入心”程度的衡量，即培训在工作中的转移情况，衡量受训者培训前后的行为变化，判断其职业能力是否提高，是否学以致用；衡量培训是否有助于饭店整体效率的提高、业绩的改善，明确通过培训，给饭店带来了哪些确实可见的成效，而且必须关注培训影响的周期。此外，实践效果评估指标应尽可能量化。

## 第四节　饭店绩效管理体系

绩效管理，就是饭店组织通过对被管理者的绩效目标设定、控制、考核与反馈，持续提高员工及团队的绩效水平，最终达到组织与员工双赢的系列管理过程。饭店的绩效管理体系可被分解为三大体系：绩效目标体系、绩效考评体系以及绩效回报体系，而绩效沟通贯穿绩效管理活动的始终。

### 一、绩效目标体系

绩效管理始于绩效目标体系的构建，它规定了组织与员工的绩效目标（做什么）以及实现目标的方案（如何做）。绩效目标是关于组织绩效的方向与程度的规定性，即饭店员工或员工的集合体在绩效期内要做什么、要达成什么结果，是绩效期末进行考评的依据和标准，是组织与员工行动的方向与指南。饭店绩效目标自上而下可分解为公司绩效目标、部门绩效目标与岗位（个人）绩效目标。

#### （一）企业绩效目标

企业绩效目标必须体现企业特色与战略需要，反映经营理念与未来前景，兼顾长短期发展要求。企业绩效目标的设定，主要有以下三种基本思路：



1. 基于企业战略的绩效目标设定

选择哪些测评指标衡量饭店的业绩，取决于饭店的使命与目标。企业使命从总体上描述了企业的发展方向与业务主题，最终是通过饭店目标体现出来的。基于企业战略的绩效目标是企业使命的具体化与明确化，其功能在于反映在一定时期内经营活动的方向和所要达到的水平。为了使绩效目标更好地指导部门与员工的行动，必须确定关键绩效指标（Key Performance Indicator，简称 KPI）。KPI 是衡量饭店企业战略执行效果的关键指标，是一种目标式量化评价指标，是把企业的战略目标分解为可操作的工作目标的工具。KPI 设定须以企业战略目标为基础，明确企业的关键业务领域，然后再确定关键业务领域的具体业绩指标。一般来说，饭店战略目标的 KPI 体系至少应该包括社会贡献目标、企业发展目标、市场营销目标、人力资源目标、财务管理目标等五个方面。

2. 基于标杆超越的绩效目标设定

标杆超越是饭店企业设定绩效目标的一种重要工具，即通过将企业的关键价值活动与相关行业领域的最优绩效者（或关键竞争对手）进行比较，以评价与提升自己的能力，设计有针对性的关键绩效指标及绩效改进的流程与方式。基于标杆超越的绩效目标及 KPI 设计，必须考虑本企业的特色、实力与发展阶段，明确当下的差距、原因与改进重点。具体来说，包括下列步骤：

（1）确定饭店企业内部有改进潜力的关键价值活动；

（2）确定一家饭店，它是该项关键价值活动的行业领先者（或关键竞争对手）；

（3）进行相关数据比较，分析绩效差距的原因；

（4）运用从该项关键价值活动的最优绩效者学习到的知识与经验，重新设定绩效目标与业务流程，并通过内部资源与能力的重新配置，努力成为该项价值活动的业绩领先者。

3. 基于平衡计分卡的绩效目标设定

平衡计分法是由罗伯特·卡普兰与戴维·诺顿（Robert S. Kaplan & David P. Norton，1992）提出的，它不仅使企业有效地跟踪财务目标，而且关注战略能力的进展。平衡计分法要求从四个角度考查企业，即顾客角度——顾客如何看待企业；内部角度——企业必须擅长什么；创新与学习角度——企业能否继续提高并创造价值；财务角度——企业如何满足股东。一般来说，顾客角度的目标与指标包括市场份额、客户满意度、客户忠诚度、顾客份额、客户保持率、新客户开发率、老顾客引荐率、客户赢利率等。内部角度的目标与指标包括内部反应速度、运行质量、运作成本等。创新与学习角度的目标与指标包括员工满意度、员工生产率、研发投入、新产品销售额、团队合作状况等。财务角度的目标与指标包括利润、营业额、销售额、投资回报率、现金流等。

### （二）部门绩效目标

部门绩效目标实际上就是企业绩效目标的分解。部门绩效目标及其KPI设定必须以部门职责与流程要求为基础。为了确保饭店企业总体绩效目标的达成，各部门需要各司其职，在此基础上，要把相关的协作关系通过制度加以规定，使部门内外的关系协调走上规范化、标准化、程序化的轨道。在饭店这个庞大的运作系统中，除了有部门内的运作外，还涉及很多跨部门的横向联系，每一项业务的展开与圆满完成需要很多部门的配合，于是在运作中就要求明确谁是主导部门、谁是参与部门、谁该承担什么责任、应该有什么权限等，这些内容都必须在业务流程中反映出来。这相当于在给各个部门定位，以明确的文字形式来规范部门及员工的行为与绩效目标，督促各部门各负其责，确保流程的高效运转。因此，在确定部门KPI时，除了充分反映部门职责重点外，还必须体现业务流程有效整合的要求。

### （三）岗位绩效目标

岗位绩效目标就是部门绩效目标的分解。岗位绩效目标的设定需要考虑本部门的业务重点、岗位职责与流程要求。岗位绩效目标设定必须以岗位职责为中心。责任是岗位存在的理由，也是岗位在饭店业务活动中的地位与价值。岗位绩效目标确定还要兼顾内部员工素质与同行业基准水平。到了岗位层面，除了结果性指标外，行为性指标与态度性指标的重要性也必须得到体现。因此，岗位KPI设计应以岗位职责为基础，充分体现部门内部业务流程整合的要求，重视行为性与态度性指标的选择。



## 二、绩效考评体系

绩效考评是指在一个绩效期结束时，饭店运用系统合理的评价方法与衡量技术对员工的工作态度、工作行为与工作成果进行客观、公正评价的过程。要建立有效的绩效考评体系，就必须合理确定考评主体与考评周期，选择科学的考评方法。

### （一）绩效考评主体

绩效考评主体，即由谁来进行考评。为了有效考评，评估人员应该对被评估者的表现有所了解，要熟悉被考评人的工作内容与工作要求，并能够做出公正客观的评价。

1. 上级评价

上级通常掌握最为丰富的员工绩效信息，因此能客观地评估员工的绩效。绝大部分组织都将绩效评价视为员工直接上司的责任。此外，绩效评价对于上级管理人员来说也起到引导员工行为的作用，是其权利构成不可缺少的一部分。

2. 员工自评

员工自评能够增强他们的参与意识，促进他们的潜能开发。员工其实最了解自身的优势与不足，因此自评对员工提升自我与改进绩效具有重要意义。当然，员工自评有可能倾向于将自己的绩效高估，与上司的考评结果常常有一定差距，因此如何看待员工自评与其他考评结果的差异是关键。管理人员可以通过这些差异，更为有效地与员工进行绩效沟通。

3. 同事评价

同事对被考评者的了解往往比较全面、细致与真实。首先，员工在上级与同事面前的表现往往不太一样；其次，同事评价会更多地从工作配合协调的角度来看待被考评者；第三，现在越来越多的饭店采用团队作业的形式，同事评价就变得更为重要。

4. 下级评价

下级评价更多是为了考评上司的管理技能与领导风格，以及通过考核指标的控制来影响饭店管理者的领导方式。此外，有效地发挥下级评价的作用能达到权力制衡的目的。因为权力如果缺乏必要的监督，就可能导致滥用权力，甚至导致腐败。

5. 顾客与供方评价

对于顾客与员工高度接触的饭店业来说，顾客无疑对服务效果最有发言权。很多饭店都会采用“神秘顾客”的方式对饭店进行暗访，以了解饭店的服务情况。此外，对于一些需要与供应商打交道的采购部门，他们的业务往来对象也能够提供有用的绩效信息。

### （二）绩效考评周期

所谓考评周期，简单而言就是多长时间进行一次绩效评估。一般分为定期考评和不定期考评。定期考评的时间间隔分为天、周、月、季、半年、一年。不同职位考评周期差异的原因在于工作性质、工作职责、考核指标的不同。

### （三）绩效考评方法

考评方法必须注意适用性，即所使用的方法能准确反映员工的绩效。人力资源专家们一直致力于开发科学的考评方法，但迄今为止，还没有完全满足实践要求的方法。笔者认为，绩效考评方法主要分为三类，即相对考评、绝对考评与数据考评。

1. 相对考评法

相对考评是指根据部门或团队内的人员相互比较做出绩效评价，强调员工与员工之间的比较。

（1）直接排序法。这是指评估者对员工绩效进行从低到高的排序。方法简单明确，易于理解和执行。但只适用于人数较少的团队，而且也不能对工作性质存在差异或者不同部门的员工之间进行排序。

（2）配对比较法。这是指将每一位员工按某项绩效要素与所有其他员工进行比较，如 A 与 B 相比，A 在这个绩效要素上比 B 好，则 A 得到一个“ + ”。最后将每一位员工得到的“ + ”的次数汇总，排出顺序。但是如果仅采用一项标准来评估员工，则上司的倾向性对评估结果的影响很大，且人数多时评价起来相当麻烦。

（3）人物比较法。前两种方法都是人与人之间的比较，而人物比较法是每个人与一个标准人物进行比较。即按照标准员工的各方面表现，将其他员工与之比较。这种方法设计成本低、使用方便，对于刺激员工积极性也有很好的作用。榜样的力量是无穷的，但基准人物的挑选是其中的难点。

（4）等级分配法。这是根据事物呈正态分布的规律，事先将员工的绩效划分为几个等级（如优秀、良好、中等、合格、不合格），再根据事先规定的比例将每位员工归类到各个等级中。

2. 绝对考评法

绝对考评是指按统一的标准尺度评价同一岗位的员工，一般包括量表法与目标管理法，前者强调员工绩效与客观标准的比较，后者强调员工绩效与预定目标的比较。

（1）量表评等法。这是指先确定绩效考评的指标，并确定每个考评指标的权重，根据被评估者的表现，将一定的分值或比重分配到每一个考评指标上，最后加总得出被评估者的考评结果。如考评饭店前厅服务员的工作绩效时，其考评指标一般包括：服务态度、服务技巧、服务效率、团队协作、仪容仪表、组织纪律、推销技巧与学习能力等。量表评等法成功的关键是考评指标是否设计科学、合理且得到员工的认可。

（2）关键事件法。这是指将员工与绩效相关的突出事件或典型事件进行记录，然后在一定的期限内，管理者根据所记录的关键事件来评估员工的绩效。关键事件法是其他等级评估技术的有效补充，特别是在绩效反馈环节。由于关键事件法以事实为依据，而不是抽象的“行为特征”，因此可以使管理者与员工沟通时更为冷静客观。关键事件法需要大量的时间、细致的纪录以及管理者密切的关注。

（3）行为评等法。这是关键事件法的深化，以行为方面的事实为依据来评估员工。这种方法通过一张行为等级评定的表格将各种绩效加以量化，将各种等级的绩效水平用具体的工作行为加以描述。

3. 数据考评法

数据考评法，即根据被考评者的现实表现和成果、经过统计分析得出考评结果的考评方法。数据考评以该团队或个人的、反映工作态度和结果的量化指标为考核指标，以日常记录的客观数据为依据，一般由财务和人力资源等职能管理部门负责实施。



## 三、绩效回报体系

绩效回报体系表明的是组织对全体员工的承诺，即组织将给员工个人目标的实现提供怎样的平台。科学的绩效回报体系必须能使员工感到心有所获、劳有所得、贡有所奖。饭店的绩效回报体系必须是多层次、全方位的，概括起来，主要可分为精神回报、职务回报与物质回报。

## （一）精神回报体系

精神回报是指工作的成就感、责任感、受重视程度、个人影响力和富有价值的贡献等方面的肯定与鼓励。一般而言，精神回报主要有以下四种方式：

### 1. 表扬认可

表扬认可，就是对员工的某种行为给予肯定与赞扬。主要形式有公开表扬、背后表扬、家庭认可、张榜认可、间接认可等。表扬方式要因人而异。

### 2. 荣誉奖励

从人的需求来讲，人人都有争取肯定、荣誉的需要。饭店应及时对有突出贡献的员工赋予各种荣誉，此外，对于团队的荣誉奖励也必不可少，以鼓励饭店内部的团队精神。

### 3. 经验推广

对于在本职工作或管理岗位上有着突出业绩的员工，饭店可以让其总结经验，在饭店相应的培训或交流会上介绍经验、心得，并推广实施。

### 4. 先进命名

如果员工积极创新，改进了原有的操作方法，使生产效率大大提高或制作了某种具有很高市场推广价值的饭店产品，企业可以将这种操作方法或产品用员工的名字加以命名。



## （二）职务回报体系

人的最高层次需要就是自我实现需要，通过职位培训、职位扩展、职位轮换可以帮助员工提升工作能力、拓展职业生涯、获得职务晋升，取得工作成就，实现个人价值。

### 1. 职位培训

如果说薪酬福利是员工的今天，那么培训与发展就是员工的明天。培训不仅仅是组织为了促进其自身发展而进行的一系列活动，也是员工获得发展和成长的重要手段。

职位培训对于不断追求个人能力提升、事业进步的年轻员工来说大受欢迎，职位培训包括参观考察优秀饭店，院校培训，国外深造等等。

2. 职位扩展

职位扩展是指通过让员工从事更多的工作环节，扩大其职责范围，或是延长其工作循环周期。适度扩展饭店员工的职位，可以极大提高员工的满意度，有效防止单调工作导致的倦怠，而且可以使员工更为了解组织的流程与其他部门的运作，促进组织不同机体之间的协调与沟通。

3. 职位轮换

职位轮换一般指的是横向的职位轮换，即水平方向上岗位的多样化。职位轮换拓宽员工的工作领域、增加工作体验，这意味着饭店愿意培养员工，为日后的晋升奠定必要的基础。当然，岗位轮换，还包括对一些员工调换工作，使他们在合适的工作岗位上，创造卓越价值，以体会工作的成就感。

4. 职务晋升

职务晋升，就是对于绩效考评优秀并有管理潜能的员工和管理有方、部门业绩突出的管理人员，给予管理职位的晋升、赋予更大的责任与权限。当然，“官”位有限，对于众多在饭店一线工作的服务人员和技术人员，给予一定的服务等级或技术等级晋升也是一条良好的职业通路，让他们感觉有“奔头儿”和“干头儿”。



## 四、薪酬回报体系

物质回报主要通过饭店的薪酬制度反映出来。成功的薪酬制度可以吸引优秀的员工，降低员工流失率，促使员工努力工作。

1. 员工薪酬的构成

根据薪酬构成各部分的性质、作用和目的的不同，饭店的薪酬构成大体分为工资、奖金、津贴和福利四个部分。

（1）工资。工资是一个体系，一般由两类要素构成：一类是人的要素，如员工的工龄、年龄、学历、性别等个人因素和条件所决定的工资额；另一类是工作要素，如员工的职务、职责、职能等决定的工资额。根据这两大要素，工资可分为四部分：由人的要素决定的标准生活费部分和能力工资部分；由工作要素决定的职务工资部分和职能工资部分。在现代饭店中，并不是每个员工的工资都包括这四部分，而且与工作业绩相关的工资体系正越来越受到青睐。

（2）奖金。也称奖励工资，是饭店支付给员工超额完成任务或取得优秀工作成绩的额外报酬，其目的在于激励员工继续保持良好的工作势头。奖金的发放可以根据个人的工作业绩评定，也可以根据部门和饭店的效益来评定。奖金与其他薪酬形式相比，具有更强的灵活性和针对性，奖金也更能体现薪酬的差异性。

（3）津贴。也称附加工资或者补助，是员工在艰苦或特殊条件下进行工作，饭店对员工额外的劳动量和额外的生活费用进行的补偿。津贴的特点是它只将艰苦或特殊的环境作为衡量的唯一标准，针对性很强。当艰苦或特殊环境消失时，津贴也随即终止。

（4）福利。员工福利可分为强制性福利和选择性福利两大类。强制性福利是由国家或地方政府监督的福利，主要是社会保险和公积金，其他的包括病假、产假、丧假、婚假、探亲假等政府明文规定的福利制度。其中社会保险福利是指为了保障员工的合法权利，而由政府统一管理的福利措施，它主要包括社会养老保险、社会失业保险、社会医疗保险、工伤保险等。选择性福利则是指用人单位为了吸引人才与留住人才而自行为员工采取的福利措施，比如住房贷款利息给付计划、带薪休假、教育福利、子女教育辅助计划、旅游、健康检查等。福利是一种吸引并留住员工、激励员工、提高员工满意度的有效手段。



2. 薪酬设计的原则

一般来说，饭店薪酬政策的制定，需要注意以下四项原则：

（1）市场竞争原则。在人才竞争日益激烈的今天，饭店薪酬管理遵循市场经济的供求规律，根据人才市场的供求状况及同行业的薪酬水平，合理确定本饭店的薪酬分配体系，以增强市场的适应性与竞争力。为此，必须注重两个基本环节：一是市场人才供求情况预测，根据人才市场的稀缺程度制定不同的薪酬水平；二是薪酬调查，主要是针对有竞争关系的公司或同行业的类似公司上年度的薪酬增减状况、薪酬结构、不同职位和不同级别的职位薪酬数据、奖金和薪酬状况，长期激励措施以及未来薪酬走势分析。

（2）内部公平原则。员工对薪酬的满意度，不仅取决于薪酬的绝对值，还取决于薪酬的相对值。从饭店内部来说，员工对薪酬的满意度主要取决于其付出和得到与其他同类员工之间的比较，当然也有不同岗位之间的比较，如总台服务与客房服务岗位之间工资等级的差异。为了体现公平合理，达到多劳多得的要求，饭店的薪酬政策必须做到：一是薪酬分配要有统一的、可以说明的规范依据；二是必须给员工创造公平竞争的条件；三是科学的工作评价，即在岗位工作的复杂性、难易度，工作所需承担的责任以及所需的知识和能力、工作态度等方面对岗位的价值进行量化评估的基础上建立相应的工资等级；四是建立绩效考评制度，在绩效评价的基础上确定薪酬的分配；五是增强薪酬分配的民主性与透明性，避免“暗箱操作”。

（3）合理有效原则。所谓合理，就是饭店薪酬政策必须符合《中华人民共和国劳动法》以及其他与之配套的行政法规的要求。同时，必须注意薪酬分配的可行性和效益性，其工资、奖金、福利支出必须适度，保证薪酬总额与人力成本的增长和营业收入的增长相适应。所谓有效，饭店薪酬管理必须能充分调动员工的工作积极性，提高劳动生产率，促进企业的发展。

（4）有效沟通原则。管理人员首先应提高薪酬管理工作透明度，及时、准确地为员工提供绩效评估、薪酬分配信息，耐心、合理、充分地解释薪酬管理决策依据。其次要与员工进行薪酬设计方案的沟通，让员工明白饭店如何回报他们的工作绩效，并且向员工传达这样一个信息：高薪酬的人自有高的道理，低薪酬的人也自有不足之处。每个员工只要努力工作，相应的回报自然会接踵而来。

3. 薪酬制度的设计

薪酬制度包含了薪酬结构、支付方式及薪酬的升降政策。薪酬制度设计要考虑以下方面：

（1）饭店薪酬水平。这里是指饭店员工的平均薪酬。饭店在确定员工薪酬水平时，可以有三种选择：

①超出竞争者水平。采取这种薪酬水平的目的是为了增强吸引和保留优秀员工的能力，并希望通过这个途径，提高员工对薪酬的满意度，发挥员工的积极性。

②相当于竞争者水平。饭店采用相当于竞争者水平的薪酬吸引称职的员工，有的饭店还通过多种优惠政策、福利及奖励吸引优秀员工。

③低于竞争者水平。饭店采用低于竞争者水平的薪酬，虽然降低了劳动力成本，但同时也降低了饭店在人才市场的竞争能力。有的饭店凭借其他途径，如工作保障、升职机会、工作环境等因素抵消薪酬水平的不利影响。

（2）饭店基本薪酬。即饭店员工能定期拿到的固定数额的报酬。基本薪酬的确定方式大体上有三种方法：一是竞争定价法，即通过市场上的薪资调查，兼顾薪酬分配的行业竞争力与运营成本，以相同职位的薪酬水平为标准确定本饭店员工基本薪酬的方法；二是工作评价法，即以每个职位在组织中的相对价值来确定薪酬水平的方法。这要求人力资源部门采用一套科学的量化手段对岗位价值进行评定；三是技能薪酬法，即以个人为基础的基本薪酬确定方式，员工的技术、能力、知识成为基本薪酬的确定因素，它主要适用于职位职能变动频繁时的基本薪酬确定方法。

（3）饭店薪酬结构。根据饭店的发展状况，薪酬结构主要有三种形式：

①结构式薪酬模式。结构式薪酬主要由基本薪酬、职务薪酬、工龄薪酬、效益薪酬、补贴（津贴）等部分组成。

②岗位等级薪酬模式。岗位等级薪酬制是按照各个不同的岗位和每一个岗位中不同等级而确定薪酬标准的薪酬制度。饭店确定岗位等级的指标至少包括所在岗位的规模、职责范围、工作复杂程度、人力资源市场价格四方面的内容。

③计件薪酬模式。计件薪酬是根据员工所完成工作（如饭店可以按客房出租率、餐厅营业额、商品销售量等）的数量、质量和所规定的计价单位核算（按每间客房等）而支付劳动报酬的一种报酬形式，其数额由工作标准和工作时间决定。

# 第十章　饭店财务管理

〔**内容提要**〕财务管理是饭店管理的重要组成部分，财务管理对饭店资金运动的全过程实施管理。由于饭店经营业务活动的连续进行和接待业务的周期循环，饭店资金也处在循环的运动中。饭店要取得经济效益，就有必要研究饭店资金的具体形态和运动规律，遵循规律对资金的筹集、运用以及收益分配进行管理，不断使资金增值。同时，通过对饭店收入和成本费用的管理，提高经济效益。

〔**学习要点**〕

- 饭店财务管理的意义
- 饭店资金的时间价值
- 饭店资金结构优化与筹资风险
- 饭店固定资产管理
- 饭店流动资产管理
- 饭店成本费用的构成及其核算与控制
- 饭店营业收入及其控制
- 饭店利润的构成及其分配
- 饭店财务分析的方法及其财务分析指标

〔**思考题**〕

1. 什么是饭店财务管理？
2. 饭店的筹资渠道和筹资方式有哪些？
3. 什么是资金的时间价值？资金时间价值有哪些表现形式和计算方法？
4. 什么是资金成本？如何计算资金成本？
5. 什么是筹资风险？如何衡量筹资风险？
6. 什么是饭店固定资产？饭店固定资产怎样分类与计价？饭店固定资产怎样计提折旧？
7. 饭店怎样编制现金预算？怎样进行现金的日常控制？
8. 什么是饭店的信用政策？信用政策包含哪些内容？饭店怎样对应收账款的回收进行检查分析？
9. 什么是存货经济采购批量？什么是存货的ABC分类管理？
10. 饭店成本费用由哪些内容构成？饭店怎样进行成本费用的核算与控制？
11. 什么是饭店营业收入？饭店营业收入怎样进行分类？
12. 饭店营业收入怎样收回？营业收入控制工作主要有哪些方面？
13. 饭店利润有哪些内容构成？饭店利润怎样进行分配？
14. 饭店怎样进行财务分析？财务分析指标有哪几大类？主要包括哪些指标？这些指标的含义是什么？怎样对这些指标进行分析？

# 第一节　饭店财务管理概述

## 一、饭店财务管理概念

饭店财务管理是基于饭店企业生产经营过程中客观存在的财务活动和财务关系而产生的，是组织企业资金运动、处理企业同各方面财务关系的一项经济管理工作，是企业管理的重要组成部分。

组织企业资金运动，包括了资金的筹集、运用以及收益分配。饭店企业为了满足投资和用资的需要，必须筹措和集中相应的资金，投放和使用这些资金，最终取得收益，实现资金的保值和增值，并将实现的收益在有关利益主体间进行分配。

饭店企业在组织资金运动的过程中，应正确处理企业同各方面的财务关系，如：企业与投资者、受资者之间的财务关系，企业与债权人、债务人、往来客户之间的财务关系，企业与税务机关之间的财务关系，企业内部各单位之间的财务关系，企业与职工之间的财务关系，等等。

## 二、饭店财务管理的意义

饭店财务管理在饭店经营业务活动中起着理财的作用。财务管理对饭店的管理和经营有着十分重要的作用。



1. 保证饭店资金供应，促进饭店有效经营

一定量的资金是饭店经营活动的基础。为了保证饭店得到资金供应，财务部门要详细核定、积极筹措饭店所需要的资金。有了资金犹如给饭店不断输入新鲜血液，使饭店能有效地经营。

2. 增收节支，提高饭店经济效益

财务管理既管供应投入，也管收入产生。在资金投入前，财务管理要根据市场信息和各种财务信息，经过分析预测，决定资金投向和

分配。饭店总是希望把资金投入到能产生直接或间接效益、效益比较显著的方面去。资金投入后，财务又通过会计核算监督控制投入资金的使用及使用效果，从而不断增加饭店收入。与此同时，在会计核算过程中，按照计划控制成本和费用，从而使支出压缩到必要的合理程度。财务管理能促进增收节支，对饭店提高经济效益有着直接的意义。

3. 促进饭店提高经营管理水平

财务管理不是被动地去反映饭店经济活动过程，而是通过决策、控制来促进经营业务的发展。财务既可以综合全面地反映饭店经营情况，也可以较具体地反映饭店各部门及各个经营过程中的情况。财务反映出的信息较快且较灵敏，饭店利用财务信息可及时了解各个部门、各种业务的经营情况，以便针对具体情况作出决策，进而指挥控制业务的进行。同时，通过财务计划和会计核算，使收入、利润达到目标，将成本费用控制在计划之内。完成财务计划的关键是提高各部门管理水平，采用科学管理方法去实现计划目标。饭店财务还要在分配上促进管理水平的提高，合理地分配部门和职工的利益，把科学分配也作为一种管理手段，促使部门一方面增强科学管理，争取更多的利益，同时提高管理水平，完善原始记录和信息系统，为科学分配提供依据。

## 第二节 筹资管理

### 一、筹资渠道和筹资方式

1. 筹资渠道

饭店资金从其来源来看，包括两个部分：一是投资者权益，即所有者权益，包括投资者投入的资本金以及资本公积金、盈余公积金、公益金和未分配利润等；二是企业的负债，包括借入的资金和应付未付的款项等。

具体说，饭店的资金来源渠道，主要包括以下几项：政府财政资金；银行信贷资金；非银行金融机构资金；其他法人资金；民间资金；企业内部资金；外商资金。其中政府财政资金、其他法人资金、民间资金、企业内部资金、外商资金可以成为饭店股权资本的筹资渠道；银行信贷资金、非银行金融机构资金、其他法人资金、民间资金、外商资金，可以成为饭店债权资本的筹资渠道。

2. *筹资方式*

就饭店筹资方式而言，主要包括以下几种：投入资本筹资；发行股票筹资；发行债券筹资；发行商业本票筹资；银行借款筹资；商业信用筹资；租赁筹资。其中投入资本和发行股票筹资方式可为饭店取得永久性股权资本；发行债券和租赁筹资方式可为饭店获得长期债权资本；发行商业本票和商业信用筹资方式可为饭店筹集短期债权资本；银行借款筹资方式既可以用于饭店筹集长期债权资本，也可以用于饭店筹集短期债权资本。

## 二、资金的时间价值

资金的价值和时间有一定的联系，同量的资金在不同的时间会产生不同的价值。例如同量的资金，若存入银行，若干年后得到本金加利息，如果以该资金投资，若干年后得到本金加利润，两者价值可能不同。又如，现有一笔资金，扣除利息或利润因素，那么若干年前这笔资金的价值一定小于现值。这就是时间差异带来的资金价值差异，称之为资金的时间价值。



资金的时间价值一般以折现率来表示，具有终值和现值两种表现形式。终值（将来值）是指现在一定量资金的未来价值，即本金在若干期后加上应计利息的本利之和；而现值（贴现值）则是指未来一定量资金的现在价值。

资金时间价值的计算方法主要有：

### （一）复利终值

资金时间价值按一定利率的复利计算。复利是以规定的期限（如一年）为一期，把每期末的利息加入到本金中去在下期继续生息，即所谓的利滚利。其公式为：

$$FV = PV(1+i)^n$$

式中：FV——复利终值，即第 n 期期末的本利和

PV——本金，即现值

i——利率

例：饭店向银行一次贷款 100 万元，三年后还贷，按复利年息 10% 计算，三年后归还本息，则复利终值为：

$$100 \times (1+10\%)^3 = 100 \times 1.331 = 133.1(\text{万元})$$

复利终值由本金、利率、期数所决定，在同样的本金下，利率越高，期数越长，其复利终值也就越大。

**（二）复利现值**

复利现值是指若干年后一笔资金的现在价值。复利现值的计算公式就是复利终值公式的变换形式，即：

$$PV = \frac{FV}{(1+i)^n}$$

例：饭店四年后能收入 30 万元，若年利率 6%，一年复利一次，折合现值为：

$$\frac{30}{(1+6\%)^4} = \frac{30}{1.2625} \approx 23.7624(\text{万元})$$

从上述公式可以看出，同样的终值，利率越高，期数越长，其现值就越小。

**（三）复利年金终值**

年金是指在相同的间隔期内，按等值连续地收入或支付一系列的款项。年金终值是指在相同的间隔期内，每期发生一定量的年金，按复利计息，若干期后的本利总和。如饭店每期发生的折旧、贷款、租金等在若干年后的本利总和。

年金又可分为普通年金和即付年金。普通年金是指在各期期末发生的年金。即付年金是指在各期期初发生的年金。一般所说的年金为普通年金。

复利年金终值计算公式为：

$$S_{期末} = \frac{R}{i}[(1+i)^n - 1]$$

$$S_{期初} = \frac{R(1+i)}{i}[(1+i)^n - 1]$$

式中：$S_{期末}$——普通年金终值

$S_{期初}$——即付年金终值

R——年金

例：餐饮部每年向饭店上交12万元利润，银行复利年息6%，连交6年，至第七年初餐饮部上交利润的总价值为：

$$\frac{12}{6\%} \times [(1+6\%)^6 - 1] \approx 200 \times 0.419 \approx 83.8(万元)$$

**（四）复利年金现值**

如果在一定时间内，每期收入或支付相同金额的款项（即年金），这些款项的现值之和就称为复利年金现值（也称总现值）。例如，饭店向银行贷款1000万元，当还贷时可在一期一次还清，即1000万元加利息。但如果分五期还清，每期还200万元，那么这两种方案的现值就不一样。

复利年金现值计算公式为：

$$A_{期末} = \frac{R}{i}[1 - (1+i)^{-n}]$$

$$A_{期初} = \frac{R(1+i)}{i}[1 - (1+i)^{-n}]$$

式中：A——年金现值

例：某饭店向外单位租用场地，为期三年。交付租金有两个方案：一是洽定一次交付租金55000元，二是每期期初交付租金20000元，以一年为一期，支付三期。若以年利率10%计算，应采用哪个方案？

$$\frac{20000 \times (1+10\%)}{10\%} \times [1 - (1+10\%)^{-5}] = \frac{22000}{0.1} \times 0.2487$$

$$= 54714(元)$$

第十章

第一方案现值为55000元，第二方案复利年金现值为54714元，当取第二方案。

以上四个公式是资金时间价值的基本公式。资金时间价值是财务管理的一个重要概念，它是饭店分析资金支出，评价投资效果，进行决策的重要依据。饭店财务管理人员要牢牢树立资金的时间价值观念，对饭店资金来源和运用精打细算，选择资金投放的最佳方案，使等量的资金发挥更大的效能，取得最佳经济效益。

## 三、资金结构优化与筹资风险

### （一）资金成本

1. 资金成本的概念

资金成本是饭店衡量筹资、投资经济效益的标准，它是饭店取得和使用资金而支付的各种费用，包括资金占用费用和资金筹集费用。其中，占用费用包括了资金时间价值和投资风险报酬两个部分，如股利、利息等；筹集费用则是取得资金时的各项支出，如委托金融机构代理发行股票、债券的注册费和代办费、自银行借款支付的手续费等。

资金成本通常以相对数表示，饭店使用资金所负担的费用同筹集资金净额的比率为资金成本率：

$$资金成本率 = \frac{资金占用费用}{筹集资金总额 - 资金筹集费用}$$

$$= \frac{资金占用费用}{筹集资金总额 \times (1 - 筹资费用率)}$$

2. 个别资金成本的计算

饭店资金来源很多，各种来源资金的成本计算各不相同，以下说明几种主要资金来源的资金成本计算方法。

（1）债券资金成本率。债券资金成本是饭店取得与使用债券资金而必须付出的代价，它包括债券筹资费用（如注册费、包销费、印刷费等）和债券使用费用（如利息）。

债券利息在税前利润中支付，饭店因而少缴了一部分所得税，实际的债券利息负担就少了一部分，而发行债券所发生的筹资费用，又使饭店实际取得的资金少于债券面额。因此，债券资金成本率的计算公式为：

$$\text{债券资金成本率} = \frac{\text{债券总额年利息支出} \times (1 - \text{所得税税率})}{\text{债券发行总额} \times (1 - \text{筹资费用率})}$$

$$= \frac{\text{年利率} \times (1 - \text{所得税税率})}{1 - \text{筹资费用率}}$$

例如，某饭店发行长期债券 200 万元，债券年利率为 7%，每年支付一次利息，债券筹资费用率为 2%，所得税税率为 33%，则长期债券资金成本率为：

$$\frac{200 \times 7\% \times (1 - 33\%)}{200 \times (1 - 2\%)} = 4.79\%$$

对于银行长期贷款，饭店也可采用同样的公式计算其资金成本率。若银行要求饭店将贷款的一定百分比在银行经常保持以为抵押，那么计算时，饭店取得的资金总额中应将此部分存款保留余额扣除。

（2）优先股资金成本率。饭店发行优先股股票，需支付筹资费用，并定期支付股利。但由于其股利是税后支付，不会减少饭店应缴所得税。因此，优先股资金成本率的计算公式为：

$$\text{优先股资金成本率} = \frac{\text{优先股年股利支出总额}}{\text{优先股股金总额} \times (1 - \text{筹资费用率})}$$

$$= \frac{\text{每股年股利}}{\text{优先股现行市场价格} \times (1 - \text{筹资费用率})}$$

例如，某饭店发行优先股股票 10 万股，按正常市场价计算 200 万元，每股年股利 1.6 元，筹资费用率为 4%，则优先股资金成本率为：

$$\frac{10 \times 1.6}{200 \times (1 - 4\%)} = 8.33\%$$

（3）普通股资金成本率。普通股资金成本率的计算与优先股基本相同，但普通股的股利是不固定的，通常是逐年增长的。因此，普通股资金成本率的计算公式为：

$$\text{普通股资金成本率} = \frac{\text{普通股年股利支出总额}}{\text{普通股股金总额} \times (1 - \text{筹资费用率})} + \text{年股利增长率}$$

$$= \frac{\text{每股年股利}}{\text{普通股发行价格} \times (1 - \text{筹资费用率})} + \text{年股利增长率}$$

例如，某饭店发行普通股正常市场价为300万元，筹资费用率为4%，第一年股利率为10%，以后每年增长5%，则普通股资金成本率为：

$$\frac{300 \times 10\%}{300 \times (1 - 4\%)} + 5\% = 15.42\%$$

上述三种来源的资金中，债券持有人在企业资产不足偿付全部债务时的索赔权优先于股票持有人，资金投资风险小，利率低，筹资费用少，且饭店支付债券利息后还可少缴所得税，因此，长期债券的资金成本率最低；优先股股票持有人的索赔权优先于普通股股票持有人，但次于债券持有人，资金投资风险大于债券，利率高于债券，筹资费用也较高，且支付优先股股息并不能使饭店少缴所得税，因此，优先股资金成本率高于债券资金成本率；普通股股票持有人的索赔权位列债券持有人、优先股股票持有人之后，资金投资风险最大，股利率高于债券利率和优先股股利率，且股利率还将随着企业经营状况的改善而逐年增加，因此，普通股资金成本率最高。

3. 加权平均的资金成本

饭店各种来源的资金其成本各不相同，饭店应计算全部各项来源资金的综合资金成本率，即加权平均的资金成本率，以作为筹资决策和投资决策的依据。其计算公式如下：

$$K_W = \sum_{j=1}^{n} W_j K_j$$

式中，$K_W$ 为加权平均资金成本率；$W_j$ 为第 j 种来源的资金占全部资金的比重；$K_j$ 为第 j 种来源资金的资金成本率。

例如，某饭店发行长期债券200万元，债券资金成本率为4.79%；发行优先股200万元，优先股资金成本率为8.33%；发行普通股300万元，普通股资金成本率为15.42%。那么，该饭店的加权平均资金成本率为：

$$\frac{200}{700}\times 4.79\% + \frac{200}{700}\times 8.33\% + \frac{300}{700}\times 15.42\% = 10.36\%$$

4. 资金成本的运用

资金成本在饭店日常经营管理、筹资和投资决策中都有广泛的运用。

资金成本是饭店选择资金来源、拟订筹资方案的依据。个别资金成本是比较各种资金来源的重要标准，饭店筹集资金时，对各种来源渠道的资金应分别测算其资金成本并进行比较，从中选出成本较低的资金来源。综合资金成本是饭店进行资金结构决策的基本依据，饭店各种来源的资金的构成不同，其加权平均资金成本率也不相同。因此，饭店在考虑资金结构时，应注意选择加权平均资金成本率低的资金组合方案。饭店应合理安排资金结构，通过筹集资金，或是使饭店继续保持原有的合理的资金结构，或是使饭店原本不合理的资金结构趋于合理，以达到最优。

资金成本是饭店评价投资项目可行性的重要标准。资金成本率是项目使用资金获利的最低限，只有项目预期的投资利润率大于资金成本率，该项目方案在经济上方为可行。

资金成本是评价饭店经营成果的依据。若饭店一定时期的实际投资利润率低于资金成本率，就说明饭店经营不利，经营者应立即着手改善经营管理。



**（二）筹资风险**

1. 筹资风险的概念

饭店资金分别来自于投资者和债权人，即饭店资金由自有资金和借入资金两大部分构成。筹资风险是指由于自有资金和借入资金的比例关系而给未来饭店财务成果带来的利益或风险。若饭店投资利润率高于借入资金利率，饭店举债可以提高自有资金利润率，但如果饭店投资利润率低于借入资金利率，负债经营就有很大的风险。

2. 筹资风险的衡量

饭店筹资风险一般可通过以下几项指标进行衡量。

（1）自有资金利润率的期望值。饭店自有资金利润率的期望值按下列公式测算：

$$\text{自有资金利润率的期望值} = \text{期望投资利润率} + \frac{\text{借入资金}}{\text{自有资金}} \times \left(\text{期望投资利润率} - \text{借入资金利率}\right)$$

例如，某饭店投资2000万元，预期投资利润率为20%，其中自有资金1600万元，借入资金400万元，借入资金利率为10%，那么

$$\text{自有资金利润率的期望值} = 20\% + \frac{400}{1600} \times (20\% - 10\%) = 22.5\%$$

若饭店扩大借入资金所占比例，借入资金达到1000万元，那么

$$\text{自有资金利润率的期望值} = 20\% + \frac{1000}{1000} \times (20\% - 10\%) = 30\%$$

可见，在投资利润率大于借入资金利率的条件下，借入资金所占比例越大，自有资金利润率的期望值就越大，但饭店风险也越大。反之，若投资利润率小于借入资金利率，那么，借入资金所占比例越大，自有资金利润率的期望值就越小。

（2）标准离差。自有资金利润率标准离差的计算公式如下：

$$\text{自有资金利润率标准离差} = \left(1 + \frac{\text{借入资金}}{\text{自有资金}}\right) \times \sigma$$

其中：

$$\sigma = \sqrt{\sum_{i=1}^{n} (\text{可能的投资利润率} - \text{期望投资利润率})^2 \times \text{概率}}$$

标准离差越大，说明投资利润率的可变性越大，风险程度就越大。

如上例，预期投资利润率为20%，假如实际投资利润率有以下几种可能情况：有20%的可能会得到20%的投资利润率；有50%



第十章

的可能会得到15%的投资利润率；有30%的可能会得到10%的投资利润率。那么，在借入资金与自有资金比例为1∶4的情况下：

$$\sigma = \sqrt{(20\% - 20\%)^2 \times 20\% + (15\% - 20\%)^2 \times 50\% + (10\% - 20\%)^2 \times 30\%}$$
$$= 6.52\%$$

$$\text{自有资金利润率标准离差} = \left(1 + \frac{400}{1600}\right) \times 6.52\% = 8.15\%$$

若借入资金与自有资金比例达到1∶1，那么

$$\text{自有资金利润率标准离差} = \left(1 + \frac{1000}{1000}\right) \times 6.52\% = 13.04\%$$

随着借入资金所占比例的增加，标准离差也不断加大，风险也随之增大。

（3）标准离差率。标准离差率是标准离差与期望值的比率。标准离差率越大，风险程度就越大。

如上例，在借入资金与自有资金为1∶4时，自有资金利润率期望值为22.5%，标准离差为8.15%，那么

$$\text{标准离差率} = \frac{8.15\%}{22.5\%} = 36.2\%$$

若借入资金与自有资金比例达到1∶1，自有资金利润率期望值为30%，标准离差为13.04%，那么

$$\text{标准离差率} = \frac{13.04\%}{30\%} = 43.47\%$$

随着借入资金所占比例的增加，标准离差率加大，风险程度增大。

（4）财务杠杆系数。饭店可利用借入资金来提高自有资金利润率，财务上称之为财务杠杆利益。

在饭店资金结构一定的条件下，饭店从息税前利润中支付的债务利息是相对固定的，当息税前利润增多时，每一元息税前利润所负担的债务利息就会相对减少，从而给饭店所有者带来额外的收益。因此，在财务杠杆作用下，自有资金利润率的变动总是大于息

税前利润的变动，当息税前利润增长时，自有资金利润率会有更大的增长，而当息税前利润下降时，自有资金利润率也会有更大的下降。

财务杠杆利益的大小可用财务杠杆系数表示，计算公式如下：

$$财务杠杆系数 = \frac{息税前利润额}{息税前利润额 - 借入资金利息额}$$

如上例，饭店投资2000万元，预期投资利润率为20%，借入资金年利率为10%，若借入资金和自有资金的比例为1∶4，那么，

$$财务杠杆系数 = \frac{2000 \times 20\%}{2000 \times 20\% - 400 \times 10\%} = 1.11$$

若借入资金与自有资金比例达到1∶1，那么

$$财务杠杆系数 = \frac{2000 \times 20\%}{2000 \times 20\% - 1000 \times 10\%} = 1.33$$

由此可见，饭店财务杠杆系数是由其资金结构决定的，财务杠杆系数越大，风险也越大。但如果投资利润率大于借入资金利率，饭店就可以通过提高财务杠杆系数来达到提高自有资金利润率的目的。

3. 筹资风险的处理对策

饭店筹集资金，应依据资金市场的现状提出不同的筹资方案。对饭店而言，资金结构中借入资金所占比例过大，就会使饭店债务负担增长，筹资风险增大。尽管借入资金所占比例增大，会使饭店自有资金利润率增大，但也很难赶上风险的增长；而且利率的高低，影响着资金使用效益的大小，投资利润率的高低影响着饭店偿还债务的能力。饭店应结合自身的具体条件和外部情况，认真研究，控制筹资风险，既不要使财务杠杆系数过低，失去利用借入资金增加收益的机会，又不能不考虑自身的偿债能力，不计利息地大规模举债，盲目追求财务杠杆利益。对不同资金结构的筹资方案，饭店应计算其自有资金利润率、财务杠杆系数等相关指标进行比较，合理选择筹资方案，既要考虑加大借入资金所占比例，提高自有资金利润率，充分获取财务杠杆利益；同时又要考虑尽可能地避

免由于借入资金所占比例过大而导致饭店财务实力减弱，风险加剧。

# 第三节　固定资产管理

固定资产是指饭店那些一次投资可长期使用并保持其原有物质形态的资产。按照规定，饭店固定资产是指使用年限超过 1 年的房屋、建筑物、机器、机械、运输工具以及其他与生产、经营有关的设备、器具、工具等。不属于生产经营主要设备的物品，单位价值在 2000 元以上，并且使用期限超过 2 年的，也应当作为固定资产。

## 一、固定资产分类

饭店固定资产种类繁多，为了便于管理与核算，可以根据不同的分类标准进行分类。按经济用途分类，可将固定资产分为营业用固定资产和非营业用固定资产；按使用情况分类，可将固定资产分为使用中固定资产、未使用固定资产和不需用固定资产；按所有权分类，可将固定资产分为自有固定资产和租入固定资产；按实物形态分类，可将固定资产分为房屋及建筑物、机器设备、交通运输工具、家具设备、电器及影视设备、文体娱乐设备、其他设备。

饭店应当根据固定资产的性质，结合本企业的具体情况，制定适合本企业的固定资产目录、分类方法、各类或各项固定资产的折旧年限、折旧方法，作为进行固定资产核算的依据。

同时，饭店应对不同分类下的固定资产进行分析，以发现固定资产结构方面存在的问题



## 二、固定资产计价

饭店对固定资产管理要利用价值形式，对固定资产进行计价，并对固定资产的占用、变动以及固定资产的折旧、补偿、报废等情

况作财务处理。固定资产计价通常有以下三种：

**（一）固定资产原始价值**

指饭店在实际占用某一项固定资产时所发生的全部费用支出，即实际成本。这是固定资产计价的主要方式。

**（二）固定资产折余价值**

也称固定资产净值，是固定资产的原值减去固定资产累计折旧额后的余额。固定资产净值反映了饭店实际占用固定资产的水平。

**（三）固定资产重置完全价值**

指对固定资产计价时，按该固定资产的市场情况，估计在目前条件下重新购建该项固定资产所需要的全部费用支出。

饭店固定资产在取得时，应按取得时的成本入账，其入账价值包括为使固定资产达到预定可使用状态前所发生的一切合理的、必要的支出。固定资产计价后，即要在账户上及时反映。当固定资产实际发生变化时，财务管理要在账面上作出相应的反映。饭店财务管理应配合设备部门，使饭店新增、变卖或报废固定资产时，在资产实物账和财务账上都能及时反映出来。对资产的部门分类要在账面上反映并建立分类账。财务部门每年都应清产核资，使账实相符，避免固定资产的损失。

## 三、固定资产折旧

固定资产折旧是固定资产在使用过程中，由于磨损而转移到饭店经营费用中的以货币表现的价值。从性质上看，固定资产的价值转移和低值易耗品等流动资产的价值转移是一样的，只是转移方式上有分次转移和一次转移之分，但两者都不与企业的资本金发生直接关系。



饭店固定资产折旧是饭店经营费用的重要组成部分，为了保证正确计算经营费用，饭店应根据固定资产的性质和消耗方式，合理地确定固定资产的预计使用年限和预计净残值，并根据科技发展、环境及其他因素，选择合理的固定资产折旧方法，按照管理权限，经股东大会或董事会，或经理会议或类似机构批准，作为计提折旧的依据。

### （一）折旧的计算方法

对固定资产折旧的计提方法，在我国一般按照固定资产的原值和可使用的年限来平均计算。这种按固定资产使用年限平均计算每年应提取折旧额的方法，叫做“年限平均法”。这种方法计算较为简便，其公式为：

$$固定资产年折旧率 = \frac{1-预计净残值率}{预计折旧年限}$$

固定资产折旧的计提是按月计算的，每月应计提折旧额的计算公式为：

$$\begin{aligned}固定资产月折旧额 &= 固定资产原值 \times 月折旧率\\ &= 固定资产原值 \times \frac{年折旧率}{12}\end{aligned}$$

例：饭店某项设备的账面原值为 60000 元，预计净残值率为 4%，预计使用年限为 5 年。那么，该项设备的年折旧率为$\frac{1-4\%}{5}=$ 19.2%，月折旧率为$\frac{19.2\%}{12}=1.6\%$，该项设备的年折旧额为 60000 × 19.2% = 11520 元，月折旧额为 60000 × 1.6% = 960 元。

为使计提的折旧额能够比较切合实际的磨损程度，保证折旧费合理地计入费用，除了大部分固定资产采用年限平均法计算折旧额以外，还有一些固定资产采用工作量法来计提折旧。如汽车就可按行驶里程计提折旧：

$$单位里程折旧额 = \frac{原值 \times (1-预计净残值率)}{预计总行驶里程}$$



例：饭店拥有小轿车一辆，账面原值为 28 万元，预计行驶里程为 20 万公里，预计净残值率为 4%。那么，该辆小轿车单位里程折旧额为：

$$\frac{280000 \times (1-4\%)}{200000} = 1.344(元/公里)$$

若当月行驶里程为 3000 公里，那么，该辆小轿车当月应计提折旧额为：

$$3000 \times 1.344 = 4032(\text{元})$$

折旧的方法除了直线法外，还有加速折旧法，常用的加速折旧法有双倍余额递减法和年数总和法。

双倍余额递减法是指以固定资产的期初账面净值为折旧基数、以直线法折旧率的双倍数（不考虑净残值）作折旧率来计算各期折旧额的方法。其计算公式为：

$$\text{年折旧率} = \frac{2}{\text{折旧年限}} \times 100\%$$

$$\text{月折旧额} = \text{固定资产账面净值} \times \frac{\text{年折旧率}}{12}$$

实行双倍余额递减法计提折旧的固定资产，应当在其折旧年限到期前两年内，将固定资产账面净值扣除预计残值后的净额平均摊销。

如前例，饭店某项设备的账面原值为 60000 元，预计净残值率为 4%，预计使用年限为 5 年。若采用双倍余额递减法计提折旧，该项设备的年折旧率为 $\frac{2}{5} \times 100\% = 40\%$，那么：

$$\text{第一年折旧额} = 60000 \times 40\% = 24000(\text{元})$$

$$\text{第二年折旧额} = (60000 - 24000) \times 40\% = 14400(\text{元})$$

$$\text{第三年折旧额} = (60000 - 24000 - 14400) \times 40\% = 8640(\text{元})$$

$$\text{第四、五年折旧额} = \frac{60000 - 24000 - 14400 - 8640 - 60000 \times 4\%}{2} = 5280(\text{元})$$

年数总和法是以固定资产的应计折旧额作折旧基数，以一个逐期递减的分数作折旧率来计算各期折旧额的方法，这个逐期递减的分数的分子代表固定资产尚可使用的年数（含当年），分母代表预计使用年数的逐年数字总和，其计算公式为：

$$\text{年折旧率} = \frac{\text{折旧年限} - \text{已使用年数}}{\text{折旧年限} \times (\text{折旧年限} + 1) \div 2} \times 100\%$$

$$\text{月折旧额} = (\text{固定资产原值} - \text{预计净残值}) \times \frac{\text{年折旧率}}{12}$$

如前例，饭店某项设备的账面原值为60000元，预计净残值率为4%，预计使用年限为5年。若采用年数总和法计提折旧，该项设备第一至第五年的年折旧率分别为$\frac{5}{15}$、$\frac{4}{15}$、$\frac{3}{15}$、$\frac{2}{15}$和$\frac{1}{15}$，预计净残值为60000×4%=2400元，那么：

$$第一年折旧额=(60000-2400)\times\frac{5}{15}=19200(元)$$

$$第二年折旧额=(60000-2400)\times\frac{4}{15}=15360(元)$$

$$第三年折旧额=(60000-2400)\times\frac{3}{15}=11520(元)$$

$$第四年折旧额=(60000-2400)\times\frac{2}{15}=7680(元)$$

$$第五年折旧额=(60000-2400)\times\frac{1}{15}=3840(元)$$

和平均折旧法相比，加速折旧法综合考虑了各种折旧因素对固定资产的影响，特别是由于技术进步等原因给固定资产造成无形损耗的影响。再则，按加速折旧法计提折旧，固定资产使用的前期折旧费用较大，以后逐渐减少，这样，从折旧和修理两项费用总体来看，负担较为均衡。但平均折旧法和加速折旧法在折旧的总额上并没有差异。

**（二）计提折旧的范围**

饭店计提折旧的固定资产包括全部在用的固定资产。其具体内容是：房屋和建筑物；在用的机器设备、仪器仪表、运输工具、工具器具；季节性停用、大修理停用的固定资产；融资租入和以经营租赁方式租出的固定资产。已达到预定可使用状态的固定资产，如果尚未办理竣工决算的，应当按照估计价值暂估入账，并计提折旧；待办理了竣工决算手续后，再按照实际成本调整原来的暂估价值，同时调整原已计提的折旧额，当期计提的折旧额和对原折旧额的调整，均作为当期的成本、费用处理。

下列固定资产不计提折旧：房屋、建筑物以外的未使用、不需用固定资产；以经营租赁方式租入的固定资产；已提足折旧继续使用的固定资产；按规定单独估价作为固定资产入账的土地。

饭店一般应按月提取折旧，当月增加的固定资产，当月不提折旧，从下月起计提折旧；当月减少的固定资产，当月照提折旧，从下月起不提折旧。固定资产提足折旧后，不管能否继续使用，均不再提取折旧；提前报废的固定资产，也不再补提折旧。

### 四、固定资产修理

饭店固定资产要保持正常运转，必须对固定资产进行修理。固定资产的修理按其修理范围的大小、修理时间间隔的长短和修理费用的多少，可分为大修理和日常修理（中小修理）。

饭店应当定期对固定资产进行大修理，大修理费用可以采用预提或待摊的方式核算。大修理费用采用预提方式的，应当在两次大修理间隔期内各期均衡地预提预计发生的大修理费用，并计入有关的成本、费用；大修理费用采用待摊方式的，应当将发生的大修理费用在下一次大修理前平均摊销，计入有关的成本、费用。

固定资产日常修理费用，则直接计入当期成本、费用。

## 第四节　流动资产管理

资产是指企业过去的交易或者事项形成的、由企业拥有或者控制的、预期会给企业带来经济利益的资源。其中流动资产是指饭店可以在一年或者超过一年的一个营业周期内变现或运用的资产。

### 一、现金管理

饭店现金是企业占用在各种货币形态上的资产，包括库存现金、银行存款及其他货币资金。现金有着最强的流动性，代表着饭店直接的支付能力和应变能力，但现金的收益性最弱，也使饭店的效益受到影响。

饭店持有现金往往出于交易动机、补偿动机、谨慎动机和投资动机等各方的考虑，每一种动机需要的现金数量一般较难确定，且一笔现金余额可以服务于多个动机，因此，饭店应综合考虑各方面因素合理分析饭店的现金状况，加强现金预算管理，确定最佳现金持有量，做好现金的日常控制工作。

**（一）现金预算**

饭店现金预算是企业管理现金的一个重要工具。通过现金预算，企业可以预计未来现金余缺，合理安排收支，充分利用现金资源，保证资金运动不间断地进行。

现金预算主要项目如下：

1. 现金收入

饭店现金收入主要来源于营业收入，包括现销部分和赊销部分，饭店可从营业收入预算中获得该项资料。

2. 现金支出

现金支出是指饭店预算期可能发生的全部现金支出，包括成本费用支出、税款支出、贷款利息支出、股利支出等。

3. 净现金流量

净现金流量是指预算期内现金收入减现金支出后的差额。

4. 现金余额

饭店应确定预计留存的最佳现金余额。饭店期初现金余额加净现金流量即为期末现金余额。若期末现金余额大于最佳现金余额，说明现金有余，可用于偿还以前借款，或用于短期投资；若期末现金余额小于最佳现金余额，则说明现金出现缺额，需筹措资金进行弥补。

**（二）最佳现金持有量**

饭店现金管理和编制现金预算的重要环节之一是确定最佳现金持有量。饭店确定最佳现金持有量有多种模式，以成本分析模型为例，它是根据现金有关成本，分析预测其总成本最低时现金持有量的一种方法。它只考虑因持有一定量的现金而产生的机会成本和短缺成本，而不考虑管理成本和转换成本。其中，机会成本与现金持有量成正比例变动，短缺成本与现金持有量成反比例关系。由此，最佳现金持有量就是机会成本和短缺成本最低时的现金持有量。

### （三）现金的日常控制

饭店应做好现金的日常控制工作：一方面加快收款的速度，提高现金使用效率，另一方面尽量延缓现金支出的时间，控制支出；要力争现金收入和现金支付同步，使饭店所持有的交易性现金余额降到较低水平；饭店应建立并实行内部牵制制度，钱账分管，出纳人员和会计人员互相牵制，互相监督；饭店应严格遵守国家规定的库存现金使用范围，及时进行现金清理；饭店应在保证正常业务经营需要的同时，尽可能降低现金的占用量，充分把握机遇，适当进行短期投资，从暂时闲置的现金中获得最大的投资收益。

## 二、应收账款管理

应收账款是指饭店已经销售但款项尚未收回的赊销营业收入。它是一种以商业信用提供商品（或劳务）而被买方占用的一项资金。饭店提供商业信用，一方面有利于其增加销售，扩大市场占有率，另一方面又减少存货，降低存货管理成本，减少存货过期贬值的可能性。但对因提供商业信用而产生的应收账款，饭店应加强控制，以确保营业收入款项的回收，防止坏账损失的产生。

饭店应收账款的大小，通常取决于企业外部的大环境和企业内部自身的营销方针，就饭店的外部环境而言，宏观经济情况会影响企业应收账款数额的大小，如在经济不景气时，就往往会有较多的客户拖欠付款。当然，饭店可以通过内部的管理，通过自身信用政策的变化，来改变或调节应收账款的数额，对应收账款加以控制。但是，这种控制往往会影响到饭店销售收入的减少。

饭店的信用政策包含了信用标准、信用条件和收账政策等内容。

信用标准是饭店同意向客人提供商业信用而提出的基本要求，通常以预期的坏账损失率作为判别标准。信用条件是指饭店要求客人支付赊销款项的条件，包括信用期限、折扣期限和现金折扣，信用期限是饭店为客人规定的最长付款时间，折扣期限是为客人规定的可享受现金折扣的付款时间，现金折扣是在客人提前付款时给予的优惠。收账政策是指信用条件被违反时，饭店采取的收账策略。

信用政策的松紧直接决定了企业赊销数额的大小，决定了应收账款数额的大小。松弛的信用政策虽然能够刺激销售，增加收入，但同时也增加了应收账款的数额和一些信用管理上的费用；而紧缩的信用政策，虽然能减少应收账款，减少信用管理费用，但也相应地减少了收入。饭店应通过对采取信用政策后收入和成本费用变化的分析，确定采取合理的信用政策。

饭店通过信用政策对应收账款实施控制，同时应对应收账款的回收工作进行分析检查，将本饭店的应收账款及回收情况同本地区同行的情况进行对比，以考察本饭店信用政策的松紧程度，检查应收账款的回收、管理情况，饭店也可据此考核有关部门的工作实绩。

饭店对应收账款回收的检查分析，可通过应收账款周转率和平均收款期等指标进行（见饭店财务分析指标）。

此外，饭店也可通过编制应收账款账龄分析表（见表 10 – 1）来控制应收账款，检查其回收工作。通过账龄表，了解本饭店应收账款的数额、结构、账龄等情况及其发展，就可相应地采取适当的控制措施，再将表中的情况同本地区饭店业的平均水平和先进水平加以对比，就可分析得出本饭店信用政策的松紧程度，检查应收账款的回收、管理情况，饭店也可据此考核有关部门的工作实绩。应当指出的是，饭店管理人员对账龄较长的应收账款，尤其应注意加强控制与检查，以防应收账款发生意外问题。

**表 10 – 1　应收账款账龄分析表**

| 账龄(天) | 截至×月×日 | | 截至×月×日 | |
|---|---|---|---|---|
| | 应收账款(元) | 占总额% | 应收账款(元) | 占总额% |
| 0 ~ 30 | | | | |
| 31 ~ 60 | | | | |
| 61 ~ 90 | | | | |
| 91 ~ 120 | | | | |
| 120 以上 | | | | |
| 合　计 | | | | |

## 三、存货管理

存货是指企业在日常生产经营过程中持有以备出售，或者仍然处在生产过程，或者在生产或提供劳务过程中将消耗的材料或物料等，饭店存货主要包括原材料、燃料、物料用品、低值易耗品和库存商品等。

饭店存货可以保证饭店经营活动的正常进行，满足市场销售的需要，也可以使饭店保持均衡经营，降低经营成本，并预防意外事故的发生。但是，饭店拥有一定数量的存货，也带来了诸如采购成本、订货成本、储存成本和缺货成本等成本支出。

饭店存货利用的好坏，对其财务状况影响极大。饭店存货管理就是要加强存货的规划与控制，使存货保持在最优水平上，在充分发挥存货功能的基础上，降低存货成本。

### （一）储备资金的核定

储备资金是饭店用于存货储备方面的流动资金。计算储备资金定额的基本公式为：

$$储备资金定额 = \Sigma(存货日均消耗量 \times 单价 \times 定额天数)$$

这一定额既要保证饭店在经营中有足够的储备资金，同时又不使资金闲置。该公式可用于全饭店，但主要是针对部门而言，只有各部门才能给予确定准确的数据。存货日均消耗量是以旺季为标准的各种存货消耗量。定额天数主要包括供应间隔日数、保险日数。该公式应和存货经济采购批量及物资储备定额确定方法结合起来使用。

### （二）经济采购批量

经济采购批量，是指在一定时期内，存货需用量基本确定的条件下，企业存货的储存成本与订货成本合计最低时的采购批量。

储存成本与订货成本的高低与批量的关系是相反的。订货批量大，储存的存货多，则储存成本上升，但由于订货次数的减少，也会使订货成本下降；反之，订货批量小，储存的存货少，则储存成本下降，但由于订货次数的增加，也会使订货成本上升。存货管理，就是要找到这两种成本合计数最低的订货批量，即经济采购批量。

饭店存货的经济采购批量可依据以下公式计算：

$$Q=\sqrt{\frac{2AF}{C}}$$

其中：Q——每批订购批量（经济采购批量）

A——全年需用量

F——每批订货成本

C——单位存货年储存成本

（三）**ABC 分类管理**

存货的 ABC 分类管理就是按照一定的标准，按照重要性程度将饭店的存货分为 A、B、C 三类，目的是使饭店分清主次，采取相应的对策，对存货进行有效的管理。

A 类存货种类虽少，但占用资金多，应集中主要力量按品种重点管理，对其经济批量应认真规划，对收入、发出应严格控制；C 类存货种类虽然繁多，但占用资金较少，可按总额灵活掌握，不必耗费大量人力、物力、财力去管理；B 类存货介于 A 类和 C 类之间，可按类别一般控制，但不必像 A 类那样进行非常严格的控制。

饭店首先应计算各种存货在一定时期内（一般为一年）的资金占用额，同时计算出各种存货资金占用额占全部资金占用额的百分比，并按大小顺序排列成表；然后，根据事先定好的标准，将最重要的存货划为 A 类，将一般存货划为 B 类，将不重要的存货划为 C 类，并予以图示；最后，对三类不同的存货分别规划管理：对 A 类存货进行重点规划和控制，对 B 类存货进行次重点管理，对 C 类存货进行一般管理。



## 第五节　成本费用管理

成本费用管理是饭店管理的重要内容。饭店经营的经济目的是取得较好的经济效益，而经济效益是以提高营业收入和降低成本费用为基础的。饭店财务管理把成本费用管理放在十分重要的地位，饭店的成本费用管理和经济责任制相结合成为科学管理的重要内容。

## 一、饭店成本费用的含义和构成

饭店成本费用是饭店在经营过程中所耗费的全部物化劳动和活劳动的货币形式，它以价值的形式表现社会劳动的耗费。

饭店为了正确计算成本费用，寻求降低成本费用的途径，加强对成本费用的管理，需对饭店的成本费用进行必要的分类。

### （一）直接成本和间接成本

根据成本与产品的关系，可将成本分为直接成本和间接成本。其中直接成本是饭店经营中发生的能直接认定到某一核算对象的成本，如食品原材料成本等；而间接成本则是指不能直接认定的成本，如水费、电费等。

### （二）固定成本和变动成本

根据成本与经营业务量大小的关系，又可将成本分为固定成本和变动成本。其中固定成本是指在一定范围和一定时间内总额不随经营业务量的增减而变动的成本。如固定资产折旧总额，既不会因为饭店接待量增加而增加，也不会因为接待量减少而减少；而变动成本则是随着经营业务量的变化其总额成正比例变化的成本，如客房内各种消耗品的支出总额就是典型的变动成本。

事实上，在固定成本和变动成本之外，还存在着半变动成本（混合成本），它是指成本总额随着经营业务量的变化而变化，但却并不呈现正比例关系的成本，例如水费、电费都属于半变动成本。在实际工作中，为了使信息更有价值，往往需要把半变动成本中的固定和变动两大部分分解开，分别归入固定成本和变动成本。

### （三）营业成本、销售费用、管理费用和财务费用

根据饭店的特点，饭店财务会计将饭店成本费用分为营业成本和期间费用，期间费用包括销售费用、管理费用和财务费用。它们的内容分别是：

1. 营业成本

成本是指企业为生产产品、提供劳务而发生的各种耗费。饭店的成本主要为营业成本，它与营业收入密切相关，与主营业务收入

相对应，饭店为获得主营业务收入而发生的耗费为主营业务成本。饭店营业成本主要包括：

餐饮成本，指饭店餐饮部门经营过程中的直接材料耗费，包括耗用的食品、饮料的原材料、调料、配料成本。

商品成本，指饭店销售商品的进价成本。

洗涤成本，指洗衣房洗涤耗用的原材料、辅料成本。

其他成本，指除以上之外的其他直接支出，如饭店出售存货（除商品外）的实际成本。

2. 销售费用

是指饭店营业部门在经营中发生的各项费用，包括运输费、装卸费、包装费、保险费、展览费、广告费、职工工资及福利费、类似工资性质的费用，燃料费、水电费、邮电费、差旅费、洗涤费、清洁卫生费、低值易耗品摊销、物料消耗等费用。

3. 管理费用

是指饭店为组织和管理企业生产经营所发生的管理费用，包括饭店的董事会和行政管理部门在饭店的经营管理中发生的，或者应当由企业统一负担的公司经费（包括行政管理部门职工工资、修理费、物料消耗、低值易耗品摊销、办公费和差旅费等）、工会经费、待业保险费、劳动保险费、董事会费、聘请中介机构费、咨询费（含顾问费）、诉讼费、业务招待费、房产税、车船使用税、土地使用税、印花税、技术转让费、矿产资源补偿费、无形资产摊销、职工教育经费、研究与开发费、排污费、存货盘亏或盘盈（不包括应计入营业外支出的存货损失）、计提的坏账准备和存货跌价准备等。



4. 财务费用

是指饭店为筹集生产经营所需资金等而发生的费用，包括应当作为期间费用的利息支出（减利息收入）、汇兑损失（减汇兑收益）以及相关的手续费等。

## 二、饭店成本费用的核算与控制

### （一）成本费用核算

饭店为确定核算对象的成本费用，考核其经济效益，在支出发生以后，必须定期进行成本费用核算，按时限（如月、年）用正确的方法对各项成本费用进行汇总，以确定各核算对象的成本费用。

饭店成本费用核算一般可按饭店、部门两级进行。

饭店成本核算必须按权责发生制原则，凡是应由本期负担的费用，不论款项是否支付，均应计入当期成本、费用；凡是不应由本期负担的费用，即使款项已经支付，也不应计入当期成本、费用。饭店必须分清本期成本、费用与下期成本、费用的界限，不得任意预提和摊销费用。

**（二）成本费用控制**

饭店成本费用开支的大小，直接关系到饭店能否赢利及赢利的多小。饭店应加强对成本费用的管理，对成本费用的预算，对各种消耗物品的采购进货、验收、储存、盘点、耗用等各个环节实施全面控制，做到成本费用形成之前有预算，预算执行过程之中有控制，成本费用形成之后有分析。

饭店各部门应根据自身的经营特点，制定成本费用预算目标，测算出各项成本费用开支的消耗额或消耗率指标，并将指标相应地分解到各个时间段（如月份），以作为成本费用控制的标准和依据。同时，饭店也应将成本费用管理职责加以分解落实，调动各方面的积极性和主动性，实行成本费用的全员控制。在预算执行过程中，饭店应依据预算计划，严格控制各项成本费用的支出，减少和杜绝不合理开支。最终根据实际成本费用与预算目标的对比，找出两者差异的原因，以分清责任，加以改进。



## 第六节　营业收入和利润管理

营业收入和利润是饭店经济效益的基本指标，是饭店财务管理的一个重要方面。

## 一、营业收入管理

收入是指企业在日常活动中形成的、会导致所有者权益增加的、与所有者投入资本无关的经济利益的总流入。饭店营业收入主要来自饭店各营业部门在经营中销售商品和提供劳务所获取的收入。

### （一）营业收入的分类

根据规定，按企业经营业务的主次分类，企业营业收入可以分为主营业务收入和其他业务收入。企业经常性、主要业务所产生的收入为主营业务收入，非经常性、兼营业务交易所产生的收入为其他业务收入。通常，主营业务收入占企业收入的比重较大，对企业的经济效益产生较大的影响。其他业务收入则占企业收入的比重较小。

现代饭店是经营提供食宿为主兼有其他多种综合服务的旅游接待设施，收入来源众多，但主要以提供服务为主，非经常性业务较少。因此，饭店客房收入、餐饮收入、康乐收入、商品收入等项均为饭店主营业务收入。同时，在上述各项之下，饭店又可按需要划分为若干个项目，例如：客房收入可分为房费租金收入、洗衣收入等；餐饮收入可按各餐饮销售点（如中餐厅、西餐厅、酒吧、咖啡厅等）划分；康乐收入可按康乐项目划分；商品收入可按所销商品种类划分；等等。

### （二）营业收入的收回方式

饭店营业收入的回收，不外是预收、现收和事后结算三种方式。



1. 预收

预收是指在向客人提供服务之前，预先收取全部或部分房餐等费用，亦称押金。

例如，一般饭店在客房预订确认以后，会向客户收取一部分的预订金。对某些客人（如随身只带小件行李者），饭店也会在他们登记入住时，要求预收以后住店期间的全部房费。

2. 现收

现收是指饭店在向客人提供服务的同时收取费用。例如饭店商场在向客人销售商品的同时，当场就要收取商品销售收入款项。对非住店的散客，饭店在其各个服务点向客人提供服务时，也需向客人当场收取该项服务的费用。

3. 事后结算

事后结算是指饭店在向客人提供服务以后，定期地或最后一次性地向客人收取费用。比如饭店和信誉良好的旅行社之间，大多采用这种事后结算的方式。一般饭店对住店宾客也会采取这种事后结算的方式，在客人离店时收取全部费用，或定期收取已消费的一部分费用。

**（三）营业收入控制**

1. 一次性结账的收费办法

饭店一般采用一次性结账的收费办法，即客人一旦入住饭店，就可在饭店内部（除商场等个别消费点外）签字赊账消费。饭店应建立起与之相配套的管理办法和控制制度。如客人总账单上的每一笔账目都应附有客人签字的原始附件，同时应规定欠款的最高限额，一旦超过限额，就应及时催促客人付款，以免因欠款累计太多、太久而使饭店陷入被动。

2. 营业收入稽核

为防止经营过程中作弊、贪污等不正常行为发生，饭店应建立营业收入稽核制度，确保营业收入的回收，维护饭店的利益。为此，饭店应设立收入稽核岗位，以便从收款员到夜审员、到日审员层层审核，层层把关，以保证营业收入不受损失。

3. 收款的控制

饭店应加强对各收款点的控制，如对账单的管理，饭店应建立起专人负责账单发放的管理制度，对发出的账单进行编号登记，对账单存根逐笔逐号进行审核。

各营业点收款员当班结束后，都需填报“收入日报表”和“交款单”，饭店据此检查收回的账单与交来的表单是否相符等。

## 二、利润管理

### （一）利润的概念及其构成

饭店利润是指饭店在一定会计期间的经营成果，包括饭店的营业利润、利润总额和净利润。

1. 营业利润

营业利润是指饭店营业收入减去营业成本、营业税金及附加、销售费用、管理费用、财务费用、资产减值损失，加上公允价值变动收益、投资收益后的金额。即：

营业利润 = 营业收入 - 营业成本 - 营业税金及附加 - 销售费用 - 管理费用 - 财务费用 - 资产减值损失 + 公允价值变动收益 + 投资收益

2. 利润总额

利润总额是指饭店营业利润加上营业外收入、减去营业外支出后的金额。即：

利润总额 = 营业利润 + 营业外收入 - 营业外支出

3. 净利润

净利润是指饭店利润总额减去所得税后的金额。即：

净利润 = 利润总额 - 所得税

### （二）利润管理要点

（1）饭店经营管理必须以贯彻饭店经营宗旨为前提，在研究宾客消费心理的基础上，开拓服务项目，提高服务质量，改善经营管理，降低成本费用消耗，通过合理的途径增加利润。

（2）饭店应遵守财经制度的有关规定，正确计算企业的经营收支、投资盈亏和营业外收支，如实反映企业财务成果，并准确及时地核算企业利润。

（3）饭店应按规定正确计算、按时缴纳所应交纳的税金，并及时作好财务上的处理。

（4）饭店应保持利润的相对均衡性，即以丰补欠，以盈补亏。

第十章

**（三）利润的分配**

饭店当年实现的利润一般应当按照以下顺序进行分配：

（1）弥补以前年度亏损（在不超过税法规定的弥补期限之内）。

（2）缴纳所得税。

（3）弥补企业在税前利润弥补亏损之后仍存在的亏损。

（4）提取法定盈余公积。饭店应按当年税后利润（减弥补亏损）的10%提取法定盈余公积金，当法定盈余公积累计额达到注册资金的50%时则可不再提取。

（5）提取任意盈余公积。即公司制饭店在提取法定盈余公积后，按照公司章程或股东会决议，可以提取任意盈余公积。

（6）向投资者分配利润或股利。饭店弥补亏损和提取盈余公积后的剩余利润，有限责任公司按照股东的出资比例向股东分配利润，股份有限公司按照股东持有股份比例分配股利。

## 第七节　财务分析

饭店财务分析是对饭店计划预算的执行、经营状况及其未来发展趋势，以及饭店偿债能力、营运能力和赢利能力等诸方面进行研究分析。

### 一、分析的步骤

一般来说，饭店财务分析可按准备材料、对比分析、研究改进三个步骤进行。

**（一）准备材料**

财务分析是在对各项数据材料进行分析、计算的基础上进行的。饭店应建立起企业内部完整的统计、会计核算体系，以收集饭店经营的各项数据材料。同时，饭店也应注重广泛收集其他有关资料，将它们与饭店的财会、统计资料相结合，为财务分析提供准确、可靠的依据。

### （二）对比分析

饭店应运用科学的方法，对所收集的数据材料进行具体的技术处理，以求测算出指标的差异及其原因，并从众多的因素中找出主要矛盾，以便加以改进。

### （三）研究改进

通过分析，饭店应对经营中存在的问题提出合理、有效的改进措施和解决办法，以达到改善经营管理，提高经济效益的目的。

## 二、比较法分析

比较法又称对比分析法，这是财务分析的基本方法。它是通过对同名指标相互间所进行的对比来确定指标间的差距。一般常用的对比主要有：

（1）以计划为标准，将报告期实际数与同期的计划数相比。通过这种对比，可以使饭店了解计划的完成情况、进度，发现实际结果是否符合期望或理想的标准，以便及时采取必要的措施，解决计划执行过程中存在的问题，保证计划的实现。但是，计划往往带有一定的主观性，计划标准也很难制订得恰到好处，可能会偏高或偏低，也可能会因客观情况的变化而失去公正衡量的意义。因此，在以计划作衡量标准时要客观如实地制订计划标准并及时予以修正。

（2）以历史为标准，将报告期实际数与去年同期或本饭店历史最好水平相比，即纵向的对比。与本企业历史比较，其优点是具有高度的可比性，可以帮助饭店了解企业在某些方面是否已有了改进，了解企业经营活动的规律，发现企业经营的纵向变化发展。但是，历史标准只能说明过去，特别是在客观环境、客观条件或企业已有重大变化的情况下，这种对比就不够合理公正。因此，比较时应注意对历史数据作一些必要的调整。

（3）以同行业为标准，将报告期实际数与本地同行业的平均水平、先进水平相比，或是与国内外同行业的水平相比，即横向的对比。通过这种对比，可以使饭店了解本企业在同行业中所处的水平，以及与先进水平的差距，促使企业改善经营管理。

以报告期与计划相比为例：

$$\text{报告期实际数较计划数增减额} = \text{报告期实际数} - \text{同期计划数}$$

$$\text{完成计划的百分比} = \frac{\text{报告期实际数}}{\text{同期计划数}} \times 100\%$$

$$\text{超额(未完成)计划百分比} = \frac{\text{报告期实际数}}{\text{同期计划数}} \times 100\% - 1$$

除上述比较法之外，饭店财务分析也可采用因素替换、结构分析、趋势分析等其他方法来进行。

## 三、财务分析指标

饭店财务分析需依据会计报表计算有关指标。考核和评价饭店财务状况和经营成果的财务分析指标很多，以下就有关的主要指标加以介绍。

### （一）偿债比率指标

这类指标可反映饭店偿还债务的能力。

1. 流动比率

流动比率用于衡量企业流动资产在短期债务到期以前可以变为现金用于偿还流动负债的能力。其计算公式为：

$$\text{流动比率} = \frac{\text{流动资产}}{\text{流动负债}} \times 100\%$$

流动比率高，说明企业偿债能力强。一般认为企业流动比率以200%左右为最佳。如果该比率过低，企业在偿付流动负债时就可能会遇到困难。就债权人角度而言，流动比率越高越好，但就企业本身而言，比率过高，就可能表明企业流动资产大量闲置或存货结构存在问题，以致流动资产无法得到充分的利用。

由于各行业经营性质不同，营业周期各异，该比率的评价标准也应有所差别。就饭店企业而言，流动比率为150%～200%，均可说明企业的短期偿债能力正常。

2. 速动比率

速动比率用于衡量企业流动资产中可以立即用于偿付流动负债

的能力。其计算公式为：

$$速动比率 = \frac{速动资产}{流动负债} \times 100\%$$

$$速动资产 = 流动资产 - 存货$$

速动比率高，说明企业具有较强的清算能力。就债权人而言，速动比率越高越好，但比率越高，企业速动资产利用就越不充分，闲置越多。一般认为速动比率在100%或稍超一点为宜。但具体分析时，还应考虑其他因素。因为该比率的分析虽然排除了存货，但速动资产中的应收账款也可能存在账龄过长、尚有未确认的坏账等问题，从而影响速动比率的可靠性。

3. *资产负债率*

资产负债率用于衡量企业利用债权人提供资金进行经营活动的能力。其计算公式为：

$$资产负债率 = \frac{负债总额}{资产净值总额} \times 100\%$$

资产负债率低，说明总资产中借入的资产少，企业偿债能力强，债权人得到保障的程度高，债权人和企业双方风险都比较小。对债权人而言，希望资产负债率越低越好。而对企业所有者而言，如果资产报酬率能高于负债的利率，就会希望资产负债率高一些，以举债经营获取更多的收益。不过，资产负债率过高，财务风险就会明显加大。一般情况下，资产负债率较高，说明企业承担了较大的风险，也反映了经营者有较强的进取心；反之，则说明企业较为保守，对前途信心不足。当然该负债比率受到企业赢利的稳定性、营业额增长率、行业竞争程度、负债期限等诸多因素的影响，因而分析时应注意综合考虑。

若资产负债率大于100%，则表明企业已资不抵债，面临破产。

**（二）营运能力指标**

这类指标主要反映饭店经营管理水平的高低。

1. *应收账款周转率*

应收账款周转率用于反映企业应收账款的流动程度。其计算公式为：

$$应收账款周转率 = \frac{赊销收入净额}{应收账款平均余额} \times 100\%$$

$$赊销收入净额 = 营业收入 - 现销收入$$

$$应收账款平均余额 = （期初应收账款 + 期末应收账款）\div 2$$

通过应收账款周转率，饭店还可以进一步计算平均收款期指标，即：

$$应收账款平均收款期 = \frac{365天}{应收账款周转率}$$

应收账款周转率越高，平均收款期越短，则表明饭店应收账款回收的工作越是有效。

*2. 存货周转率*

存货周转率用于衡量企业的存货是否过量。其计算公式为：

$$存货周转率 = \frac{营业成本}{存货平均余额} \times 100\%$$

$$存货平均余额 = （期初存货 + 期末存货）\div 2$$

存货周转率表示了企业存货的周转速度。一般而言，存货周转率越高，说明企业存货从投入资金到被销售收回的时间越短，经营管理效率就越高。资金回收速度越快，在营业利润率相同的情况下，企业就能获取更高的利润。如果存货周转率低，则说明企业可能存货积压，或不适销对路，导致经营管理效率低下。但如果存货周转率过高，也应注意防止采购供应脱节影响正常经营等现象的发生。

*3. 流动资产周转率*

流动资产周转率是指饭店在一定时期所实现的流动资产周转额（销售额）与其对应的流动资产平均余额的比率，以此反映流动资产周转速度的快慢。

流动资产周转率通常可有流动资产周转次数和流动资产周转天数两种表示方法。

流动资产周转次数是指一定时期内流动资产的周转次数。

$$流动资产周转次数 = \frac{营业收入总额}{流动资产平均余额}$$

$$流动资产平均余额 = （流动资产期初余额 + 流动资产期末余额）\div 2$$

流动资产周转天数是指流动资产周转一次所需天数。

$$流动资产周转天数 = \frac{计算期天数}{周转次数} = \frac{流动资产平均余额 \times 计算期天数}{营业收入总额}$$

一定时期内流动资产周转的次数越多，周转一次所需的天数越少，表明流动资产周转越快。

4. 固定资产周转率

固定资产周转率是指饭店年营业收入总额与固定资产平均净值的比率。它是反映饭店固定资产周转情况，衡量固定资产利用效率的一项指标。

$$固定资产周转率 = \frac{营业收入总额}{固定资产平均净值}$$

$$固定资产平均净值 = （期初固定资产净值 + 期末固定资产净值）\div 2$$

固定资产周转率越高，说明固定资产的利用率越高，管理水平越好。

5. 总资产周转率

总资产周转率是指营业收入总额与平均资产总额的比值，反映了饭店全部资产的管理质量和使用效率。

$$总资产周转率 = \frac{营业收入总额}{平均资产总额}$$

如果饭店总资产周转率较低，则说明饭店利用其资产进行经营的效率较差，从而将影响饭店的获利能力。



（三）赢利能力指标

饭店经营就是要以较少的耗费获取较大的收益，赢利能力的强弱，赢利的多少，今后的发展趋势，是衡量企业生存价值和管理水平的综合指标。

1. 资本金利润率

资本金利润率用于衡量投资者投入企业资本金的获利能力。其计算公式为：

$$资本金利润率 = \frac{利润总额}{资本金总额} \times 100\%$$

一般来说，资本金利润率越高，投入资本获利越多，说明经营状况越好。

2. 营业利润率

营业利润率用于衡量企业的赢利水平。其计算公式为：

$$营业利润率 = \frac{利润总额}{营业收入净额} \times 100\%$$

营业利润率反映了实现的利润在营业收入中所占的比重。该比率越高，说明企业赢利能力越强。

3. 成本利润率

成本利润率用于反映企业成本费用与利润的关系。其计算公式为：

$$成本利润率 = \frac{利润总额}{成本费用总额} \times 100\%$$

该指标通过所得与所费的比率，直接反映出企业赢利能力的强弱、综合管理水平的高低。

4. 资产报酬率

资产报酬率是指饭店在一定时期内的净利润与平均资产总额的比率。

$$资产报酬率 = \frac{净利润}{平均资产总额} \times 100\%$$

资产报酬率反映了饭店利用资产获取利润的能力，这一比率越高，说明饭店的获利能力越强。

5. 每股收益

每股收益是股份有限公司赢利能力分析指标之一。它是指一定时期公司净利润扣除优先股股利后与发行在外的普通股平均股数之比，表明普通股每股的赢利能力。

$$每股收益 = \frac{净利润 - 优先股股利}{发行在外的普通股平均股数}$$

每股收益越高，说明股份公司的获利能力越强。

6. 每股股利

每股股利是股份有限公司赢利能力分析指标之一。它是指普通股分配的现金股利总额与发行在外的普通股股数之比，是反映每一普通股获得股利多少的一个指标。

$$每股股利 = \frac{现金股利总额 - 优先股股利}{发行在外的普通股股数}$$

每股股利的高低，不仅取决于公司的获利能力，而且还受到公司股利政策和现金是否充裕的影响。

7. 每股净资产

每股净资产是股份有限公司赢利能力分析指标之一。它是指股东权益总额与发行在外的普通股股数之比。

$$每股净资产 = \frac{股东权益总额}{发行在外的普通股股数}$$

投资者可以比较分析公司历年的每股净资产的变动趋势，来了解公司的发展趋势和获利能力。

8. 市盈率

市盈率也称价格盈余比率或价格与收益比率，是股份有限公司赢利能力分析指标之一。它是指普通股每股市价与每股收益的比率。

$$市盈率 = \frac{普通股每股市价}{普通股每股收益}$$

市盈率是投资者作出投资决策的重要参考指标之一。一般而言，市盈率高，说明投资者对该公司的发展前景看好，愿意以较高的价格购买该公司的股票。但如果某种股票的市盈率过高，那么也意味着该种股票投资风险较高。

上述三类财务指标，均采用了比率分析的方法，各个比率指标都从不同的角度揭示了饭店某一方面的财务信息。财务分析时，应注意对指标进行全面系统的分析，并结合纵向、横向的排列对比，以得出全面正确的结论。

# 第十一章　饭店信息管理与计算机应用

〔**内容提要**〕饭店计算机应用始于20世纪70年代初，当时美国的EECO公司首先把计算机用于饭店预订和排房的业务管理，至20世纪80年代初出现了完善的饭店管理信息系统。国内饭店业应用计算机始于1983年，第一套国产饭店管理软件在杭州饭店开始应用，至20世纪80年代末，国产软件大量涌现，出现进口软件和国产软件竞争市场的局面。20世纪90年代，饭店管理软件进入了成熟时期，适应多种平台的饭店管理软件不断开发出来，同时基于Web技术的饭店管理信息系统也开始出现。

电子计算机科学的飞速发展，给饭店计算机应用带来了蓬勃生机，出现了饭店计算机管理信息系统、饭店办公自动化系统、饭店客户关系管理系统、饭店安全保卫系统、饭店计算机门锁系统、饭店信息服务系统、客房电脑保险系统、计算机娱乐系统等，Internet/Intranet也开始在饭店管理和服务中得到应用，成为饭店经营不可缺少的现代科学工具。

〔**学习要点**〕

- 饭店管理信息系统基本概念和结构
- 饭店客户关系管理的概念
- 饭店办公自动化系统基本概念和主要功能
- Internet互联网在饭店业的应用
- Intranet内部网基本概念

〔**思考题**〕

1. 什么是管理信息系统？什么是饭店管理信息系统？
2. 试论述计算机在饭店经营管理应用中的作用。
3. HMIS的主要功能有哪些？其系统特点是什么？
4. HMIS的硬件结构有哪几种：试分别叙述每一种数据处理的特点。
5. 试述HMIS软件发展的趋势。
6. 什么是客户关系管理系统？饭店客户关系管理系统的主要功能有哪些？
7. 试述饭店客户关系管理的分析功能？它体现了怎样的饭店经营理念？
8. 什么是OA系统？饭店OA系统的主要功能有哪些？
9. 什么是Internet？Internet互联网在饭店中应用的主要内容有哪些？
10. 什么是Intranet?试述Internet和Intranet的联系和区别。

## 第一节　饭店管理信息系统基本概念

### 一、饭店管理信息系统的特点

管理信息系统（Management Information System，简称 MIS）是信息科学的一个分支，是由人和计算机等组成的能进行信息的收集、传递、储存、加工、维护和使用的信息系统。饭店管理信息系统（Hotel Management Information System，简称 HMIS）又是 MIS 中的一个重要分支，其主要功能是实现计算机管理系统在饭店中的具体应用。20 世纪 70 年代初，北美等地饭店业发达国家开始使用饭店计算机管理系统，至 20 世纪 80 年代，国外的饭店计算机管理系统，如 ECCO（UX）、HIS、CLS、Lodgistix 等，整个模式已基本定型，技术较成熟，功能也较齐全。

每个系统都有自己的特点，饭店管理信息系统也不例外，和其他 MIS 系统一样，HMIS 首先是为饭店经营服务的，是饭店经营的辅助管理工具，也是饭店经营管理信息化的主要手段。作为一个信息系统，特别是为饭店经营服务的信息系统，HMIS 有以下几方面特点：

**（一）HMIS 是一个现代饭店管理的辅助系统**

饭店管理主要依靠人，计算机仅是数据处理的工具。管理人员依据计算机数据处理的结果信息，作出管理决策，以达到有效经营管理的目的。HMIS 是一个以人为主体的人机综合控制系统，经过 HMIS 的快速数据处理，饭店管理人员可以迅速得到所需信息。通过 HMIS 的辅助管理，使饭店管理更加科学化，日常事务处理更加有序、更加规范、更加准确。



**（二）HMIS 是一个开放式的系统**

HMIS 是一个具有输入、输出的开放式系统，输入的是各种票据、登记记录、账单、报表等；输出的是各种统计报表、汇总表等，通过输出控制整个饭店的物流和资金流。HMIS 不可能与外界环境隔绝，是一个开放式的信息系统。HMIS 不仅能够对环境进行分析并适应环境，而且能够在一定范围内、一定程度上改造环境，例如，通过 HMIS 制订的促销计划，可以改善饭店的营销活动。

**（三）HMIS 是一个反馈系统**

作为一个综合控制系统，HMIS 处理的是饭店具体业务数据。由于饭店经营处于不断变化的环境中，如果 HMIS 在运行过程中不根据实际情况加以调整和扩充，往往会因脱离实际而失去作用。因此，为了延长 HMIS 的生存周期，必须根据 HMIS 输出的结果信息以及外界的信息随时调整内部处理方式或扩充相应处理功能。这种反馈系统使得 HMIS 输出的结果信息更加精确、更加实用，反映了饭店经营的客观状况。

**（四）HMIS 是一个具有层次性的系统**

现代饭店的管理具有很明显的等级制，即各级管理职责分明，分工明确，下级服从上级。HMIS 为了适应这种管理也将软件设计成相应的层次，一般分为三个层次，最低层为作业层，主要是录入和管理一些基础数据，使用 HMIS 的主要目的是为了提高工作效率和服务质量；中间层是管理层，主要功能是管理综合数据，目的是提高管理精确度，使管理上少一些“大概”、“差不多”等粗放式的管理缺陷，使得整个饭店的计划、组织、控制及激励更加有效、更加有的放矢；最高层是决策层，使用对象是饭店高层决策者，他们根据 HMIS 输出的结果信息作出经营管理决策，以提高经营管理的决策效益，这是计算机在饭店中应用的真正价值体现，但目前大多数 HMIS 尚未达到这个层次。可以预见，HMIS 在决策层的应用将越来越得到重视，如饭店的营销策略制定、成本控制决策、财务计划决策、目标利润制定等都是计算机应用的主要领域，到那时 HMIS 的应用将达到高级阶段，即饭店决策支持系统（HDSS）阶段。

## 二、饭店管理信息系统的作用

饭店管理实质上是对饭店运行过程中人流、物流、资金流、信息流的管理，计算机管理就其表现形式看是对饭店大量的常规性信息的输入、存储、处理和输出，实现对客服务的敏捷性。可以说计算机管理是人工管理的最大协助者，目的是借助于信息技术创造饭店的竞争优势，提升饭店的信息技术应用能力。作为一个饭店信息系统，其作用主要表现在以下几个方面：

**（一）提高饭店管理效益及经济效益**

使用饭店管理系统不仅可以节省大量人力物力，而且能减少管理上的漏洞，提升饭店服务档次，从整体上提高饭店的经济效益。例如，散客和团体预订系统可防止有房不租或满房重订的现象，并随时提供准确和最新的客房使用和预订情况，从而提高客房出租率；账务管理系统不仅可以减少票据传送，避免管理上的混乱，而且能及时控制超过信用限额的客人，随时催促欠款客账的结算，有效地防止逃账发生；预测功能可用于市场营销，为促销决策、定价决策等提供依据；电话费自动计费系统及电话开关控制系统可杜绝话费逃账；等等。

**（二）提高服务质量**

计算机信息管理系统的高速信息处理，有利于饭店提供及时、准确、规范的服务和提高服务质量。例如，快速的信息处理大大减少了宾客入住、用餐、娱乐、结账的等候时间；餐费、电话费、洗衣费、客房饮料费、电传传真费、酒吧饮料费等费用的一次性结账管理，不仅方便了宾客，也提高了饭店的管理效率；快速的历史档案查询为查账或查询信息提供了极大的方便；回头客自动识别、黑名单客人自动报警、VIP 客人鉴别功能有利于提升饭店的形象；清晰准确的账单、票据、表单使客人感到高档次的享受；完善的预订系统使宾客入住得到充分保证。

饭店计算机管理系统还可使饭店“个性化”服务得以有效实施。例如，信息管理系统通过对计算机存储的大量的宾客历史资料的统计分析，确定常客名单或消费额达到一定数量的宾客名单，自动给予房价优惠或餐费折扣；或对宾客的消费特点进行分析，总结出宾客对住房、生活方面的要求和特点，确定个性化服务方案，作出诸如客房、餐饮特殊安排等，甚至可确定给何人赠送何种报纸杂志、何人何日生日赠送何种礼品等。如此细致入微的服务，会使宾客备感舒适、温馨。

### （三）提高管理效率

信息管理系统严格的数据检查可避免手工操作中疏忽所造成的错误，大大减轻职工工作压力，提高工作效率。大中型饭店的总台每天必须处理客房状况统计、订房信息记录、入住登记记录、信息查询、账务结算等方面的大量信息，如果用手工方式进行上述作业，不仅速度慢，需要的人手多，而且出错的可能性也大。计算机管理则可以大大提高业务运作的速度和准确性，例如，计算机自动夜间稽核功能结束了手工报表的历史，电脑资料的正确保存避免了手抄客人名单的低效工作，免除了票据传送、登记、整理分类、复核等一系列的繁重劳动，取消了专门的境外人员资料手工录入；电话自动计费及电话开关控制系统使话务员的工作简化到只需听接电话，等等。

### （四）优化饭店内部管理体系

饭店管理信息系统在建立数据库的同时还起到优化企业管理体系的作用，使各岗位的管理、考核更加科学化、正规化、系统化，如员工工作量考核控制系统、服务操作过程跟踪记录系统等，有利于加强对员工的管理。饭店管理系统可提供多种安全级别，保证各类数据不被无权过问的人查看和操作。饭店管理系统在饭店管理体系中发挥着强有力的稳定作用，可以明显抵消因人员变动或流动对业务和管理造成的影响，起到优化饭店管理体系的作用。

### （五）全面掌握营业情况，提高饭店决策水平

饭店市场竞争激烈，管理者需要不时地分析饭店经营状况，预测各种可能发生的情况，作出相应对策，而饭店计算机系统能提供完备的历史以及当年度的数据，又可提供各种分析模式，使管理者很方便地掌握饭店营业情况，完成复杂的分析工作，作出科学的决策。管理者还必须对饭店运营进行内部控制，如客房销售控制、食品原料成本控制、客房消耗品数量控制、能源使用限额控制等，由于饭店计算机系统能提供相当完备的信息管理，增强了饭店管理者的控制决策水平。

## 三、饭店管理信息系统的结构

管理信息系统的结构有概念结构、功能结构、软件结构和硬件结构等多种视图，HMIS 作为一个饭店业的管理信息系统，也必然有一定的系统结构，这种结构反映了系统整体与各个部分之间的信息关系，也反映了整个 HMIS 的数据处理方式与数据传输方式，结构决定了系统的主要性能。限于篇幅，这里主要介绍饭店信息管理系统的硬件结构和软件结构。

### （一）硬件结构

硬件结构指 HMIS 的物理结构，即 HMIS 硬件系统的拓扑结构，一般有三种类型：单机批处理结构、联机集中式处理结构和分布式处理结构。这三种结构是随计算机技术发展而产生的，并在不断发展变化着。

#### 1. 单机批处理结构

早期的 HMIS 都是单机批处理结构，这种结构由一台主机、显示器、键盘、打印机等组成。这种单台计算机的结构装上 HMIS 软件就构成了一个完整的 HMIS 系统，当需要处理数据时，可随时将一批待处理数据按一定时间间隔，一次性输入计算机进行批处理。这种单机批处理结构方式，往往一个人单独占用了一套计算机系统，上机时带上待处理的数据，下机后取走作业报告或结果，因而数据共享和实时处理性能较差。这种批处理结构主要使用在小规模的单体饭店中（或无星级饭店），星级饭店的信息系统中已很少使用这种结构。

#### 2. 联机集中式处理结构

单机批处理结构的数据处理效率不高，数据共享性能也差。随着计算机技术的发展，出现了多台终端的联机系统，通过终端与计算机联系，进行各类数据处理的作业，这就是集中式数据处理结构。联机集中式处理结构采用一台或两台小型计算机或超级微型机作为主机，管理人员可以在任何时间通过各终端与主机联系，进行各类数据处理作业。由于各终端只能作为数据的输入输出，不能直接进行数据处理，所以称集中式处理结构。

集中式处理结构的优点是数据处理能力强，数据安全，可靠性高。缺点是终端本身没有处理能力，系统处理速度将随终端数量的增加而明显减慢，而且一般终端只有字符界面，用户界面不美观。在 PC 机及 Windows 流行之前的 20 世纪 70 年代到 80 年代末，集中式处理结构是饭店最理想的 HMIS 结构。联机集中式处理结构虽然有许多优点，在计算机应用领域占据一定的市场，但随着计算机应用的深入和计算机技术的发展，这种结构已暴露出一些致命的弱点。第一，一次性投资较大，小型机比一般微型计算机要昂贵得多，而且要使系统可靠性高，一般要配两台主机并网运行，这样投资更大。第二，集中式处理结构由于数据集中在主机内处理，一旦主机出现故障，整个系统就会瘫痪，无法运转。因而联机集中式处理结构并非十全十美。图 11－1 是饭店集中式处理结构示意图。

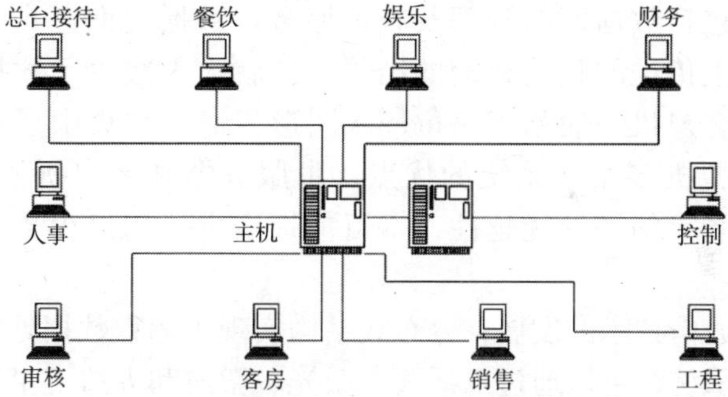


**图 11－1　饭店联机集中式处理结构图**

3. 分布式处理结构

到 20 世纪 80 年代中后期，随着微型计算机功能的不断加强，出现了分布式计算机系统和分布式数据库管理系统，管理信息系统朝分布式方向发展。局域网系统就是这种结构的典型例子。这种系统以一台或几台高档微机作为网络服务器，通过网络连接工作站，而每个工作站都是一台独立的本身具有数据处理能力的微型计算机，分布在各个办公室的管理岗位，可以独立处理数据，也可以联

第十一章

机入网在服务器内处理数据，所以称为分布式处理结构。图 11－2 为饭店分布式处理结构示意图。

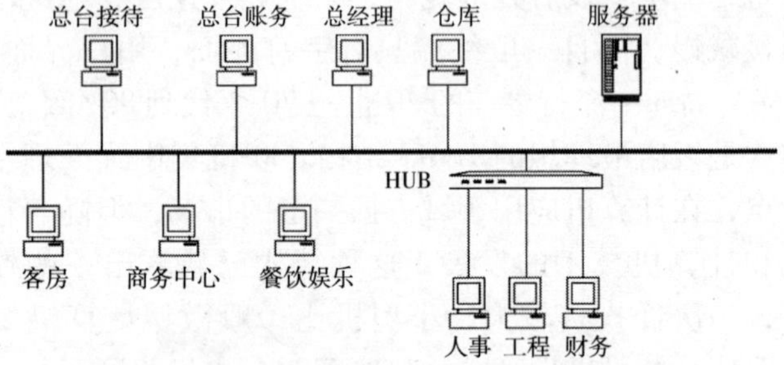


**图 11－2　饭店分布式处理结构图**

近年来流行的 C/S 结构和 B/S 结构是这种体系结构的最新形式。客户机支持用户应用的前端处理，服务器用于支持应用的系统环境，包括数据库的管理及查询服务。数据查询方式为数据库查询，网上传送的只是查询的结果，这就大大减少了数据的传送量，而且客户机一般基于 Windows 图形界面。它集中了局域网络系统和小型机多用户系统的优点，由服务器和客户机协同处理，充分发挥系统的各种优越性，是目前饭店中使用最为普遍的体系结构。

随着通信技术的发展，分布式结构实现了远程数据处理，或者远程数据采访，可以通过电话线、激光、微波和人造卫星等介质实现异地数据处理，或实现两个或两个以上局域网络的数据互访，这就是广域网系统。广域网分布结构最适合饭店集团的信息管理，饭店集团总部可以通过广域网络系统有效地管理各地的饭店，各地饭店也可通过广域网实现互传信息数据，及时了解各饭店的经营情况。从目前计算机应用的发展趋势看，广域网分布结构是今后发展的方向，是建立集团式管理所采用的必要手段，也是目前各连锁饭店公司进行信息管理的理想模式。广域网有两个特殊的类：企业网与全球网（WWW）。全球网中，第一个真正的、可供公共商用的就是 Internet 网络。目前，基于企业内部网络 Intranet 及 Internet 浏览器/服务器模式的饭店管理系统，国内外正在研制过程之中。典型的分布式饭店集团计算机管理系统的硬件结构如图 11－3 所示。

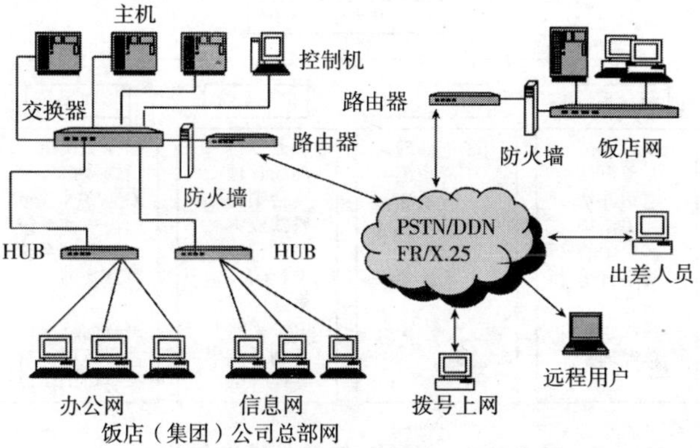


**图 11－3　饭店集团计算机硬件结构拓扑图**

## （二）软件结构

软件结构是指 HMIS 的功能结构，HMIS 具有多种功能，各种功能之间相互联系，构成了一个有机结合的整体，即完整的软件功能结构。软件功能结构是根据管理层次和所需功能以及饭店所有的企业过程导出并划分的。对于饭店来说，是根据饭店的管理层次以及为了完成饭店业务数据处理需要而定义的功能模块（或子系统）来设计的。在饭店业务管理中，系统功能一般可分为前台和后台两大部分，此外还可包括前台系统和后台系统功能扩充的扩充系统（有的系统中把扩充系统直接包含在前后台系统中），以及各种各样的系统接口。前台系统主要指与客人直接相关的信息系统，如预订接待系统、账务审核系统、客房管理系统以及程控电话管理系统等；后台系统是指饭店经营的支持部门，这些部门与客人无直接联系，如财务处理系统、人事工资管理系统、仓库管理系统等；扩充系统大多是饭店可选的信息系统，如财务分析系统、商场管理系统、安保管理系统等；接口系统是指饭店与外部环境或饭店以外的信息系统交换数据所用软件部分，如程控交换机接口、互联网接口、公安局报户口接口以及电子分销系统接口等。图 11－4 是 HMIS 的软件功能结构图。

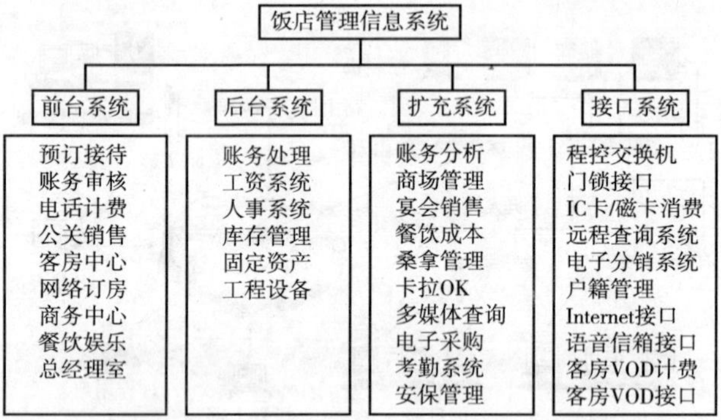


**图 11－4　HMIS 的软件功能结构图**

饭店的常用子系统一般具有以下功能：

1. 预订接待系统

预订接待系统是前台系统的主要功能模块，主要完成对散客、团体的预订和接待登记任务，对散客、团体的客房分配、加床、退房、拼房、续住等日常管理工作。同时包括网络订单接入管理和确认。利用计算机处理上述业务，使总台的工作效率成倍增长，提高了对客服务质量，特别是饭店客房的使用情况、预计离店客人情况等可做到一目了然，这是手工管理无法比拟的。

2. 账务审核系统

该功能模块主要功能是记录每个客户在饭店的消费情况，处理散客、团体账务，负责总台的收银工作以及夜间的审计工作，所有住店宾客的账务从交预订金开始就和该系统发生关系。该系统具体管理总台的收银日记账和应收账款，处理和打印每日报表以及有关的分析报表。所有前台客人从登记入住到结账离店所发生的一切账务均由该系统负责处理。

3. 程控电话管理系统

程控电话管理是通过程控交换机和计算机连接的一个电话计费

控制系统，实现对饭店内各分机电话的准确计费，并可进行各种统计、查询报表等管理。计算机通过接收到的程控交换机输出的每条话单内容，并对每条话单进行分解、计算、存储，完成每个分机的国际、国内直拨电话计费。该系统一部分完成客房分机的电话计费，把电话费用记入到住店宾客的账户中，实现客人离店的一次性结账；另一部分记录内部管理部门的每一条电话记录费用的详细情况，以利于饭店对费用的控制。

4. 客房管理系统

客房中心管理的主要工作是控制客房状态、客房设备以及客房用品。通过该系统的计算机处理，总台或总经理随时可了解客房状态及有关数据，如可用房数、维修房数、自用房数、不可用房数等。通过计算机的管理，使客房设备和客房用品得到合理使用、减少浪费。

5. 餐饮娱乐管理系统

餐饮娱乐管理系统主要完成散客点菜和收银等日常管理以及餐饮预订等管理，如餐厅及各娱乐营业点的收银管理、餐饮成本的动态控制以及吧台商品的销存管理等，对住店宾客或特殊客人收费自动过账，实现一次性结账，并可打印各类营业报表及餐饮稽核报表。

6. 总经理查询系统

总经理查询系统的主要功能是提供快速查询，让总经理等决策者快速、全面、准确地了解饭店经营管理有关信息数据，以便作出正确的决策。总经理查询系统提供的信息数据包括前、后台各种营业数据，如前厅接待、预订数据、房务数据、餐饮数据、收入成本数据、人事数据、工资数据以及库存数据，等等。

7. 财务管理系统

财务管理属后台系统，财务管理是饭店管理的核心内容。财务管理系统的功能是管理总账、明细账、分类账等，包括账务处理、原始凭证处理、科目设置处理、账户管理、凭证汇总处理、账目查询和打印处理、银行对账处理、月终年终报表处理、各类报表打印处理等。该系统存储的财务数据是饭店最重要的数据，必须有一套安全数据管理机制，并且一定要有灾难恢复功能，以保证整个账务系统的数据安全。

8. 人事工资管理系统

人事工资管理系统的主要功能是管理饭店的人事关系及工资，包括档案管理、劳动组织管理、招工用人管理、员工培训管理、人事变动管理、考勤输入管理、工资发放管理、工资汇总管理。在该系统中，通过有效管理可充分利用饭店的人力资源，为员工创造良好的工作环境，激励员工，提高凝聚力，提高人事工资管理的精确度，减轻了人事部门的劳动强度，提高了工作效率。

9. 工程设备管理

工程设备管理系统主要管理饭店的固定资产设备。饭店固定资产价值比较大，工程设备管理系统对固定资产的分类、用途、维护、统计等进行有效管理，完成设备的购入登记管理、调拨管理、折旧管理、设备报废管理以及设备查询打印等管理工作。

10. 仓库管理

饭店库存原料品种繁多，管理、领用比较复杂，仓库管理系统能详细记录每一笔原料物资出入库情况。该系统功能包括入库管理、领料管理、调拨管理、仓库明细账管理、预计进料管理、账务查询管理以及物品统计报表打印管理等，通过计算机管理，可以提高饭店资金的利用率，使仓库“账实相符”，减少库存积压。

## 四、饭店管理信息系统的发展与展望

目前，计算机在饭店中的应用日渐普及，方兴未艾，尤其是互联网的出现，饭店经营已经离不开网络的支持。饭店业的发展对饭店信息管理的要求也越来越高，因而对信息管理软件的要求也越来越高，出现了各种基于 Web 的新型信息系统。从近几年的发展来看，饭店信息管理软件将朝以下几个方向发展。



### （一）单向软件向集成软件发展

计算机在饭店中的应用是逐渐发展起来的，开始都是利用计算机处理一些简单的事务，因而相应的程序软件都是专门针对某一具体事务而编写的，我们称之为单向软件。随着计算机应用的逐步深入，管理要求越来越高，这种单向软件就越来越不能适应。例如，现代饭店管理要求向“管理一体化”方向发展，即要从整个饭店的角度发挥计算机在管理中的作用，让计算机在各个部门既有数据管理，又有文本管理，也有控制作用，也就是说要把各种单向软件集成起来，组成一个综合应用的集成软件，达到信息综合处理的效果，为管理一体化提供技术手段。尤其是饭店集团，为了能低成本实现经营扩展，集成化软件的要求越来越高。集成化软件使饭店计算机应用构成了一个信息网，饭店中所有的数据处理、文件管理、安全保卫管理等都集中由计算机网络统一控制，这是今后饭店管理科技化的一个重要标志。

**（二）软件由管理型向决策型发展**

饭店计算机管理系统的发展经历了启蒙型、事务型、管理型和决策型四个阶段。启蒙型软件是对饭店使用计算机管理的摸索，如我国 20 世纪 80 年代初期开发的饭店计算机管理系统软件。事务型软件是计算机管理对饭店手工操作的模仿，仅仅是提高了工作效率，目前国内大约一半软件处于这一水平。管理型软件能参与饭店的管理，提高饭店的管理质量，是目前优秀软件实现的普通等级。决策型软件则具有完备的预测分析能力，能科学地指导饭店管理者做出经营管理决策。目前国内少数软件正向这一方面发展。

我国饭店业从 20 世纪 80 年代初开始应用计算机以来一直处于静态数据处理阶段，主要功能是处理饭店日常事务，也就是说计算机在饭店管理工作中仅发挥低级阶段的作用。目前所谓的 MIS 系统，功能上也只能完成一般的事务统计、汇总、制表、检索和打印等基本处理，这些事务处理虽然也是重要的，但对饭店获取更高效益的要求来说则远远不够。饭店管理信息系统应该是一个开放系统，能适应环境变化和竞争需要，但是传统的管理信息系统基本上是一个静态的保守系统，只能管理已有的静态存在的数据，而不能从管理人员的决策需要出发，处理动态的非结构数据，即在战略层面还没有实施计算机的应用。所以传统的MIS系统只能根据现行饭店的组织结构、制度和管理方法，完成基本的事务处理任务，也就是说只能模拟现行系统的运行状态，不具备管理人员所需的辅助决策功能。随着饭店业的进一步发展，人们向MIS提出了更高的要求，这就是饭店管理的决策支持要求，即DSS系统，实现战略层面计算机应用。为了让计算机在饭店管理中发挥更大作用，必须使计算机更直接地面向决策，能根据管理人员的需求，提供各种有价值的信息和决策方案以辅助各级管理人员作出迅速正确的决策，为饭店经营创造竞争优势。

因此，除了在MIS系统功能进一步完善以外，要根据饭店发展和竞争的需要，逐步建立决策型信息系统，处理好管理信息系统与决策支持系统的关系，提高计算机在饭店各种管理应用中的使用效益。

**（三）软件由事务处理型向分析型结构发展**

由于我国计算机在饭店中的应用起步较晚，早期的MIS系统一般都是事务处理型，即主要在饭店的战术层面应用，提高事务管理的效率。随着计算机科学技术的发展以及饭店竞争的白热化，饭店管理者开始思考如何利用信息系统创造自己的竞争优势，因而对软件的要求不是停留在提高效率上，而是从饭店战略层面的角度，开展信息系统的辅助决策，尤其通过对经营数据的智能分析，挖掘对企业拥有价值的东西，或者在客户档案中，挖掘有价值的客户，实现一对一的营销和差异化服务。在饭店的信息系统中，目前最为关注的是客户价值分析、客户偏好分析、采购供应商分析、潜在客户行为分析以及员工工作绩效分析等。分析性软件结构要依赖数据仓库技术，或者数据集市，结合饭店经营的企业知识，由饭店的知识员工向总经理提供分析数据。

**（四）局域网向B/S体系结构发展**

B/S体系结构是一种基于浏览器技术的开放性体系，它是通过Internet技术来改造企业局域网，使饭店的内部网成为Intranet体系。B/S体系的好处是网络的客户端成为“瘦客户机”，有利于方便客户的使用以及方便软件的开发，使信息系统具有较好的移植性，也便于维护。尤其是饭店开展电子商务，B/S 体系结构可以直接获取网络业务，实现网络订单的自动化处理，有利于饭店处理网络业务。这种体系结构还方便与合作伙伴的网络（Extranet）对接，形成饭店经营的战略同盟，便于构建饭店企业之间的信息系统，实现企业之间业务的自动化处理。目前大多数单体饭店的局域网还是处于 C/S 体系结构，饭店集团的信息系统构建已经开始采用 B/S 体系结构的信息系统，这样有利于饭店集团的快速扩展。

**（五）商品化软件与专用化软件并存**

商品化软件是指能适应大部分饭店需要的通用软件产品，专用化软件是指饭店适合自己需要的软件产品或自己开发的一些专用软件产品。饭店使用商品化软件，优点是引进速度快，可以借鉴成型的经验，而且系统比较稳定可靠，投资风险较小，缺点是商品化软件一般不可能百分之百地满足饭店管理的所有需要。专用化软件的优点是能与饭店的管理方式相适应，缺点是开发周期较长，稳定性需要时间来考验和完善，而且对系统开发人员的依赖性很强，因为开发专用软件的技术人员较少，一旦他离开饭店，今后软件升级和维护就成为问题。但随着计算机应用水平的提高，有条件的饭店组织人员开发适合自己需要的软件产品，作为对商品化软件的补充还是有必要的。商品化通用软件和专用软件还将在饭店信息管理系统中共存，共同成为饭店信息管理的得力帮手。

**（六）与饭店自动化设备相结合**

总的来说，国内的饭店计算机系统，大部分仅是应用在管理方面，在自动化控制方面与国外先进国家还有较大的差距，尚待进一步发展。

1. 宾客入住自动登记系统

饭店宾客抵达饭店只需插入他的信用卡，操作自动登记系统就可完成入住登记手续。

2. 服务和监控集成化设备

目前饭店客房中有多种接口，如电话、电视、音响、空调等，今后的发展方向是以 HMIS 系统为中心的一个集成化系统：用电话实现客房状态修改、语音信箱、自动问询、客房账务查询、用电视查阅账单等，同时，通过管理系统还可以控制电子门锁、控制空调、灯光、热水等设备以达到节能的目的，通过自动化管理客房小酒吧，实现自动记账和监控，便于服务员及时补充饮料和食品。

3. 客房配备电脑或数字电视设备

客房配备电脑设备或数字设备可以实现宾客自己结账（Self Check-out）、查询各种信息，还可以通过远程网络或 Internet 与公司总部直接联系等。

## 第二节　饭店客户关系管理系统

### 一、客户关系管理的概念

饭店经营的本质是做客户服务，客户服务与客户关系往往存在一定的联系。一个好的客户服务可以建立和改善客户关系，一个好的客户关系也可以促进和提升客户服务。在信息时代里，客户服务和客户关系已经在很大程度上依赖信息技术和网络，通过信息技术可以更好地为客户提供服务，也可以更好地维系客户关系。目前流行的客户关系管理系统（Customer Relationship Management，CRM）就是这样的软件，它可以在线提供服务，也可以在线维系客户关系。本节我们主要围绕客户服务和客户关系探讨饭店经营的一些服务类型，以及怎样去保持客户关系，使客户变成饭店的忠诚客户。

#### （一）客户关系管理的内涵

客户关系研究是现代饭店经营的热点研究内容，因为客户是饭店的上帝，有了客户饭店才会有利润。正因为它是热点研究内容，才会有层出不穷的客户关系管理软件产品的不断涌现，现在客户关系管理软件（CRM）已成为服务行业的标志性软件，是衡量一个服务企业是否属于信息化服务的重要指标。前面讲过客户服务的内涵是为客户创造价值，而客户关系管理的内涵就是要实现客户价值的最大化，除此以外，还包含关系价值以及信息技术，因为饭店总是关心有价值的客户，而没有信息技术支持客户关系也很难维系。

在客户关系管理中，客户价值最大化和饭店的利益最大化其实是一对矛盾，饭店在维系客户关系上要作一定的平衡，如果饭店的服务一般，价格定得很高，可能客户来了一次以后就不来了。饭店的客户关系工作要为客户创造更多的价值，又能为自己创造合理的利润，实现客户与饭店的“双赢”。尤其要关注自己的老客户，老客户就意味着丰厚的利润。现在有“十元钱客户”概念：这个客户一个星期来两天，每天来消费两次，每次消费 15 元钱，一年这个客户就消费 3120 元，如果这个客户能和这个饭店保持 10 年关系的话，这个客户对于饭店就意味着 3 万多元的收入。这个概念告诉饭店不要太势利。客户每次可能花钱很少，但是来的次数很多，这种客户是不容忽视的。一个客户能够为饭店带来的利润和什么有关？和客户在饭店消费的时间有很大的关系。哪怕他一次花钱是别人的十分之一，这种客户的价值也远远高过一次花钱是他十倍的那种人。为什么？因为他会跟其他客户说：这儿服务特别好，价格特别实惠。他能拉动许多人过来消费，可以为饭店做无形的广告。

坚持以客户为中心，为客户创造价值是任何一个饭店客户关系管理战略必须具备的理论基石。为客户创造的价值越多，就越会容易满足客户，从而提高客户的忠诚度，也有利于维系客户关系，同时也提高了饭店对客户的关系价值，饭店也更可能为客户定制服务，客户对服务的质量感知也越高，更满足了客户价值的最大化，这种相互促进的关系可用图 11－5 来表示。

饭店是一个赢利性企业，最终要实现企业价值的最大化。因此，在客户关系内涵的关系图中，关系价值是饭店重点要考虑的内容。关系价值高所创造的利润就高，饭店企业应该将精力放在这种客户的身上（杨路明、巫宁等，2004）。如饭店的老客户、通过信息技术挖掘有潜力的客户、重点发展的客户都是有价值的客户，饭

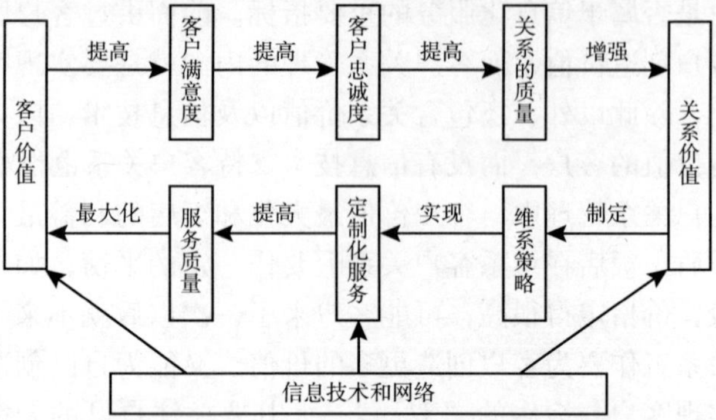


**图 11-5　客户价值、关系价值、信息技术和网络的关系**

店要重点维系这些客户。在客户关系管理中，关系价值是饭店最重要的管理内容，而管理关系价值的关键在于对关系价值的识别和培养，有时这种识别靠人是很难把握的，需要借助于信息技术系统，如 CRM 系统就是这样的系统，它能有效地管理饭店的关系价值。

信息技术和网络是客户关系管理中的重要因素，尤其是现在处于网络无处不在的时代，没有信息技术的支撑，客户关系管理只能停留在早期的关系营销，无法高效地管理关系价值，也无法使客户价值最大化。在信息技术的支持下，饭店可以识别具有不同关系价值的客户，针对不同客户关系制定不同的服务策略，从而实现客户价值最大化和饭店效益最大化之间的平衡。其实信息技术是促使客户价值和关系价值之间存在互动，这种互动可以进一步促使两者之间的平衡，对某些客户而言，信息技术的互动提升了服务价值，有利于客户感知服务质量的提高，使客户价值得到提升。

**（二）由客户关系到忠诚客户**



前面已经提到过，现在的客户有选择服务的权利，越来越难伺候。在确定关系价值以后，如何制定维系关系的策略，为这些客户定制服务，是饭店培养忠诚客户的关键。一种方法是建立客户偏好信息数据库，供服务员输入和查询使用。国际知名的希尔顿酒店具有丰富的定制客户经验，通过建立客户偏好数据库，记录客户的偏好，使得饭店能够为客户提供量身定制的服务。例如，考虑一个总是预订拥有双人床的无烟房间的客户，这些信息会被存储在客户记录里，当该客户下次预订房间时，不管他身在何处，即使他不提出相关要求，通过网络他也能得到他想要的房间。用希尔顿的话说，只要每年有十分之一的老客户光顾，饭店就会永远客满。为了建立完善的客户信息数据库，饭店需要对信息技术进行必要的投资。目的是要从不同的信息渠道收集客户数据资料，对数据进行综合，并存储起来留作以后分析之用。其中部分的数据可以来自中央预订系统和饭店前台管理信息系统，但更多的要依靠饭店员工关注客户的需求而获得。客户数据库里面的资料包括客户的基本资料、联络途径、过往的消费记录、每次入住及离店的日期时间、饭店名称、房间类型、订房渠道、特别服务、个人喜好和取消预订的记录、投诉和处理记录、累计消费积分、奖励记录、忠诚度评估等。

第二种方法就是建立系统，构造一个饭店客户关系管理系统，完全依赖信息技术开展一对一的营销和彻底的与客户互动，能有效地培养客户忠诚度。饭店业是与“情感”有密切联系的行业，实施客户关系管理可以更有效地开展人性化服务。被誉为“美国酒店大王”的斯坦特就说过“酒店业就是凭借酒店来出售服务的行业”，这是颇有见地的见解。优质服务是饭店生存的基础，客户关系管理系统就是提供这种服务的有力竞争武器，而且可以很方便地复制到企业，为饭店扩展提供了技术保障。客户关系管理系统可以让饭店知道目标客户最主要的需求是什么，然后针对客户差异制订出和客户需求相一致的营销与服务计划。客人感到自己不再是千人一面的无名氏，而是有价值的客户。客户的这种满意和忠诚，给饭店带来了消费额和消费次数的增长，饭店是最终最大的利益获得者。客户关系管理系统除了可以与客户互动外，还有一个客户智能分析子系统，当该子系统掌握了客户层级的分布之后，饭店营销部门就可认真策划做维系规划，根据客户不同的价值制定相应的关怀和优惠措施，一方面可留住有价值的老客户，同时也可以提高这些客户对饭店的满意度和忠诚度。

对于基于 Web 的客户关系管理系统可以更好地培养客户忠诚度，饭店允许这些有关系价值的客户可以登录该系统自己管理消费情况，自己查询消费的积分奖励，自己安排消费的计划，系统记录了客户所有的基本资料和消费记录。这样的客户一般不会随便改变服务，因为他的信息都在系统中，他改变服务的成本很高，这些客户就是饭店很牢靠的忠诚客户。有一定规模的饭店或饭店集团可以建立基于 Web 的客户关系管理系统，这对形成服务品牌具有很强的吸引力，能吸引更多的大客户和忠诚客户。

## 二、用信息化服务构造 e 客户

饭店业是一个竞争性很强的行业，由于饭店服务产品的可模仿性强导致了产品层面同质化竞争很严重，因此只有提升服务的质量和水平才能增强饭店的竞争力，信息化服务被认为是提升质量和服务水平的最佳选择。从当前消费者的需求来看，消费者希望通过一个窗口获取旅游过程中所涉及的食、宿、行、游、购、娱等各种服务，这种一站式的消费诉求要求旅游企业（旅行社、饭店、旅游景点等）提供综合化的服务，这是现代旅游业发展的一种趋势，而这种综合化的服务必须依靠强大的信息网络来支撑。饭店作为旅游活动中的重要环节，更需要有强大的信息服务手段，用信息化服务创造 e 客户更是一种创新。有专家指出，利用信息化手段提高服务水平，为消费者提供一条龙式的综合化服务，是当前饭店企业提升核心竞争力的出路。饭店构造的 e 客户越多，散客比例就越多，饭店的综合收益就越高。

### （一）用信息化服务激发客户消费

用信息化服务激发客户消费的同时，也激发了客户 e 化的兴趣。饭店信息化服务是为了客户的个性化服务需求，饭店信息提供得越多，或者客户获取信息越方便，则客户的消费欲望越容易激发出来。饭店要做到客人还没有去饭店以前，就能提供多种形式的信息服务；客人到了饭店以后，同样要采取多种形式提供信息服务。饭店要激发 e 客户的消费，关键是要构建 e 企业的环境，至少有 e

客房的环境，满足 e 客户的消费需要。

饭店开展信息化服务项目可以围绕以下几个方面：①客房多媒体信息服务，具体内容包括视频点播服务、电视超市服务、饭店综合信息服务等三大块。其中，电视超市是通过电视这个载体，把超市建在电视网上，这样既可以拓展饭店有限的物理空间，还可以通过多媒体的形式充分展示饭店超市的物品，它使客人足不出户就可以买到所需的物品，完善的信息服务可以激发客户的消费欲望。②电脑金钥匙服务。与其他类型的客人相比，商务客人会经常碰到电脑上的问题，比如特殊的文件无法打开，电脑有病毒等，这是传统饭店金钥匙无法解决的，有些还涉及比较专业的电脑知识。如果饭店能开展电脑金钥匙服务，则既能解决商务客人的问题，也能增加饭店的服务项目和收入。③饭店网上预订和咨询服务。对于那些饭店集团来讲，通过建立集团的预订型商务网站，统一对外预订以及开展网络营销，可以有效掌握客源信息及客源的消费动机，有利于客户关系管理系统的数据收集，并可对客提供个性化的信息服务，同样可以增加客户的消费欲望，因为不同的客户可以看到不同的信息，特别用积分奖励的形式可以激发客户的消费和购买欲望。④其他服务，如饭店可以向客人提供电脑以及传真机、打印机及扫描仪等的出租服务，也可以达到激发客户消费的效果。

**（二）e 客户期望的饭店服务环境**

现在的 e 客户都是年轻客户或商务客户，他们有比较高的网络智商和网络应用能力，对饭店的网络要求比较高，至少可以通过网络在任何地方可以获取饭店的服务信息。e 客户对饭店服务环境的网络技术要求就是饭店构造 e 客户所需要的技术系统。饭店要根据 e 客户的比例逐步增加网络设施，完善信息系统的服务功能。饭店作为一个公共服务场所，面对着各种各样的客户群体，必须积极采用信息技术来完善服务环境，特别是网络化的服务环境。由于饭店环境的 e 化需要投资，不可能一步到位，饭店可以按照以下情况逐步实施。

当饭店没有 e 客户时，需要完善的前台电子化接待，如预订接待系统做服务支持，并配备账务结算系统和客房的电子化管理系统；当饭店有达到5%的e客户时，饭店除了有完善的前台信息系统以外，还需要有部分的客房有上网的环境，商务中心有电子商务的处理能力，并配备有营销为主的商务网站系统；当饭店有达到5%～15%的e客户时，饭店除了有完善的前台系统以外，还需要有完善的后台信息系统，客房的上网设施随着e客户的增加而增加，把部分客房改造成e客房，饭店的信息网站以网络订房的商务为主；当e客户达到15%以上时，饭店除了有完善的前后台信息系统以外，还需要有以自己信息网站为基础的电子商务系统，特别是内网和外网的沟通。除了有e客房以外，会议室、酒吧、大堂等公共服务场所也要能上网，客房也有完善的信息服务系统，客房中可以提供一定的信息设备为客户租用。

由于e客户都是一种高效率的客户，饭店要创造信息化服务环境来吸引e客户，并在邮件服务器上为忠诚客户或e客户开设电子信箱，让客户接受免费信箱实现一对一的营销；也可以为忠诚客户或e客户在饭店网站上开设服务账户，如查询自己的消费和积分情况；开通忠诚客户的移动通信服务，让饭店用短信与客户互动；为忠诚老客户办理饭店的一卡通，便于客户在饭店的各种电子化消费。总之，饭店要通过各种形式的信息渠道与客户沟通和联系，争取更多的e客户光顾饭店。饭店吸引的e客户越多，肯定给饭店带来的散客就越多，饭店的收益也就越大。

## 三、饭店客户关系管理系统的概念结构

客户关系管理（CRM）主要处理客户管理流程。饭店客户关系管理的前身是会员管理，目前许多饭店还有自己的会员管理系统。但会员管理对客户维系能力不足，不能自动化营销，也不能自动化销售，更不能自动化服务。饭店客户关系管理对经营最大的支持作用是强大的分析能力，如对客户消费偏好的分析、客户消费倾向的分析、客户未来需求的分析以及客户对饭店忠诚度的分析等，并能自动形成一些分析报表。因此，客户关系管理是未来饭店经营

中的一个重要信息系统，也是饭店围绕客户开展经营服务的经营系统。

CRM 是信息技术与现代科学管理相结合的产物，它的设计理念是实现与客户的一对一关系、一对一销售、一对一营销和一对一服务（差异化服务），从而提高客户的满意度，为饭店培育更多的忠诚客户，从而为饭店吸引更多的消费者客户，稳定饭店的客户群体，增加经营收入。可以从下面三个方面理解饭店的 CRM 系统。

1. 饭店客户关系管理是一种管理理念

在饭店经营中，要把客户看成是企业最重要的资产，形成以客户为中心的经营理念，通过对客的关系服务来挖掘客户价值，寻找最有价值的客户，实现定制服务。

2. 饭店客户关系管理是一种管理机制

这种机制要求面对与客户相关的营销、销售、服务、技术支持和新产品开发，完善与客户的互动机制、快速响应机制、自动服务机制，以此提高客户的满意度和忠诚度，最终实现饭店利润的持续增长。

3. 饭店客户关系管理是一种管理软件和技术

首先它是一种集成软件，围绕对客户关系的维系和服务的流程展开，并提升对客户的服务能力（理解客户、敏捷服务）。因此在设计时必须考虑系统对客户的实时性操作和即时分析操作，同时要考虑与其他软件之间的协作。

饭店客户关系管理已成为饭店电子商务开展的核心软件，其理念、方法和技术都是一种经营哲学不可缺少的。当然拥有这样的软件需要饭店一定的投资，目前我国中小规模的单体饭店还很难拥有这样的软件。只有当饭店集团化到一定程度，单体饭店加盟连锁经营，饭店的 CRM 才有很好的市场。下面图 11 -6 是饭店客户关系管理软件系统的总体结构框架。

图 11 -6 右边的分析部分是 CRM 系统中的核心技术所在，每个饭店服务差异就应体现在技术分析，能够通过商务智能分析评价每个客户的忠诚度，挖掘最有价值的客户。借助于信息技术的忠诚

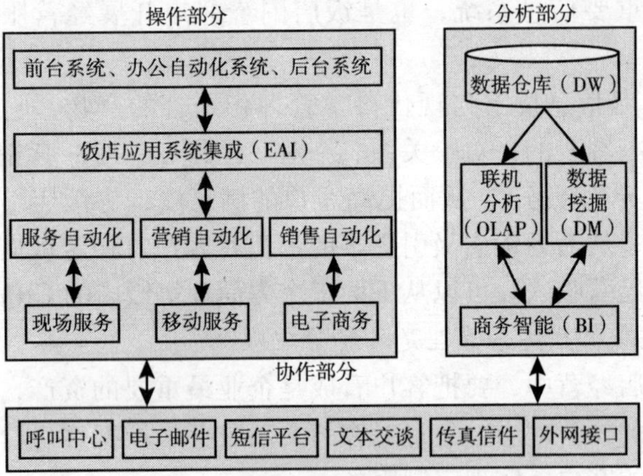


**图 11－6　饭店 CRM 总体概念结构**

度分析除了用软件评价每个客户忠诚度以外，饭店还需要用软件分析最有价值的客户。在饭店的高忠诚度客户群中，各个客户的价值贡献率是不一样的，饭店必须找出高贡献率客户，根据不同的价值贡献率制订不同的忠诚营销计划。实现对不同的客户特征、购买行为和价值取向实行分层管理，这就需要用信息技术系统分离出那些对于饭店具有高价值贡献率的客户，使饭店能集中精力服务于高贡献率的客户和有潜力的客户，以进一步提高客户价值贡献率和饭店收益，为饭店挖掘持续增长的收益。因此，在客户忠诚度分析软件中，应该具备以下管理功能：

- 获取客户消费信息。
- 计算客户消费积分。
- 计算客户消费权重。
- 输入忠诚度评价指标。
- 输入 SPSS 影响因素分析数据。
- 计算客户的价值贡献率。
- 忠诚度评价分数排序。
- 价值贡献率分数排序。
- 输出忠诚度分析报告。

## 四、CRM中的客户管理

CRM把客户当成饭店的资源来管理。经营者认为，客户资源是饭店经营的财富，要挖掘客户价值，首先要做好客户资源的基本管理工作。前面讨论的都是与客户相关的客户服务和客户关系等内容以及用信息化服务如何构建CRM系统等内容，这些都是为饭店利益最大化所研究的具体内容。但是在挖掘客户价值过程中，首先的问题是如何管理好所有的客户资源，客户资源管理是挖掘客户价值的基础性工作，目的是要细分客户并发挥客户资源的最大价值。

这里所讲的客户资源管理是从饭店经营的角度，采用信息技术系统来实现对客户资源的统一管理。不是对某个部门或某个销售人员去要求对客户的有效管理，客户是饭店的企业资源，不是部门资源，更不是个人资源。以前没有信息技术系统管理的时候，客户资源往往成为部门或个人的资源，饭店经营常常依赖于某些部门的某些人，他们掌握的客户资源往往成为其与饭店要价的资本。这种经营的管理是非常危险的一种管理，不利于饭店的持续性发展。其结果是：某个饭店的销售部经理走了，客户也带走了；某个销售人员走了，也把客户带走了。饭店提供的服务是一种企业行为，与客户维系的关系也是一种企业关系，决不能把这种服务和关系变成个人与客户的关系。饭店在规模经营或品牌经营过程中一定要避免那种靠人情关系的原始经营方式，积极采用信息技术系统管理客户资源就可以避免以上问题的出现，通过电子化管理使客户成为企业的资源。

客户资源管理的含义是什么？作为饭店来说可能与其他的企业不同，因为饭店是提供一种服务，一种讲究人情味的服务，在讲究个性化服务的时代，需要做到对不同的客户实行不同的服务。举个例子，有两个客户，A客户消费3000元，饭店获取利润350元，B客户消费也是3000元，饭店获取利润80元，如果对这两个客户采用基于销售额的积分奖励，奖品是每人免费送价值230元客房一晚，结果饭店在这两个客户身上亏损30元。这样的奖励对饭店来说没有意义，因为饭店是一个企业，以赢利为目的，必须要对客户进行精细管理，即不同的客户贡献采用不同的奖励服务。这就引出了客户资源管理的内在含义，即采用信息技术对客户资源管理进行细分，以实现对不同的客户产生不同的服务。如果客户资源管理不细分，就无法实行精细服务，这样的管理毫无意义。现在大多数的饭店经营没有对客户进行精细管理，也没有进行具体的细分，是一种“毛估估”的管理，所谓的一对一服务仅是一句空话，激发不了客户的消费热情。

做好饭店的客户资源管理绝不是一件易事，需要在各种环节和销售过程中去关注。首先每个饭店要根据客户资源的信息结构标准去建立客户资源库，把客户资源化、电子化，减少管理过程中的个人行为，实现对客户资源管理（新客户、老客户）、销售过程管理、销售人员行动和计划管理、客户的量化和分析管理的电子化，最后形成客户资源的数据仓库。这种管理是把各环节对客户的管理形成一个漏斗形状，把宝贵的客户资源都电子化存储在数据仓库中，这种漏斗形的电子化管理可以用图 11－7 来表示。

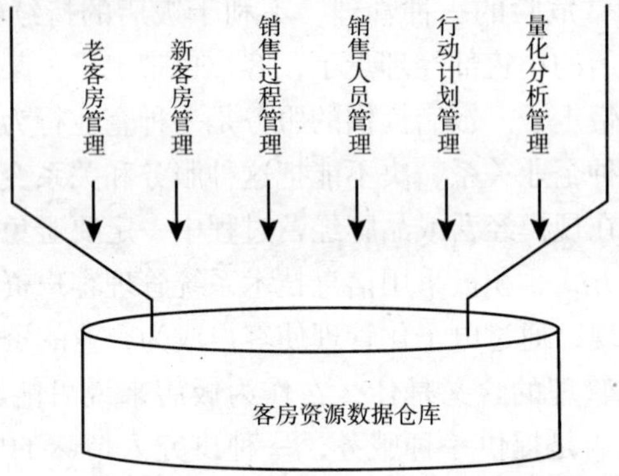


**图 11－7　客户资源漏斗形管理示意图**



图 11－7 是一个客户资源漏斗形管理示意图，之所以说漏斗形管理，就是在对客户资源的管理过程中，需要把各种客户资源漏入到数据库或数据仓库中去，形成饭店统一的客户资源电子化数据。任何对客户有关的管理，不能出现客户资料停留在部门或销售人员

个人手里的情形。漏斗形管理是饭店客户管理的一种理念，这种理念只有依赖信息技术才能实现。这种管理理念说明了饭店在客户管理过程中，不能把客户资源漏入到某个部门或某个销售人员的个人工作柜里，需要统一电子化建档，即数据仓库。漏斗形说明了客户资源的渠道是广泛的，有大量的新、老客户存在，关键是饭店采用怎样的方法把客户收集到数据仓库中去。这里我们消除了管理中的个人因素，把每个销售人员的行动和计划涉及的客户都记录在数据仓库中，通过数据仓库管理实现对客户的电子化细分，为实现个性化服务建立了资源性的基础数据仓库。

## 第三节　饭店办公自动化系统

### 一、办公自动化概述

随着 21 世纪信息时代的到来，席卷全球的信息化浪潮将彻底改变人类的生活方式和工作习惯。各企事业单位、政府机构的改革不断深化，管理职能不断增强，手工办公方式与不断增长的办公业务量之间的矛盾日益尖锐。同时，随着社会信息量的迅速膨胀，想要依靠人工手段及时对大量信息进行收集、处理、分析及科学决策是难以做到的。因此改革传统办公模式，将办公业务的处理、流转、管理过程电子化、信息化，实现办公自动化已势在必行。

所谓办公自动化（Office Automation，OA）就是利用先进的计算机网络技术和信息技术，处理和控制日常的办公事务，使办公室事务和文件管理电子化，以提高事务的处理效率。

信息是被加工的对象，计算机是加工的手段，人是加工过程的设计者、指挥者和成果的享受者。办公自动化使办公人员从繁重的工作中解脱出来，利用网络系统及时准确地掌握第一手信息，并在第一时间内处理事务与作出决策。同时各部门能利用网络实现资源共享，相互交流和协作，综合体现了人、计算机、信息资源三者的关系。

办公自动化从概念上可理解为完全采用计算机技术处理办公业务，并实现信息共享、交流和协同工作，即全方位的无纸办公，从技术实现上来看这是完全可能的。它是以电子邮件技术和网络技术为群体协作的基础环境，包括工作流管理、信息传递和集成数据库存取、集成用户开发环境、高度安全性，通过信息传递，使计算机具有协同计算能力，从而有效地发挥企业计算机网络系统的作用。

## 二、饭店办公自动化系统的主要功能

饭店 OA 系统是新经济时代的产物，一家饭店企业每天需要处理大量的公文、信函、文件、报告和表单，各种统计报表需要上报，内部文件资料需要传递，办公室自动化系统就是为解决这些工作而设计的。利用办公自动化系统，可以实现办公事务的自动化管理，电话、传真等自动记录与跟踪管理，还可以通过国际互联网与客户及供应商进行网上交易与沟通，实现商务活动的电子化。

饭店 OA 系统的主要功能是提高饭店办公自动化水平和处理事务的效率，节省纸张能源，是 21 世纪现代饭店管理的基本要求。从现阶段来看，饭店 OA 系统应具有如图 11 -8 所示的功能。

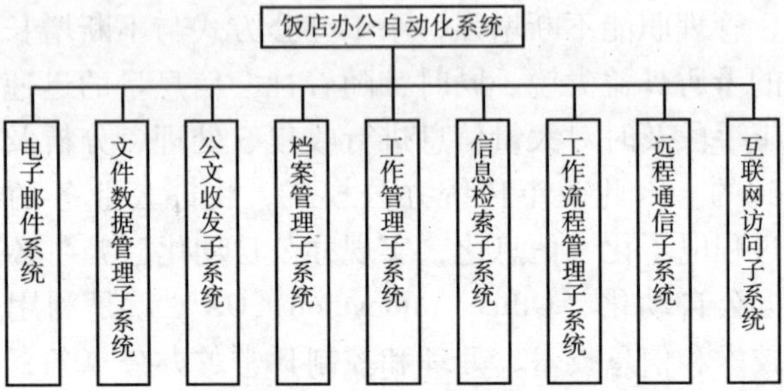


**图 11 -8　饭店 OA 系统功能结构图**



### （一）电子邮件管理子系统

电子邮件是 OA 系统的一个重要功能。所谓电子邮件，就是将日常工作中的邮件收发、管理等工作采用计算机软件来处理，包括邮件的起草、发送、接收、转发、回信等。各部门的工作联系都以电子邮件方式进行，必将极大地提高管理工作的效率。

**（二）文件数据管理子系统**

OA系统应具有很强的文件数据库管理功能。文件数据库和关系型数据库不同，其中存储的可以是文章、声音、图像、图形、视频等多媒体信息。对这些数据库可以进行查询、增加、删除等操作。数据库可以存放在本地计算机上，由个人使用，也可以放在服务器上，由大家共享。系统对数据库的访问提供安全控制，每个访问数据库的客户根据其访问权限，可以对数据库进行浏览、编辑、增加、修改等操作。

**（三）公文收发子系统**

该模块主要实现收文管理和发文管理的自动化，由电子行文代替手工行文，解决公文传递慢，信息不及时、不同步，不易于查阅等问题。系统还可灵活设定公文流程，自动进行跟踪、催办、查办，并可归类存盘、全文检索，最终实现“文档一体化”。

系统除实现日常收文、发文的登记入库工作外，还支持电子文本格式公文和扫描图像格式公文，为领导及各部门提供方便的录入、检索、查询、统计、打印等功能，并具有可靠完备的权限管理和安全加密机制，饭店领导可进入系统浏览整个系统的各种公文档案资料，各部门则只能检索本部门各类文件，须经批准通过借阅操作，才能参阅有关文件资料。该系统设计了各级机构发文、工作演示文稿等模板以及严格的公文运转程序，实现饭店公文的发送、分发、状态跟踪、信息反馈、适时提醒、日志生成的统一管理。

**（四）档案管理子系统**

该模块可实现对饭店或部门各种档案和资料的分类管理、归档保存，完成档案的组卷、拆卷、移卷、封卷、注销、借阅、全文检索、统计等管理功能，为各级用户提供方便的检索和借阅功能，从而大大减轻办公室档案的处理工作量，并可以更加方便地进行档案的查询和借阅。在档案管理的基础上，将进一步实现文档一体化。所谓文档一体化，就是将公文管理、签报管理以及会议管理等模块中产生的公文、签报、通知等文档，通过自动或半自动的方式，直接归档，节省手工操作，从而大大提高档案建立的工作效率。

### （五）工作管理子系统

工作管理模块是用户对工作全过程——从工作计划到工作执行记录，再到工作完成后的报告与总结进行控制和协调的工具。它同时将工作时的各种信息（如针对客人投诉、意见反馈、各部门的协调工作）在饭店内部实现传达与同享。工作管理可分四大部分：

1. 工作计划

工作计划模块分为两部分，项目工作计划和企业内部自定义的例行工作计划。项目工作计划可完全现场跟踪某项目计划的制订到计划完成的全过程。例行工作计划是提供给单位内部的一个强有力的工作管理控制工具。通过自定义各种类型的工作计划（如每日工作计划、每周工作计划、每月工作计划）的填写要求（如每天计划的填写必须在前一天的16:00完成），事后对各部门工作计划的填写与执行情况的统计与监督，使各部门的工作安排更为规范、有效，管理者可以更为有效地监督与管理各部门的工作，提高管理效率。工作计划生成之后，可作为工作任务派发给部门或人员，并可随时监控其任务完成情况。

2. 工作任务

该功能可提供对任务制定、任务分派、任务执行、任务监控、任务评价等任务及事务的统一管理。工作任务的管理还考虑到任务执行过程中对参与人员的考核的管理，在任务执行中和结束后，系统都可提供人员工作效率、质量、用时的分析和汇总，为用户分析任务执行全过程中人员情况提供有力工具。

3. 日常事务处理

该功能主要处理部门内部和各部门之间的日常事务记录，使部门之间通过日常事务记录的传送与反馈进行相互之间的无缝合作与快速协调。



4. 工作记录

该模块功能可以实现对部门或某工作岗位的工作进行自动记录，它可以对每天的记录进行各种分类排序，记录每一个工作人员的交接班情况，并可把每一条记录或者多条记录组织在一起生成报告，供领导审阅。

**（六）信息检索子系统**

OA 系统提供了很强的全文信息检索功能。输入要查询的一个关键词在数据库中进行检索，系统会将所有包含该关键词的文件查找出来，并将这些文件按照该关键词的出现频率显示在屏幕上。

**（七）工作流程管理子系统**

OA 系统对工作流程的应用提供了很强的支持。在日常工作中，一项工作的完成需要经过多个步骤，如订货过程就是一个工作流程，首先由业务员起草订货报告，报告中包括需要订购货物的品种、规格和数量等，然后将该报告交给相应的主管领导审批，领导审批后，将该报告交给财务，最后由财务根据该报告确定所需要的资金等。在 OA 系统中，数据库和电子邮件的功能是结合在一起的，因而一项工作的有关人员只需将数据库中的有关记录或视图作为电子邮件传递给有关人员，系统就会形成一套规范、有序的工作流程。

**（八）远程通信子系统**

远程通信也称移动通信，该功能主要解决远程用户和出差人员的系统接入。当管理人员出差在外或下班后，只要有笔记本计算机，就可以和饭店 OA 或其他人通信联系，使管理人员完全可以和在办公室一样进行工作，处理办公室或其他的公务事务。

**（九）Internet 访问子系统**

饭店 OA 系统允许访问 Internet，允许与外界进行信息交流。OA 系统提供的访问 Internet 的功能使用起来十分灵活和方便，用户出口实现统一管理。一般系统提供了一个浏览器，并内置了微软公司的 Internet Explorer。用户可以使用这些浏览器，也可以使用其他的浏览器，如 Netscape Navigator 等。

饭店 OA 系统还应具备会议管理、电子文件柜、工作人员动态、机构人事、客户管理等功能模块以及电子邮件、日程安排、待办事宜、名片夹等个人方面的管理模块和焦点论坛、公告板、经验交流、资源预订、规章制度、电子刊物等公共部分模块。

## 第四节 Internet 互联网在饭店中的应用

### 一、Internet 的功能和作用

Internet 用户可以利用 Internet 所提供的应用系统查询和获得 Internet 的信息资源。工业发达国家推行异地办公或家庭办公，用户可以在家中或其他地方通过 Internet 处理事务。Internet 提供的信息资源和服务包括：信息查询、信息发送、电子邮件、阅读全球各地图书馆和信息中心的电子书籍和资料、检索和复制文件、期刊、书籍和计算机软件、获取最新科技文献资料、发布和接收商业广告、举行可视会议等。

Internet 因其覆盖面广、用户众多、交互能力强和费用低廉，对各行各业都产生巨大的影响，为广大企业提供了无限商机。通过 Internet 可以介绍产品、广告推销，直至网上销售，尤其是网上广告效应，是任何其他媒体所不能比拟的。

#### （一）信息的获取与发布

Internet 是一个信息海洋，通过网络不仅可以阅读查询各种不同类型的书库、图书馆、杂志期刊和报纸。还可以得到政府、学校、公司企业等机构的详细信息和形形色色的社会信息，可以说包罗万象，无所不有。人们可以坐在办公室或家中了解到全世界正在发生的事情，也可以将自己的信息发布到 Internet 互联网上。

#### （二）电子邮件（E-mail）

平常的邮件一般是通过邮局传递，收信人要等几天甚至更长时间才能收到。电子邮件的写信、收信、发信都在计算机上完成，从发信到收信的时间以秒来计算，而且电子邮件几乎是免费的。

#### （三）网上交际

网络可以看成是一个虚拟的社会空间，每一个人或单位都可以

在这个网络社会上充当一个角色。可以在网上与别人聊天、交朋友、玩网络游戏，聊天广场、网络影视直播、网络游戏等“网络文化”，将会给人们的生活造成很大冲击，而“网友”已经成为一个使用频率越来越高的词语。

**（四）电子商务**

网络销售即在网上进行贸易已成为现实，而且发展迅速，已在海关、外贸、金融、税收、销售、运输等方面得到应用。不久的将来，人们可以坐在电脑前进行所有的商业活动。

**（五）网络可视电话**

打网络可视电话不仅能够听到对方的声音，而且能够看到对方，分布在世界各地的几个人可以“聚”在一起聊天，这种模式也称为“视频会议”。现在还有一种网络非可视电话，称为 IP 电话，打国内、国际长途的话费与市内电话的费用差不多。

**（六）网上事务处理**

Internet 的出现将改变人们的生活方式和工作方式，人们可以在家中上班，通过网络将工作结果传回单位；出差的时候不用带上很多资料，因为随时可以通过网络到单位提取需要的信息，Internet 使世界任何地点都可以成为办公地点。

## 二、Internet 在饭店中的应用

Internet 在旅游业有着非常广阔的应用前景，例如，通过 Internet，人们足不出户就能了解某国某地某旅游公司的旅游路线或某饭店的设备设施、价格等情况；饭店则可以通过 Internet 介绍饭店设施和服务项目，实现网上客房预订。

**（一）饭店对 Internet 的信息需求**

饭店需要 Internet，这不仅体现在经营管理、广告宣传、获取信息等方面，而且还表现在服务接待方面的需要。

我国饭店的客源结构已由前些年以观光旅游者为主发展为观光、休闲、商务、会议宾客等多种类型并存，其中商务宾客、会议宾客的比重不断增加。如何为商务和会议宾客提供更好服务，已引

起饭店管理者的重视。不仅新建饭店已充分考虑应用 Internet 的基础设施建设，老饭店也纷纷积极计划和改造，以适应 Internet 的需要。

与饭店其他宾客相比，商务宾客和会议宾客对饭店设施设备的要求有所不同。他们非常注重效率和信息交流，对通信设备、展示手段、多媒体能力的要求相当高。因而饭店不仅要提供一流的服务，还必须拥有一流的设备设施，尤其是先进的通信设备和多媒体传输手段。例如，外国商务宾客需要及时了解纽约、伦敦的股票行情，通过 Internet 直接从事股票交易；外国公司的工程技术人员需要同时与美国、欧洲公司同事共同讨论技术问题，制订最佳的技术方案；国际公司的总裁需要通过可视会议系统讨论公司出现的紧急问题；专家学者需要利用多媒体技术向与会人员介绍其研究最新成果；而更多的宾客会需要使用电子邮件交流信息。

上述信息服务需求，仅凭传统的电话、传真是无法满足的。当前最有效的手段是采用 Internet 技术。为了满足商务宾客和会议宾客的需要，饭店必须具备 Internet 信息交换设施，提供联通 Internet 的计算机硬件和各种办公自动化软件、多媒体演示设备和通信设备。“将 Internet 送入客房”将是饭店所追求的目标。

**（二）Internet 在饭店业应用前景**

在经济全球化大潮的影响下，世界上95%以上的企业都计划加入 Internet，饭店企业加入 Internet 势在必行。

对现有饭店来说，可以在原有的通信设施的基础上逐步进行改造，如建立专门的 Internet 计算机中心，供宾客租用计算机上网；改造会议设施，添置互联网多媒体演示设备；将 Internet 送入客房等。目前，有的饭店使用一种 WebTV 的装置（因安装在电视机上方，通常称为机顶盒），用房间的电视机作为显示器，直接接入 Internet，可以进入 Web 站点浏览，但没有电子邮件发送和接收功能。



新建的高星级饭店，则在规划设计阶段就应将“Internet 送入客房”，这样比建成之后再改造要经济得多，最起码也应考虑今后发展需要，在通信线路和网络拓扑方面留有高速通信的能力。

饭店要在 Internet 上介绍企业情况、发布信息，必须注册自己的域名。由于任何企业、任何组织机构都可以注册域名，而当一个域名被注册后，其他企业、机构就不能再注册该域名。如果一个饭店的名称已经被其他企业注册，它就不能利用其名称发布有关信息，已注册的企业甚至可以利用抢注的域名向需要使用该域名的企业谋取利益。因此，企业域名是极为重要的。饭店拥有域名、建立饭店 Web 主页后，就可在 WWW 的环境下提供信息服务，在此基础上再建立其他信息服务系统，如预订系统，使客户通过 Internet 就可以直接预订客房。

## 三、Intranet 介绍

Intranet 是在 Internet 网络基础上发展起来的一种企业内部网络技术，它可以提供与 Internet 相同的 WWW、E-mail、Gopher、FTP 等服务，是饭店开展电子商务的一种新的技术，为饭店管理提供了多种以电子方式创建、访问和交换信息的途径，代替了传统的文件、电话、面谈等方式，提高了饭店内部管理的效率和信息交换的能力。

Internet 高速发展的成功经验启发了科技人员，他们看到了信息系统的发展方向，即利用 Internet 的技术和产品构筑企业内部的 Internet，即 Intranet。用 Intranet 改变传统的 MIS 开发方式，采用 WWW 等技术管理企业内部的信息资源，为企业开展电子商务打下了坚实的信息管理基础，这是 Intranet 最近受到重视并快速发展的主要原因，可以说，企业如果没有 Intranet，电子商务很难真正实施。

### （一）Intranet 的结构

Intranet 是利用 Internet 技术的应用与标准和企业已有的局域网相结合以产生更高效率的商业管理网络，是企业开展电子商务的基础，俗称企业内部网。简言之，Intranet 就是企业内部的 Internet，所不同的是 Intranet 服务的对象是以企业内部的员工为主，其目标是连接企业内部的工作群组、促进内部沟通、提高管理效率，增强企业的市场竞争力。Intranet 与 Internet 的关系结构如图 11－9 所示：

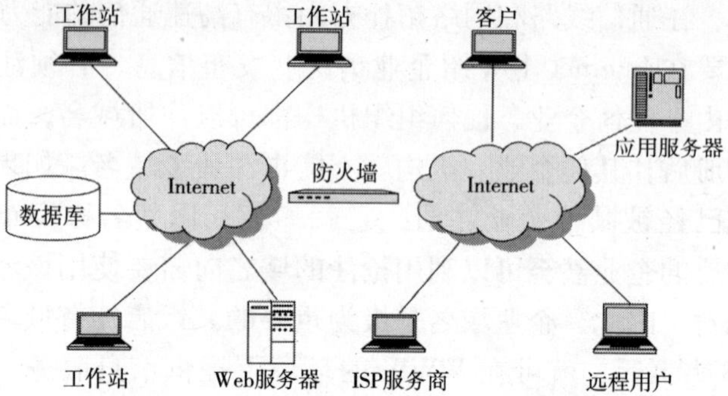


**图 11 -9　Intranet 与 Internet 的关系结构图**

图中防火墙右边是 Internet 部分，左边是 Intranet 部分，防火墙的作用是保证企业内部 Web 服务器的数据安全，Intranet 的 Web 服务器与 Internet 上服务器以及用户进行数据交换访问都必须通过防火墙检查。Intranet 通过在路由器上运行“防火墙”软件，挂接到 Internet 上，在饭店内部便可以直接访问国际互联网络上的信息。

利用 Intranet，饭店可以把现有的管理信息系统、办公自动化系统、饭店支持决策系统等电脑系统集成在一起，构成一个开放型、综合型的饭店电脑系统，这是未来饭店业信息管理的主要方向。

**（二）Intranet 的信息服务特点**

1. 共享系统的硬件和软件资源

由于 Intranet 系统采用客户机/服务器工作方式，实行分布式计算战略，共享系统的硬件和软件资源，使饭店数据资源得到充分利用，如数据库、文字处理软件和其他软件等，并扩展到多媒体技术的应用。

2. 建立基于 Web 的新型管理信息系统

现代化企业需要管理的信息有两种，即结构化信息（如各种数据库系统产生的信息）和非结构化信息（如大量的文字资料、图片、声音、影像等）。据国外统计，前者只占信息总量的 20%，而后者占 80%。传统的管理信息系统只能管理和提供结构化信息，因而应用程度有限。基于 Internet 的 Web 技术能够将文字、图形、图像、声音、影像等多媒体信息集成在一起，通过浏览器实现信息查询，大大提高企业内部的通信能力和信息交换能力。企业通过Intranet发布新闻、销售服务、提高工作群体的生产力、充分利用集体智慧、促进内部信息交流、进行员工培训和数据库开发，新型的管理信息系统将起到不可缺少的作用。Intranet的建立，可以帮助企业协调内部的通信和信息交流，提高企业的生产力和工作效率。

3. Intranet使饭店内部信息交流更加通畅

饭店的经营、计划、政策不断地随着市场变化而变化，需要经常调整，饭店内部的信息也需要随之及时更新，有的信息必须及时传递到上至董事会、总经理，下至每个员工；有的信息需要在几个特定部门内传递。信息的传递有多种实现方法，如通过Intranet可以修改饭店内部信息主页或部门信息主页内容，公司员工只要通过查询信息主页的方法，就将获得最新的信息；在Intranet上发布新闻或通过分发电子邮件的形式使个人或部门获得信息；采用群件软件，如Lotus　Notes，实现饭店公文处理自动化和无纸化，提高办公自动化的水平；利用电子邮件的功能，任何员工都可以在饭店内部网上发送和接收电子邮件，对饭店提出的合理化建议、管理意见能够及时反映到各级部门，便于上下级、员工之间的信息交换；利用“电子公告牌”功能，张贴通知，可以节省许多中间环节。

4. 充分利用饭店内外的数据资源

在饭店内部建立信息主页，是促使越来越多的企业采用Intranet的另一个因素，它的应用完全支持分布式计算战略。这时，WWW系统可以看作连接各个部门系统的工具。分布在各个部门的信息系统是整个系统的“信息次页”，企业的信息主页担任着协调各个部门的信息主页，协调访问各种数据库和其他外部资源的作用。

由于Intranet能连接到Internet上，其本身就是一个接入网络，因此对外可以提供各种信息服务，制作广告，发布产品信息，让广大用户查询企业信息，进入全球大市场，这是未来开展电子商务的基础。

# 第十二章　饭店设备管理

〔**内容提要**〕设备是饭店经营的物质基础，是确保饭店产品质量的基本条件。饭店设备种类繁多、分布广泛、功能齐全，投资额高，其运行费用是饭店经营费用的重要组成部分，因此对饭店设备必须实施综合的规范化管理。

饭店为宾客创造舒适环境是以消耗大量能源、资源，向外界环境排放大量废热、废气和废水为代价的。一家大型高层饭店的能耗量并不亚于一座大型工厂。饭店设备管理应在加强设备规范化管理的基础上紧紧围绕“节能减排、保护环境”的目标开展工作，使饭店走上绿色化的道路。

〔**学习要点**〕

- 设备的分类和特点
- 设备基础资料和完好标准
- “三好、四会、五项纪律”
- 设备日常保养的基本要求
- 设备维修方式
- 饭店的环境问题和环境管理
- 饭店的节能措施

〔**思考题**〕

1. 饭店设备的含义是什么？具有哪些特点？
2. 什么是设备综合管理？饭店设备为什么要实施综合管理？
3. 饭店设备管理要遵循哪些原则？管理的任务是什么？
4. 设备的基础管理工作主要有哪些？
5. 什么是设备的动态管理？
6. 饭店设备维护保养主要有哪几类？主要的工作有哪些？
7. 设备维修方式主要有哪些？它们分别适用于何种设备？
8. 饭店有哪些环境问题？如何做好饭店的环境管理？
9. 我们应养成哪些节约的习惯？

# 第一节 饭店设备与设备管理

## 一、饭店设备概述

### （一）设备的定义

设备工程学将设备定义为“有形固定资产的总称”，把一切列入固定资产的劳动资料如、建筑物、构筑物、机器装置、车辆、工具等都包含其中。我国企业一般认为设备是固定资产的重要组成部分，只把直接或间接参与改变劳动对象的形态和性质的物质资料称作为设备，也就是人们在生产、经营活动中所需的机器机具、机械装置、仪器仪表等可供长期使用并在使用中基本保持原有实物形态的物质资料。对于饭店来说，设备的定义包括以下三层意思：

（1）设备是饭店各部门所使用的机器、机具、仪器、仪表等物质技术装备的总称。

（2）设备具有长期、多次使用的特性，不是一次性消耗品。

（3）设备的价值形态在会计科目中列为固定资产。

### （二）饭店设备分类

饭店设备可以从不同的角度进行分类。为了便于对设备的管理，饭店可将设备按照不同的管理要求进行分类。例如：

1. 按固定资产管理的要求分类

饭店财务部门对设备的管理着重于资产管理，根据《旅游、饮食服务企业财务制度》规定，饭店固定资产分类采用经济用途和使用情况相结合的形式，饭店设备分为七大类：

（1）房屋、建筑物。

（2）机器设备。

（3）交通工具。

（4）家具设备。

（5）电器、影视设备。

（6）文体、娱乐设备。

（7）其他设备。

2. 按技术管理的要求分类

饭店设备的技术管理主要由工程部承担，因此从设备的技术管理要求出发，饭店设备可按照它们组成系统的功能不同进行分类。而根据设备在各系统中的作用不同，每个系统又可分为动力（主机）设备、传输设备和工作设备（工作设备又称末端设备）。饭店所有设备可以分为以下12个设备系统：

（1）供、配电系统。供、配电系统的构成如下：

①配电房设备。②电缆电线。③用电设备。

（2）给、排水系统。饭店给水系统由进水管、储水池、水泵、水箱和各种控制配水附件组成。如果饭店没有地下层，则排水系统仅由污水收集器、排水管组成，靠水的重力运行，无动力设备。

（3）供热系统。饭店经营需要用热水、蒸汽，饭店获得热能有两种方法：一种是直接向热电站购买蒸汽或热水；另一种就是由饭店自行生产。饭店生产热能的方法有很多种，大致分为两种类型：一类是生产热水，另一类是生产蒸汽。供热系统一般由蒸汽（或热水）锅炉、蒸汽（热水）管道和用热设备构成。

（4）空调制冷系统。空调系统是现代饭店最重要的设备系统之一。中央空调系统的取暖用热水由锅炉提供，而夏天降温则由制冷系统提供的冷冻水承担。空调制冷系统由以下设备构成：①冷水机组。②冷媒水管道。③空气处理机。

（5）通风系统。为了确保室内空气的新鲜程度，需要由风机通过风道将室内浑浊空气排出，将室外新鲜空气送入室内。通风系统分进风系统和排风系统。

（6）垂直运送系统。饭店的垂直运送系统包括电梯、自动扶梯、溜槽。电梯是饭店最主要的垂直运送设备。按驱动方式，电梯可分为钢丝绳式、油压式和螺旋式。其中钢丝绳式电梯最为普遍。

（7）通信系统。现代饭店的通信系统包括语音系统和数据宽带通信系统：①饭店的语音系统是以程控交换机为核心所组成的通信实体。程控电话系统由一台程控交换机主机、外围设备以及各用户终端组成，程控交换机向外通过中继线与电信网路（市话分局）连接。②数据宽带通信系统由电信运营商接入、数据宽带服务中心和内部网络三部分组成。

（8）音响系统。饭店音响系统按其功能的不同，可分为扩声音响系统和专业音响系统两大类：①扩声音响系统由背景音乐、客房音响和紧急广播组成。②专业音响系统又称舞台专用音响系统，包括歌舞厅、卡拉 OK 厅和多功能会议厅的音响系统。

（9）视频系统与 CATV 系统。饭店的视频系统与 CATV 系统（简称电视系统）主要是向客房和其他视频终端提供电视业务。该系统传统上称共用天线电视系统（含卫星接收系统）。电视系统由网络接入设备、前端设备、视频传输设备和用户网络接入设备以及终端设备组成。

（10）计算机管理系统。目前饭店计算机管理操作系统基本上分为三种：Novell 操作系统、UNIX 操作系统和 Windows 操作系统。饭店计算机管理系统可在这三种操作系统中运行，可选用多种大型数据库。

目前一些饭店在创建绿色饭店中，采用自动化控制系统进行客房节能管理。

客房自动化控制系统主要由计算机、系统软件构成服务器设备。一路通过与企业计算机管理系统连接进行双向通信，实现与企业各个部门计算机终端设备的数据交换、信息互通；另一路通过客房传输网络连接各个客房的终端设备，并通过该终端设备控制每一个受控制的灯光、空调等设备。

（11）消防监控报警系统。消防监控报警系统平时承担着防止火灾、排除火患、监视各部门防火安全的任务。在发生火灾的情况下，则担负着及早发现火灾现场，有效地控制火势，迅速指挥客人疏散及灭火的任务。

火灾报警主要设施是自动报警系统，自动报警系统由火灾探测器和火灾报警控制器组成。在自动报警系统中起主导作用的是火灾探测器。目前，广泛用于企业的探测器主要有烟感式探测器、温感式探测器和光感式探测器。

（12）楼宇自动化管理系统。楼宇自动管理系统的设备主要由计算机、资料收集站、测试元件和控制元件组成。与计算机配套的有打印机、记录仪和彩色显示器。

以上12个设备系统，根据它们的结构与功能的不同，又可以归纳为两大类。前六种为机电设备（俗称强电设备）；后六种为电子设备，又称信息设备（俗称弱电设备）。

3. 按设备的工作性质分类

各设备系统的工作设备数量繁多，分布于饭店的各个部门，由员工或客人使用。为便于各使用部门的管理，可将工作设备按照工作的性质分为以下设备系列：

（1）厨房设备。厨房设备包括以下四类：①烹饪加热设备。②冷冻冷藏设备。③食品加工设备。④洗涤消毒设备。

（2）洗衣设备。洗衣设备包括以下三类：①洗涤设备。②熨烫设备。③辅助设备。

（3）清洁设备。清洁设备包括以下四类：①吸尘吸水设备。②地面清洁设备。③其他清洁设备。④清洁辅助设备。

（4）娱乐设备。娱乐设备包括自动麻将桌、模拟高尔夫球机、各类电子游戏机和各类乐器。

（5）健身设备。健身设备包括组合健身器、跑步机、室内自行车、划船器、健腹机。

（6）办公设备。办公设备包括打印机、复印机、扫描仪、照相机、打卡机、点钞机、验钞机等。

（7）维修设备。工程部使用的维修设备包括以下四类：①木工机械设备。②金属加工设备。③手动/电动工具。④电气测量仪表。

（8）环保设备。环保设备主要有除尘除硫设备、油烟净化器、水处理设备、消音器、减震器等。

（9）节能设备。节能设备包括冷凝水回收设备、太阳能热水器、照明节电器、变频节电器等等。

4. 按设备在生产经营中的重要程度分类

饭店设备种类多、数量大，在管理中应抓重点，分清主次。因此可将饭店的设备按照在生产经营中的重要程度分为三类：

(1) 关键设备。饭店的关键设备是指在整个饭店经营过程中起着重要保障作用的设备。

(2) 重要设备。饭店的重要设备是指在各个生产经营部门起重要作用的设备。

(3) 普通设备。普通设备是指维修，更换比较方便，一旦损坏不会影响整个饭店经营的设备，饭店内大量的工作设备都是普通设备。

### (三) 饭店设备的特点

1. 种类繁多

现代饭店服务功能齐全，为宾客提供各种内容的服务项目，满足客人多样性需求，因此饭店设备种类繁多，而且分布在饭店各个部门。一家有五百间客房的四星级饭店就有300多种、近5000台设备。

2. 技术先进

设备设施的现代化是现代饭店的重要特点之一。现代饭店总是吸收、利用最先进的科技成果来服务于人们的生活。由于计算机技术的发展，现代饭店不仅广泛采用计算机管理，而且设备的自动化程度越来越高。例如，许多饭店的锅炉、冷水机组，甚至风柜、水泵都采用计算机技术进行自动控制。饭店的设备设施以及服务功能，一般都体现了当代社会生活中的物质文明的程度。

3. 投资额大

由于饭店对设备设施的高标准和多样化的要求，使饭店在设备设施上的投入较大，特别是一些档次较高的饭店，大量使用进口设备，使饭店的投资额进一步增加，饭店设备投资一般要占到全部固定资产投资的35%~55%。

4. 构成产品

饭店产品是由设备设施和员工服务构成的。设备设施是饭店提供服务项目的物质基础和基本条件，大部分设备设施直接构成饭店的产品，是饭店服务不可缺少的重要组成部分，所以现代饭店对设备设施的依赖性更大。设备设施的完好程度和运行状况直接反映了饭店产品的质量，体现了饭店的管理水平和饭店的档次。

5. 维持费高

饭店设备维持费用主要体现在两个方面：一是能耗大。现代饭店大多采用中央空调系统，普遍使用电器设备，照明要求高，用电量较大，一座星级饭店的耗能费用将占总营业收入的6%～18%。二是维修费用高。维修费包括对设备的维护费和修理费。由于饭店设备是饭店服务的物质基础，各部门必须加强日常的维护、保养，才能确保设备的完好有效；再加上饭店采用先进设备，特别是进口设备，而饭店本身又缺乏维修的技术力量，所以饭店在设备维修方面的支出也是很高的。

## 二、饭店设备综合管理

### （一）设备综合管理的含义

设备综合管理的观念是由英国人丹尼斯·帕克斯在1971年关于设备综合工程学的论文中提出的，设备综合管理的思想引起了国际设备管理界的普遍关注，并得到广泛传播。

饭店设备综合管理就是以饭店经营目标为依据，运用各种技术的、经济的和组织的措施，对设备从决策、采购、安装、使用、维修、改造直到报废的运动全过程进行综合的管理，以达到设备寿命周期费用最经济的管理目标。

### （二）饭店设备的寿命

饭店设备综合管理的一个重要方面是对饭店设备实施全过程管理。饭店设备的综合效益在设备决策购买时就确定了它的基本情况，所以饭店设备的管理要从决策开始，每一个环节都要搞好，即必须对设备的一生进行管理。

饭店由于自己不制造设备，所以，饭店设备的一生是指从设备的采购开始经安装调试、移交生产、正式投产、经过运行、维护保养、维修改造直到报废的全部时间。设备一生的时间即设备的寿命，称为设备寿命周期。

**（三）设备寿命周期费用**

对于饭店设备来讲，从决策采购开始到设备报废为止，称为设备的寿命周期。设备在寿命周期所花费的资金总数就称为设备寿命周期费用，饭店设备寿命周期费用包括设置费和维持费。

1. 设置费

设置费包括购置费、运输费、安装费等，也就是通常指的固定资产的原值。

2. 维持费

维持费是指设备投入运行后所需要的人工费、能耗费、维护费、修理费、保险费等费用的总和。

在设备管理中，很重要的一个指标就是追求最经济的设备寿命周期费用。

**（四）设备综合管理的任务**

饭店设备管理的主要任务是通过对设备进行综合管理，保持设备完好，不断改善和提高饭店技术装备素质，充分发挥设备效能，取得良好的投资效益。

1. 保持设备完好

要通过正确使用、精心维护、适时检修使设备保持完好状态，随时保证饭店经营的需要。饭店通过制定设备使用、维护、检修规范和设备完好的具体标准，使操作人员与维修人员有章可循，使管理人员有据可查。

2. 改善和提高技术装备素质

技术装备素质是指在技术进步的条件下，技术装备适合饭店经营和技术发展的内在品质。改善和提高技术装备素质的主要途径：一是采用技术先进的新设备替换技术陈旧的设备；二是应用新技术改造现有设备。后者通常具有投资少、时间短、见效快的优点。

3. 充分发挥设备效能

设备效能是指设备的生产效率和功能。设备效能的含义不仅包含单位时间内生产能力的大小，也包括适应各种生产的能力。

充分发挥设备效能的主要途径有：

（1）合理选用技术装备，在保证饭店服务质量的前提下，缩短生产时间，提高生产效率。

（2）通过技术改造，降低设备的能源消耗，减少故障停机和修理停歇时间，提高生产效率。

4. 取得良好的投资效益

设备投资效益是指设备一生的产出与投入之比。取得良好的设备投资效益，是提高经济效益为中心的思想在设备管理上的体现，也是设备管理的出发点和落脚点。提高设备投资效益的根本途径在于推行设备的综合管理。

## 第二节　饭店设备基础管理

### 一、饭店设备分类编号

要对设备进行有效的管理，首先要掌握设备的种类、数量和分布情况，设备的基本性能、特点，设备的基本参数、工作状态、润滑要求、寿命周期，各设备系统的构成、功能、操作、维护规程等，因此就必须认真做好设备的基础管理工作。设备的基础管理包括以下三部分的内容：对设备进行分类编号，编制完善设备管理的基础资料，制定设备动态管理制度。

#### （一）饭店设备分类方法

由于饭店设备种类繁多、分布广泛，为了便于管理，需要对所有设备进行分类编号。通过编号可以对设备进行统计分类，从编号中了解设备的属性，并为实现设备的计算机管理打下基础。设备分类编号的方法很多。根据设备的性能、用途进行分类，将所有设备分为若干大类，每一大类又分为若干分类，每分类再分为若干组。每大类、分类、每组分别用0~9的数字代号表示。

设备的大类和分类的分类方法如下：

1. 第0大类：供配电及控制设备

包括以下9个分类：0. 发电机及变压器、1. 高压配电设备、2. 高压配电控制设备、3. 低压配电设备、4. 配电控制设备、5. 电源及整流设备、6. 组合照明设备、7. 舞台照明设备、8. 电脑灯。

2. 第1大类：水暖空调设备

包括以下10个分类：0. 锅炉、1. 锅炉附属设备、2. 热交换设备、3. 中央空调电动式冷水机组、4. 中央空调热力式冷水机组、5. 空气处理设备、6. 小型空调设备、7. 空气净化设备、8. 节能设备、9. 环保设备。

3. 第2大类：机械动力设备

包括以下10个分类：0. 泵、1. 通风设备、2. 变速传动设备、3. 垂直运送设备、4. 交通运输设备、5. 工程维修设备、6. 木工机械设备、7. 电动工具、8. 工作车、9. 其他机械设备。

4. 第3大类：通信信息设备

包括以下8个分类：0. 程控电话设备、1. 无线通信设备、2. 电脑管理设备、3. 楼宇管理设备、4. 自动门设备、5. 消防报警设备、6. 保安服务设备、7. 电器测量设备。

5. 第4大类：音频视频设备

包括以下8个分类：0. 节目源设备、1. 放大控制设备、2. 音频处理设备、3. 同声传译设备、4. 卫星接收设备、5. CATV设备、6. CCTV设备、7. 节目制作设备。

6. 第5大类：厨房设备

包括以下9个分类：0. 主食加工设备、1. 肉食加工设备、2. 蔬菜加工设备、3. 饮料加工设备、4. 电热炉具、5. 燃气炉具、6. 蒸汽炉具、7. 冷藏冷冻设备、8. 食品运送设备。

7. 第6大类：洗衣清洁消毒设备

包括以下8个分类：0. 洗衣设备、1. 熨烫设备、2. 洗衣辅助设备、3. 吸尘吸水设备、4. 地面清洁设备、5. 其他清洁设备、6. 餐具清洁设备、7. 清洁消毒设备。

8. 第7大类：健身娱乐美容设备

包括以下7个分类：0. 健身设备、1. 保龄球设备、2. 桑拿洗浴设备、3. 电子游戏设备、4. 休闲设备、5. 乐器、6. 美容美发设备。

9. 第8大类：其他设备

包括以下9个分类：0. 消防设备、1. 水处理设备、2. 环保设备、3. 储水储油设备、4. 高压容器、5. 办公设备、6. 演示设备、7. 印刷设备、8. 彩扩设备。

10. 第9大类：家具及构筑物

包括以下9个分类：0. 桌子、1. 椅子、2. 沙发、3. 茶几小桌、4. 箱柜架、5. 床、6. 不锈钢家具、7. 地毯、8. 构筑物。

设备的组分类（略）。

**（二）饭店设备编号方法**

饭店设备的编号除了能表明设备的各类别以外，还应能从编号识别该设备所属系统、设备来源、安装地点以及顺序编号等。因此设备编号可分为两部分内容：

1. 基本编号

基本编号即设备类别编号加顺序号。例如：某台单级离心泵的类别编号属于2大类（机械动力设备）、第0分类（泵类）、第0组别，则该泵的类别编号为200；从固定资产台帐中查得其顺序号为3，则该台单级离心泵的基本编号为200－003。

2. 附加编号

当饭店规模较大，设备分布较广，且系统复杂时，仅用设备基本编号往往无法满足管理的需要。因此饭店可以根据具体情况增加附加编号。附加编号包括：

（1）设备系统/子系统代码。设备系统代码可以用大写字母表示，该系统中的子系统则可用小写字母表示。

（2）设备来源代码。设备来源是指进口设备、国产设备或合资企业生产的设备，标明设备来源的目的是为了有计划地采购备品备件，以及为今后进口设备国产化做决策依据。设备来源代码可用拼音的第一个字母表示。

（3）设备安装地点代码。当饭店规模较大，设备分布较广，可以增加设备安装地点的代码，一般将饭店分为各大区，再在大区中分小区（或楼层），视饭店规模大小和建筑功能可采用2～4位数字来表示安装地点。

设备附加编码的具体代码可由工程部确定，确定后要列出代码意义一览表，以便使用时对照。

3. 设备编号

据上所述，饭店设备编号的形式如下：

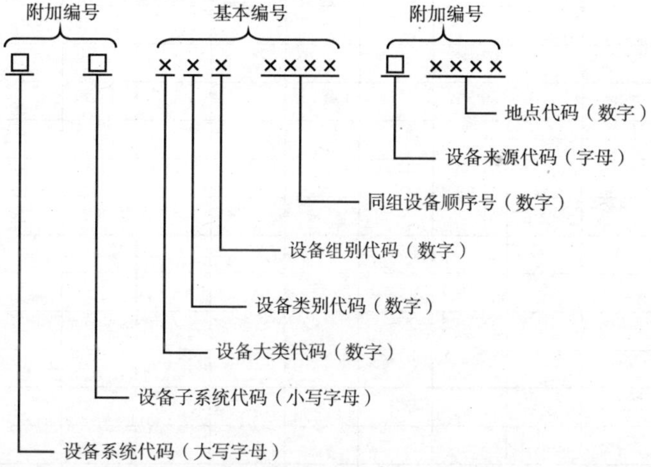


## 二、饭店设备基础资料

饭店工程部、财务部和设备的各使用部门都应根据本部门对设备管理的要求，建立和完善必要的设备管理基础资料。设备基础资料包括设备台帐、设备卡片、设备档案等。

### （一）设备分类台帐

设备台帐是各部门掌握设备概况的最基本的资料，不同的部门根据管理的需要按不同的形式编制设备台帐。

1. 固定资产分类台帐

固定资产分类台帐是由财务部按固定资产的分类方法编制使用的，主要反映了设备资产的价值和资产的变动情况。固定资产分类台帐的样表如表12－1所示。

**表12－1　固定资产分类台帐**

类别/系统部门　　　　　　　　　　　　　　　　　　第　　页共　　页

| 序号 | 设备编号 | 设备名称 | 规格型号 | 数量 | 单位 | 设备原值 | 安装地点 | 使用时间 | 折旧年限 | 卡片编号 |
|---|---|---|---|---|---|---|---|---|---|---|
| 1 | | | | | | | | | | |
| 2 | | | | | | | | | | |
| 3 | | | | | | | | | | |
| 4 | | | | | | | | | | |
| 5 | | | | | | | | | | |
| 6 | | | | | | | | | | |
| 7 | | | | | | | | | | |
| 8 | | | | | | | | | | |
| 9 | | | | | | | | | | |
| 10 | | | | | | | | | | |
| 11 | | | | | | | | | | |
| 12 | | | | | | | | | | |
| 13 | | | | | | | | | | |
| 14 | | | | | | | | | | |
| 15 | | | | | | | | | | |
| 16 | | | | | | | | | | |
| 17 | | | | | | | | | | |
| 18 | | | | | | | | | | |
| 19 | | | | | | | | | | |

填表日期：　　年　　月　　日

2. 设备系统分类台帐

设备系统分类台账是将设备按系统进行分类而编制的台帐。它反映了饭店各设备系统拥有各种类型设备的情况，各系统设备的分布情况。设备系统分类台帐可以采用固定资产分类台帐的格式。

3. 设备使用分类台帐

设备使用分类台帐是各部门按本部门拥有的设备，根据不同的用途来编制的台帐。设备使用分类台帐也可采用固定资产分类台帐的格式。

**（二）设备卡片**

设备卡片是最简明的设备档案，是设备资产的凭证。财务部、工程部及使用部门都应建立相应的设备卡片，上述部门设置设备卡片分别记录了设备的资产变动情况、技术变动情况、使用和维护要求等内容，设备卡片是搞好设备管理的基本资料。

1. 固定资产卡片

固定资产卡片由财务部设立，卡片内容侧重反映设备的价值变动情况，设备每年计提的折旧额、净值等。若固定资产采用计算机管理，则固定资产卡片可以由计算机生成。

2. 设备技术卡片

设备技术卡片由工程部设立，卡片的内容主要反映设备的基本技术参数和技术状况的变动，例如：附属设备名称、检修记录、事故记录等。

3. 设备使用卡片

为了便于设备使用部门的管理，方便查找有关资料，各部门应设置设备使用卡片。该卡片除记录设备的基本情况外，还应详细说明设备的操作（使用）规程和维护规程。这样既可加强对设备正确使用和维修的管理，又可用于部门培训员工。

4. 设备铭牌

为了使设备的账、卡、物一一对应，每台设备都应按设备的编号制作铭牌，粘贴在设备的明显部位。设备铭牌的内容包括：饭店名称、设备编号、设备出厂日期和安装日期。

### （三）饭店设备档案

设备档案是设备运动过程中和对设备运动全过程管理（包括技术管理和经济管理）所产生的所有文字、图纸、图表、照片、录像等资料的集合，它记录了设备一生的运动情况。饭店的主要设备及各设备系统都要建立技术档案，这些档案是搞好设备管理的基础和依据。饭店应成立工程设备技术档案室，专门负责管理工程设备技术档案。

工程设备技术档案的归档范围是：凡是饭店在筹建、管理、经营等各项活动中形成的，具有保存、利用价值和能作为管理依据的所有材料。它包括基建档案、设备技术资料和设备运行记录三大类。

## 三、饭店设备动态管理制度

设备的动态管理是指已投入使用的设备由于闲置、移装、调拨、借用、租赁、报废等变动情况引起设备资产的变动而进行的管理。搞好设备动态管理的关键是制定变动时的操作规范。

### （一）闲置设备的封存与处理

闲置设备是指已安装、验收、投入运行，但当前不需要用的设备。闲置设备分季节性闲置设备（如空调系统的制冷机、冷却塔、冷却水泵等）和弃用性闲置设备。弃用性设备非但不能为饭店创造价值，而且占据饭店空间，还要支付维护保养费用，成为饭店的负担。因此，对于这类设备必须及时进行处理。闲置设备的具体管理办法如下：

1. 设备封存

闲置 3 个月以上或季节性闲置的设备由使用部门填写“设备封存（启用）申请单”，样单见表 12 - 2。报送设备管理部门审核，经分管副总经理批准后原地封存。闲置设备的折旧计提由财务部门按规定办理。

2. 封存后的管理

设备被批准封存后，必须做好设备的除尘、防锈、防潮工作。封存时应切断电源、水源，并做好清洁保养工作；封存设备的零部

**表 12－2　设备封存（启用）申请单**

使用部门：　　　　　　　　　经办人：　　　　　　　　　编号：

| | | | | | |
|---|---|---|---|---|---|
| 设备编号 | | 设备名称 | | 所属部门 | |
| 原　值 | | 已提折旧 | | 存放地点 | |
| 封存理由和封存条件 | | | | | |
| 封存日期 | | 封存性质 | | | |
| 工程部意见： | | 分管经理审批意见： | | | |
| 启用理由： | | 启用日期： | | | |
| 工程部意见： | | 分管经理审批意见： | | | |
| 申请使用部门 | | 负责人： | | | |
| 闲置时间 | | | | | |

件与附件均不得移作他用，以保障设备的完整；严禁设备在露天存放。原地封存设备要定期检查油封，做好保养工作。设备封存后的管理工作由使用部门负责。

3. *设备启封*

短期或季节性闲置的设备需要运行时，使用单位持原封存单申请启封，批准后方可启封使用，使用前必须由技术人员全面检查，并进行必要的维护，同时要进行试运行，确信设备运行状态正常后，方可正式使用。

对于闲置封存一年以上或新购设备两年以上未使用而确定不需要的设备，除办好封存手续外，应填写闲置设备明细表，报分管副总经理批准，及时做出处理：或调剂、或转让、或调拨，不应长期闲置造成浪费。

## （二）设备的移装、转让和租赁

1. *设备的移装*

设备的移装是指设备在饭店内部的调动或者安装位置的移动，

凡已安装并列入固定资产的设备，使用部门不得擅自移动和调动。凡需要移装的设备必须按规定填写设备“移装调动申请单”，见表12－3，经分管副总经理批准后方可实施。

**表12－3　设备移装调动申请单**

年　　月　　日　　　　　　　　　　　　　　　　编号：

| 设备编号 | | 设备名称 | | 型号规格 | |
|---|---|---|---|---|---|
| 原安装地点 | | 所属部门 | | | |
| 移装后地点 | | 所属部门 | | | |
| 移装原因 | | | | | |
| 工程部意见：<br>负责人：　月　日 | | | 分管经理审批意见：<br>签章<br>月　日 | | |
| 移装记录<br>经办人<br>月　日 | | | | | |

2. 设备的调拨

设备的调拨是指饭店内部之间或与外企业之间设备的调拨。设备调拨分无偿调拨和有偿调拨。

（1）上级主管部门确定设备作为无偿调拨时，调出单位填写调拨设备的资产原值和已提折旧，双方办理转账和卡片转移手续。

（2）确定为有偿调拨时，通过双方协商，合理作价，按双方协议付款后办理离店手续，调出方注销资产卡片。

（3）调拨设备时，所有附件、专用工具、图册及档案等资料应一并移交给调入单位。

3. 设备的借用与租赁

设备在借用与租赁时，应由财务部统一签订“设备租赁/借用合同书”。除了双方经办人及负责人签章外，必要时合同还应由公证单位公证。

对借用的设备，借出单位照提折旧费，借入单位按月向借出单位缴纳相应的折旧金额，并负责对设备的日常维修和预防维修。

**（三）饭店设备的报废**

凡列入固定资产的设备如果要报废，必须提出申请，经过鉴定并由上级领导批准后才能处理。设备未经批准报废以前，设备使用部门不得拆卸、挪用设备的零部件。设备报废关系到固定资产的利用，必须尽量做好“挖潜、革新、改造”工作。在确实不能利用，符合下列条件之一时，可以申请报废：

（1）已超过规定的使用年限，结构陈旧，主要部件磨损破坏，已达不到最低工艺要求，无法修复利用的设备。

（2）因饭店改造，无法迁移必须拆毁的设备。

（3）因事故或其他灾害使设备遭受严重损坏无修复价值的设备。

（4）能耗超过国家标准或环境污染无法达标的设备。

（5）严重影响安全，继续使用将会引起事故或发生危险，无法修复改装的设备。

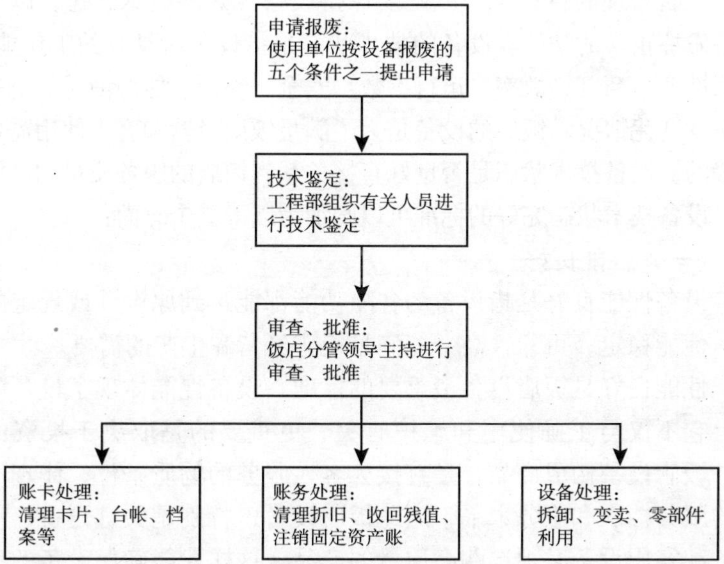


**图12－1　设备报废程序图**

工程部要定期编制设备变动情况的报表，分送有关部门，作为设备资产卡片、账目调整或注销的依据。

## 第三节 饭店设备使用和维修

设备的正确使用和维护在很大程度上决定了设备的完好程度并能延长设备的使用寿命。设备的正确使用和维护要求每一位员工都正确使用和精心维护其所使用的设备，减少设备故障，减少设备应急维修量。工程部要做好设备的计划维修，制定并严格执行管理制度，强化员工设备管理意识，对员工进行设备操作和使用的培训，加强对员工设备使用和维护的检查。

### 一、设备技术状态完好标准

设备管理的目标之一就是要保持设备良好的技术状态，以确保设备发挥正常的功能。设备的技术状态是指设备所具有的工作能力，包括性能、精度、效率、运行参数、安全、环保、能源消耗等所处的状态及变化情况。饭店的设备是为了满足饭店经营和客人使用需要而配置的。设备技术状态是否良好直接关系到饭店的服务质量和经济效益。设备技术状态完好的标准可以归纳为以下三个方面：

#### （一）性能良好

设备性能良好是指设备的各项功能都能达到原设计或规定的标准，性能稳定，可靠性高，能满足饭店经营和生产的需要。

性能良好是饭店设备最重要的标准。设备性能体现了设备的质量，它不仅与正确使用和维护有关，更重要的是取决于投资的决策。饭店设备构成商品，是直接为客人服务的物质条件，体现了饭店的服务档次和服务水平，因此饭店设备，特别是关键设备、重要设备和客用设备必须选购高质量的产品，这样才能确保设备的良好性能。

### （二）运行正常

运行正常是指设备零部件齐全，安全防护装置良好；磨损、腐蚀程度都符合规定的技术标准；控制系统、计量仪器、仪表和润滑系统工作正常，安全可靠，设备运行正常。

性能良好、质量上乘的设备是运行正常的基本条件，但高质量的设备必须在规定的使用条件和环境条件下，才能运行正常。因此正确的使用是确保设备正常运行的重要条件。

### （三）耗能正常

耗能正常是指设备在运行过程中，无跑电、冒汽、漏油、滴水现象。要使设备耗能正常，就应认真做好日常的维护保养工作，及时更换磨损零部件，定时进行润滑，确保设备在良好的环境下运行。

凡不符合上述三项要求的设备，不能称为完好设备。设备完好的具体标准，应能对其做出定量分析和评价，由主管部门根据各设备的具体情况制定，并作为检查饭店设备完好的统一尺度。

## 二、饭店设备使用

设备在额定负荷下运行并发挥其规定功能的过程，即为使用过程。设备在使用过程中，由于受到各种力的作用和环境条件、使用方法、工作规范、工作时间等影响，其技术状态发生变化而逐渐降低工作能力。设备操作者直接接触设备，感受设备工作能力的变化，因此，控制技术状态变化和延缓设备工作能力下降的关键是正确使用设备。而这除了应创造适合设备工作的环境条件外，还需要正确的操作方法、合理的工作规范、设备维护的方法要求等措施，这些措施都要由设备操作者来执行。

### （一）部门做到“三好”

各个部门对设备都要做到“三好”，即：管好设备、用好设备、保养好设备。

#### 1. 管好设备

管理设备的原则是：谁使用，谁负责管理。每个部门都有责任管理好本部门所使用的设备，做到设备台帐齐全，设备账卡清楚，设备使用规范和维护规范完善，不得违反规定随意使用设备。每一台设备都要有专人负责。

2. 用好设备

所有使用设备的员工都必须严格按照规范进行操作和维护，不得超负荷使用设备，禁止不文明操作。未经培训的员工不得单独操作设备。

3. 保养好设备

设备的使用人员在使用完设备或下班前，必须对设备进行保养。对于一般设备，日常保养就是清洁、除灰、去污。设备保养还包括由工程部专业人员进行的定期保养。各部门要配合工程部实施定期保养计划。

**（二）员工做到“四会”**

对设备操作人员来讲，都应达到以下“四会”的要求。

1. 会使用

操作人员必须熟悉设备的用途和基本原理，熟悉设备的性能要求，熟练掌握设备的操作规程，正确使用设备。

2. 会维护

操作人员要掌握设备的维护保养要求，能正确实施对设备的维护保养，做到整齐、清洁、润滑、安全、完好五项要求。

3. 会检查

设备管理责任人应了解所负责管理的设备的结构、性能和特点，能检查设备的完好情况。饭店各机房运行值班员要掌握设备易损件的部位，熟悉日常点检检查项目、标准和方法，并能按规定要求进行点检。

4. 会排除一般故障

工程部员工及其他部门的重要设备的管理责任人，要掌握所用设备的特性，能鉴别设备的正常与异常，了解拆装的方法，会做一般的调整和简单的故障排除，不能解决的问题应及时报告，并协同维修人员进行检修。

### （三）重点设备操作人员的五项纪律

重点设备是指饭店的关键设备和重要设备，重点设备是在酒店或部门的经营中起重要作用的设备，重点设备的操作人员必须遵守以下五项规律：

（1）实行定人定机，凭证操作制度，严格遵守安全技术操作规程。

（2）经常保持设备的清洁，按规定加油润滑，做到没完成润滑工作不开机，没完成清洁工作不下班。

（3）认真执行交接班制度，做好交接班记录和运转台时记录。

（4）管理好工具、附件，不能遗失及损坏。

（5）不准在设备运行时离开岗位，发现异常的声音和故障应及时停车检查，不能处理的故障要及时通知维修工人检修。

## 三、饭店设备维护保养

设备的维护保养是操作人员为了保持设备正常技术状态，延长使用寿命所必须进行的日常工作，设备的维护保养是设备管理中的重要内容。设备维护工作做好了，可以减少设备故障，从而节约维修费用，降低成本，保证服务质量，提高饭店声誉，给饭店和员工带来一定的经济效益。

### （一）设备维护保养的类别和内容

设备维护保养分两个层次：一是设备的日常维护保养，二是设备的定期维护保养。

#### 1. 日常维护的基本要求

设备的日常维护一般由设备使用人员进行，日常维护应达到以下五项基本要求：

（1）整齐。整齐体现了饭店的管理水平和工作效率。饭店内所有非固定安装的设备和机房里的物品都必须摆放整齐；设备的工具、工件、附件也要放置整齐；设备的零部件及安全防护装置齐全；设备的各种标牌完善、干净；各种线路、管道完好无损。

（2）清洁。设备的清洁是为设备的正常运行创造一个良好的环境，以减少设备的磨损。因此，必须保持机房内设备周围的场地清洁，不起灰、无积油、无积水、无杂物。设备外表清洁，铁无锈斑，漆显光泽，各滑动面无油污。

（3）润滑。润滑是确保设备摩擦部件正常运行，防止磨损的重要措施，润滑工作是设备维护最重要的内容。在对设备进行维护时要保持油标醒目，保持油箱、油池和冷却箱的清洁，无杂质。油壶、油孔、油杯、油嘴齐全，油路畅通。每台需要润滑的设备都应制定润滑的"五定"规范：定点、定质、定量、定时、定人加油或换油。

（4）安全。遵守设备的操作规程和安全技术规程，防止人身和设备事故。电气线路接地要可靠，绝缘性能良好。限位开关、挡块均应灵敏可靠。信号仪表要指示正确，表面要干净、清晰。

（5）完好。设备的完好，能正常发挥功能，各部位无"跑、冒、滴、漏"现象，是设备正确使用和精心维护的结果，也是设备管理的目标之一。

2. 每班保养

设备的每班保养要求操作人员在每班工作中必须做到以下几项内容：

（1）班前对设备的各部分进行检查，并按规定加油润滑。

（2）做好班前检点，确认设备正常后才能使用。

（3）按设备操作、维护规范正确使用设备。

（4）下班前必须认真清洁、擦拭设备。

（5）办好交接班手续。

3. 周末保养

周末保养要求用 1 ~ 2 小时对设备进行彻底清洁、擦拭和加油，并按照设备日常维护的基本要求进行检查评定及考核。

4. 定期维护保养

设备的定期维护保养主要针对的是重要的机电设备，是工程部以计划的形式下达的任务，由维修工实施，使用部门配合完成。定期维护的间隔时间视设备的结构情况和运行情况而定。设备的定期维护保养根据保养工作的深度、广度和工作量可分为一级保养和二级保养。二级保养的工作量比一级保养要大得多。

5. 一级保养

一级保养简称“一保”，是指设备除日常保养外，所进行的设备内部的清洗，清通油路，调整配合间隙，紧固有关部位及对有关部位进行必要的检查。一保工作具有一定的技术要求，一般由维修工进行，但也可以在维修工的指导下，由熟练操作工完成。

6. 二级保养

二级保养简称“二保”。二保的作业内容除了一保的全部作业外，还要对设备进行局部解体检查，清洗换油，修理或更换磨损零部件，排除异常情况和故障，恢复局部工作精度，检查并修理电气系统等。二保的工作量比一保大得多，并具有修理的性质，主要由专职维修工人承担。

**（二）设备的润滑**

设备的润滑是指向机械设备零部件的摩擦表面供给适当的润滑油，以减少相互间的磨损，减低零部件的损坏率，使设备经常处于良好的技术状态。因此，搞好设备的润滑工作具有重要作用。设备的润滑工作首先要做好调查研究和资料的收集等基础工作。基础工作的内容包括了解设备的润滑部位，所用的润滑油、润滑脂的名称、牌号，制定换油周期和消耗定量，每台重要设备设立润滑卡片。设备润滑管理要按照以下“五定”的要求进行管理。

1. 定点

定点是指根据设备的润滑部位、润滑点和润滑装置（油标、油槽、油泵等）的位置和数量，进行加油和换油，并要熟悉润滑装置的结构、作用和润滑方法。润滑部位上的各种润滑装置要做到完好、清洁。

2. 定质

定质是指对设备的不同部位，选择设备说明书所规定的牌号的润滑油。由于不同的润滑油有不同的性能和特点，它们的用途各不相同，而设备的不同部位对润滑油的要求是不同的，所以各润滑点都要按规定的要求使用规定的润滑油。油料保管要保持洁净，防止杂物混入。非原包装润滑油，使用前要经过过滤。

3. 定量

定量是指在加润滑油的时候，要按规定的量加入。因为油量过多，就会漏油，不仅浪费油料，而且影响设备的保养和环境卫生；如油量不足，会造成润滑不良，产生拉痕、研伤等不良后果。

4. 定期

定期是指要按规定的时间加润滑油。不同设备、同一设备不同润滑点都有不同的加油周期，有的需要每班加油，有的可以每周加一次，可以根据设备使用说明中的要求，明确加润滑油的周期，并按规定的时间加油。

5. 定人

定人指各部门设备的管理润滑工作都应由专人负责。

## 四、饭店设备使用维护制度

### （一）设备管理岗位职责

设备管理是饭店管理中的一个重要内容，所以每一个管理者都负有对设备的管理职责。不同岗位的管理者对设备管理的职责是不同的。通过对设备管理岗位职责的制定，明确设备管理的内容和要求，强化部门的设备管理。设备的使用应实行岗位责任制，凡由固定人员操作的设备，该员工即为该设备的责任人；由多人操作的设备，则指定一人为该设备的责任人。设备管理的责任人必须对设备的完好负责，必须掌握设备的正确的使用方法和维护方法，能发现设备的异常情况，负责设备出故障时的报修，负责指导其他员工正确使用设备。

### （二）设备使用程序

（1）每台设备必须编写操作（使用）和维护规范，作为正确使用维护的依据。

（2）在使用任何一台新设备或新员工独立操作以前，必须对员工进行设备的结构性能、安全操作、维护要求等方面的技术知识和实际操作培训。

(3) 重要设备的操作工经过技术培训后，要进行技术知识和使用维护知识的考试，合格者方能独立使用或操作设备。

**(三) 设备的操作和维护规程**

设备的操作维护规范是设备操作人员正确掌握设备的操作技能与维护方法的技术规范。它根据设备的结构特点、运行规律及安全运行的要求，规定设备的操作人员在其全部的操作过程中必须遵守的事项、程序及操作要领。操作人员应认真执行设备的操作、维护规范，以保证设备的正常运行，减少故障，防止事故发生。设备操作规范的编制方法主要有：

(1) 设备的操作规范要按设备的操作程序分条编排，内容要精练，重点要突出，使操作者易懂易记，全面实用。

(2) 设备操作规范应以设备操作技术要求为基础，结合实际情况，将设备的操作流程、运行特点、注意事项和维护要求分别列出。

(3) 重要设备的操作要领可以在设备旁标出，提醒操作者特别注意。

(4) 工程部所管辖的动力设备必须制定详细的运行操作规范，设备的操作员要求严格执行运行操作规范，以减少故障，防止事故的发生。各机房还要制定相应的机房管理制度以加强管理，规范机房值班人员的行为，提高设备的运行效率。设备机房的规章制度主要有：机房值班制度；凭证操作制度；交接班制度；巡回检查制度；清洁卫生制度；安全保卫制度；操作规程；维护规程；安全技术规程。

## 五、饭店设备维修

**(一) 设备的维修方式**

饭店设备的维修主要有三种方式：事后维修、预防维修、改善维修。每种维修方式都有其适用范围。工程部根据各种设备的特点及使用条件，选择最适合的维修方式，以达到效率高、费用少的效果。

1. 事后维修

在设备发生故障后或性能、精度降低到合格水平以下时所进行的修理称为事后维修，也就是设备坏了以后再进行修理。这种修理方式适用于利用率低、维修技术简单、能及时提供备用机、实行预防性维修在经济上不合算的设备。如：客房内的换气扇、洁具水嘴、照明灯具等，都可以采用事后维修的方式。如果设备发生缺陷和故障会影响服务质量，就必须及时修复。

2. 预防维修

“预防为主”是饭店设备维修管理工作的重要方针，对设备进行预防维修是贯彻这一方针的重要工作。预防维修有两种方法，即定期维修和预知性维修。

（1）定期维修。定期维修是按事先规定的计划和相应的技术要求所进行的维修活动，是一种以时间为基础的预防性维修方法。它具有对设备进行周期性修理的特点，根据设备磨损规律，事先确定修理的类别、修理的周期，制定修理的工艺，确定工作量、提出维修所需要的备件、材料计划。由于定期维修是根据维修计划进行的，所以这种维修又称为计划维修。定期维修适用于已掌握了磨损规律的设备。例如，锅炉、水泵、风机、各类电动机及部分机械设备。对以上设备除了吸收其他单位同类型设备的定期维修经验和参考该设备的使用说明书外，应重视探索本饭店设备的特点，制定出符合本饭店实际情况的修理周期结构，并在实践中不断完善。

（2）预知性维修。预知性维修是一种以设备技术状态为基础的预防性维修方法。它是根据设备的日常点检、定期检查、状态监测和诊断提供的信息，经统计分析、处理，来判断设备的劣化程度，并在故障发生前有计划地进行针对性的维修。由于这种维修方法对设备适时地、有针对性地进行维修，不但能保证设备经常处于完好状态，而且能充分利用零件的寿命，所以比定期维修更为合理。

（3）万能工维修制度。在对客房设备的维修形式的分析中发现，无论报修还是检修，都存在维修人员多、总体工作效率低的问题。不少饭店针对上述问题，采用万能工制。这是一种以维修工对客房定期检查维护修理为主，应急维修为辅的一种特定的维修方式。由于该维修工要掌握客房内所有设备设施的基本维修技能，所以称为万能工。万能工最早是由美国假日饭店管理集团设置的一个特有的工种，万能工的任务就是对客房所有设备设施有计划的循环检查维修。根据饭店档次的不同，客房维修的周期有三个月，也有四个月的，每个万能工的维修定额一般为每天3～4间客房。万能工除了按计划对客房进行检查外，还要承担所负责区域的其他应急维修任务。当发现客房某设备设施损坏严重，一时无法维修，则由万能工填写报修单，由工程部另派员维修。

3. 改善维修

只按原设计结构和技术要求对设备进行的维修，往往不能从根本上改善和提高设备性能。特别是对一些性能先天不足的设备，仅进行一般性的维修，是无法改善和提高设备的功能的。因此，在条件许可的情况下，可以对设备进行改善维修，即为了消除设备的先天性缺陷或频发故障，对设备的局部结构或零件的设计通过修理加以改进，以提高其可靠性。这也是预防维修的一项重要内容。

**（二）设备的修理类别**

设备的修理类别是根据修理的内容和要求以及工作量的大小，对设备修理工作的划分。修理类别分为小修、项修、大修。

1. 小修

设备的小修是工作量最小的一种修理。小修又可称为定期保养，根据保养的工作量大小，定期保养又分为一级保养和二级保养，见本章第三节三。

2. 项修

项修即项目修理。项修是根据设备的实际情况，对状态劣化已达不到生产要求的项目，按实际需要进行针对性的修理。项修时，一般要进行部分的拆卸、检查、更换或修复失效的零部件，从而恢复所修部分的性能和精度。

# 第四节 饭店环境管理

环境管理是饭店管理中新的理念，它以环境保护为出发点，调整饭店的发展战略、经营理念、管理模式、服务方式；实施清洁生产，提供符合人体安全、健康、环保要求的产品，并引导社会公众的节约和环境意识、改变传统的消费观念、倡导“绿色”消费。同时，在经营过程中节约能源、资源、减少排放、预防环境污染，并不断提高产品质量。为了提高环境管理意识，一些饭店导入了ISO14001环境管理体系标准，许多饭店开展创建绿色饭店活动。绿色饭店是环境管理的一个方向、一个目标，是一个不断发展的概念。绿色饭店定义为：以可持续发展为理念，坚持清洁生产，倡导绿色消费，保护生态环境的饭店。绿色饭店的设备管理也就是要在加强设备规范化管理的基础上紧紧围绕“节能减排、保护环境”的目标开展工作，使饭店走上绿色化的道路。

## 一、饭店的环境问题

20年前的观念认为旅游业是无烟工业，饭店业是高投入，高产出的赢利行业。其实不然，从我国现代饭店发展近30年的情况来看，饭店是一个微利行业已是事实；饭店有诸多的环境问题：资源消耗大，垃圾量大，废气、废水排放不达标……已被越来越多的业内人士认同。

### （一）能源消耗

现代饭店的经营服务一刻也离不开能源。据统计，20世纪90年代，我国饭店能耗费用要占饭店经营总费用的8%～20%，一座大型的高层饭店的耗能量相当于一个大型工厂的耗能量，现在许多城市已将大、中型饭店计入重点用能单位之列。

饭店除了经营的特点需要耗用大量的能源外，还有一个用能量大的原因是：能源利用率不高，浪费较大。根据浙江省能源监测中心对浙江儿家典型饭店用能情况的监测结果，大多数饭店的能源利用率的指标都没有达到先进水平，具体表现在以下几个方面：

1. 建筑设计不合理

主要指建筑设计和设备的系统设计不合理，造成饭店能耗增加。例如大堂的空间过大，能源中心离主体建筑过远；中央空调通风管道的走向和分路方式不合理等。这些因素饭店一时难以解决，但应认真总结，提供给设计单位参考，以免在设计新饭店时重蹈覆辙。

2. 设备配置不合理

最突出的问题是设计容量过大，典型的例子是空调系统设备的选型和配置，往往造成大马拉小车的现象，使设备长期在负荷不足的情况下运行，浪费大量的能源。

3. 计量系统不完善

这也是许多饭店普遍存在的问题：一家饭店只装有一只电表，一只水表，水表装得还不便于查抄数字。管理者也没有利用它们来分析饭店每日的能耗情况，仅仅为每个月交纳电费和水费而查看数字。同样，很少有饭店在锅炉蒸汽管道上安装蒸汽流量表。

4. 不重视设备的经济运行

设备的经济运行主要是指能源设备的运行效率。能源设备的运行方式，应该与天气情况、客人数量、活动内容相关联，应随时根据上述因素的变化而变化。但很多饭店并没有这样做，造成能源的浪费。有的饭店冷凝水没有回收，使得冷凝水中的热量白白浪费。

5. 设备维修不及时

在饭店的后勤部门经常会发现以下情况：蒸汽阀门冒气，水管漏水，自来水龙头拧不紧；冷、热水管道保温层破损，用汽设备的进气端没有包裹保温材料等等，造成多点跑冒滴漏现象，使大量的热量（冷量）损失；多年没有检查热水管道系统，换热器管道内外壁的结垢、腐蚀情况，不了解设备系统存在的参数故障，不能掌握重要设备系统的运行效率。

6. 员工节能意识差

员工节能意识不强，表现在不随手关灯、不随手关水龙头；下班后办公室不关电脑、不关空调；厨房工作结束后没有及时关排风机；设备故障没有及时报修；冰冻食品解冻方式不当，效率低，耗水量大；对在日常生产经营中的如何开展节能工作不重视，节能措施没能深入研究。

**（二）污染环境**

饭店在生产、经营过程中对环境的影响体现在以下方面。

1. 废气排放

饭店在经营过程中会产生以下废气的排放。

（1）锅炉烟气。燃煤锅炉产生的烟气中含有粉尘、二氧化碳和二氧化硫，燃油锅炉排放的烟气主要是二氧化碳和氮氧化物。粉尘污染空气；二氧化碳是温室气体，是造成地球温度升高的物质之一；二氧化硫则是形成酸雨的主要物质；氮氧化物在阳光作用下发生化学反应，生成臭氧，它和大气中的其他成分结合就形成光化学烟雾。

（2）厨房油烟。厨房排放的油烟内含有多种有毒有害物质，包括苯并芘、一氧化碳、可吸入颗粒物、氮氧化物等。其中苯并芘可导致人体细胞染色体的损伤，诱发肺脏组织癌变。此外，油烟对肠道、大脑神经的危害也较为明显。

（3）汽车尾气。汽车尾气污染物主要包括：一氧化碳、碳氢化合物、氮氧化物、二氧化硫、烟尘微粒（某些重金属化合物、铅化合物、黑烟及油雾）、臭气（甲醛等）。汽车尾气最主要的危害是形成光化学烟雾，同时汽车尾气产生的有毒有害物质会严重影响人体健康，汽车尾气可谓是大气污染的“元凶”。

2. 废水排放

饭店在生产、服务过程中会产生以下废水。

（1）生活废水。生活废水包括生活污水（粪便）和生活废水（洗澡、洗脸用水）。

（2）厨房废水。厨房废水中含有大量的油脂，油脂将会造成地面水体的污染。

（3）洗衣房废水。洗衣房废水中含有大量的洗涤剂，洗涤剂中的磷将会造成地表水的富营养化。

（4）其他废水。其他废水是指设备排污时排出的废水（包括锅炉、离子交换器、水处理设备的排污）。

清洗地面、车辆的废水。这些废水中主要含固体颗粒物和油脂，造成地面水体的污染。

3. 垃圾排放

由于饭店的经营特点，饭店人均垃圾排放量要比城市居民多5～10倍，饭店产生的垃圾可分为以下几类。

（1）可回收物。从物资循环使用的角度来看，垃圾是放错地方的资源，理论上讲是没有无法利用的垃圾的，因此只要有回收部门回收的物品都应收集起来回收利用。

（2）生活垃圾。暂时无法回收利用的垃圾只能送交环卫部门处理，但应将干、湿垃圾分开存放。为了防止湿垃圾（主要是厨房垃圾和泔水）腐烂发臭、滋生蚊蝇，湿垃圾房内应装有强紫外线灯杀菌，或者装有空调机，保持湿垃圾房内温度在12℃以下。

（3）危险固体废弃物。危险固体废物简称危险废物，又称有害废物。危险废物往往具有易燃性、腐蚀性、反应性、传染性、毒害性和放射性等特性。饭店的危险废物包括：废化工材料及其包装容器、废塑料桶、废油漆桶、废油桶、废灭火器、废彩条布、废PVC管、废石棉类材料、废玻璃丝布、废工业棉纱、油手套、废铝箔纸、废化工涂料、废胶类、废安全网、废尼龙绳、废化学品类，复印机废墨盒和废粉、打印机废硒鼓、废色带、废电池、废磁盘、废计算器、废日光灯、废涂改液瓶等。

（4）噪声排放。饭店的设备设施在运行过程中会产生噪声，影响外界的噪声源主要是锅炉房、冷却水塔、风机排风口。室内影响客人的噪声源主要有新风机、风机盘管、换气扇和抽水马桶等。

## 二、控制环境问题的对策

### （一）建立环境管理机制

要开展环境管理，首先要建立管理机制，明确各级领导的环境管理职责，并要成立或指定某一职能部门归口管理环境问题。环境管理的内容可分为三个方面：第一方面是技术节能和污染治理，主要由工程部承担；第二方面是节能降耗、降低经营成本，这涉及饭店的每一个部门；第三方面则是开展绿色服务活动，包括设置绿色客房、供应绿色食品、倡导绿色消费，这方面的工作与销售部、采购部、客房部和餐饮部关系密切。环境管理是涉及饭店所有部门、要全体员工参加的管理，因此，必须要建立环境管理机制，由饭店领导具体分管，各项管理工作都要配有专人负责。本节仅仅讨论第一、第二两方面的内容，它们包括：评估饭店环境问题现状，确立环境目标和指标，制订环境管理方案，落实管理措施，编制环境管理文件，监督环境管理文件的实施，评审环境管理绩效等。

**（二）完善计量体系**

要能客观地评估饭店环境问题，掌握能源消耗现状，有效开展能源管理工作，最基本的要求就是在饭店各部门、各分支系统安装电表、水表。有可能的话，增设水表、电表遥控抄表系统。

分、支路计量表安装使用后，要建立计量管理制度，规定抄表的人员、时间，并且要对各部门能源消耗情况进行分析，发现异常情况要立即追查原因，及时提出解决问题的具体措施。

**（三）评估环境问题现状**

饭店要组织以工程部为主，其他部门配合的环境问题评估小组，对饭店主要的环境问题进行全面的评估，评估的主要环境问题和内容如下：

1. 评估的环境问题

饭店的主要环境问题包括能源使用与废弃物排放两大类：

（1）电力使用情况。

（2）锅炉燃料（或城市热能）使用情况。

（3）水（包括自来水、热水和温泉）使用情况。

（4）其他能源（指厨房烹饪用燃料）使用情况。

（5）废气（包括锅炉烟气、厨房油烟、汽车尾气）排放情况。

（6）废水（包括厨房废水、洗衣房废水和其他废水）排放情况。

（7）垃圾（特别是固体废弃物）处理情况。

2. 评估的主要内容

对上述环境问题的评估都要包括以下内容：

（1）各环境问题的实际情况（要量化）。

（2）与先进指标的差距（指能源使用）。

（3）与国家标准的差距（指废弃物排放）。

**（四）编制环境管理方案**

在全面了解了本饭店的能源使用、环境污染情况后，根据饭店的总体方针，制定饭店的环境目标和指标、环境管理方案和环境管理制度。

1. 环境目标和指标

环境目标是指饭店在一年之内节能减排方面要达到的目标。环境目标要量化，例如：一年内要节约多少度电、节约多少吨水。饭店的环境目标还要分解到下属各部门作为环境指标。各部门要把一年的能耗指标再分配到每个月，并对每月的能源消耗进行评估和分析，不断提高完成指标的能力。

2. 环境管理方案

为了实现饭店的环境目标和各部门的环境指标，饭店要根据实际情况制订切实可行的环境管理方案。例如：增装支路电表，冷却水泵安装变频器，安装太阳能热水器，各厨房炉灶安装电子式油烟过滤器等。环境管理方案应包括以下内容：

（1）主管部门及责任人。

（2）配合部门及责任人。

（3）财务预算。

（4）项目的必要性（为什么要实施本项目）。

（5）项目的可行性（具体方案和措施）。

（6）项目的实施计划（包括进度表、用款计划、配合要求）。

（7）方案制订、审核、批准。

3. 环境管理制度

为了切实贯彻“节能减排，防治污染”的方针，饭店还应制定一整套的环境管理制度，以确保各方案实施的预期效果。环境管理制度主要有：

（1）能源计量管理制度。包括计量仪表的管理、计量记录规范、能源消耗统计制度。

（2）饭店能源使用管理制度。包括对水、电、煤、油、煤气等的运送、使用管理、节能指标和检查、考核办法。

（3）各部门能源管理制度。根据本部门耗能的实际情况，制定部门能源管理制度。

（4）设备经济运行管理制度。包括对锅炉、中央空调系统、水泵房经济运行的管理及照明用电的管理。

## 三、饭店节能措施

### （一）提高员工的节能意识

1. 节能的定义

节能是指在不增加其他资源投入而满足相同需求或达到相同目的的条件，采取技术上可行，经济上合理，社会能够接受，环境所允许的一切管理和技术的措施，提高能源利用效率，从而保证饭店不断发展，产品质量相应提高情况下，尽可能减少能源需求的增长。

2. 节能意识的培训

一个饭店节能工作做得好不好的关键在于员工的节能意识强不强，而员工的节能意识体现在员工日常生产、工作和服务的习惯之中，例如：随手关灯，洗手时水龙头开得适中，纸张双面使用等。要使员工养成良好的节约习惯，首先要抓好对员工节能意识的培训，要充分利用职工园地、店报店刊、各种会议等形式，对员工进行节约意识的培训。

### （二）工程部的节能措施

1. 提高动能设备的工作效率

饭店主要动力设备系统，如锅炉供热系统、空调制冷系统的运行模式与负荷要求有密切的关系，也就是设备的运行状况要与当时的天气温度、客源状况，各生产场所的工作状态相适应。而根据负荷及时改变动力设备系统的运行模式，将会收到相当好的经济效果。除此以外，提高锅炉系统、空调系统运行效率还分别有以下措施：

（1）提高锅炉系统效率的措施。

①提高蒸汽压力，确保生产干蒸汽。

②及时排除蒸汽管道中的冷凝水。

③及时排除蒸汽管道中的空气。

④确保用气设备降压使用蒸汽。

⑤当某一用气设备停用时，要立即关闭进气总阀。

⑥确保所有蒸汽管道、容器绝热保温层完好。

⑦定期清理换热器的蒸汽管内外表面。

（2）提高空调系统效率的措施。

①每天根据当天气温、客源情况确定空调系统的运行方案。

②采用有效的水处理技术，切实做到在空调水系统内防腐、阻垢、控制微生物。

③定期清洗系统管道，确保管道畅通。

④做好保温层的防护工作。

⑤定期清洗空调系统末端装置过滤网和换热气翅片上粘附的灰尘。

2. 提高设备维修效率

（1）掌握重要设备的故障规律，合理制订并按期实施维修计划。

（2）在客房及公共区域实施万能工机制。

（3）合理储备常用备品备件。

**（三）其他部门节能措施**

1. 厨房节能措施

（1）执行设备专人负责制，每台设备责任到人。

（2）制作食品解冻箱，规定食品解冻方法。

（3）制定冷库、冷柜使用规范。

（4）制定厨房节电节水制度。

2. 客房部节能措施

（1）制定清洁剂（洗涤剂）使用定额标准。

（2）制定客房消耗品消耗定额标准。

（3）采取减少客房棉织品洗涤次数的措施。

（4）严格执行洗衣机的定量洗涤规定。

（5）正确使用，认真维护清洁设备。

### （四）员工环保行为规范

1. 节约用电

（1）行政办公室：随手关灯。

（2）公共场所：按规定时间开关灯。

（3）专用场所：按规定要求开关灯。

（4）不让设备无效运行（不使设备空转）。

（5）节用电器，及时关闭电脑及各电器设备。

2. 节约用水

（1）用水时，水龙头能开小，不开大。

（2）用水毕，立即关闭水龙头。

（3）不用长流水洗涤物品（用盆接水）。

（4）提前将冰冻食品解冻（合理用水解冻）。

3. 节约资源

（1）珍惜纸张，正反面使用，多用再生纸，不用纸质贺年片。

（2）节约粮食，适量点菜；剩菜打包，剩酒代存。

4. 保护水源

（1）尽量减少油脂排入下水道。

（2）尽量用肥皂，少用清洁剂，不用含磷洗衣粉。

（3）不向水体倾倒垃圾，废弃物。

5. 保护环境

（1）废电池集中存放，统一处理。

（2）不用木质一次性筷子，少用一次性物品。

（3）购物自备布袋子、菜篮子，不用不可降解的塑料制品。

（4）保护野生动物，拒食以野生动物制作的食品、拒用以野生动物制作的用品。

（5）无污染旅游，除了脚印，什么也别留下；除了记忆，什么也别带走。

# 参 考 文 献

1. 包伟英. 旅馆前厅运转与管理. 科学技术文献出版社，1991
2. 柴国才. 市场经济与创造性思维概论. 中国经济出版社，2000
3. 财政部会计司. 企业会计制度讲解. 中国财政经济出版社，2001
4. 邸德海. 旅游企业计算机管理应用. 高等教育出版社，1997
5. 谷慧敏. 世界著名饭店集团管理精要. 辽宁科学技术出版社，2001
6. 何建民. 现代宾馆管理原理与实务. 上海外语教育出版社，1994
7. 何建民. 现代酒店管理经典. 辽宁科学技术出版社，1996
8. 黄浏英，陈志学，刘卫. 饭店形象设计与策划：CIS. 中国旅游出版社，1997
9. 蒋丁新. 旅游饭店管理概论. 高等教育出版社，1998
10. 蒋丁新. 饭店管理. 高等教育出版社，2004
11. 蒋一飘. 现代酒店服务管理概论. 东方出版中心，1999
12. 匡致远，樊五勇. 服务营销. 广东经济出版社，1999
13. 罗伯特·卡普兰，戴维·诺顿. 公司绩效测评. 中国人民大学出版社，2001
14. 斯蒂芬·罗宾斯. 管理学基础. 机械工业出版社，1998
15. 黎 洁，赵文红. 旅游企业经营战略管理. 中国旅游出版社，2000
16. 陆均良. 旅游饭店信息管理与计算机应用. 浙江摄影出版社，1998
17. 吕建中，郭振刚，金虎儿. 旅游饭店餐饮管理. 浙江摄影出版社，1991
18. 罗明义，仇学琴. 旅游饭店经营管理. 云南大学出版社，1997
19. 梁 颖. 娱乐设施经营管理. 浙江摄影出版社，1998
20. 浦德欣. 饭店质量管理. 江苏人民出版社，1999
21. 饶 勇. 现代饭店营销创新500例. 广东旅游出版社，2000
22. 汪纯孝，蔡浩然. 服务营销与服务质量管理. 中山大学出版社，1996

23. 王大悟．酒店实用服务学．燕山出版社，1994

24. 王大悟，魏小安．新编旅游经济学．上海人民出版社，1998

25. 王大悟．21 世纪饭店发展趋势．华夏出版社，1999

26. 翁钢民等．现代饭店管理——理论、方法与案例．南开大学出版社，2004

27. 吴　慧，黄勋敬．现代酒店人力资源管理与开发．广东旅游出版社，2005

28. 王继承等．人事测评技术．广东经济出版社，2001

29. 王仁兴．中国旅馆史话．中国旅游出版社，1984

30. 王文哲，路念明．呼唤消费经济．山东人民出版社，2000

31. 吴中祥．现代饭店管理技术学，上海人民出版社，2002

32. 邢以群．管理学．浙江大学出版社，2005

33. 余炳炎．现代饭店管理．上海人民出版社，1996

34. 余昌国．旅游人力资源开发．中国旅游出版社，2003

35. 袁富山．饭店设备管理．南开大学出版社，2001

36. 袁　坤．哈佛人才管理学．中国三峡出版社，2000

37. 余凯成．人力资源管理．大连理工大学出版社，2001

38. 朱　超．现代饭店营销管理．上海人民出版社，1992

39. 中华人民共和国财政部．企业会计制度·2001．经济科学出版社，2001

40. 张　莹．如何进行职业生涯规划与管理．北京大学出版社，2004

41. 张诗哲．现代酒店经营管理．广东高等教育出版社，1999

42. 庄玉海．现代旅游饭店全面质量管理．海天出版社，1996

43. 邹益民．旅游经济（饭店管理）专业知识与实务．中国人事出版社，2000

44. 邹益民．酒店整体管理原理与实务．清华大学出版社，2004

45. 郑向敏，郭建国，连宗明．现代饭店管理学．上海三联书店，1999

46. Donald E. Lundberg．商亚南，郭鲁芳，蒋丁新等译．旅游饭店与餐馆经营管理．浙江摄影出版社，1991

47. James R. Keiser．徐华，郭奕勤，张旭坤、王如芳编译．旅游饭店管理概论．浙江摄影出版社，1991

48. Alastair M. Morrison. Hospitality and travel Marketing. Third Edition, Delmar Thomson Learning，2002

49. Chuck Y. Gee. International Hotel Management. Educational Institute, AHLA, 1994

50. James A. Fitzsimmons, Mona J. Fitzsimmons. Service Management, Operation, Strategy, and Information Technology. Third Edition, McGraw-Hill, Inc. 2001

51. Miles, S. A. & Watkins, M. D.. The Leadership Team: Complementary Strengths or Conflicting Agendas. Harvard Business Review, 2007

52. Neil Wearne. Hospitality Marketing. 中国旅游出版社，2001

53. Robbins, T. L., Crino, M. D. & Fredendall, L. D.. An Integrative Model of the Empowerment Process. Human Resource Management Review, 2002

54. Timeshare, Hotel and Motel. 1999 - 2000

55. Yeung, A.. Setting People up for Success: How the Portman Ritz-Carlton Hotel Gets the Best form Its People. Human Resources Management, 2006

责任编辑：王建华
装帧设计：缪　惟
责任印制：冯冬青

图书在版编目（CIP）数据
现代旅游饭店管理/吕建中主编．—2版．—北京：中国旅游出版社，2009.8（2015.7重印）
ISBN 978-7-5032-3612-9
Ⅰ．现…　Ⅱ．吕…　Ⅲ．旅游饭店—企业管理　Ⅳ．F719.2
中国版本图书馆CIP数据核字（2009）第127769号

书　　名：现代旅游饭店管理（第二版）
作　　者：吕建中
出版发行：中国旅游出版社
（北京建国门内大街甲9号　邮编：100005）
http：//www.cttp.net.cn　E-mail：cttp@cnta.gov.cn
发行部电话：010-85166503
排　　版：北京中文天地文化艺术有限公司
经　　销：全国各地新华书店
印　　刷：北京新魏印刷厂
版　　次：2009年8月第2版　2015年7月第9次印刷
开　　本：880毫米×1230毫米　1/32
印　　张：15.5
印　　数：48001-51000册
字　　数：430千
定　　价：24.00元
I S B N　978-7-5032-3612-9